LUDWIG FEUERBACH

Gesammelte Werke

4

LUDWIG FEUERBACH

GESAMMELTE WERKE

HERAUSGEGEBEN VON

WERNER SCHUFFENHAUER

4

AKADEMIE-VERLAG BERLIN

1989

LUDWIG FEUERBACH

Pierre Bayle

Ein Beitrag zur Geschichte der Philosophie und Menschheit

2., durchgesehene Auflage

AKADEMIE-VERLAG BERLIN
1989

BEARBEITER DIESES BANDES

WOLFGANG HARICH

REDAKTION DIESER AUFLAGE

WERNER SCHUFFENHAUER

Umseitig der Einbandtitel von A und B

und ausschließliche Titel von C

Gesamt-ISBN 3-05-000 251-4
Einzel-ISBN 3-05-000 255-7

Erschienen im Akademie-Verlag Berlin, Leipziger Str. 3–4,
DDR - 1086 Berlin

Lizenznummer: 202 · 100/19/89
Printed in the German Democratic Republic
Gesamtherstellung: VEB Druckerei „G. W. Leibniz“,
Gräfenhainichen, 4450 · 7172
Bestellnummer: 750 086 2 (4042/4)
LSV 0116

02400

Vorbemerkung

Die Monographie Ludwig Feuerbachs über den seinerzeit berühmt-berüchtigten französischen Schriftsteller und Philosophen Pierre Bayle (1647–1706) schließt unmittelbar an sein großes Werk „Darstellung, Entwicklung und Kritik der Leibnizschen Philosophie", Ansbach 1837, an (vgl. unsere Ausgabe der Gesammelten Werke – im folgenden zitiert: GW –, Band 3). Bereits dort reflektierte Feuerbach, daß die für das 17. Jahrhundert bereits charakteristische „innerliche Entfremdung und Entzweiung des Glaubens und der Vernunft" von Bayle „als ein direkter Widerspruch ausgesprochen wurde" (a. a. O., S. 175). Mit seinem „Bayle" durchbricht Feuerbach die strenge historische Anlage seiner vorangegangenen größeren Werke; er verbindet hier die Auseinandersetzung mit den polemischen, kritischen Leistungen Bayles, die einen wesentlichen Ausgangspunkt aufklärerischer und materialistisch-philosophischer Lehren in Frankreich bildeten, mit der Verdeutlichung ihn selbst bewegender weltanschaulich-philosophischer Fragen und mit seiner eigenen kritischen Sicht gegenwärtiger Theologie, Philosophie und Politik. Bayles von religiösen Zweifeln intendierte Kritik an Theologie und Philosophie, seine kritischen Betrachtungen über Religion und Moral, über Theologie und Wissenschaft, über den Atheismus und eine atheistische Gesellschaft führt Feuerbach unter dem Zentralthema des Widerspruchs von Glaube und Vernunft zur Propagierung eigener radikal-aufklärerischer Auffassungen, die angesichts der von Feuerbach mitbestimmten kritischen Haltung der Junghegelianer Breitenwirkung und beachtliche politische Brisanz hatten. Die Schrift gipfelt in der Forderung nach einer entschieden antispekulativen Wende in der Philosophie. Das sehr lebendig und anregend geschriebene Werk wird so zu einer für Feuerbachs eigene Entwicklung bedeutsamen Kampf- und Bekenntnisschrift (so auch S. Rawidowicz: Ludwig Feuerbachs Philosophie. Ursprung und Schicksal. Berlin 1931, S. 63). Feuerbach ist sich bewußt, daß die hier aufgerissenen Themen weiterer Erörterung und differenzierterer Darstellung „ebensowohl aufwärts in die Region der Ideen, der Prinzipien, als abwärts in das Gebiet der Konsequenzen und seitwärts in die Breite des Mißverstands hinein" (S. 5) bedürfen, die er dann mit seinem „Wesen des Christentums" (1841, vgl. GW 5) zu geben versucht. Insofern bedeutet sein „Bayle" einen wesentlichen Durchgangspunkt zum „Wesen des Christentums", wo das im „Bayle" erstmals postulierte Prinzip einer genetisch-kritischen Philosophie (vgl. S. 341) in religionsphilosophischen Grundfragen zur Anwendung gelangt. Verschiedene Motive der Kritik des „Wesens des Christentums" begegnen bereits im „Bayle"; sie werden so z. B. im Kapitel „Der Widerspruch der Dogmen mit der Vernunft" (S. 109f.) und in zahlreichen Anmerkungen und Erläuterungen antizipiert, die dann als „im Widerspruch mit dem Wesen des Menschen" (vgl. GW 5, 2. Teil, S. 316ff.) demonstriert werden. In diesem Sinne bildete die Bayle-Monographie auch im eigenen Verständnis Feuerbachs das „Präludium zu einem größeren Werke", zum „Wesen des Christentums" (an Ch. Kapp, 9. März 1839: GW 18, Brief 187, S. 358).

Die Arbeiten an seinem „Bayle" nahm Feuerbach unmittelbar nach Vollendung seines Buchs über Leibniz im Laufe des Jahres 1837 auf. Ende Oktober dieses Jahres bittet er seinen in Erlangen wohnhaften Bruder Eduard sehr eindringlich, ihm die „Œuvres diverses" de P. Bayle, 1727 bis 1731, für dringliche Arbeiten über den Winter zu beschaffen (GW 17, Brief 167, S. 301). Die Drucklegung der Arbeit erfolgte im nahegelegenen Ansbach im Verlag C. Brügel; obwohl die Schrift die Jahreszahl 1838 im Titel trägt, darf davon ausgegangen werden, daß sie erst im zeitigen Frühjahr 1839 erschienen ist (vgl. die erstmalige Erwähnung des erschienenen Bandes im o. a. Brief an Ch. Kapp v. 9. März 1838). Auf dem Einband sowohl dieses Erstdrucks wie auch der zweiten Ausgabe steht, abweichend vom Haupttitel: *„Pierre Bayle – Ein Beitrag zur Geschichte* *der Philosophie und Menschheit*". Gegenüber dem etwas umständlich gefaßten ursprünglichen Haupttitel: „*Pierre Bayle nach seinen für die Geschichte der Philosophie und Menschheit interessantesten Momenten dargestellt und gewürdigt*", wurde dieser Kurzfassung des Titels bei der Eingliederung des Werks in die 1846 begonnene Ausgabe der „Sämtlichen Werke L. Feuerbachs" der Vorzug gegeben. Im Zusammenhang mit der Vorbereitung dieser Gesamtausgabe hat der Leipziger Verleger Otto Wigand im Jahre 1844 die Restexemplare der ursprünglich bei C. Brügel in Ansbach erschienenen Schriften Feuerbachs aufgekauft und – in nicht ganz korrekter Weise, z. B. den „Bayle" – neuaufgebunden als zweite Ausgabe 1844 in seinem Verlag vertrieben (vgl. L. Feuerbach an O. Wigand, 28. August 1844, GW 18, Nr. 433, und O. Wigand, 2. September 1844, GW 18, Nr. 434). In den „Sämtlichen Werken" Feuerbachs (Verlag O. Wigand, Leipzig 1846–1866) erschien 1848 als sechster Band eine sorgfältig vorbereitete „Zweite, umgearbeitete und vermehrte Auflage". Diese Fassung ist die Ausgabe letzter Hand. Es sind somit von diesem Werk zwei, nur durch Jahreszahl und Verlag unterschiedene (Erst-)Auflagen, von 1838 (=A) und 1844 (=B), und die bearbeitete, zweite Auflage von 1848 (=C) zu unterscheiden. Die von uns in einem textkritischen Apparat erfaßten Unterschiede beider Auflagen vermitteln zugleich, daß die Fassung letzter Hand (C) Feuerbach auf einem entwickelteren Philosophischen Standpunkt zeigt.

Der vorliegende vierte Band der Gesammelten Werke Ludwig Feuerbachs bringt den Text der ersten Fassung, von 1838 und 1844 (=A/B), dessen Rechtschreibung und Zeichensetzung, unter Wahrung des Lautbestandes, durchweg modernisiert worden ist. Die Berichtigungen, die das von Feuerbach selbst angelegte, in beiden Auflagen identische Druckfehlerverzeichnis enthält, wurden eingearbeitet, offensichtliche weitere Druckfehler ausgemerzt. In Fußnoten teilen wir die textlichen Abweichungen der zweiten Fassung, d. h. der dritten Auflage, von 1848 (=C), gegenüber der Erstfassung mit, soweit ihnen auch nur die geringste inhaltliche Bedeutung zukommt oder durch sie eine stilistische Veränderung bewirkt wird. Häufig bestehen die Abweichungen von C gegenüber A/B darin, daß fremdsprachige Stellen und Fremdwörter des Erstdrucks teils genau, teils ihrem ungefähren Sinn nach ins Deutsche übertragen sind. In Fällen, wo auch C fremdsprachige Textstellen aufweist, behalten wir diese zwar ebenfalls bei, fügen aber jeweils in eckigen Klammern die deutsche Bedeutung hinzu, es sei denn, daß es sich um allgemein bekannte Redewendungen, geläufige Fremdwörter u. dgl. handelt oder daß der Sinn aus dem Zusammenhang klar ersichtlich ist.

Wo Zweifel entstehen können, wer gemeint ist, wenn Feuerbach von Denkerpersönlichkeiten, auf die er sich bezieht, nur die Anfangsbuchstaben anführt, ergänzen wir in eckigen Klammern zum vollen Namen (z. B. B[ayle]). Die Titel angeführter Schriften haben wir in Anführungszeichen gesetzt, ebenso – darin im allgemeinen dem Beispiel von C folgend, wo dieser Grundsatz aber nicht konsequent befolgt wird – alle Zitate. Sperrungen in Feuerbachs Text sind kursiv wiedergegeben; dies jedoch nicht in *den* Fußnoten, die der Vermittlung textlicher Abweichungen gewidmet sind, wo Sperrungen unberücksichtigt bleiben mußten und Kursivdruck vielmehr die textkritischen Hinweise des Bearbeiters zur Unterscheidung vom Feuerbach-Text bezeichnet. Alle mit Sternchen markierten Fußnoten gehen auf Feuerbach selbst zurück. Findet sich jedoch in C eine Fußnote, die in A/B nicht enthalten ist, so wird sie in unserer Ausgabe in einer – durch Bruchziffer angezeigten – Fußnote des Bearbeiters wörtlich als Variante zitiert, und zwar mit Vermerken wie: *„Hierzu in C noch folgende Fußnote Feuerbachs:* . . .“ oder ähnlich. Bestehen Varianten aus Wörtern oder Satzteilen, hinter denen der angefangene Satz in C wie in A/B gleichlautend weitergeht, dann werden sie in der Fußnote, die dies vermerkt, nicht durch einen Punkt abgeschlossen. Ändert eine Variante nur ein einzelnes Wort, so bringt die Bearbeiterfußnote lediglich das neue, es in C ersetzende Wort. Ändert sie dagegen zwei Wörter, so werden diese alt in der Fußnote wiederholt, und ändert sie mehr als zwei Wörter, so wiederholt die Fußnote Anfang und Ende der betreffenden Stelle aus A/B und setzt dazwischen drei Punkte, es sei denn, daß es sich um in C verdeutschte fremdsprachige Stellen aus A/B handelt, deren Beginn und Ende sowieso klar ist. Wiederholen in der angegebenen Weise Bearbeiterfußnoten Textstellen aus A/B, so folgt in ihnen die neue Version aus C hinter einem Doppelpunkt. Alle übrigen Satzzeichen im Variantentext der Fußnoten entsprechen, soweit sie nicht innerhalb des Kursivdrucks stehen oder im Zuge der Modernisierung der Zeichensetzung geändert werden mußten, dem Original. Die Modernisierung der Orthographie konnte sich nicht auch auf die französischen Zitate erstrecken, da hier vielmehr gemäß dem letzten Satz des Vorworts von Feuerbach zu A/B (im vorliegenden Band Seite 6) zu verfahren war. Im übrigen vergleiche man die Erläuterung der Prinzipien der Ausgabe in GW 1, S. XLVII–LI.

Bei der Textbearbeitung dieses Bandes wurden unter Leitung des Herausgebers erfolgte Vorarbeiten von Irene Kaiser und Barbara Rolfink (Berlin) sowie Übersetzungen fremdsprachiger Stellen, die Rudolf Hoffmann (Dresden; gest. 1966) besorgte, dankbar benutzt.

Der Herausgeber Der Bearbeiter

Pierre Bayle

nach seinen für die
Geschichte der Philosophie und Menschheit
interessantesten Momenten

dargestellt und gewürdigt

von

L. Feuerbach

Umseitig der Innentitel von A/B

Vorwort[1]

Leibniz allein vor- und darzustellen, selbst auch nur in der amseligen Rolle eines magister philosophiae – das k ann man sich zur Not noch gefallen lassen, wenn man gleich den Physikus, den Rechenmeister, den Bibliothekar, den doctor utriusque juris [Dr. beider Rechte], den Historiographen, den „geheimden Justiz-"[2] und kaiserlichen Reichshofrat schmerzlichst vermißt –, das ist wenigstens kein Verstoß gegen den guten Ton, welchen der Name Leibniz in einem deutschen Ohre hat; denn obgleich das Volk in Hannover Leibniz mit Lövenix (d. h. einer, der nichts glaubet) übersetzte, so haben doch die gelehrten Herren, die von jeher aus schwarz weiß zu machen wußten, diese Interpretation für eine pöbelhafte Verleumdung erklärt und Leibniz, zur größten Konsternation aller esprits forts [Freigeister], als einen Orthodoxen in optima forma legitimiert [in aller Form gerechtfertigt]. Aber den „bösen" Bayle, Bayle, der uns schon in dem apokryphischen Endvokal seines welschen Namens eine bittere Pille zu verschlucken gibt, Bayle, von dem man sogar gesagt hat, es wäre besser gewesen, wenn er gar nichts geschrieben hätte, Bayle, den unruhigen Prozeßkrämer und Friedensstörer der prästabilierten Harmonie und so mancher andern concordia discors [zwieträchtigen Eintracht], den ungebundnen, losen Skeptiker, den dialektischen Guerrillashäuptling aller antidogmatischen Polemiker, den hyperbolisch spitzigen Kritiker – diesen ebenso berüchtigten als weiland „weltberühmten" Namen ohne einen versöhnen-

[1] *In C darunter:* 1838

[2] *In C keine Anführungszeichen. Derartige geringfügige Abweichungen gegenüber A/B werden im folgenden nicht mehr vermerkt.*

den Bei- und Zusatz, ohne Begleitung, ohne Bemäntelung zum Titel und Inhalt einer eignen Schrift zu machen – das ist, aufs gelindeste ausgedrückt, ein sehr bizarrer, ein sehr unanständiger, ein sehr heterodoxer Einfall.

Allerdings. Aber wenn anders Bayle noch einer Erwähnung und Behandlung wert ist, so kann so ein eignes Wesen auch nur auf eigne Weise behandelt werden; mit einzelnen, noch dazu nicht näher bestimmten Sätzen aus seinen Schriften ist hier gar nichts gesagt. Noli me tangere [rühre mich nicht an], oder, wenn du das Tasten nicht lassen kannst, so berühre das paradoxe Gewächs an seiner *empfindlichen* Stelle, berühre es so, daß der Kern davon dir in die Augen springt, der Grund seines eigentümlichen Namens und Wesens offenbar wird.

Es fragt sich daher nur, ob B[ayle] – abgesehen von dem Interesse, das er als Antiquar und literärischer Spezereihändler für den Gelehrten hat – auch ein Interesse für die Geschichte der Philosophie und Menschheit noch jetzt darbietet. Noch jetzt? Ach, leider jetzt unendlich mehr als in einer andern, bessern und vernünftigeren Zeit. Die entscheidende Antwort auf diese Frage liegt übrigens in der Schrift selbst. Hier wird vorläufig nur folgendes bemerkt: B. ist überhaupt schon dadurch ein interessantes Objekt des Denkens, daß er voller Widersprüche ist. Nur diese Widersprüche in seinem intellektuellen Charakter waren es denn auch, welche dem Verfasser die Veranlassung zu dieser Schrift gaben. Er hatte daher anfänglich einen ganz speziellen, literarisch-psychologischen Zweck im Auge: Er wollte nichts weiter als über B.s Widersprüche ins reine kommen, den quecksilberflüssigen Franzosen zum Geständnis bringen. Aber der wesentlichste und interessanteste Widerspruch in B. ist der Widerspruch *zwischen Glaube und Vernunft*. Zwar ist dieser Widerspruch in allen Denkern und selbst Orthodoxen der neuern Zeit anzutreffen, ja, er ist sogar der charakteristische Widerspruch der christlichen Welt überhaupt, und es wäre daher ebenso interessant als nützlich, diesen Widerspruch durch die ganze Geschichte des Christentums hindurch zu verfolgen, hinein bis in die verborgensten Winkel der orthodoxesten Seelen, wo er freilich vertuscht ist, und nachzuweisen, wie hier von jeher der Glaube die Vernunft und hinwiederum die Vernunft den Glauben und sich selbst hintergangen hat. Allein die Bedeutung dieses Widerspruchs ist wesentlich verschieden, je nach Verschiedenheit der Personen und Zeiten – eine andere in der Seele eines Orthodoxen, eine andere in der Seele eines Philosophen. Namentlich bietet die Art und Weise, wie sich dieser Gegensatz in B. ausgesprochen, ein besonderes Interesse dar, zeichnet ihn, als den Kulminationspunkt dieses in der Geschichte der Philosophie und Menschheit unumgänglichen Zwiespalts, vor allen andern verwandten Erscheinungen der neuern Zeit aus. Der Darstellung und Entwicklung dieses Widerspruchs von allgemeiner Bedeutung subordinierte daher oder opferte vielmehr der V[erfasser][1] seine anfänglich nur spezielle Tendenz auf, und zwar so, daß er sich nicht enthalten konnte, selbst auch ein Wörtchen mit drein zu schwatzen. Aber er bittet, wesentlich nicht außer Acht zu lassen, daß er die von ihm besprochnen[2] Materien, beengt durch die Schranken einer historischen Arbeit, keineswegs erschöpfen konnte und mochte – soweit er überhaupt aus seinen eignen beschränkten Kräften und Mitteln etwas erschöpfen kann –, daß sie ebensowohl aufwärts in die Region der Ideen, der Prinzipien, als abwärts in das Gebiet der Konsequenzen und seitwärts in die Breite des Mißverstands hinein noch weiteren Begründungen, Erläuterungen und Entwickelungen entgegensehen, die hoffentlich auch nicht ausbleiben werden[3]. Diese Bemerkung gelte besonders freien, unbefangnen Denkern, deren Urteil allein dem V.[4] ein berücksichtigungswertes ist. Dem Urteil aller derjenigen, deren Urteil er schon im voraus kennt, namentlich dem Verdammungsurteil des theologischen Dünkels und einer gewissen spekulativen Superstition ist er absolut impenetrabel [unerreichbar].

Einige Worte, die, wie z. B. „Religion", „irreligiös", einen vieldeutigen, unbestimmten, oder, wie „menschlich", „Idee", selbst einen doppelten, entgegengesetzten Sinn haben, sind auch hier ein- oder ein paarmal unwillkürlich so gebraucht

[1] B. *Druckfehler in C.*

[2] besprochenen C. *Diese geringfügige Abweichung der Schreibweise von C gegenüber A/B wird im folgenden nicht mehr vermerkt.*

[3] –, daß sie ebensowohl . . . ausbleiben werden *Fehlt in C.*

[4] B. *Druckfehler in C.*

worden. Die hieraus sich ergebenden Widersprüche entschuldige die Willkür des Sprachgebrauchs, die auch den gewissenhaftesten Schriftsteller in Verlegenheiten und Widersprüche verwickelt. – In den französischen Stellen ist die ältere Schreibart, z. B. „Dictionaire" st[att] „Dictionnaire" beibehalten. –[1]

In den . . . beibehalten. – *Fehlt in C, wo dementsprechend die französische Rechtschreibung nach dem Stand von 1848 modernisiert ist.*

Der Katholizismus oder der Gegensatz von Geist und Fleisch[1]

Der Charakter der christlichen Welt ist der Dualismus.[2] Wohl treffen wir auch im Heidentum genug Gegensätze an – wo sollten überhaupt nicht Gegensätze zu finden sein? –, aber diese Gegensätze haben, unmittelbar wenigstens, keine *metaphysische* Bedeutung; sie wurden nicht bis auf die höchste Spitze hinaufgetrieben; sie waren nur untergeordnete oder natürliche oder *materielle* Gegensätze – Gegensätze, die, wie die Sünden und Leiden des Heiden, nur in dem Irritabilitätssystem der Sinnlichkeit, nicht, wie bei den Christen, in dem psychologischen Prinzip der Sensibilität ihren Grund hatten, Gegensätze folglich, die, wenn sie auch sein Herz drückten, doch nicht seinen Kopf einnahmen, ihn nicht um die tranquillitas animi [Gelassenheit des Geistes], die Herrschaft der ordnenden, maßgebenden Vernunft brachten. Aber das Christentum – wohl zu unterscheiden von der Lehre Christi –[3] gesellte zu den unvermeidlichen Übeln *an sich* überflüssige Übel, zu den notwendigen und immanenten Kämpfen geistzerrüttende, transzendente Kämpfe, zu den körperlichen Leiden *Seelenleiden*, zu den natürlichen Gegensätzen *unnatürliche* Gegensätze – den Zwie-

[1] Der Katholizismus . . . Fleisch. *Darüber in C*: Erstes Kapitel. *In C analoge Ergänzung aller neun Kapitelüberschriften von A/B; wird im folgenden nicht mehr vermerkt.*

[2] Der . . . Dualismus.: Einheit war das Wesen des klassischen Heidentums, Dualismus, Zwiespalt ist das Wesen des klassischen Christentums. *C*

[3] aber diese Gegensätze . . . Lehre Christi –: und infolge derselben genug Kämpfe, Leiden, Übel; allein diese Gegensätze waren notwendige, diese Kämpfe organisch begründete, diese Leiden und Übel natürliche, unvermeidliche. Aber das Christentum *C*

spalt von Gott und Welt, von Himmel und Erde, von Gnade und Natur, von Geist und Fleisch, von Glaube und Vernunft. Der Kampf zwischen Kirche und Staat war nur der äußere, politische Ausdruck dieser im Innern der Menschheit wühlenden Gegensätze. Wo die Menschheit mit sich selbst eins ist, da kann auch ihre Welt nicht in zwei Welten zerfallen. (1)*

Der charakteristische *innere* Gegensatz der christlichen Welt im katholischen Zeitalter war besonders der Gegensatz von[1] Sinnlichkeit und Über- oder Widersinnlichkeit, von Menschlichkeit und Heiligkeit oder, kürzer und in der Sprache der Kirche, der Gegensatz von *Geist* und *Fleisch*. Dem bürgerlichen und politischen Leben entsagen, alle sogenannten weltlichen Dinge und Beschäftigungen als eine bloße Eitelkeit verwerfen, um soviel als möglich ungestört mit zerknirschtem Herzen und tränenvollen Augen nach dem Himmel zu schmachten**, alle natürlichen Triebe und Neigungen ertöten, sich kasteien und martern – das war Religion, das Tugend, und zwar höchste Tugend, die Tugend des Heiligen. Nicht die Liebe, sosehr sie auch rhetorisch gefeiert wurde – denn die Natur hat offenbar nicht den Haß, sondern die Neigung zur Liebe dem Menschen eingepflanzt –, nicht der Glaube – denn auch zum Glauben hat schon der Mensch von Natur einen starken Hang –, nein, nur die castitas, die[2] Keuschheit[3] – denn nur zu ihr hat die Natur uns keine Neigung gegeben, sondern vielmehr einen ihr geradezu widerstrebenden, höchst mächtigen Trieb – war und ist in Wahrheit, als die *wider-* und *übernatürlichste* Tugend, die *spezifische* Tugend des Katholizismus. Leicht ist der Glaube, noch leichter die Liebe, aber schwer die Keuschheit. Übermenschlich ist nicht die Liebe, nicht der Glaube, aber die Keuschheit. Der Begriff des Opfers ist der höchste Begriff des Katholizismus; aber welches Opfer ist größer für den

* Die Zahlen bedeuten die Erläuterungen und Anmerkungen.

[1] *C folgt Zusatz:* Natur und Gnade,

** „Tota vita Christiani boni *sanctum desiderium* est [das ganze Leben des guten Christen ist ein heiliges Verlangen]." August., „Expos. in Epist. Joh.", c. 4.

[2] castitas, die *Fehlt in C.*

[3] *C folgt Zusatz:* oder vielmehr die Virginität, die Jungferschaft

natürlichen Menschen als das Opfer der Virginität[1]? Der Himmel ist das letzte, das einzige Ziel des Katholizismus; aber welche Tugend macht schon auf Erden den Menschen himmlisch, engelrein und engelgleich? Die Keuschheit. „Virginalis autem integritas", sagt der heilige Augustin, „. . . *angelica* portio est, et in carne corruptibili *incorruptionis perpetuae* meditatio . . . Profecto habebunt *magnum aliquid praeter caeteros* in illa communi immortalitate, qui habent aliquid jam *non carnis in carne.*"[2] Und der heilige Hieronymus: „Derjenige, den Engel im Himmel anbeten, verlangt nun auch *Engel* auf Erden". Selbst[3] Albertus Magnus macht noch – faktisch wenigstens – die Keuschheit zur höchsten Tugend, wenn er als die ihr von Christus verheißene Glorie folgende Worte aus der Bibel zitiert: „Qui vicerit, inquit, (scl. carnis concupiscentiam) dabo ei sedere mecum in throno meo, sicut et ego vici, et sedi cum Patre meo in throno ejus" (Apoc. 3, 21). „Nam incorruptio facit esse *proximum Deo*" (Sap. 6, 20)[4]*. Wenn gleichwohl die Ehe im Katholizismus nicht verworfen, sondern geduldet, gebilligt und selbst zu einem Sakrament gemacht wurde, so war der Grund hievon nicht der religiöse Sinn und Glaube, sondern der weltkluge, der äußerlichen Notwendigkeit sich geschmeidig bequemende Verstand. Schon Augustin macht sich in dieser Materie der augenfälligsten Sophismen und Inkonsequenzen schuldig. Nachdem er bis in den Himmel die vir-

[1] Keuschheit, der Jungferschaft *C*

[2] *In C deutsch:* „Die unverletzte Jungfrauschaft," sagt z. B. der heilige Augustin, „ist eine englische Gabe und im verderblichen Fleisch der ewigen Unverderblichkeit Ausübung und Darstellung. Wahrlich, die schon im Fleisch Unfleischliches an sich haben, werden bei der allgemeinen Unsterblichkeit vor den andern viel voraushaben."

[3] *In C folgt Zusatz:* der Philosoph

[4] *In C deutsch:* „Wer überwindet (nämlich des Fleisches Begierde), dem will ich geben, mit mir auf meinem Stuhl sitzen, wie ich überwunden habe und bin gesessen mit meinem Vater auf seinem Stuhl." Offenb. 3, 21. Denn „wer ein heiliges Leben führt, der ist Gott nahe." Weish. 6, 20.

* A. M., „Enchiridion de virtutibus veris et perfectis etc.", c. 6, § 3.

ginitas[1] erhoben, setzt er doch später (in derselben Schrift, aus der die obige Stelle ist, „De sancta virginitate", cap. 18) hinzu: „Sectatores et sectatrices perpetuae continentiae et sacrae virginitatis admoneo, ut bonum suum ita praeferant nuptiis, ne malum judicent nuptias."[2] Aber wenn die Ehe uns um himmlische Vorzüge bringt, um die portio angelica[3], um die Eigenschaft der Heiligkeit, ist sie denn dann nicht ein Übel? Ein Übel freilich nicht für den falschen, sophistischen Verstand, aber wohl in den Augen der unbedingten Vernunft und des geraden, einfachen religiösen Sinnes, der allein in allen streitigen und dubiösen[4] Materien den Ausschlag gibt. Alle die haltungslosen Distinktionen und Sophismen, welche die katholischen Theologen ad excusationem coitus carnalis [zur Entschuldigung der fleischlichen Vereinigung] machten, z. B.: „Conjugalis concubitus generandi gratia non habet culpam [der eheliche Beischlaf zum Zweck der Kinderzeugung fällt nicht unter die Sünden]" *, haben die Frommen und Heiligen faktisch, durch ihr Leben, zuschanden gemacht. Mehr aber als das Wort hat die Tat in allen praktischen Materien Gewicht. Was man mit Worten aus Nachsicht gegen andere zugibt, widerruft, verleugnet[5] die stille, die rücksichtslose Tat. Die Worte enthalten nur die exoterische, die Taten die *esoterische* Lehre. Was also die Heiligen, die Vorbilder, getan, ist Tugend, was sie unterlassen haben, Sünde, nicht, was sie mit dem nachgiebigen Munde verboten oder erlaubten[6]. Freilich sind die Taten Winke hinter dem Rücken, Winke, die nur der höhere Wahrheitssinn vernimmt und versteht.

Der heilige Antonius, der heilige Hieronymus, als begeisterter und begeisternder Apostel des Mönchs- und

[1] Jungfrauschaft *C*

[2] *In C deutsch:* „Die Anhänger und Anhängerinnen der heiligen Jungfrauschaft und ewigen Enthaltsamkeit ermahne ich, daß sie ihr Gut so den Heiraten vorziehen, daß sie die Heiraten für kein Übel oder nichts Böses halten."

[3] *In C deutsch*: Gabe der Engel

[4] zweifelhaften *C*

* S. hierüber Petri Lomb. etc., „Sententiarum Textus etc.", Basileae 1513. Fol. 193–94.

[5] *Fehlt in C.*

[6] erlaubt *C*

Nonnenstandes, der heilige Franziskus von Assisi und andere ähnliche Heilige sind daher allein die Originale, die klassischen Produkte des katholischen Geistes, die unverfälschten Interpreten seines Innersten, die *echten* Söhne der Kirche. Die Dichter und Künstler der katholischen Zeit sind – vom Mißverstand – *untergeschobene* Kinder.

Die Liebe zur Beatrice begeisterte Dante zum Dichter. Aber solche Liebe, auch wenn sie noch so rein und ideal ist, widerspricht dem Wesen und selbst den ausdrücklichen Lehren des Katholizismus. „Non hominem, sed Deum in homine ama", sagt irgendwo ungefähr der heilige Augustin.[1] Und der fromme Pascal: „Il est injuste, qu'on s'attache à nous, quoy qu'on le fasse avec plaisir et volontairement. Nous ne sommes la fin de personne. . . . Nous les devons avertir qu'ils ne doivent pas s'attacher à nous, car il faut qu'ils passent leur vie à plaire à Dieu ou à le chercher."[2] * Aber die Liebe liebt eben den Menschen im Menschen und fesselt den Menschen an den Menschen. Der Liebe ist das Irdische das Himmlische, die Seligkeit, die sie in sich selbst findet, die höchste Seligkeit. Die Liebe erhebt das Endliche zum Unendlichen. Dante identifiziert seine Beatrice mit der Theologie. Petrarca feiert die Laura in seinen Sonetten und Kanzonen als seine allgegenwärtige Göttin; nur die Liebe zu ihr ist der Puls seiner poetischen Ader. Sang er diese Lieder als Katholik? Kamen sie aus seinem katholischen Glauben oder stimmten sie mit ihm zusammen? Ja, wohl seine *Reue* über diese Gedichte, seine Bitte an den heiligen Augustin (d. h. an die Personifikation seines katholischen Gewissens)[3], dieselben ihm zu vergeben, aber nicht der Geist, der diese Lieder schuf, kam aus dem Katholizismus.

[1] „Non . . . Augustin. *In C deutsch und ohne Erwähnung Augustins:* „Nicht den Menschen, sondern Gott im Menschen liebe", sagt ein katholischer Heiliger.

[2] *In C deutsch:* „Es ist unrecht, an uns sich zu hängen, wenn man's auch mit Vergnügen und gern tut . . . wir sind niemandes Endzweck . . . Wir müssen sie daran erinnern, daß sie sich nicht an uns hängen dürfen; denn sie sollen ihr Leben damit hinbringen, Gott zu gefallen und ihn zu suchen."

* „Pensées" de Mr. P. (Pensées Chrétiennes).

[3] *In C nicht in Klammern.*

Sowenig Leo X., obwohl Papst, in seinen Neigungen, seiner Denkart, kurz, in seinem Wesen dem *Wesen* des Katholizismus entsprach, sowenig entspricht diesem die Kunst als solche, sosehr sie auch von der katholischen Kirche gehegt und gepflegt wurde. Die Kategorie der Schönheit ist die wesentliche Kategorie der Kunst[1] – heidnische Kraft und christliche Demut sind ihr als Arten untergeordnet –, auch der christliche Künstler muß das Christliche nicht als ein Christliches, sondern *als ein Schönes* aus sich herausgebären und darstellen; sein Werk wird und muß auch den Nichtchristen, wofern er nur Kunstsinn und Verstand hat, ansprechen. Ein Werk, das *nur für einen Christen* schön wäre, das wäre auch nicht ein vollendetes Werk. Die Kunst erhebt ihre Gegenstände über die Schranke der besondern Religion in die Sphäre der allgemeinen Menschlichkeit. Was ein *wahres Kunstwerk* ist, gehört keiner Kirche, keiner besondern Religion mehr an. Das wahre Kunstwerk ist ein Vereinigungspunkt der gesamten Menschheit. Der Künstler verherrlicht auch in den Werken, welche er ausdrücklich der Verherrlichung seiner Kirche bestimmt, *die Kunst*, nicht die Kirche. Der Künstler überwindet seinen Glauben, indem er die Gegenstände seines Glaubens zu Gegenständen der Kunst macht. Die Kunst ist nur Kunst, wo sie sich *Selbstzweck*, wo sie absolut frei, sich selbst überlassen ist, wo sie keine höheren Gesetze kennt als ihre eignen, die Gesetze der Wahrheit und Schönheit. Der Künstler unterwirft nicht die Kunst der Religion, sondern die Religion der Kunst. Das Religiöse in seinem Kunstwerk hat nur *formelle*[2] Bedeutung; das Wesen ist das Wahre, das Schöne. Der frommgläubige Katholik, der keinen von seinem katholischen Sinn und Glauben *unterschiednen ästhetischen* Sinn hat, erbaut sich auch an dem schlechtesten Heiligenbilde, fällt demütig vor dem schlechtesten Kruzifix nieder; denn es ist ihm, was es als ein religiöses Bild *sein soll*, ein Erinnerungszeichen an diesen Heiligen, diesen Christus, der ihm hier sinnlich vergegenwärtigt wird. Die *Kunstbeschaffenheit* ist ihm gleichgültig und *an sich auch für die Religion gleichgültig*. Ja,

[1] Die Kategorie ... der Kunst: Die Schönheit ist die wesentliche Kategorie, die Gattung der Kunst *C*

[2] untergeordnete *C*

nur solche Bilder, welche keinen Kunstwert haben, sind Bilder im Sinne und Geiste des echten Katholizismus, ebendeswegen, weil sie *bloß* religiöse, aber keine Kunstbedeutung haben, weil sie den Menschen nicht abziehen von der frommen Betrachtung des heiligen Gegenstandes, nicht den Sinnen schmeicheln, sondern vielmehr, mit Ekel und Widerwillen an allem Irdischen und Menschlichen ihn erfüllend, nur hinauf zum Himmel seine Blicke ziehen. Ein Heiligenbild dagegen, das *Kunstwert* hat, das zieht das Auge auf *sich als Kunstwerk*, das stellt sozusagen *nur sich*, nicht den Heiligen dar, das ist kein Augenglas, durch das wir nur den frommen Gegenstand erblicken, sondern ein Diamant, der mit eignen Farben funkelt, *der für sich selbst*, daher auch den Nichtkatholiken entzückt. Vor einem religiösen Bilde kann nur der Nichtkenner eine rein religiöse Andacht empfinden. Der[1] Kenner empfindet es nur oder doch zugleich als ein ästhetisches Werk. Wohl ist der Eindruck eines Madonnenbilds ein heiliger Eindruck. Aber ihr täuscht euch, wenn ihr dem religiösen Gegenstande als solchem und dem Glauben des Künstlers daran diese Wirkung zuschreibt. Dem Künstler war die *Kunst als solche* heilig; er hatte sie im höchsten Sinne erfaßt und getrieben. Das Höchste war darum seinem hohen Sinne nicht zu hoch; er konnte sich an die Gegenstände der Religion wagen, weil ihm die Kunst als solche zur Religion geworden war. Die Kunst war die Madonna seiner Seele; der entsprechendste *Ausdruck*, das bezeichnendste *Bild*, welches er dafür vorfinden konnte, war die Madonna des religiösen Volksglaubens. Der Himmelsglanz, der sie in dem Werke des Künstlers umfließt, ist nur ein Schein von der heiligen Flamme seiner *Kunstbegeisterung*.

Die Bilder der katholischen Kirche also, welche auch den Nichtkatholiken, ja, den, der einen ihr entgegengesetzten Geist hat, ansprechen, sind notwendig auch aus einem freien, allgemeinen, von ihr unabhängigen, aus einem ihrem wahren Wesen entgegengesetzten Geist entsprungen. Doch wozu Beweise? Wo die Mönchstugend im Rufe der höchsten Tugend, der Heiligkeit steht, da ist die Kunst *notwendig* im Verruf.

[1] empfinden. Der: empfinden; der *C. Diese geringfügige Änderung wird, soweit sie Inhalt und Stil nicht berührt, im folgenden nicht mehr vermerkt.*

Wo der Genuß überhaupt Sünde, wo der Mensch so unnatürlich, so kleinlich, so unfrei, so furchtsam, so sich selbst gram ist, daß er sich keine Freude, keinen guten Bissen gönnt, wie Pascal, der, nach dem Bericht seiner Schwester im „Leben" desselben, als ihm in seiner Krankheit feine, wohlschmeckende Speisen verordnet wurden, sich alle nur erdenkliche Mühe gab, nicht zu schmecken, was er aß, wie der heilige Ignaz von Loyola, der sich durch seine Büßungen und Kasteiungen selbst um den Geschmack gebracht hatte*, da ist auch kein Sinn, kein Geschmack für die Kunst, da sind auch die Genüsse der Kunst verbotene Früchte; denn wenn auch der Gegenstand eines Kunstwerks ein religiöser ist, so gewährt es doch immer zugleich einen Augen- oder Ohrengenuß. Wo die widernatürlichste Tugend für die höchste Tugend, die Krankheit für den *natürlichen* Zustand des Christen oder Menschen, wie Pascal sagt, oder, wie Salvian, die Krankheit des Leibes für die Gesundheit der Seele gilt**, wo die Mortifikation[1] – und zwar selbst die unmittelbare, die sinnliche Mortifikation[2] – des Leibes Gesetz, Norm, Prinzip ist, da ist der ästhetische Sinn, die Basis der Kunst, in die Acht erklärt, die Kunst selbst außer allem *sittlichen* und *rechtlichen* Verbande mit dem obersten, dem religiösen Prinzip. Wählt die Kunst häßliche, abscheuerregende oder nicht vielmehr liebliche, schöne Gesichter zu ihren Madonnenbildern? Wird also der, dem es seine Religion zur Pflicht macht, den Anblick des Weibes zu fliehen, jede Gelegenheit zu unkeuschen Gedanken zu meiden, sich aller und jeder Sinnenreize zu enthalten***, *mit gutem Gewissen* sich an dem Anblick eines schönen Madonnenbildes weiden? Kann nicht auch ein Madonnenbild sinnliche Liebe einflößen? Hat sich nicht einst eine Jungfrau selbst in eine Statue bis zum Sterben verliebt? Wenn wir daher gleichwohl die Kunstschönheit in Verbindung mit dem Katholizismus, selbst in der Gesellschaft

* „Vita I. Loiolae etc." a Petro Ribadeneira. Ingolst. 1590, p. 395.

** Salviani Mass[iliani] Opp., Ed. Rittershusius. Altorf. 1611, p. 334.

[1] *In C folgt Zusatz:*, die Tötung

[2] Tötung *C*

*** S. hierüber z. B. Albertus M[agnus] loc. c., „De maceratione".

von Mönchen antreffen, so hat diese Erscheinung keinen andern Grund, als wenn wir in der Nähe von Mönchsklöstern Nonnenklöster antreffen, welche mit jenen durch illegitime, *unterirdische* Gänge in Verbindung standen.

Nicht weniger als die Kunst widerspricht die Wissenschaft dem innern, wahren Wesen des Katholizismus. Wieso? Wer wird die großen Verdienste der Klöster und Päpste um die Wissenschaften leugnen wollen? Niemand, der wenigstens bei Verstand ist, wird diese Tatsachen leugnen, aber wohl die gewöhnliche Erklärung derselben. Was die Päpste alles getan und gewirkt, das haben sie deswegen noch nicht immer als heilige Väter, im Einklang mit ihrem ursprünglichen Beruf, getan. Oder war Leo der X. als leidenschaftlicher Jäger und Liebhaber des Lustspiels usw. auch der heilige Vater? Was sich innerhalb des Katholizismus entwickelte, das hat sich deswegen noch nicht *aus* dem Katholizismus entwickelt. Es war der im Menschen unaustilgbare, von den Schranken historischer, überhaupt äußrer Zustände und Verhältnisse unabhängige Wissens- und Bildungstrieb; es war ein der *ursprünglichen Bestimmung* der Klöster, ein dem *Geist* und *Wesen*, woraus sie hervorgegangen, *entgegengesetzter* Geist und Trieb, welcher die Wissenschaften in die Klöster aufnahm und hier verpflegte. „Vor Benedikt von Nursia, dem berühmten Stifter des Benediktinerordens († 544), war Fasten und Beten die einzige Hauptsache der Mönchsinstitute, und wenn Benedikt in seiner Regel befiehlt, in jedem Kloster seines Ordens Unterricht zu erteilen, Bücher abzuschreiben und eine Büchersammlung[1] anzulegen, so verstand er bloß Unterricht in den ersten Anfangsgründen der Religion, im Lesen und Schreiben und unter den Büchern, die abgeschrieben und in eine Bibliothek zusammengestellt werden sollten, bloß *Bücher der Andacht*."* Schon im zehnten Jahrhundert, zur Zeit der Hroswitha, gab es, wie sie selbst sagt**, Katholiken, die die Bücher der Heiden wegen ihrer zierlichen Schreibart lieber lasen als die Bibel und besonders an dem Terenz sich erlustigten. Aber war dieses ästhetische Wohlgefallen keine verbotene Lust, keine Anomalie, kein Anti-

[1] Bücherversammlung *C*

* Eichhorn, „Geschichte der Literatur", I. B., 1805, p. 710.

** M. I. Schmidts „Gesch. der Deutsch.", 1785, III. B, p. 133.

katholizismus? Die fromme Hroswitha spricht sich selbst nicht ganz frei von dem „*Fehler*" dieser Katholiken, aber sie ist so fromm und redlich, daß sie diesen Fehler als Fehler erkennt, und sucht ihn daher durch *geistliche* Dramen gutzumachen. Mit der Wissenschaft ist es nicht anders. Sie wurde von Katholiken gepflegt, aber nicht von ihnen als Katholiken, sondern als wißbegierigen Menschen, im Widerspruch mit dem wahren Wesen des Katholizismus. Wer das leugnen will, der muß auch leugnen, daß die Verbindung des Aristotelismus mit dem Katholizismus, der sonnenklarste, himmelschreiendste Widerspruch, ein Widerspruch war.

Der wissenschaftliche *Geist* widerspricht dem Geist des Katholizismus. Es sind daher nur zwei Fälle möglich: Wird die Wissenschaft wirklich innerhalb des Katholizismus aus Wissenstrieb, also mit einem dem Wesen der Wissenschaft entsprechenden Geist getrieben, so wird sie – sei es nun mit oder ohne Bewußtsein – im Widerspruch mit dem Wesen des Katholizismus betrieben, oder sie wird auf eine, und zwar die allein noch dem Katholizismus entsprechende, Weise getrieben, aber dann wird sie auf eine dem Wesen der Wissenschaft widersprechende Weise getrieben. So trieb der Jesuitenorden die Wissenschaft. Er machte die wissenschaftliche Beschäftigung zu einer Hauptbeschäftigung; aber die Wissenschaft war ihm nur ein *Mittel* – „der Zweck heiligt das Mittel" – zur Verteidigung und Ausbreitung seines Glaubens. Dem *frommen* Stifter des Jesuitenordens, dem *heiligen* Ignatius, war daher das Studieren eine wahre Marter, weil er es nur aus äußerlichen Gründen, nur im Widerspruch, und zwar in bewußtem, gefühltem Widerspruch, mit seiner katholischen Frömmigkeit trieb: „Nulla (praeterea) *voluptatis,* quam ex studiis caperet, invitatus illecebra, ... et propter *degustatam spiritus suavitatem* a studiis literarum abhorrebat [er wurde (außerdem) durch keine Lockung der Wollust, die er beim Studium empfunden hätte, verleitet ... und hatte wegen der von ihm doch kaum gekosteten geistigen Genüsse einen Widerwillen gegen die Studien]."[1] Damit nicht von den Flammen seiner heiligen Inbrunst, seines geistlichen Propagationstriebes seine Studienplane ergriffen und verzehrt würden, mußte er sich die größten Torturen

[1] „Nulla ... abhorrebat." *Fehlt in C.*

auferlegen, die strengste geistliche Diät beobachten, sich selbst im Umgang mit seinen Freunden aller Gespräche über geistliche Dinge (de rebus spiritualibus)[1] enthalten*. Was daher die Klöster namentlich für die Wissenschaften taten, das war im Sinne des Mönchtums, im Geiste des Katholizismus – wenn auch allerdings nicht im Sinne einzelner, in denen der wissenschaftliche Geist und Trieb den Glauben der Zeit übermannt hatte – höchstens nur ein *Almosen*, das aus Gnad' und Barmherzigkeit dem wissenschaftlichen Geiste, der nun einmal da war, man wußte nicht woher, gespendet wurde, – Brosamen, die von der mit himmlischen Speisen überladenen Tafel der Geistlichkeit übrigblieben. Und dieses Almosen wollt ihr so hoch anschlagen? Die Wissenschaften beginnen in Wahrheit erst da, wo wissenschaftlicher Geist beginnt, und dieser beginnt gerade da, wo die Wissenschaften außer die Klöster hinaus in die Hände *freier* Menschen übergehen, solcher Menschen, welche nicht genötigt waren, das Licht der Wissenschaft unter den Scheffel des Glaubens zu stellen. Erasmus ist ein schönes Beispiel dieses Übergangs. In ihm emanzipierte sich der wissenschaftliche Trieb – „Ad litteras tantum rapiebatur animus [zu den Wissenschaften allein wurde fortgerissen der Geist]", wie er von sich selbst sagt in seinem Briefe an den Prior seines Klosters –, aber ebendeswegen entsprang er aus seinem Kloster. Das Klosterleben widersprach ebenso seinem geistigen als seinem physischen Menschen. Die Körper revolutionieren ebensogut als die Geister. (2)

Der Protestantismus oder der Gegensatz von Glaube und Vernunft

Der Widerspruch des Katholizismus mit dem *Wesen* des Menschen war der innere Grund der Reformation. Der Protestantismus hob den falschen Gegensatz von Fleisch und Geist auf. Er führte unter Sang und Klang (3) den Menschen

[1] *Einfügung in Klammern fehlt in C.*
* Ribadeneira, loc. c., p. 69–70.

aus dem Kirchhof des Katholizismus wieder ins bürgerliche und menschliche Leben ein. Er verwarf daher vor allem auch das Zölibat als eine dem Naturrecht des Menschen widersprechende gottlose, willkürliche Satzung. Aber der Protestantismus, wie er sich als Kirche verwirklichte,[1] befreite und errettete den Menschen nur von seiner *praktischen*, nicht von seiner *theoretischen* oder *intelligenten* Seite; die höhern Ansprüche, die Rechte des *Erkenntnistriebes*, die Ansprüche der Vernunft anerkannte und befriedigte er nicht. Er blieb hierin in der alten Barbarei befangen, Glaubensartikel im Widerspruch mit der Vernunft aufzustellen und doch als wahr festzuhalten.

Es wäre ein unvernünftiges Sophisma, wenn man erwidern wollte, der Protestantismus habe das Zölibat deswegen verworfen, weil die Bibel das Gebot: „Mehret euch!" aufstellt, dagegen die Ansprüche der Vernunft nicht berücksichtigt, weil die Bibel kein ausdrückliches Gebot dazu enthalte, vielmehr uns nur den Glauben anpreise; denn wenn sich der Protestantismus in betreff der Ehe *nur* auf die Bibel gestützt hätte, so hätte er das Zölibat zwar nicht gebieten, aber auch nicht, wenigstens unbedingt, *verwerfen* dürfen – da der Apostel Paulus so sehr den ehelosen Stand verherrlicht und anpreist, und sollen denn nicht die bloßen Anpreisungen eines vom heiligen Geiste inspirierten Apostels, wenn sie auch formell keine[2] Gebote sind, für uns Gesetzeskraft haben? –, so hätte er sich überhaupt nicht entscheiden können, sondern diesen wie so manchen andern Punkt in suspenso[3] lassen müssen, bis zu dem glücklichen Zeitpunkt hin, wo die Herren Exegeten die dunkeln und widersprechenden Stellen der Bibel auf eine vollkommen befriedigende und entscheidende Weise erklärt haben würden. Aber es entschied auch hier, wie in so manchen andern Fällen, das heilige *Natur- und Vernunftrecht*, die sicherste Instanz in allen zweifelhaften Fällen, der natürliche Wahrheitssinn, der, unabhängig von den Zweideutigkeiten der Schrift, unmittelbar durch sich selbst das Falsche als Falsches, das Wahre als Wahres erkennt. Es wäre aber nicht nur ein unvernünftiges, sondern

[1] , wie . . . verwirklichte, *Fehlt in C.*
[2] formell keine: keine förmlichen *C*
[3] in suspenso: dahingestellt sein *C*

ein wahrhaft lächerliches Sophisma, wenn man Luthers Verheiratung nicht auf das Vernunft- und Naturrecht, sondern auf ein positives Gebot, einen Ausspruch der Bibel gründen und zurückführen wollte, man müßte denn nachweisen, daß in der Bibel die Katharina von Bora als die Luthern bestimmte Gemahlin vorkommt, daß Luther auf den Grund einer Bibelstelle nicht nur die Katharina heiratete, sondern auch sich in sie verliebte, denn bekanntlich liebte er sie, ehe er sie heiratete[1]. Ein Mensch, der sich nicht aus sich selbst, sondern auf den Grund der Bibel hin zur Ehe entscheidet, der wird sich auch nicht aus sich selbst zu dieser oder jener Person entscheiden. Die Person ist in der Ehe nicht gleichgültig; es ist vielmehr nur eine, welche gewählt wird. Welche soll ich wählen?, das ist hier die Hauptsache. Die Heirat ist erlaubt, ist unsündlich, ist christlich; gut, aber wird sie nicht oft durch den Gegenstand der Heirat sündlich? Nur die von Gott *mir bestimmte* Braut ist die rechte, ist die, welche ich nehmen darf. Aber welche ist diese? Meine Nachbarin, meine ehemalige Schulgefährtin und Jugendbekannte oder die, welche ich auf eine ganz seltsame Weise kennenlerne und auf der Stelle liebe, wie ich sie erblicke? Aber verlasse ich mich hier nicht auf meinen augenblicklich entscheidenden subjektiven Geschmackssinn? Wie trüglich sind diese Kennzeichen! Gebraucht nicht auch oft der Verführer – ach, nur zu oft – die nämlichen Wege, wie z. B. einen ganz seltsamen Zufall der uns ein Frauenzimmer, dem wir selbst auf alle mögliche Weise auswichen, plötzlich entgegengeführt[2]? Können wir unterscheiden, ob das gute oder böse Prinzip uns diese Person geschickt hat? Selbst wenn ich christliche Eigenschaften, christlichen Glauben zur unerläßlichen Bedingung meiner Wahl mache, was hilft das? Ist denn die Christin nicht vielleicht auch nebenbei reich oder vornehm oder angenehm im Umgang oder auch schön von Körper oder gar alles oder doch mehreres zusammen? Heirate ich denn nur die fromme Christin, abgetrennt von diesen reizenden Nebenbeis? Ist nicht vielleicht die Person an und für sich die Hauptsache, die Christin nur die – wenn auch ausbedungene – Neben-

[1] nicht nur *und*, sondern auch . . . ehe er sie heiratete *Beides fehlt in C.*

[2] entgegenführt *C*

sache in meiner Wahl? Vermischen sich wenigstens nicht vielleicht, mir selbst[1] auf diesem dunklen Gebiete, dem Gebiete der Neigung, des Gefühls, ganz unbewußt,[2] unreine, unchristliche Gründe mit meinem christlichen Sinn? Kann ich also gewiß sein, daß meine Heirat eine christliche, gottwohlgefällige ist? Nein, untrüglich ist nur, was in der Schrift steht. Gewiß ist mir diese Person nur dann die von Gott bestimmte Person, wenn ich aus der Apokalypse oder sonst einer biblischen Prophezeihung[3] ihren Namen, ihren Stand, ihre Person bis aufs Haar herausbringe. Ich heirate solange nicht mit Gottes Willen, solange ich nicht diese Person – denn das ist die Hauptsache – mit Gottes ausdrücklichem Willen heirate. Ich entscheide mich solange aus mir selbst zur Heirat, solange ich mich aus mir selbst zu dieser Person entscheide, denn ich hätte mich vielleicht nie verheiratet, ungeachtet des Gebotes: „Mehret euch!", wenn ich nicht diese[4] Person kennengelernt hätte. Der *Grund* der Verheiratung Luthers, dieser historisch so bedeutsamen Handlung,[5] war daher nicht die Bibel, sondern der gesunde Menschenverstand, die philosophia naturalis, die an der Reformation einen größern Anteil hatte, als manche glauben wollen.

Aber gerade dadurch machte sich der Protestantismus eines um so größeren Widerspruchs schuldig, daß er die Ein- und Ansprüche der Vernunft nicht berücksichtigte, unter dem Vorwande, daß sie in geistlichen Dingen kein Wort mitzusprechen habe[6], weil diese über ihren Horizont gingen, während er doch die Ein- und Ansprüche der Natur (in ihrer positiven Bedeutung)[7] anerkannte; denn *derselbe* Grund, welcher für oder gegen die Einsetzung der Natur in ihre ursprünglichen Rechte sprach, derselbe sprach für oder gegen die Befreiung der Vernunft. (4) Wenn du die Vernunft unter die Herrschaft des Glaubens gefangennimmst, warum nimmst du denn nicht auch deine Natur unter die Herr-

[1] , mir selbst *Fehlt in C.*
[2] *Komma fehlt in C.*
[3] Schrift *C*
[4] *In C hervorgehoben.*
[5] dieser . . . Handlung,: der Verwerfung des Zölibats überhaupt *C*
[6] haben *C*
[7] *Einfügung in Klammern fehlt in C.*

schaft der christlichen Tugend gefangen? Wenn du die Vernunft verwirfst, die nichts anderes als die geistige Natur ist, weil ihr die Glaubenslehren unbegreifliche Geheimnisse sind, warum verwirfst du denn nicht auch die Natur, die nichts anderes ist als die körperliche Vernunft und vielleicht nur deswegen sich gegen das Zölibat empört, weil ihr die christliche Tugend überhaupt, so auch die Tugend der Ehelosigkeit, ein zu hohes und deswegen widerwärtiges Geheimnis ist? Wenn der Christ nicht den praktischen Bedürfnissen widerspricht, warum soll er denn den theoretischen Bedürfnissen widersprechen, die doch ebenso notwendig, ebenso unabweislich, ebenso *von uns* unabhängig in uns sind als die praktischen Bedürfnisse?

Allerdings ist der Protestantismus dadurch hinlänglich entschuldigt – wenn anders eine welthistorische Erscheinung einer Entschuldigung bedarf –, daß überhaupt in der Entwicklung der Menschheit sich die praktischen Bedürfnisse eher regen als die theoretischen, eher daher auch befriedigt werden müssen als diese und daß er zunächst, in Beziehung auf seine Zeit, auch genug für die Freiheit der Intelligenz getan, indem er einen unendlichen Wust von geist- und gemütbeschwerendem Aberglauben über Bord geworfen. Aber der Grund mag sein, welcher er wolle: Der Protestantismus war in theoretischer Beziehung ebensowenig als der Katholizismus in praktischer ein Prinzip des Friedens, der Versöhnung. Der Katholik hatte noch sogar diesen Vorzug vor dem Protestanten voraus, daß er, um *seinen* Kampf zu lindern oder gar zu stillen, zu solchen Mitteln seine Zuflucht nehmen konnte wie Origenes, der sich selbst entmannte, wie Hieronymus, der in die Einsamkeit in dunkle Höhlen floh, wie der heilige Franziskus, der die Glut seiner Begierden in der Kälte des Schnees löschte, wie Pascal, der einen stachligen Gürtel um den Leib trug, um jede ihm mißfällige Regung sogleich in ihrer Geburt zu ersticken. Die Vernunft dagegen ist an ein Organ gebunden, dessen Verlust mit dem Verlust des Lebens oder wenigstens, wenn gelindere Mittel angewandt werden, mit dem Verlust der Besinnung, des Bewußtseins, der Menschheit im Menschen verbunden ist. Der Protestant hat kein äußeres, kein natürliches Mittel zur Linderung seiner Kämpfe und Seelenleiden, er muß zu künstlichen Mitteln, zu Produkten seiner eigenen Erfindungsgabe seine Zuflucht nehmen, er ist sich selbst anheimgegeben – ein Patient, der sein eigner Arzt sein soll. Der Arme, er hat zu seiner Heilquelle nur die Quelle des Übels. Mag er sich nämlich auch noch so sehr durch Gebet und Bibellesen beschwichtigen und stärken, er kann doch nicht unterlassen, er muß zuletzt immer wieder die Zweifel, die aus der Vernunft kommen, durch Gründe, die gleichfalls aus der Vernunft kommen, zu beruhigen suchen, um so die Vernunft *durch sich selbst* zu täuschen und gleichsam zum Narren zu halten. Was aber das Schlimmste ist: Die Begierden des Fleisches gleichen den Insekten, die nur zu gewissen Zeiten kommen und dann wieder verschwinden. Aber die Begierden des Erkenntnistriebes, die Zweifel der Vernunft sind Eingeweidewürmer. So trägt der orthodoxe Protestant seinen ärgsten Feind in seinem eignen Busen stets mit sich herum; er kann keine Stunde sicher sein, daß nicht die Vernunft, wie ein böser Geist, ihm die schreckliche Frage in die Ohren flüstert: Wie? Ist dein Glaube vielleicht ein bloßer Wahn? Und sollte es auch nicht zu diesem schrecklichen „vielleicht" kommen, Friede, Einheit ist wenigstens nicht da, wo zu allem, wozu der Glaube ja sagt, die Vernunft nein, und wozu die Vernunft nein, der Glaube ja sagt. Und sollte auch Friede da wohnen, so ist es doch nicht der Friede der Wahrheit, der Friede der Vernunft, sondern der Friede der Gedankenlosigkeit oder der Faulheit oder gar der Verstocktheit oder der unbewußten Selbsttäuschung oder gar des raffiniertesten Selbstbetrugs. Oh, ihr verblendete[n][1] Christen, die ihr die Splitter in den Augen der Heiden seht, ohne die Balken in euren Augen zu bemerken. Blutige Menschenopfer brachten die Heiden ihren Göttern dar, aber wie viele Menschenopfer brachte nicht der Glaube der Katholiken, wie viele nicht der Glaube der Protestanten dem Gott der Christen dar! Der Unterschied ist nur, daß das Heidentum die Leiber, der Glaube aber die Seelen opferte. (5)

Die psychologischen Opfer des protestantischen Glaubens fallen zwar meist erst in die neueste Zeit. In der frühern Zeit war der Glaube ein zeitgemäßer, dem damaligen Stand der Bildung, der Bedürfnisse entsprechender, ein berechtigter, ein relativ heilvoller Glaube. Aber gleichwohl tritt das

[1] *So ergänzt auch C.*

charakteristische Übel der protestantischen Kirche – ich sage: das charakteristische, denn allerdings leidet auch der Katholik daran, aber hier ist es nicht das vorherrschende Übel –, der Gegensatz von Glaube und Vernunft, auch schon in der frühern Zeit, selbst schon in Luther hervor. Es spricht sich bereits auf eine höchst merkwürdige Weise*[1] das Bewußtsein in ihm aus, daß die Lehren des Glaubens der Vernunft geradezu widersprechen. Aber die Stimme der Vernunft gilt für die Stimme des Pöbels und wird daher, im Widerspruch mit dem sonst so beliebten Grundsatz „Vox populi vox dei [Volkes Stimme – Gottes Stimme]", ungehört abgewiesen; der Glaube erhebt sich, gestützt auf eine äußere Macht, auf eine historische Autorität, triumphierend über die subjektive Macht der nur sich selbst überlassnen Vernunft; das Resultat ist ein unnatürlicher, *gewaltsamer* Zustand – man sticht der Vernunft mit byzantinischer Grausamkeit die Augen aus, man *unterwirft* sie ungeachtet ihrer Reklamationen der Autorität des Glaubens. So sagt z. B. Luther[2]: „In lumine gratiae insolubile, quomodo Deus damnet eum, qui non potest ullis suis viribus aliud facere, quam peccare et reus esse. Hoc tam lumen naturae quam lumen gratiae dictant, *culpam* esse non miseri hominis, sed iniqui *Dei*, nec enim aliud judicare possunt de Deo, qui hominem impium gratis sine meritis coronat et alium non coronat, sed damnat, forte minus vel saltem non magis impium. At lumen gloriae *aliud* dictat et Deum, cujus modo est judicium incomprehensibilis justitiae, tunc ostendet esse justissimae et manifestissimae justitiae. Et quis non offenderetur? Ego ipse non semel offensus sum usque *ad profundum et abyssum desperationis, ut optarem, nunquam esse me creatum hominem*, antequam scirem, quam salutaris illa esset desperatio et quam gratiae propinqua. [Im Lichte der Gnade ist es unerklärlich, warum nur Gott jenen verdammt, der mit allen ihm möglichen Kräften doch nichts anderes tun kann als sündigen und der zum Angeklagten werden muß. Ebenso klar zeigt das Licht der Natur wie auch das Licht der Gnade, daß die Schuld nicht

* S. die interessanten Stellen in Bretschneiders „Theologie und die Revolution", p. 119–125.

[1] *Feuerbachs Fußnote fehlt in C.*

[2] *C folgt Zusatz:* in betreff der Auferstehung und Sündenerlösung

den elenden Menschen, sondern den ungnädigen Gott trifft, und man kann auch gar nicht anders urteilen über einen Gott, der den einen verruchten Menschen aus Gefälligkeit ohne Verdienst krönt und einen anderen nicht krönt, sondern verdammt, der vielleicht weniger oder wenigstens nicht in schlimmerem Grade verrucht ist. Dagegen aber zeigt das Licht der Glorie etwas anderes und offenbart einen Gott, dessen Urteil allein auf unbegreifliche Gerechtigkeit zurückgeht, dann als den Gott der gerechtesten und augenscheinlichsten Gerechtigkeit. Und wer würde daran nicht Anstoß nehmen? Ich selbst bin nicht nur einmal beleidigt gewesen bis in die tiefste und abgründigste Verzweiflung, so daß ich hätte wünschen mögen, daß ich niemals als Mensch geschaffen worden wäre, hätte ich nicht vorher gewußt, wie heilsam diese Verzweiflung ist und wie nahe sie der Gnade kommt.]"*[1] Aber ebenso wie aus Luther spricht aus Calvin

* Bayle, „Réponse aux Questions d'un Provincial", p. 840, Nota d. p. 841. Nota g. T. III. der „Oeuvres diverses de Mr. P. B[ayle] contenant tout ce que cet Auteur a publié sur des matières de Theol., de Philos. etc. excepté sou Dict. hist. et crit." à la Haye 1727. T. IV, 1731. 4 B. fol.

1 „In lumine . . . gratiae propinqua." *Fehlt in C, stattdessen dort folgendes Zitat aus Luther:* „Wo du das Wort (d. h. die h. Schrift) nicht willst lassen mehr gelten denn alle dein Fühlen, Augen, Sinnen und Herz, so mußt du verloren werden und ist dir nicht mehr zu helfen . . . Wider solches alles, was die Vernunft eingibt oder ermessen und ausforschen will, ja, was alle Sinne fühlen und begreifen, müssen wir lernen am Wort halten und schlecht nach demselben richten, ob wir wohl für Augen sehen, daß der Mensch unter die Erde gelegt wird, dazu, daß er soll und muß verwesen . . . Item ob ich gleich fühle die Sünde so stark mich drücken und das Gewissen so zuschlagen, daß ich nicht fürüber kann, noch muß der Glaube das Widerspiel schließen und fest an dem Wort halten . . . Die Schrift mehr ist denn aller Menschen Gedanken, Fühlen und Erfahren." *Dementsprechend in C statt der Fußnote Feuerbachs mit dem Verweis auf Bayle eine andere mit der auf Luther bezugnehmenden Quellenangabe:* „Auslegung des XV. Kap[itels] der I. Epistel an die Korinther", V. 2. *Die Bayleschen Werke, auf die die Fußnote in A/B verweist, werden dafür dann in C in der nächsten Fußnote Feuerbachs namentlich angeführt, die in A/B nur* Ebend. *mit anderen Seitenzahlen vermerkt.*

und andern Theologen der Reformation und spätern Zeit die Erkenntnis dieses Widerspruchs. Theodor von Beza z. B. sagte in betreff der Prädestination: „Il n'y a aucune partie de la doctrine chretienne qui soit *plus contraire au sens et à la Raison* humaine [es gibt keine Seite der christlichen Doktrin, die zum Verstand und zur menschlichen Vernunft gegensätzlicher wäre]." Rungius[1], ein Professor der Theologie zu Wittenberg, sagt,[2] daß die menschliche Vernunft die Mysterien des Glaubens in den Ungläubigen verspotte und selbst in den wahren Gläubigen Zweifel errege, daß sie deswegen jenem hohen Turme vergleichbar sei, von dem aus das Fleisch und die Teufel gegen den Sohn Gottes kämpfen, daß man sie aber gefangennehmen und in das Joch der himmlischen Lehre einspannen müsse. „Sed ideo captivanda est et constringenda (nämlich die Vernunft) vinculis doctrinae coelestis, ut summittat se humiliter Deo, veritatem ac *potentiam* illius opponat regulis suis [sie (nämlich die Vernunft) muß aber darum gefangengenommen und eingeschnürt werden in die Fesseln der himmlischen Lehre, damit sie sich demütig Gott unterwerfe und dessen Wahrheit und Macht ihren Regeln entgegensetze]."[3] Noch interessanter aber repräsentiert uns Jurieu, früher ein Freund, später der leidenschaftlichste Feind Bayles, übrigens ein wahres Muster eines ketzersüchtigen Orthodoxen (wenngleich selbst mehrerer Ketzereien von den Reformierten beschuldigt), die Qualen und Verlegenheiten, welche der Glaube die Seele des Gläubigen, sowie er reflektiert, empfinden läßt. „Je trouve", sagt Jurieu, „dans la conduite de Dieu des choses, qui me sont incompréhensibles, j'ai beaucoup de peine à réconcilier la haine qu'il a pour le péché avec la Providence. Et cette *épine m'est si incommode*, que si quelqu' un me la peut ôter, je me déclare sans balancer pour lui ... Quand jé tourne les yeux sur le monde, sur l'histoire et sur les évènemens, j'y trouve des *abimes ou je me perds*, j'y rencontre des difficultez accab-

[1] sagte ... humaine". Rungius: sagt, daß nichts mehr dem menschlichen Verstand und Sinn widerspreche als die Prädestinationslehre; Rungius *C*

[2] *Fehlt mitsamt dem Komma in C.*

[3] „Sed ideo ... regulis suis". *Das lateinische Zitat fehlt in C, der Sinn dort nur deutsch in indirekter Rede.*

lantes. ... Si l'on veut parler sincérement, on avouera que l'on ne sauroit rien répondre pour Dieu qui puisse imposer silence à l'esprit humain. ... Toutes les fausses lumières de la raison *se révoltent* contre ces mystères (trinité, l'incarnation, satisfaction etc.). Et ces fausses lumières sont telles qu'il *est impossible de les distinguer des vrayes*, que par les lumières de la foy."[1]* Ein Freigeist hätte nicht besser die Unbegreiflichkeiten und innern Widersprüche in der Lehre vom Sündenfall aufzeigen können, als sie hier ein rechtgläubiger, ein eingefleischt orthodoxer, ein zelotischer Theolog wie Jurieu aufzeigt. Jurieus offene Äußerungen erregten daher auch Anstoß bei mehreren reformierten Theologen; sie beklagten sich nicht nur darüber, daß er als ein sonst so erleuchteter Theolog das Christentum den Eingriffen und Verspottungen der Freigeister bloßgebe, indem er die Einwürfe der Vernunft für unbeantwortlich erkläre, sondern sie verklagten ihn auch förmlich bei der Synode in Holland. Aber die Synode erklärte ihn für orthodox.

Der Gegensatz von Glaube und Vernunft, der uns zunächst an *Bayle* auffällt und allerdings auch das historisch

1 „Je trouve ... de la foy". *In C deutsch*: „Ich finde", sagt Jurieu, „im Benehmen Gottes unbegreifliche Dinge, es kostet mir viele Mühe, seinen Haß gegen die Sünde mit der Vorsehung zu versöhnen. Und dieser Dorn macht mir soviel zu schaffen, daß, wenn mir ihn jemand nehmen kann, ich mich unbedenklich für ihn erkläre. Richte ich meine Blicke auf die Welt, die Geschichte, die Begebenheiten, so finde ich da Abgründe, in denen ich mich verliere, ich stoße da auf Schwierigkeiten, die mich zu Boden drücken ... Will man aufrichtig reden, so muß man gestehen, daß es keine Antwort zur Verteidigung Gottes gibt, die den menschlichen Geist zum Schweigen bringen könnte. Alle falsche Weisheit der Vernunft empört sich gegen diese Geheimnisse (Dreieinigkeit, Inkarnation, Satisfaktion). Und diese falsche Weisheit ist so beschaffen, daß man sie von der wahren schlechterdings nur durch das Licht des Glaubens unterscheiden kann." *In C hierzu Fußnote Feuerbachs mit denselben Seitenzahlen, wie sie die folgende in A/B angibt, aber zusätzlich die namentliche Anführung der Bayleschen Werke, die in A/B die vorhergehende Note F.s (hier Seite 24) nennt.*

* Ebend. p. 774, 775, 777. p. 852, 843.

bedeutsamste Moment Bayles ist, gibt, als ein allgemeiner Gegensatz, noch kein spezifisches Merkmal seines Wesens ab. Bayle zitiert selbst zur Bestätigung seiner Behauptung, daß der Glaube der Vernunft widerspricht, die oben erwähnten und noch viele andere unbestritten orthodoxe Theologen. Es kommt daher auf die *nähere Bestimmung* dieses Gegensatzes an, wenn er Bayle charakterisieren soll. Eine spezifische Verschiedenheit stellt sich nun aber schon auf den ersten gesunden Blick heraus, wenn wir nämlich darauf merken, daß der Gegensatz von Glaube und Vernunft dort von Theologen, hier von einem Weltweisen oder Gelehrten überhaupt ausgesprochen wird, dort von Theologen von Profession, von Stand und Geist, hier von einem Manne, der als Gelehrter mit der Masse seiner Polyhistorie auch die theologische Gelehrsamkeit verbindet, als Mensch unter seinen übrigen Qualitäten auch die Qualität eines Mitglieds der reformierten Kirche hat, deren Glauben er teilt.

Mehr als der Mensch sich selbst bewußt ist, hat der Stand, der Beruf Einfluß auf seine Denkart, sein Inneres, seinen Glauben. In den meisten Fällen fast läßt sich nicht mehr die amtspflichtmäßige Gesinnung von der freien Gesinnung, das, was aus dem Menschen selbst kommt, von dem, was aus dem äußeren Berufe in ihn kommt, unterscheiden. Nehmt Unzähligen ihren Stand, und ihr nehmt ihnen ihren Glauben. Ihr Glaube ist Berufspflicht. Nicht die Gesinnung erhält den Stand, sondern der Stand die Gesinnung. Mit dem Moralischen ist es ebenso wie mit dem Religiösen. Darum wird da die Tugend mit der Wurzel ausgerissen, wo sie zu einer *äußerlichen* Notwendigkeit gemacht, die Freiheit auf eine ungebührliche, ihrem Begriffe widersprechende Weise beschränkt wird. Wenn nun aber der Stand oder Beruf so den Menschen bezwingt – seht, wie falsch es ist, wenn man die Persönlichkeit allein, nicht die Natur der Dinge, die innere Qualität und Notwendigkeit der sittlichen Verhältnisse für tätige, bestimmende, wirksame Prinzipien hält –, so ihn innerlich qualifiziert, daß die amtliche und innere Persönlichkeit ein ununterscheidbares Wesen wird, so muß auch umgekehrt die Freiheit von einem bestimmten Stande, die Amt- und Standeslosigkeit eine innerliche Freiheit, eine größere Ungebundenheit erzeugen, bedingen oder schon voraussetzen. Bayle war kein Theolog von Profession, ja, er gehörte überhaupt keinem bestimmten Stande und Fache an – er war wohl früher Professor der Philosophie in Sedan, später eine ziemliche Zeit lang Professor der Geschichte und Philosophie in Rotterdam; aber auch dieses Amt entsprach nicht seinem innersten Wesen, daher wir auch Bayle am allerwenigsten aus seinen (im vierten Bande seiner „Oeuvres diverses“ enthaltenen) Vorlesungen über die Logik, Ethik, Physik und Metaphysik erkennen können. Er schreibt selbst an einen Freund aus Sedan, wohl scherzhaft übertreibend, aber doch bezeichnend, daß ihm das Professorsamt eine unerträgliche Last ist, un fardeau *„importable“* [ein Bündel, „das sich nicht tragen läßt“]. Als er daher seine Professur verlor, war er im geringsten nicht darüber betrübt, vielmehr entzückt über seine jetzt völlig unabhängige Lage. Sein wahres Wesen bezeichnen die Gesinnungen, die er bei dieser Gelegenheit in einem (später folgenden) Briefe an seinen Freund Minutoli ausdrückt. Der vollkommen freie und unbeschränkte Privatgelehrte allein lag Bayle im Sinne. Schon aus diesem Unterschiede des Standes und Berufes könnte man daher, ohne anderweitige Data, schließen, daß jener Gegensatz in dem Munde von Theologen eine andere Bedeutung haben müsse als in dem Munde Bayles, und diese unterschiedene Bedeutung also aussprechen: Die Zweifel in den Seelen der Theologen waren Amtsverstöße, die sich jeder Mensch hie und da zuschulden kommen läßt, standeswidrige Handlungen, in Bayles Seele aber *seinem* Stande, dem Stande der Freiheit, der stets auch der Stand der Kritik ist, *gemäße* Handlungen, *Zweifel von Profession.* Aber Menschen von Genie, wenn auch nur von Fachgenie oder, richtiger, entschiedenem Talente, sind gewöhnlich auch in der Wahl ihrer Wirkungssphäre Talente, d. h., sie wählen nicht und vergreifen sich auch darum nicht – die Wahl macht Mißgriffe notwendig, denn sie drückt die schlechte Freiheit, die Freiheit der Unbestimmtheit und Unentschiedenheit, also die Freiheit des Irrtums aus –, sie werden unwillkürlich von dem innern Triebe ihres Geistes in die entsprechende Sphäre hineingestoßen. Sogut wir daher von jenen großen Theologen – solche waren wenigstens unstreitig Calvin, Luther – annehmen können, ja, müssen, daß sie Theologen von Herzen waren, Theologen nicht aus Wahl oder Zufall, sondern aus innerer Notwendigkeit, sogut müssen wir auch gleich von vornenherein von Bayle, der, wenn auch kein Genie, doch ein großes Talent war, annehmen, daß er aus innerem Triebe *kein* Theologe war, annehmen folglich, daß die Zweifel, die dem Berufe der Theologen widersprachen, auch ihrem Innern widersprachen, dagegen die Zweifel B.s dem Innern B.s entsprachen. So ist es auch in der Tat. Die Zweifel der Theologen waren Zweifel wohl mit Wissen, aber wider Willen, die Zweifel B.s aber auch (wenigstens im Vergleich zu jenen) mit Willen, dort im Widerspruch mit dem Wesen, hier im Einklang damit, dort schmerzensreiche Kinder, Kinder der Qual und Not, hier Kinder der Lust und Liebe, wenn auch nicht *unmittelbar*, doch indirekt, insoferne, als sie dem mit Lust und Liebe gewählten Stande oder wenigstens dem entschiednen Triebe der Ungebundenheit gemäß waren. Bayle war kein Theologe, aber er hatte auch *kein theologisches Interesse, keinen theologischen Geist und Sinn.*

Die Theologie und die Wissenschaft

Die Theologie – wohlgemerkt: die nicht von dem wissenschaftlichen Geiste überwundne und aus ihrer Abgeschlossenheit in den Strom des allgemeinen Lebens hineingezogene Theologie, *die* Theologie, welche auf ein *Monopol* sich stützt, besondere Prätensionen den übrigen Wissenschaften gegenüber affektiert, sich selbst für das Lieblingskind der Gottheit hält, kurz, die orthodoxe Theologie – um diesen veralteten Ausdruck zu gebrauchen –, sei es nun protestantische oder katholische Theologie, hat ein beschränktes, ein befangnes, unfreies Interesse zur Basis, kein andres Interesse, als das, was sie bereits glaubt, und zwar nicht auf *wissenschaftlichem* Grunde – der Glaube stützt sich auf kein wissenschaftliches Prinzip und Fundament –, was sie als wahr voraussetzt, und zwar nicht als eine wissenschaftliche Wahrheit, sondern als eine besondere, eine *Glaubenswahrheit*, zu kommentieren, zu interpretieren, zu demonstrieren, sei es nun extensiv oder intensiv[1], historisch oder dogmatisch, und das, was diesem ihrem[2] Glauben widerspricht, zu beseitigen oder, geht das nicht an, zu seinen Gunsten soviel als möglich zu drehen und zu deuten.[3] Der Theolog auf diesem Standpunkt hat keine Ahndung[4] von wissenschaftlichem Geiste, von theoretischer Freiheit; er ist durch und durch für die Wissenschaft verdorben und verloren, denn er zieht das Theoretische stets in das Gebiet des Religiösen und Moralischen herein: Der *Zweifel* ist ihm Frevel, *Sünde*; die Wissenschaft hat bei ihm nur eine *formelle* Bedeutung; es ist ihm, sosehr er sie im Munde führen mag, nicht *Ernst* mit ihr – weil nur Ernst mit seinem Glauben, den Lehren seiner Kirche –, sie bleibt bei ihm ein im Grunde wesenloses *Spiel*, wenn auch äußerlich eine noch so mühevolle Beschäftigung; seine Gelehrsamkeit ist ein übertünchtes Grab. Er hat eigentlich gar kein theoretisches Interesse – der Glaube hat schon das theoretische Interesse in Beschlag genommen –, sondern nur ein *praktisches*: Die Wissenschaft ist ihm ein bloßes Mittel zum *Zweck* des Glaubens. Er betreibt die Wissenschaft mit unreinem, mit servilem, mit dem Geiste der Wissenschaft widersprechendem Sinne.

Der Geist der Theologie ist daher nicht der Geist der Wissenschaft. Der Geist der Wissenschaft ist der *universelle* Geist, der Geist *schlechtweg*, der namenlose Geist: Sie ist[5] nicht christlicher, aber auch nicht heidnischer Geist. Es gibt keine christliche und heidnische Mathematik, keine christliche und heidnische Logik, Psychologie und Metaphysik, keine christliche und heidnische Philosophie. Eine Philosophie, die sich eine christliche nennt und ist, ist ebendarum eine mangelhafte, beschränkte, eine dem Begriffe der Philosophie widersprechende Philosophie. Die Philosophie ist nicht die Wissenschaft von Kosmo- und Theogonien[6] – dies ist Hesiodische und Homerische, märchenhafte, nicht Aristotelische, nicht Platonische Philosophie –, sie ist die Wissenschaft von den stillen Geistern, von den logisch-metaphysischen

[1] kommentieren ... intensiv: erklären und zu beweisen *C*
[2] *Im Original A/B und C:* ihren [3] wenden. *C*
[4] Ahnung *C. Geringfügige Änderung in C, die im folgenden nicht mehr vermerkt wird.*
[5] : Sie ist *Fehlt in C. Stattdessen dort Gedankenstrich.*
[6] Theogenie *C*

Prinzipien, von den Gesetzen, die die Natur und Menschheit bestimmen; aber diese Gesetze sind ewig, unwandelbar dieselben, sie regieren heute noch ebensogut die christliche Welt, wie sie einst die Regenten der heidnischen Welt waren. Die Theologie aber ist wesentlich christliche Theologie – ihr Prinzip ist nicht die Wahrheit als solche, sondern das Christliche, wahr, was christlich –, *Partikularismus* ist ihr Fundament.[1] Historische Wahrheit und Unparteilichkeit schreiben sich daher erst von den Zeiten und Männern her, die mit rein wissenschaftlichem Geiste die Geschichte behandelten. Wer vom Standpunkt des Christentums aus das Heidentum betrachtet, betrachtet es falsch, unwissenschaftlich. Wer die Philosophen mit theologischem Geiste liest, versteht sie nicht, wie dies die Mißverständnisse der Theologen von der Zeit der Kirchenväter bis auf die neueste Zeit herab hinlänglich beweisen. Selbst Entstellungen, Verfälschungen*[2], Verleumdungen waren zu allen Zeiten dem Religionseifer geläufige Dinge: Er opfert ohne Scheu, eben weil er sich nur auf ein partikuläres Prinzip stützt, die Wahrheit seinem Glauben, selbst die allgemeinen Pflichten zum Besten seines partikulären[3] religiösen Interesses auf.

Man denke nur, um sich durch Persönlichkeiten den Gegensatz zwischen dem Geiste der Theologie und dem Geiste der Wissenschaft zu vergegenwärtigen, an Bernhard und Abälard, an Lanfrancus und Berengarius, an Voetius und Cartesius, an Jurieu und Bayle, an Lange und Wolff, an Goeze und Lessing, an Melanchthon und die Theologen seiner Zeit, deren[4] „rabies" er selbst mit unter die Gründe rechnete, die ihm den Tod wünschenswert machten. Stets war die Liebe, die Wahrheit, die Humanität – der Geist der Universalität auf seiten des wissenschaftlichen, der Haß, die Lüge*,

1 Wesen. *C*

* S. Lessings kleine Schriften. Sämtliche Schriften, 6. B., p. 223, 224. Berlin 1791.

2 *Die erste auf Lessing verweisende Fußnote fehlt in C.*

3 besondern *C* 4 *C folgt Zusatz:* Wut,

* S. z. B. Lessings „Berengarius Turonensis", p. 90–93. Sämtl. Schriften, 13. B.[5]

5 p. 90 ... 13. B.: Sämtl. Schriften, Berlin 1791, 13. B., S. 90–93. *C*

die Intrige, die Verketzerungssucht – der Geist der Partikularität auf seiten des orthodoxen[1] Mannes.[2] Kein Wunder. Die Wissenschaft befreit den Geist, die Theologie beschränkt ihn; die Wissenschaft erweitert Sinn und Herz, die Theologie beengt und beklemmt[3] sie. Stets hat darum die Theologie die Philosophie mit fanatischem Hasse verfolgt, weil sie den Menschen auf den Standpunkt des Universums erhebt, auch dem Heidentum Gerechtigkeit widerfahren läßt, auch in ihm das Wahre anerkennt und die Wahrheit nicht vom Christentum, sondern das Christentum von der Wahrheit abhängig macht, ihr unterordnet; stets die Männer angefeindet und verketzert, die den Glauben an einen allgegenwärtigen, nicht da oder dort eingeschlossnen Gott geltend machten. Wie hat man es Leibniz verdacht, wie besonders Wolff deswegen verketzert, weil sie auch den Indiern, auch den Chinesen Gerechtigkeit widerfahren ließen. Und ist nicht noch heute „Nathan der Weise" den frommen Theologen ein Stich ins Herz, ein Dorn im Auge?

Denkt aber nur nicht, daß der Haß gegen die Philosophie nur einer *besondern* Philosophie gilt. Keine Philosophie kam in die Welt, keine wird kommen, die nicht den Theologen für eine unchristliche gilt. Eine Philosophie, die den Theologen recht wäre, wäre eine falsche, wäre *keine* Philosophie. Die Leibnizsche Philosophie, die man in unsern Tagen als eine christliche hat anpreisen hören, galt zu ihrer Zeit den meisten orthodoxen, d. h. den echt theologischen Theologen für eine ebenso unchristliche, als ihnen heute die Hegelsche eine solche ist. Denkt aber auch nicht, daß der, welcher die Philosophie haßt, es mit den übrigen Wissenschaften – etwa die Theologie ausgenommen – redlich meint. Der Haß

[1] theologischen *C*

[2] *In C folgt noch Zusatz*: „Wie ganz anders", sagt Bayle, „benahmen sich einst die Mönche und Prediger als ein Erasmus, ein Ludwig Vives und einige andere mehr dem Studium der schönen Wissenschaften als dem der Theologie obliegende Gelehrte, welche nur Frieden atmeten, welche Gewalttätigkeiten verabscheuten und unaufhörlich die Fürsten vom Kriege abmahnten." *Dazu in C Fußnote Feuerbachs*: „Réponse aux questions", p. 618.

[3] Geist . . . beklemmt: Geist, erweitert Sinn und Herz, die Theologie beengt und beschränkt *C*

gegen die Wissenschaft überhaupt macht sich nur Luft in dem Haß gegen die Philosophie, denn die Philosophie ist die Wissenschaft, welche allein die Idee der Wissenschaft schlechtweg repräsentiert, den Geist der Wissenschaften als Geist, abgesondert von dem bestimmten Stoffe, darstellt. Es ist nur Furcht oder Unwissenheit[1] mit dem Geiste der übrigen Wissenschaften, wenn der gegen die Philosophie aufgebrachte Theolog seinen Haß nicht auf die übrigen Wissenschaften[2] ausdehnt. Ist er redlich und mutig, so muß er es, denn in der Bibel steht: „Was nicht für mich ist, ist *wider mich.*“ Aber die Physik, aber die Astronomie, aber die Botanik, aber die Physiologie, aber die Anatomie, aber die Jurisprudenz ist (im Sinne der Orthodoxen[3]) nicht *für* Christus, also *wider* Christus. Wie viele sind durch die Physik, durch die Medizin, durch die Jurisprudenz gänzlich ihrer Orthodoxie[4] entfremdet worden! Ja, woher hat die Freigeisterei ihren Ursprung als aus diesen Wissenschaften? Sie sind *nicht* christliche, also *wider*christliche Wissenschaften.

In der Tat galten auch diese Wissenschaften und überhaupt die Wissenschaften zur Zeit, wo der Geist der Theologie der gebietende Geist war, für *an und für sich* nicht-, folglich *unchristliche* Wissenschaften; die Beschäftigung mit ihnen war nicht an und für sich, sondern nur als ein *Mittel* der Theologie gebilligt und geheiligt. Luther war bekanntlich früher ein entschiedener Feind der Philosophie, später anerkannte er sie, jedoch nur aus Gründen äußerlicher Notwendigkeit, nur aus dem Gesichtspunkt ihrer Nützlichkeit für die Theologie. „Ego persuasus sum, sine literarum peritia prorsus stare non posse sinceram Theologiam, sicut hactenus ruentibus et jacentibus literis miserrime et cecidit et jacuit [ich bin überzeugt, daß ohne die Kenntnis der Wissenschaften die wirkliche Theologie nicht bestehen kann, so daß sie so elend fiel und darniederlag, wie die Wissenschaften verfielen und niederlagen].“ *[5] In demselben Sinne

[1] Unbekanntschaft *C*
[2] auf . . . Wissenschaften: auch auf sie *C*
[3] Rechtgläubigen *C*
[4] ihrer Orthodoxie: ihrem christlichen Glauben *C*
* Vita Lutheri in „Vitae Theolog. German.“ a. M. Adamo, Francof. ad. M. 1726, p. 49.
[5] *In C der erste Satzteil des Zitats deutsch.*

empfahl Melanchthon die Philosophie. „Adjuvari volo Theologum in oeconomia methodi. Multa enim mutuari eum ex Philosophia necesse erit . . . Propter Ecclesiae salutem quae nobis debet esse charissima, obtestor, ut has optimas disciplinas quas Philosophia continet, conservandas esse statuatis et in eas majore studio incumbatis. [Ich will dem Theologen bei der methodischen Einteilung helfen. Es ist notwendig, daß er aus der Philosophie vieles übernimmt . . . Um des Heils der Kirche willen, das uns vor allem teuer sein muß, beschwöre ich euch, daß ihr diese besten Disziplinen, welche die Philosophie umfaßt, euch zu bewahren vornehmt und sie eifriger studiert.]" *[1] Auch die übrigen Theologen dieses Jahrhunderts trieben die Wissenschaften nur aus formellen[2], der Wissenschaft an sich fremdartigen Gründen. So bemerkt z. B. Melchior Adam in seinen „Vitae Theologorum" im „Leben" des obengenannten Dav. Rungius ausdrücklich[3]: „Praeter linguarum studium . . . operam impendit artibus . . . Vidit enim Dominam hanc (die Theologie) famula fideli et industria opus habere, quantumque adminiculi adferret sobrius sobriae Philosophiae usus ad multorum locorum sacrae scripturae genuinam interpretationem, periculosum denique esse, cum hostibus hac armatura inductis nudum congredi et inernem. [Außer für das Studium der Sprachen . . . wandte er Mühe für die Künste auf . . . Er sah nämlich, daß diese Herrin (die Theologie) eine treue und fleißige Dienerin brauche und einen wie großen Beistand ihr die nüchterne Ausnutzung der nüchternen Philosophie bei der richtigen Auslegung vieler Stellen der heiligen Schrift leistete und daß es demgegenüber gefährlich sei, den mit dieser Bewaffnung gerüsteten Feinden nackt und wehrlos zu begegnen.]" Im „Leben" eines andern Theologen wirft Adam die Frage auf: „An Theologo Mathemata conveniant?"[4],

* „Declamationum Melanchth. et aliorum", T. I., Argent., p. 34, 37.

1 *In C nur der letzte Satz, aber deutsch, dabei unvollständig und ungenau übersetzt.* 2 äußerlichen *C*

3 *In C folgt hier statt des lateinischen Zitats aus Adam*:, daß er auch Philosophie studierte, weil er eingesehen habe, wie nützlich sie dem Theologen sei.

4 *In C deutsch*:, „ob sich die Mathematik für einen Theologen schicke"

und bejaht sie mit einer Stelle aus Augustin, wo von dem Nutzen der Mathematik für die Theologie gesprochen wird; es heißt nämlich: „Numerorum imperitia multa facit non intelligi translate ac mystice posita in scripturis [die Unerfahrenheit in den Zahlen macht vieles unverständlich, das in übertragener und sogar mystischer Bedeutung in den Schriften niedergelegt ist]."[1] Solange daher die Theologie herrschte, war der wissenschaftliche Geist ein *unterdrückter* Geist. Selbst noch in der spätern Zeit, wo die Orthodoxie mehr nur noch eine respektierte als herrschende Macht war, waren dem Geiste die Flügel gestutzt. Er flatterte nur wie ein Vogel im Käfig hin und her, ohne sich frei in die Lüfte erheben zu können. Er war befangen, zaghaft, schüchtern, unredlich gegen sich selbst, voller Verlegenheiten und Widersprüche mit sich, voller Klauseln, Exzeptionen[2] und falscher, nicht zur Sache gehöriger Rücksichten; alle Forschungen waren limitiert,[3] nur bis zu einer gewissen, dem Gegenstande nach willkürlichen Grenze freigegeben; kein Gedanke wurde gefaßt, keiner ausgesprochen, ohne daß sorgfältigst untersucht wurde, ob er ortho- oder heterodox; überall wurde die Religion mit ins Spiel gezogen, kein Gegenstand unabhängig, keiner an und für sich, keiner in *seinem eignen* Interesse, sondern nur im Interesse der Theologie oder wenigstens mit Bezugnahme darauf[4] betrachtet, keine Lehre nach sich selbst, sondern nur nach dem etwaigen Gewinn oder Nachteil, den der Glaube daraus ziehen könnte, beurteilt und geschätzt. So hoben die Cartesianer als ein Kriterium von der Wahrheit ihrer Lehre, daß die Tiere bloße seelenlose Maschinen seien das besonders hervor, daß, wenn man dem Tiere eine erkenntnisfähige Seele gäbe, man die natürlichen Beweise für die Unsterblichkeit der Seele des Menschen ruiniere und daß ebendeswegen nur die Gottlosen und Epikuräer die hartnäckigsten Gegner ihrer Lehre wären. Sie suchten die Wahrheit ihrer Ansicht übrigens nicht nur aus ihrer Übereinstimmung mit dem Dogma von der Unsterblichkeit, sondern überhaupt mit den religiösen Vor-

[1] es heißt . . . in scripturis". *Fehlt in C.*

[2] Ausnahmen *C*

[3] *Fehlt mitsamt dem Komma in C.*

[4] oder . . . darauf *Fehlt in C.*

stellungen von dem Wesen Gottes zu erhärten. Und man kann nicht leugnen, daß die Gründe für ihre Behauptung vom Standpunkt der religiösen Vorstellungen aus unwiderleglich waren. Sie zogen nämlich aus dem Augustinischen Satz, daß Gott gerecht, das Elend daher ein notwendiger Beweis der Sünde sei, den Schluß, daß die Tiere, wenn sie Empfindung hätten, dem Elend unterworfen wären, ohne gesündigt zu haben, folglich empfindungslos sein müßten, denn im entgegengesetzten Falle wäre Gott ein ungerechter und grausamer Gott, der unschuldige Wesen allen möglichen Leiden und Schmerzen preisgäbe, ohne sie dafür einst zu entschädigen. Sie schlossen weiter, daß Gott, da er alles nur sich zum Ruhme tue und erschaffe, keine der Liebe und Erkenntnis fähige[n] Seelen erschaffen könne, ohne sie zu seiner Liebe und Erkenntnis zu befähigen und verpflichten, daß er aber, wenn er den Tieren Seele und folglich Empfindung gegeben hätte, sie nur für den körperlichen Genuß, für den Zustand der Abkehr von Gott, also für die Sünde erschaffen hätte*. Das Widerliche, das unausstehlich Widerliche an den wissenschaftlichen Streitigkeiten in dem orthodoxen Zeitalter kommt ebendaher, daß stets das Interesse der Religion mit hineingezogen wurde, stets ein Gegner dem andern die bedenklichen Folgen seiner Behauptungen für die Sache des Glaubens vorhielt. So drehte sich Bayles Streit mit Clericus in betreff der plastischen Naturen Cudworths und Grews nur darum, ob diese Geschöpfe für oder wider den Atheismus Waffen an die Hände gäben. Selbst Leibniz liebte es besonders, sowohl seine eignen als die Gedanken anderer Philosophen unter den äußerlichen Gesichtspunkt ihrer Konsequenzen für die Interessen der Theologie zu stellen, sei es nun aus Schonung und Gefälligkeit gegen sein Zeitalter oder weil er wirklich noch in den Schranken seines Zeitalters befangen war. So blinzelten die Philosophen, während sie mit dem einen Auge in die Philosophie blickten, mit dem andern stets zugleich in die Theologie. Ihr Geist war kein

* Siehe in Bayles Journal „Nouvelles de la Republique des Lettres", Oeuv. div., T. I, p. 8–9, den Auszug aus der Schrift „La Bête transformée en Machine". Desgl. die Schrift „Traité de l'ame et de la connoissance des bêtes etc." par A. P. . . ., Amsterd. 1691, chap. XI, p. 74 usw.

ungeteilter, kein unbedingter, sondern ein in sich selbst *relativer*, entzweigespaltner, darum *zweideutiger* Geist. Sie hielten sich nicht an das einzige Kriterium der Philosophie: ob etwas *an und für sich selbst* wahr oder falsch ist. Wie wahr ist doch und wie für seine Zeit überraschend der Ausspruch Bayles: „*La Theologie nuit à la Philosophie* [die Theologie schadet der Philosophie]".

Nicht minder als die Philosophen waren die Naturforscher unter dem Drucke der Theologie im Widerspruch mit sich selbst. Die Naturforscher des XVII. und XVIII. Jahrhunderts sprachen nur die Betrachtung und Erkenntnis der göttlichen Macht[1] und Weisheit als den eigentlichen Zweck ihrer Beschäftigung mit der Natur aus. Sie entschuldigten vor ihrem eignen Gewissen und vor der religiösen Befangenheit ihres Zeitalters ihren Eifer für das Studium der Natur mit der Versicherung, daß es nur im Interesse der Religion geschähe, und bewiesen dadurch, daß das Studium der Natur *an und für sich selber* in den Augen der Theologie ein verbotenes, gottloses oder doch eitles, nutzloses war. (6) Aber – unbeschadet eurer Wahrheitsliebe, ihr trefflichen, verehrungswürdigen Männer – das religiöse Interesse war *an sich* – freilich nicht in Beziehung auf euern ehrlichen, redlichen Sinn – nur ein Vorwand, eine Einbildung, eine Selbsttäuschung. Im Grunde eurer Seele war der primus motor[2] eures Eifers der Erkenntnistrieb der Natur als solcher.[3] Es war die Natur selbst, die euch reizte, der Unterschied zwischen ihrem geheimnisvollen und eurem euch bekannten, weil gewöhnlichen Tun, der Sporn eurer Wißbegierde,[4] der Gegenstand an und für sich selber, der eure Augen fesselte.

Ein Kunstliebhaber, der zugleich ein frommer Mann ist, wird Bilder von religiösen Gegenständen weltlichen oder gar obszönen[5] Bildern vorziehen. Aber wenn der gute Mann uns sagt, daß er nur aus religiösem Interesse diese Bilder habe und betrachte, so lügt er. Der gute Mann hat unbestritten

1 *In C folgt Zusatz*:, Güte
2 *In C folgt Zusatz*: ,der erste Beweger
3 Erkenntnistrieb . . . solcher.: Trieb, die Natur zu erkennen. *C*
4 der Unterschied . . . Wißbegierde,: es war *C*
5 oder . . . obszönen *Fehlt in C.*

ein religiöses, aber auch ein Kunstinteresse, das ein selbständiges, in sich selbst begründetes Interesse ist, das daher auch den Freigeist, auch den Heiden erfüllen kann. Daß er nun *diese* Bilder hat, das allerdings verdankt er seinem religiösen Sinne, daß er aber überhaupt *Bilder* hat, und zwar *schöne* Bilder, das verdankt er seinem Kunstsinn. Die Liebe zum Schönen überhaupt ist offenbar der Grundzug des Mannes; der religiöse Sinn bestimmt nur die *Art* der Kunstgegenstände. Er will Schönes sehen, Schönes stets um sich haben, aber nicht *nur*, nicht rein, nicht unbestimmt *Schönes*, nicht Schönes, es sei welcher Art es nur wolle, – darüber würde er die Forderungen vergessen, die sein religiöser Sinn an ihn macht, darüber würde dieser beleidigt und zurückgesetzt; er schiebt also als *Mittelsmann* zwischen seinen ästhetischen und seinen religiösen Sinn einen heiligen Hieronymus, einen Apostelkopf, kurz, einen religiösen *Gegenstand* ein. Aber diese religiösen Bilder sind gleichsam nur veranschaulichte Beschwichtigungsgründe seines Gewissens, Konzessionen, die sein ästhetischer Sinn seinem religiösen macht, schöne Vorspiegelungen, Illusionen, die ihn in den süßen Traum einwiegen, daß *nur* ein religiöses Interesse ihn erfüllt. Seid gerecht! Gebt der Religion, was der Religion gebührt, aber auch der Kunst, was der Kunst ist!

Eine ähnliche Bewandtnis hat es mit dem Natursinn der Naturforscher des XVII. und XVIII. Jahrhunderts. Er war der *verborgne*, der latente[1] Grundsinn: das religiöse Interesse, geschweige der Hebel, vielmehr nur eine Hemmung und Beschränkung ihres Naturstudiums. Zum Zwecke der Bewunderung der Güte, Macht und Weisheit Gottes ist es nicht nur nicht nötig, sondern sogar schädlich, die Natur zu studieren. Zu diesem Zwecke reicht vollkommen die bloße natürliche, oberflächliche Anschauung der Natur hin. Den heiligen Franziskus von Assisi rührte bis zu Tränen religiöser Liebe und Bewunderung der bloße Anblick des kleinsten, verächtlichsten Insektes. Je mehr wir die Natur studieren, desto mehr werden wir mit ihrem Gange vertraut, desto eher kommen wir auf den Gedanken von der Selbsttätigkeit der Natur, desto mehr lernen wir die natürlichen Gründe kennen, desto mehr reduziert sich die das sinnliche Auge in Ver-

[1] verborgne . . . latente:, obwohl verborgene, *C*

wunderung setzende Mannigfaltigkeit auf dieselben Zwecke, dieselben Gesetze, dieselben Formen. Das *ὅτι*[1] reicht zur religiösen Betrachtung hin, aber das *δι' ὅτι*[2] ist der Kern des Naturstudiums. Daß so viele, so mannigfaltige und darunter so kleine, so unansehnliche Geschöpfe dem *Zwecke nach* dieselben Mittel wie wir haben und anwenden, um zu leben und sich zu erhalten – dieses Faktum, welches man mit gewöhnlichen Augen schon wahrnimmt, genügt vollkommen dem religiösen Interesse; aber wissen wollen, wie das Organ dieses Tiers gebaut ist, wie es dasselbe gebraucht, worin seine Nahrung besteht, wie seine Lebensweise beschaffen ist, ist *reines* Interesse an der Natur. Überdies ist die Weisheit, die Güte ein allgemeines, unbestimmtes *Prädikat* eines überdem zwar nicht virtualiter (der Allgegenwart nach), aber doch essentialiter[3] *außer* der Natur gedachten Subjektes, die Macht nicht nur ein unbestimmtes, sondern auch begriffloses Prädikat. Zwischen diesen unbestimmten *Eigenschaften* daher und diesem Tiere von diesem Bau, diesen Organen, dieser Lebensweise oder sonst einem andern bestimmten Naturwesen ist kein Zusammenhang, so daß ich die Weisheit, die Macht[4] Gottes ebensoviel oder ebensowenig aus *diesem* Tiere erkenne als aus *jenem* Tiere von einer ganz *andern* Ordnung und Gattung, als aus einem Baume, als aus einem Steine – abgesehen davon, was hier nicht zu entwickeln ist, daß aus einem *subjektiven*[5] Gotte auch nur das Dasein von *subjektiven*[5] Wesen, aber nicht von selbstlosen, unempfindlichen Wesen wie Bäumen und Steinen, im Grunde nur das Dasein von Wesen, die ihn lieben und denken, nicht das Dasein von Tieren erklärbar und folglich auch umgekehrt aus ihnen Gott in dieser Bestimmtheit nicht erkennbar ist. Im *Grunde* war aber auch die Bewunderung der *übernatürlichen* Macht[6] und Weisheit nichts anderes als die *Bewunderung des Gegenstandes an und für sich*, die sich nur äußerlich, nur subjektiv, in dem Gemüte des Beschauers an die religiöse

[1] bloße Daß *C*

[2] Wie und Wodurch *C*

[3] virtualiter ... essentialiter: der Kraft, der Allgegenwart nach, aber doch dem Wesen nach *C*

[4] *In C folgt Zusatz:* und Güte

[5] *In C beide Male:* persönlichen

[6] *In C folgt Zusatz:*, Güte

Vorstellung anknüpfte, eine Bewunderung, die daher auch unabhängig von dieser Vorstellung empfunden werden kann. Und eben weil zwischen diesem bestimmten[1] Gegenstande der Bewunderung und zwischen der göttlichen Macht und Weisheit kein bestimmter[2] Zusammenhang existiert, so war die Vorstellung derselben, der Gedanke daran stets nurder *Moment der Abkehr* von der Natur, der Moment der Subsumption[3] des Gegenstandes unter die allgemeine Vorstellung einer Kreatur, in welcher er gerade *das* Interesse verliert, das er allein für den Naturforscher hat. So ausgezeichnet daher auch in ihrer Art die Naturforscher der nächstverflossenen Jahrhunderte waren, so unermüdlich in ihrem Eifer, so erfindungsreich an Mitteln und Versuchen, die Natur zu belauschen, so war doch der Geist ihrer Naturforschung im ganzen ein *beschränkter: nur Beobachtung des einzelnen,* so fehlte doch der tiefere Sinn für die Natur im allgemeinen. Die Theologie mit ihrem Mirakelglauben, mit ihren Vorstellungen eines außernatürlichen, extramundanen, *subjektiven,* so wie der Mensch von der Natur persönlich unterschiednen, mit seinem Willen über sie[4] nach Belieben schaltenden, wie eine Maschine sie regierenden Gottes hatte die Menschheit der Natur entfremdet, ihr die Fähigkeit, sich in sie hineinzufühlen, hineinzudenken, geraubt. Es war bei den meisten nicht ein Zug in die Heimat, eine Ahndung der Verwandtschaft mit ihrem Wesen, sondern vielmehr ein Überraschtsein, ein Befremden über dieses rätselhafte Wesen, eine äußerliche Verwunderung, keine aus der Tiefe quellende Bewunderung, eine bloße Neugierde, die sie an die Natur trieb, daher denn auch die Aufmerksamkeit hauptsächlich zunächst nur auf die curiosa[5] fiel. Was ihrem Gott die Natur war, das war sie ihnen selbst: eine bloße Maschine. Rob. Boyle und Christ. Sturm wollten selbst das Wort „*Natur*" als eine heidnische Fiktion verbannt wissen. Wer

[1] diesem bestimmten: dem *C*

[2] zwischen ... bestimmter: den göttlichen Eigenschaften kein notwendiger *C*

[3] Unterordnung *C*

[4] außernatürlichen ... über sie: übernatürlichen, außerweltlichen, persönlichen, mit der Natur *C*

[5] ,auf Sonderbarkeiten *Zusatz in C.*

aber eine[n] der Natur äußerlichen Gott glaubt, der befreundet sich nimmermehr mit ihrem Innern – daher stammt auch aus dieser Zeit der Spruch:

„Ins Innre der Natur dringt kein geschaffner Geist,
Zu glücklich, wem sie nur die äußre Schale weist" –,

der bleibt selbst stets in einem von der Natur abgezognen, ihr äußerlichen Verhältnis zu ihr stehen, der hat *keine Idee* von der Natur. So war es mit den frühern Naturforschern. Die Vorstellung Gottes, wie ihn die Theologie repräsentiert, war die Grenze, die *Schranke* ihres Geistes. Daher die Kategorie[1] der geistlosen, äußerlichen Zweckmäßigkeit.

Der Geist hatte zwar eine Freude an der Natur; das theologische Interesse war nicht mehr das ausschließliche, das alles unterdrückende Interesse; der Mensch blickte nicht mehr nur zum Himmel hinauf, es entzückten sein Auge die schönen[2] Schätze der Erde.

„Wie mancherlei hab ich mit *innigem Vergnügen*
Nur bloß an Flügeln einst erblickt:
. . . .
Es sind wahrhaftig *Wunderdinge*
Den bunten Flügeln eingeprägt.
Man wird mit großem Rechte können,
Sie fliegende, lebend'ge Blumen nennen." *[3]

[1] Vorstellung *C*

[2] *Fehlt in C.*

* B. H. Brockes, „Irdisches Vergnügen in Gott"; in Lessers „Insektotheologie", Frankf. und Leipz. 1740, p. 348, 351.

[3] *In C fehlt die gepunktete Zeile zwischen der zweiten und dritten Verszeile, es werden aber dann noch zusätzlich drei Strophen von Triller zitiert*: „Woran mag sich das Herze mehr erfrischen, / Als wenn sich auf den grünen Büschen / Die schönsten Farben rot und weiß / In angenehmsten Glanz vermischen? / – Doch da sich itzo mein Gesicht / Von Bäumen weg hin zu den Blumen richt, / So werd' ich außer mich gesetzet / Und so gar inniglich ergetzet, / Daß ich kaum fähig und geschickt, / Dies schöne Schauspiel zu beschreiben. / – Denn wenn sich auf ein blumenreiches Beet / Mein geiziges, nie sattes Auge dreht, / So stellt sich mir / Ein Himmel auf der Erden / Von mancherlei gefärbter Sternen für, / Die nicht allein gefühlt, nein, gar gerochen

Aber zugleich wandelte ihn[1] doch immer wieder mitten drin in seiner Schaulust ein theologischer Schauer an, der ihn außer das Diesseits in das Jenseits versetzte. Dieser Zwiespalt zwischen dem *einen*, was *not-*, und zwischen dem *vielen*, was *wohltut*, dieser Dualismus zwischen Himmel und Erde war es, welcher die Theologie selbst mit sich entzweite und daher – die Zwei ist die Mutter der Vielheit – in eine Menge von Spezial- oder Filialtheologien zerspaltete. Je mehr sich intensiv der theologische Geist verlor, desto mehr breitete sich extensiv die Theologie aus, so daß schon der leichtgläubige Naturforscher und Gelehrte Athan. Kircher, † 1680 – ein Jesuit –, nicht weniger als 6561 Beweise für das Dasein eines Gottes aufzählen konnte. Aber wie vervielfältigte sich[2] erst später die Theologie! Kein Reich der Natur war, das nicht seine besondere Theologie lieferte: Da gab es eine Astrotheologie, eine Lithotheologie, eine Petinotheologie, eine Insektotheologie. Selbst die besondern Tiergattungen hatten wieder ihre eigene Theologie. Als im Jahre 1748 unzählige Scharen von Heuschrecken erschienen, so fiel gleich noch in demselben Jahre der Pastor primarius zu Diepholz, Rathlef, über sie her und fabrizierte eine eigene Akridotheologie (d. i. Heuschreckentheologie), wo unter andern Beweisen von „dem großen Verstand Gottes" auch dieser vorkommt: „Den Kopf hat Gott an ihnen also eingerichtet, daß er länglich und das Maul unten, damit sie im Fressen sich nicht tief bücken, sondern bequem und geschwinde ihre Nahrung nehmen mögen."* Ja, es gab kein Wesen der Natur, das die Theologie nicht adoptiert und dem sie nicht ihren heiligen Namen aus Dankbarkeit[3] als ein Andenken vermacht hätte. J. A. Fabricius schrieb eine Hydro- und eine Pyrotheologie; ein Superintendent zu

werden." *Dazu als Zusatz in C Fußnote Feuerbachs*: Hrn. D. W. Trillers „Poet. Betracht. zur Bewährung der Wahrheit christl. Relig., denen Atheisten und Naturalisten entgegengesetzet etc.", Hamburg 1725.

[1] den Menschen *C*

[2] sie *C* (*Druckfehler ? Oder auf die Gottesbeweise zu beziehen?*)

* E. L. Rathlefs „Akridotheologie. etc.", Hannover 1748, p. 126.

[3] *In C folgt Zusatz:* für die ihr im Kampfe gegen den Atheismus geleisteten Dienste

Pfedelbach eine „Geistliche Lehrschule vom Schnee"; andere de tonitru, de pluvia existentiae Dei teste [über den Donner, über den Regen als Zeugen der Existenz Gottes].[1] Auch die Monstra, die am ersten auf einen innern Entwickelungsgang der Natur schließen lassen konnten, auch die Teufel wurden zu Doktoren der Theologie kreiert. So hielt der gelehrte J. C. Schwartz eine Antrittsrede „De usu et praestantia daemonum ad demonstrandam naturam Dei", Altdorfi 1715. Ja, es gab kein Organ des menschlichen Leibes, das nicht der Theologie zu einem Mordinstrument des[2] Atheismus dienen mußte: Nicht aus der Idee der Vollkommenheit, aus dem Begriffe der Gottheit, nein, aus den Augen, aus den Ohren, aus dem Herzen, aus dem Hirne, aus der Zunge, aus den Händen, aus den Füßen, aus dem Rückgrate, aus dem Magen**, aus den Geschlechtsteilen wurden jetzt die Argumente[3] für das Dasein eines Gottes geschöpft. (7) Die denkenden Naturforscher unterließen wohl oder verwarfen selbst das Bestreben, die Zwecke Gottes im *einzelnen* aufzusuchen und anzugeben, unter dem Vorwande, daß dies eine Vermessenheit sei, im Grunde aber deswegen, weil sie, wie schon Bacon und Cartesius, die Unfruchtbarkeit der Teleologie einsahen oder doch fühlten; allein die Kategorie[4] der äußerlichen Zweckmäßigkeit im allgemeinen selbst war doch eine unüberwundene Kategorie[5] ihres Geistes. Selbst der treffliche Reaumur, unstreitig einer der freiesten Köpfe unter den Naturforschern der ersten Hälfte des XVIII. Jahrhunderts, er, der in seinen Untersuchungen den rein objektiven Standpunkt einnimmt und selbst sagte: „Il y a

[1] andere ... teste. *Stattdessen in C*: P. Ahlwardt eine „Bronto-Theologie oder vernünftige und theologische Betrachtungen über den Blitz und Donner"; J. S. Preu eine „Sismotheologie oder physikalisch-theologische Betrachtung über die Erdbeben"; andere vom „Regen als Zeugen der Existenz Gottes".

[2] gegen den *C*

** S. J. A. Fabricius' „Verzeichnis der alten und neuen Skribenten etc." in dessen „W. Derhams ‚Astrotheologie'", Hamburg 1739.

[3] Beweise *C*

[4] Vorstellung *C*

[5] Denkform *C*

assurement des causes finales particulières qui nous sont connues, mais peut-être y *en a-t-il moins que nous ne croyons*"[1]* – ein Satz, den er durch mehrere Beispiele belegte –, ist doch in dieser Kategorie[2] an und für sich befangen**. Aber ebendiese Kategorie[3] ist eine der Naturforschung fremde,[4] hinderliche Denkweise. Solange der Mensch in der Vorstellung der äußerlichen Zweckmäßigkeit befangen war, hatte er keine *unmittelbare* Anschauung von der Natur: Die Vorstellung des außerweltlichen Gottes war zwischen ihm und der Natur. Der Materialismus, der Mechanismus, der Okkasionalismus waren die notwendigen Folgen davon: Alles Leben, aller Geist, alle Vernunft war in dem Begriff Gottes, der doch nicht geistig, nicht vernünftig, nicht lebendig gedacht wurde, aufgegangen. Jeder tiefere Blick in die Natur – wie z. B. der Satz des Hippokrates: „Invenit natura ipsa sibi vias non ex ratione (*οὐκ ἐκ διανοίας*)"[5] – galt für Ketzerei, für Paganismus[6], für Atheismus. Wie in allen Sphären, so auch hier hatte *der ὁ θεός das τὸ θεῖον*[7] verdrängt. Giordano Bruno und Spinoza waren die einzigen, welche eine Idee von dem innern Leben der Natur hatten und diese Idee rein erhielten. Die Substanz Spinozas hat keine „Einsicht", weil sie *das Vernünftige* selbst ist.

Die Teleologie scheint wohl das Gute an sich zu haben, daß sie auf das Vernünftige in der Natur aufmerksam macht, aber es ist nur ein Schein, von dem man sich nicht muß blenden lassen. Die Weisheit, der Verstand Gottes war nur in einer subjektiven Bedeutung erfaßt, nur gedacht nach der Analogie des praktischen Menschenverstandes, der die Dinge

1 *In C etwas ungenau deutsch:* „Es gibt sicherlich besondere Zwecke, die uns bekannt sind, aber vielleicht gibt es deren weniger, als wir glauben"

* „Memoires pour servir à l'Histoire des Insectes", à Amsterdam 1737. T. I, P. I, Mem. I, p. 30.

2 Vorstellung *C*

** S. z. B. T. II, P. I, Préface, p. 52, p. 13–14.[8]

3 ebendiese Kategorie: eben die Teleologie *C*

4 *Fehlt in C.*

5 „Invenit . . .)" *In C deutsch und in indirekter Rede*: daß die Natur ohne Überlegung die rechten Mittel trifft,

6 Heidentum *C*

7 der . . . *In C deutsch:* der Gott das Göttliche

8 *Diese Fußnote Feuerbachs fehlt in C.*

zu Absichten benützt, zu Zwecken bildet, die ihnen an sich ganz gleichgültig sind. Der Mensch blieb daher stets *außer* der Natur stehen; er wurde nicht von sich selbst abgezogen, nicht mit dem Gedanken Gottes *zu dem Göttlichen*, über den Standpunkt des gemeinen praktischen Lebens, der äußerlichen Werktätigkeit emporgehoben. Aber wie innerlich, selbst in den Geistern der Naturfreunde, die Theologie das Studium der Natur beschränkte und hemmte, so trat sie auch äußerlich von seiten der Theologen und um so mehr, je weniger sie durch die Beschäftigung mit diesem Studium ihren frommen Eifer zügelten, störend und hemmend dem Fortgang der Naturwissenschaft, wie überhaupt der Wissenschaften, entgegen. (8) Man denke nur z. B. an das Schicksal des Kopernikanischen Systems.

Die Folge von den Bedrückungen und Anfeindungen, welche der wissenschaftliche Geist von seiten der Theologie erlitt, spüren wir selbst heute noch in bibliologischer Hinsicht. Die für ihre Zeit interessantesten, geistvollsten philosophischen Schriften, wie[1] die eines G. Bruno, eines Nic. Taurellus, sind hauptsächlich nur deswegen solche literärische[n] Seltenheiten geworden, weil sie die Beschränktheit der Theologen in den Geruch atheistischer Schriften brachte. Was aber war das Verbrechen des Atheismus? Das, was in der Politik zu gewissen, übrigens wohlbekannten, Zeiten das Verbrechen des Hochverrats war.

Aber *warum* ist denn nun der Geist der Theologie ein der Philosophie, der Wissenschaft – denn die Philosophie repräsentiert, wie gesagt, die Idee der Wissenschaft – entgegengesetzter Geist? Was ist das *oberste Prinzip* der Differenz zwischen der Theologie und Wissenschaft[2]? Dieses: Das Fundament der Theologie ist das *Mirakel*, das Fundament der Philosophie die *Natur der Sache*, das Fundament der Philosophie die *Vernunft*, die Mutter der Gesetzmäßigkeit und Notwendigkeit, das *Prinzip der Wissenschaft*, das Fundament der Theologie der *Wille*, das asylum ignorantiae[3], kurz, das dem Prinzip der Wissenschaft entgegengesetzte Prinzip der *Willkür*. Man merke aber wohl: das

[1] *C folgt Zusatz:* z. B.
[2] der Differenz . . . Wissenschaft: dieses Gegensatzes *C*
[3] der Zufluchtsort der Unwissenheit C

Fundament der Theologie als einer *partikulären* Wissenschaft, der Theologie in ihrem *spezifischen*[1] Unterschiede von der Philosophie und ihrer Unabhängigkeit von philosophischen Einflüssen, von *den Einschränkungen*, welche die Vernunft des orthodoxen Theologen, um gefährlichen Konsequenzen vorzubeugen oder um sich einigermaßen Satisfaktion zu geben, hinzusetzt, etwa in der Behauptung, der Wille Gottes sei nicht unterschieden von der Weisheit, von dem Wesen Gottes usw., Behauptungen und Einschränkungen, die aber nicht das spezifische[2] Prinzip der Theologie aufheben, eben weil es nur Behauptungen und äußerliche Einschränkungen sind. Die Philosophie betrachtet daher die Gesetze der Moral als sittliche *Verhältnisse*, als *Kategorien* des Geistes, als auf sich selbst beruhende Ideen, kurz, als Gesetze, die Theologie als Gebote Gottes. Das Gute ist dem Philosophen das Gute, weil es gut ist, dem Theologen, weil es Gott will, weil es sein Befehl ist. Was Gott oder bei den Neuern, denen Gott zu abstrakt, ein leerer Begriff ist, der Herr sagt, ist recht; ob an und für sich selbst gut oder nicht gut, ist gleichgültig, der Wille des Herrn ist die Quelle des Guten und Rechten; der Wille des Herrn geschehe*. Der Einwand, den der Theolog dem Philosophen macht, wenn dieser das Prinzip des Willens als das oberste Prinzip bekämpft, der Einwand: „Was Gott oder der Herr will, ist gut, heilig, weil er nur das Heilige, Gute wollen kann, weil er selbst der Heilige ist, mein Gehorsam ist daher kein blinder", ist ein bloßes Sophisma, welches dem Gegner zugibt, daß er recht hat, indem es ihn abfertigen will. Denn der Wille als Wille ist dann nicht mehr der Grund des Guten, sondern die Natur dieses bestimmten, des göttlichen, des mit der Idee des Guten identischen Willens ist der Grund, daß das, was er will, gut ist. Es ist gut, weil Gott, nicht als wollender schlechtweg, sondern als gut-, als heiligwollender, es will. Der Wille wird hier abhängig gemacht von der Idee des Guten, ein spezieller Fall (dieses oder jenes Gebot) aus der Idee des absolut Guten abgeleitet. Aber das will eben der Theologe nicht, das meint er nicht, wenn er den Willen zum Prinzip

[1] eigentümlichen *C*
[2] eigentümliche *C*
* Trefflich hat schon [*G. F.*] *Daumer* in seinen polemischen Schriften diese Materie entwickelt.

macht. Er meint, daß der Wille als Wille, der *formelle Wille,*[1] der Wille schlechtweg, unangesehen die Natur des Gewollten, abgesehen von der Beschaffenheit des Gegenstandes, der Wille als (in seinem Sinne) freie Willkür, also der herrische, der gesetz- und vernunftlose Wille die Quelle des Guten ist. *Ich will,* das ist der entscheidende Grund, mich kümmert nichts der Inhalt der Sache, mich binden keine Gesetze; ich bin ja der Herr über alles, ich der Gesetzgeber, kein Ding ist bei mir unmöglich. „Sic volo, sic jubeo, stat pro ratione voluntas [so will ich, so befehle ich, und dieser Wille gilt als Grund]." So spricht der Herr im Sinne der Theologen. Der Theologie ist daher etwas nur heilig, weil es von Gott *eingesetzt* ist, der Philosophie, weil und wenn es an und für sich selbst heilig ist, aus dem einfachen Grund, weil, wenn nicht die Kategorie der innerlichen objektiven Beschaffenheit[2] der letzte, einzig entscheidende, gültige und verbindende Grund wäre, man *notwendig* auch zuletzt annehmen müßte, daß Gott nicht notwendig, durch seine Natur, infolge seines Begriffes, sondern nur infolge eines Aktes der Willkür gut und heilig wäre, daß Gott folglich sich selbst zum Gott eingesetzt hätte; denn wenn man einmal die Willkür zum Prinzip macht, so ist jede Grenze, die man setzt, eine willkürliche, so ist die Unvernunft die einzig vernünftige und notwendige Folge, so ist der *absolute Unsinn* selbst das erste Wesen und Prinzip der Dinge. (9)

Diese Begründung der moralischen Gesetze ist aber nur ein spezieller Fall. Die spezifische[3] Tendenz der Theologie ist überhaupt, die Dinge aus Gott abzuleiten, und zwar aus *dem Willen* Gottes. Ihr oberstes *metaphysisches* Prinzip *sozusagen* – denn es ist kein Denkprinzip, sondern vielmehr eine absolut[4] gedankenleere Ausflucht, so tief sie *scheint* –, ein Prinzip, das keineswegs in der Partikularität Augustins ihren[5] Grund hat, ist die Schöpfung *aus nichts,* d. h. aus dem Willen. Lächerlich ist es daher, hinter diesem Nichts Geheimnisse zu suchen. Das Nichts ist nichts als der onto-

[1] der formelle Wille,: *Fehlt in C.*
[2] Kategorie . . . Beschaffenheit: Beschaffenheit des Gegenstandes selbst *C*
[3] eigentümliche *C*
[4] ganz *C*
[5] in der . . . ihren: nur in dem Geiste Augustinus' seinen *C*

logische[1] Ausdruck des grundlosen, des bloßen Willens. „Quare fecit Deus coelum et terram? ... quia vult: voluntas enim Dei est causa coeli et terrae“ (Augustin contra Manich.)[2] Die Tendenz der Philosophie dagegen ist, die Dinge überhaupt aus natürlichen Gründen, d. h. aus Gründen, welche eine Materie des Denkens sind, aus ihrem Wesen oder, in der Sprache und im Sinne der neuern Philosophen, aus ihrer Idee abzuleiten. (10) Auf die Frage z. B.: Wie erklärst du die Erscheinung des Christentums?, antwortet die Theologie, ohne sich darüber zu besinnen, kurzweg: Das Christentum hat keinen natürlichen Ursprung; was braucht es da viel Kopfzerbrechens, mit dem doch nichts herauskommt? Gott hat es *eingesetzt* zur Rettung des Menschengeschlechts, als er es einzusetzen für gut und zweckmäßig fand. Der Wille Gottes ist der Grund des Christentums. Aber die Philosophie versinkt über diese Frage in tiefes Nachdenken, und erst nach langer Besinnung unterbricht sie ihr Stillschweigen mit den Worten: Du stellst eine Frage an mich, deren Beantwortung aus mancherlei, wiewohl größtenteils nur äußerlichen Gründen nicht leicht ist; ich würde wenigstens einen langen, einen sehr langen Weg machen müssen, wenn ich dir eine mir selbst genügende Lösung geben wollte; die Vernunft ist ein saures Brot. Doch um dir den Unterschied meiner Methode zu zeigen, hier nur soviel. Ein Punkt genügte dem Mathematiker, um die Erde in Bewegung zu setzen; so glücklich ist der Philosoph nicht. Zwei Dinge sind ihm nötig: *Zeit* und *Natur*. Die Zeit enthüllt alle Geheimnisse, und die Natur ist allmächtig, aber ihre Allmacht ist die[3] Weisheit, nicht der bloße Wille[4].

Ich gehe also erstlich aus von der *Natur* der Religion, und da sage ich in meiner Sprache: Die Religion ist eine *Kategorie*, d. h. eine[5] *wesentliche* Form des menschlichen Geistes, namentlich des Volksgeistes. Die verschiedenen Religionen

[1] *In C noch Zusatz:* oder metaphysische

[2] *In C deutsch:* „Warum“, sagt Augustin, „macht Gott Himmel und Erde? ... Weil er will. Der Wille Gottes ist die Ursache von Himmel und Erde.“ *Der eingeklammerte Quellenverweis fehlt in C.*

[3] *In C folgt Zusatz*: Macht der

[4] der ... Wille: des bloßen Willens *C*

[5] Kategorie, d. h. eine *Fehlt in C.*

haben daher einen gemeinschaftlichen Grund und, so verschieden sie der Materie[1] nach sein mögen, *gemeinschaftliche* Gesetze. So verschieden die orientalische und okzidentalische Philosophie sind, nicht nur die logischen, auch die metaphysischen Gesetze, die Vernunftformen, die allgemeinen Ideen sind doch überall dieselben – daher die frappante[2] Ähnlichkeit, daher die Erscheinung, daß selbst termini[3], die rein[4] willkürlich ersonnene[5] scheinen wie die scholastische[6] haecceitas, sich im Sanskrit vorfinden. So ist es auch mit den verschiedenen Religionen. Entweder dürfen wir gar von[7] keiner Religion der Heiden reden, oder wir müssen eine Identität zwischen der heidnischen und christlichen Religion anerkennen. Diese Identität ist aber nichts anders als die *Natur der Religion* überhaupt. Selbst der Fetischismus trägt noch, wenn auch in der gräßlichsten Entstellung, als Karikatur, die Spuren von dem Wesen der Religion an sich, Spuren, die für den Denker, um in das geheime Wesen der Religion einzudringen, ebenso wichtig sind als die Zustände der Leidenschaftlichkeit und Verrücktheit zur Erkenntnis des psychologischen Menschenwesens. Die bei verschiedenen Nationen, namentlich des Orients, sich vorfindenden, den christlichen Vorstellungen frappant[8] ähnliche[n] Vorstellungen sind daher keine Überbleibsel einer ursprünglichen, *historisch* dagewesenen Religion oder Vorbedeutungen der christlichen Religion, sondern aus der Natur der Religion, aus ihren innern Gesetzen, aus ihrem Wesen entsprungne, *notwendige*, der Religion notwendige Vorstellungen. Die Gesetze der Religion sind eben die *notwendigen* Vorstellungen, den Unterschied, den allerdings wesentlichen Unterschied bildet nur der *Inhalt*, der bestimmte Gehalt[9] dieser Vorstellungen, der selbst ein irreligiöser, d. i. dem wahren Wesen der Religion widersprechender, sein kann. Die christliche

[1] der Materie: dem Inhalte *C*
[2] auffallende *C*
[3] Kunstausdrücke *C*
[4] *Fehlt in C.*
[5] ersonnen *C*
[6] In *C folgt Zusatz:* Diesheit,
[7] gar von: von gar *C*
[8] auffallend *C*
[9] ,der . . . Gehalt *Fehlt in C.*

Religion hat also einen *notwendigen Ursprung*, einen in der Natur der Religion begründeten Ursprung. Sie mußte so sein, wie sie ist, wollte sie anders dem Wesen der Religion entsprechen.

Ihr zweiter Ursprung ist der zeitliche, der geschichtliche. Die christliche Religion konnte nur zu *der* Zeit in die Welt kommen, in welcher sie erschien, zur Zeit des Weltuntergangs, zur Zeit des größten Verderbnisses, des Untergangs aller nationalen Unterschiede, aller *national-sittlichen Bande*, kurz, aller der Prinzipien, welche die alte Welt trugen und bewegten, solange sie klassische Völker, klassische Zeiten hatte. Nur in einer solchen Zeit konnte sich die Religion rein, abgesondert von allen fremdartigen Bestandteilen, in einer ihrem Wesen entsprechenden Gestalt darstellen. Wie oft in einer ganz schlechten, moralisch und bürgerlich[1] zerrütteten Familie sich in einem Kinde ein reines Gemüt und der tiefste, heiligste Familiensinn erhält, auf eine wunderbare, d. h. den gewöhnlichen Erwartungen und Erfahrungen widersprechende, aber deswegen nicht minder natürliche und gesetzmäßige Weise, dadurch nämlich, daß der Jammer der Zwietracht dem Kinde den Schauder vor der Zwietracht einflößt und dasselbe in sich selbst zurückstößt, um hier in der innern Welt zu finden, was es in der äußern entbehrt, so war es in jener Zeit mit dem Christentum. Es ist richtig, das Gute wird nur durch sich selbst erkannt, aber man erkennt auch das Gute noch durch sich selbst, wenn man es durch das Schlechte erkennt; die Empfindung von dem Unglück des Schlechten ist die Empfindung von dem Glück der Tugend[2]: Der Mangel eines Gutes bringt oft dieselben Wirkungen hervor als der Besitz desselben. Die frühern heidnischen Philosophen, lebend entweder noch in den klassischen Zeiten der alten Welt selbst oder doch in der frischen, lebendigen Erinnerung daran oder selbst in politischen Beziehungen, dachten darum, wenigstens nicht mit durchgreifender Konsequenz, die Idee der Sittlichkeit nicht unabhängig, nicht an und für sich, sondern immer wieder zugleich in bezug auf nationelle, *politische* Zwecke. Daher z. B. jene für uns abstoßenden und unsittlichen, aber nur

[1] ökonomisch *C*
[2] der Tugend: des Guten *C*

aus ihrer Zeit und ihrem allgemeinen, auf politisch-sittliche Zwecke gerichteten Geiste zu erklärenden Gedanken der alten Philosophen in betreff z. B. der Weibergemeinschaft, der Abtreibung der Frucht, der Aussetzung schwacher Kinder. Aber das Christentum verdankt seine Reinheit, seine Strenge, seine Konsequenz gerade dem politisch-sittlichen Verderben seiner Zeit; der Geist wandte sich jetzt von aller Politik ab; er verwarf mit dieser schlechten Welt alle Welt. Es war nichts mehr in der Außenwelt, was ihn an sich ziehen, nichts, was sein Auge bestechen, sein Herz verführen konnte. Der Mensch war lebenssatt, im Genießen überdrüssig des Genusses. Die Genußsucht, die Wollust der römischen Welt war nichts als ein desperater, ein sich selbst zerstörender, sich selbst verhaßter Genuß, nichts als ein glänzendes Elend. Nur in einer solchen nichtigen Zeit und Welt konnte die Idee der Sittlichkeit, welche das einzige Positive[1] des Christentums ist (denn das Positive, sowohl in dem christlichen Menschen als in Christus und in Gott, ist *zuletzt* – wenn man den *Endzweck* ins Auge faßt, den eigentlichen Sinn der *vermittelnden* Bilder von den orientalischen Zieraten der Phantasie entkleidet – die in ihrer absoluten Realität dargestellte und verwirklichte Idee der Sittlichkeit)[2], in ihrer Reinheit erfaßt werden. (11) Mag auch gleich das Christentum sich anfänglich selbst an nationelle Zwecke angeknüpft haben, so hat das doch keine andere Bedeutung, als daß überhaupt etwas nicht sogleich im Anfange seiner Erscheinung sein wahres Wesen offenbart.

Sollte euch indes der eben angedeutete Ursprung *eurer* Religion aus der Natur der Religion und der Zeit zu despektierlich, zu gemein erscheinen, so erinnere ich euch nur an euren *Wunderglauben*, den ihr mit allen andern Völkern gemein habt. Wenn ihr gleich viel von der Göttlichkeit und innern Wahrheit der Lehre redet und, wenn ihr so redet, sehr liberal mit den Wundern tut und keinen besondern Wert auf sie zu legen scheint, so sieht man doch dann, wenn einer

[1] Wesenhafte und Wahre *C*

[2] *Einfügung in der Klammer fehlt in C, ausgenommen die Parenthese* – wenn . . . entkleidet –, *in der dort aber hinter* man *als Zusatz noch* wenigstens *und hinter* Endzweck *noch* desselben *folgt.*

negativ gegen sie auftritt, an eurer Wut über ihn, daß euch allerdings die Wunder etwas sehr Positives[1] sind, daß ihr also anders *redet*, als ihr *denkt*. Wer euch nämlich die Mirakel nimmt, der gilt euch für einen Unchristen. Der Mirakelglaube ist also euch verwachsen, identisch mit dem Christentum. Nun findet sich aber der Mirakelglaube in allen Volksreligionen. Nach allen Gesetzen der Wahrheit und Vernunft ist daher der Schluß gerechtfertigt: Das Mirakel ist ein *natürliches Bedürfnis*, eine Kategorie[2] der Volksreligion. Die Wunder des Christentums sind aus demselben Bedürfnis entsprungen, aus derselben Notwendigkeit, aus welcher die Wunder des Heidentums. Der Wunderglaube ist ein *psycho*-logisches Gesetz; die Wunder sind nichts weniger als übernatürliche, sie sind sogar *gesetz- und naturgemäße Erscheinungen des religiösen Geistes*. Wodurch ihr euch von den Heiden unterscheidet, ist nur der *Zweck*, die Qualität[3], die Spezies[4] eurer Wunder. Wollt ihr euch daher der natürlichen Abkunft eurer Religion schämen, so schämt euch vor allem eures Wunderglaubens, der einen sehr natürlichen Ursprung hat. Wollt ihr mir entgegnen, daß eure Wunder gar nicht in Vergleich zu setzen seien mit den Wundern der Heiden, weil eure wahre, ihre Wunder falsche wären, euer Wunderglaube daher ein begründeter, der ihrige ein irriger war, so erwidere ich, daß die Frage, ob ein Wunder ein wahres oder falsches ist, richtiger: ob *geschehen* oder erdichtet – denn *Wahrheit* ist kein Wunder, auch wenn es geschieht, Wahrheit ist das Gesetz, die Vernunft, die Regel, nicht die Exzeption[5], die Aufhebung des Gesetzes, der abnorme Fall –, daß diese Frage, sage ich, eine ganz untergeordnete und hier gar nicht zur Sache gehörige ist; denn wenn auch die Wunder der Heiden nur erdichtete, falsche Wunder waren, so war ihnen doch das Wunder ebenso wie euch ein Bedürfnis, eine *notwendige* Vorstellung ihrer Religion. Wenn aber der Glaube an die falschen Wunder aus demselben Bedürfnisse kommt, aus welchem der eurige, so kommt auch umgekehrt euer Wunderglaube aus *derselben Quelle*, aus welcher der Wunderglaube

[1] Wesenhaftes *C*
[2] Vorstellungsform C
[3] Beschaffenheit *C*
[4] Art *C*
[5] Ausnahme *C*

der Heiden. Eure wahren Wunder beruhen auf demselben *innern Grunde*, auf welchem ihre falschen, ihr mögt nun auch noch so sehr eure Wunder distinguieren[1] und darauf pochen, daß sie bei euch nur zur Bestätigung von Wahrheiten dienen sollen und daher einen ganz andern Sinn als bei den Heiden haben. Das Wunder ist eine *notwendige Vorstellung* der Religion, *angeschaut als Faktum*, als eine Begebenheit; ob wirklich oder unwirklich, ist eins; der *Glaube* an das Wunder ist das *Wesen* des Wunders. Der Glaube bindet sich nicht an die Gesetze der Vernunft und Natur, folglich nicht an die Gesetze der historischen Wahrheit und Wirklichkeit. Es ist daher ein merkwürdiger Widerspruch in dem Wunderglauben, daß er die Sinne als das letzte, entscheidendste Zeugnis der Gewißheit für sich haben will, während er doch den Sinnen alle Wahrheit und Gewißheit abspricht, indem er die *Gesetzmäßigkeit* der Sinnenerscheinung aufhebt, daß er mit *natürlichen* Augen *Über- d. h. Wider*natürliches sehen will, sehen zu können glaubt. Das Wunder ist *kein Objekt des Sinnes*, wie es kein Objekt der Vernunft, des denkenden Geistes ist.[2]

Wenn z. B. Wasser in Wein verwandelt würde, so müßte, um dieses Wunder als ein sinnliches Faktum zu konstatieren, das Wunder vor meinen Augen vorgehen, d. h., ich müßte sehen, wie das Wasser in Wein verwandelt wird; die Gewißheit des Wunders würde mir nur zuteil durch die augenscheinliche Einsicht in das Geschehene, in den wunderbaren Verwandlungsprozeß; aber dann wäre es ein Wunder, das zugleich kein Wunder wäre, denn ich wüßte, wie es geschehen. Um sich ja keiner Täuschung, auch nicht dem geringsten Verdacht einer Täuschung preiszugegen, um zur vollkommensten, untrüglichsten Gewißheit zu kommen, stelle man sich vor, daß das Wunder der Verwandlung nicht in einem Kruge, sondern hier in diesem durchsichtigen, sonnenklaren Glase vor sich gehe. Aber was nehmen denn meine Augen wahr? Ich sehe weiter nichts als das bloße Dasein des Weines an der Stelle des Wassers, d. h. einen natürlichen Gegenstand an

[1] unterscheiden *C*

[2] Das Wunder . . . Geistes ist.: Allein das Wunder ist ebensowenig ein Objekt des Sinnes als ein Objekt der Vernunft, des denkenden Geistes. *C*

der Stelle eines andern natürlichen Gegenstandes, ohne zu begreifen, *d. h. ohne gesehen* zu haben, wie er da herkam; ich glaube daher das Wunder nur, aber ich sehe das Wunder nicht; ich sehe nur Wein auf eine von mir nicht gesehene Weise gekommen an die Stelle des Wassers, aber von dem Wunder selbst habe ich *keine objektive*, sinnliche Gewißheit. Diese sagt mir nur, daß der Wein Wein war, daß das Wasser da Wasser ist und daß da, *wo* Wasser war, den Augenblick nachher Wein war, aber nicht, daß *das Wasser in Wein verwandelt* wurde; dieses Faktum, dieses un- und übernatürliche Werk *ist kein Faktum*, ist nur Glaube. Sowenig das räumliche Vakuum[1] ein Objekt des Sinnes, der Erfahrung ist, sowenig ist es das qualitative Vakuum[1], die unendliche Kluft, die zwischen dem Wasser und Weine liegt; nur der Glaube überspringt sie. Das wirkliche Wunder hat daher kein *objektives Unterscheidungsmerkmal* vor dem erdichteten, eingebildeten oder nur vorgespielten Wunder voraus. Es ist eine Selbsttäuschung, Wunder für historische Fakta, für wirkliche Begebenheiten zu halten. Faktum ist, was in dem Augenblick, wo es *geschieht*, die Möglichkeit des Andersseins und daher in dem Zuschauer die Möglichkeit des Zweifels ausschließt, was unmittelbar, notwendig die Affirmation[2], daß es ist und daß es so ist, mit sich bringt. Aber das Wunder ist ein Geschehenes ohne Geschehen, ein reines Perfektum ohne Imperfektum, ein sinnliches Faktum ohne sinnlichen Hergang, ohne natürlichen Grund. Das Wunder zieht daher auch in dem Augenblick, wo es *geschehen ist, die Affirmation*[2], *daß es ein Wunder ist, nicht* notwendig nach sich: Das, was das Wunder zum Wunder macht, das Wesentliche dieses Faktums, ist kein Objekt[3] der Wahrnehmung; ich bilde mir nur ein, ich glaube, aber ich weiß nicht, daß es auf wunderbare Weise geschehen ist. *Das Wunder schließt nicht den Zweifel aus*, ob es ein Wunder, ob es nicht doch vielleicht auf natürliche Weise geschehen ist. Es überläßt den Menschen *sich selbst*, seinem eignen Willen und Gutbefinden; *das Wunder widerspricht dem Begriffe eines wirklichen, eines sinnlichen, unleugbaren Faktums*; es ist ein Faktum, das kein

[1] *In C* das räumliche *bzw.* qualitative Leere
[2] Behauptung C
[3] Gegenstand C

Faktum ist. Das Faktum ist redlich, offen, zuverlässig, unbedingt, schlechthin affirmativ[1], aber das Wunder ist amphibolisch[2], täuschend, versteckt, unredlich; *das Faktum gibt sich für nichts anderes aus, als was es ist*; sagt es mir auch nicht seinen natürlichen Grund und Hergang, so *leugnet* es doch *nicht*, daß es einen natürlichen (wenn auch mir unbekannten) Grund hat, und stellt sich daher *anspruchslos* als ein natürliches Faktum hin, aber das Wunder gibt ein *sinnliches* Faktum für ein *nichtsinnliches* aus; das Faktum ist einfach, natürlich, darum unwiderstehlich, aber das Wunder will *imponieren*, gibt sich eine *besondere Bedeutung*, die nicht den Stempel der Faktizität[3], der Objektivität[4] an sich trägt, spricht anders, als es denkt, gebraucht die gemeinsten, sinnlichen Zeichen und Worte, aber in einem dem Gebrauch und selbst den Gesetzen der Sprache zuwiderlaufenden, rein subjektiven[5], willkürlichen Sinne. Das Wunder verdient keinen Glauben: Es *widerspricht dem Wesen der Wahrheit*. Die Wahrheit verläßt sich *nur auf sich selbst*; sie verschmäht es, durch berauschende, die Phantasie erregende, den Verstand aber niederschlagende Mittel dem Menschen das Jawort abzudringen. Pascal sagt: „Il faut juger de la doctrine par les miracles: il faut juger des miracles par la doctrine. La doctrine discerne les miracles et les miracles discernent la doctrine. Tout cela est vray: mais cela ne se contredit pas.“ [6]* Aber weder kann das Wunder die Lehre, noch die Lehre das Wunder bestätigen. Die Lehre ist wahr, aber das Wunder beruht an und für sich auf einer *durchaus falschen Voraussetzung*, auf einer ganz *oberflächlichen* Anschauung von der Natur, auf einem *Urteil*, das der Mensch nicht aus der Tiefe der Natur holt, nicht von dem Standpunkt der Erkenntnis

1 bejahend oder verneinend *C*
2 zweideutig *C*
3 Tatsächlichkeit *C*
4 Gegenständlichkeit *C*
5 ‚rein subjektiven *Fehlt in C.*
6 *In C deutsch:* „Man muß die Lehre nach den Wundern beurteilen; man muß die Wunder nach der Lehre beurteilen. Die Lehre unterscheidet die Wunder, und die Wunder unterscheiden die Lehre. Das alles ist wahr, aber es widerspricht sich nicht.“
* „Pensées“ de Mr. Pascal. Pensées sur les miracles, I.

aus über sie fällt, sondern von dem des alltäglichen, gemeinen praktischen Lebens, wo die Natur nur in ihrem *äußerlichen Scheine* Gegenstand ist. Wie dem äußerlichen Weltmenschen das Leben eines geistigen Menschen ein trauriges, elendes Leben ist, weil es keinen Wechsel, keine auffallenden Veränderungen darbietet und er keine Ahndung davon hat, daß diese äußerliche Einförmigkeit und Langweiligkeit nur von innerlich reichem und selbstgenügsamen Leben zeugt, so erscheint dem Menschen von dem Standpunkt des gewöhnlichen Lebens aus, wo ihm nur die Wiederkehr von einem und demselben stets vor die Augen tritt, wo ihm nur die *äußerlichen Folgen* der innerlichen Gesetzmäßigkeit, nicht diese selbst Gegenstand ist, die Natur als ein gemeines, triviales Ding, und er glaubt daher nur in *gewaltsamen Unterbrechungen,* in theatralischen Spektakeln, in mirakulösen Intermezzos die Spuren des göttlichen Geistes zu vernehmen. Aber in der Tat ist das *Wunderbare,* ist der *über* der Natur waltende *göttliche Geist* allein *das Gesetz in der Natur* – das Gesetz nichts weniger als der tote Buchstabe oder ein bloßes Produkt [1], sondern der lebendige, tiefsinnige Geist, die innere, schaffende, allbestimmende Seele der Natur selbst. (12) Allerdings glaubt daher auch die Philosophie Wunder, aber sie glaubt nicht die Wunder der Theologie – *die* Philosophie wenigstens, die dieses Namens würdig, die nicht eine niedrige Buhldirne der Theologie ist, nicht bei jedem Gedanken, den sie denkt und spricht, mit weinerlicher Stimme die Theologie um Verzeihung bittet, um nicht den gemütlichen, wohlbehaglichen Frieden des Einverständnisses mit ihr zu verscherzen, *die* Philosophie, die ihren Nacken nicht mit sklavischer Gesinnung unter das Joch hundert- oder tausendjähriger Vorurteile beugt. Sie glaubt nicht die *Wunder der Willkür und Gesetzlosigkeit,* die Wunder der Einbildung, sondern die Wunder der Vernunft, der innern [2] Natur der Dinge, die *geheimen stillen* Wunder der Erkenntnis, die nur der gesammelte Geist des Weisen in den Stunden der tiefsten wissenschaftlichen Entzückung in dem einsamen Tempel der Musen vernimmt, nicht die Wunder, die mitten auf dem Marktplatz der gemein-sinnlichen Anschauung durch Pauken-

[1] oder . . . Produkt *Fehlt in C.*
[2] *Fehlt in C.*

schläge und Trompetenstöße dem pompsüchtigen Pöbelsinn der gaffenden Menge sich ankündigen – sie glaubt unvergängliche, ewig sich erneuernde, lebendige, universelle Wunder, nicht partikuläre, zeitliche, tote und ebendeswegen geist- und bedeutungslose Wunder. Die Philosophie hängt ihr Herz nicht an *zeitliche* Dinge – geschweige an den ägyptischen Mumiendienst der Vergangenheit.

Die Religion und die Moral oder Bayles Gedanken über den Atheismus

Nun zurück zu Bayle. Bayle ist von Natur, sozusagen von freien Stücken, sua sponte[1] kein theologischer, sondern ein *nicht-*, ja, *anti*theologischer, d. i. *denkender* Kopf. Daß der Gegensatz zwischen „theologisch" und „antitheologisch" als synonym mit dem Gegensatze zwischen „theologisch" und „denkend" genommen wird, kann nach dem Bisherigen nicht befremden; denn wer etwas aus dem Willen Gottes ableitet, der begibt sich ebendamit aus dem Gebiete des Denkens heraus; er gibt keine innern Gründe an, die allein ein Gegenstand des Nachdenkens sind. Bayles wesentliches Interesse ist es überall, sich keinen blauen Dunst durch unbestimmte Vorstellungen und Allgemeinheiten, gegen die er bei jeder Gelegenheit eifert, vorzumachen, sondern klar und deutlich zu sehen, die Dinge in ihrer Bestimmtheit, ihrer spezifischen Differenz[2] zu erfassen und aus ihren natürlichen, d. i. wahren und vernünftigen Gründen abzuleiten. Schon in seiner ersten größeren Schrift (13), seinen „*Pensées diverses* ecrites à un Docteur de Sorbonne, à l'occasion de la Comete qui parut au mois de Décembre MDCLXXX"* – ein Komet, der die ganze Welt fast in Furcht und Schrecken gesetzt hatte –, spricht sich dieser Geist, dieses Interesse aufs bestimmteste aus. Seine Tendenz ist nämlich keine andere hier, als die Kometen als das, was sie sind, als natürliche Körper darzustellen, sie, entkleidet von der furchtbaren Bedeutung, die

[1] , sua sponte *Fehlt in C.*
[2] ihrer . . . Differenz: ihrem eigentümlichen Wesen *C*
* Im III. B. seiner „Oeuvres diverses".

ihnen das religiöse Vorurteil gegeben, in ihrer wahren Gestalt zu zeigen. Da er aber bei seinen befangenen Zeitgenossen nicht hoffen konnte, durch philosophische und physikalische Gründe allein seinen Zweck zu erreichen, so sucht er besonders auch durch theologische Gründe ihre Vorurteile zu zerstören. Er beweist, daß die Kometen, wenn sie Gott, wie es die allgemeine Meinung war, zur Vorbedeutung von Übeln und damit als Mittel zu religiösen Zwecken hervorbrächte oder auch nur gebrauchte, nur die Götzendiener in ihrem Aberglauben bestärken würden, also Folgen hätten, die zu bezwecken Gottes Wesen widerspricht. Dieser Satz führte ihn auf die in seiner Zeit großen Anstoß erregende[1] Behauptung*, daß der Atheismus kein größeres Übel sei als der Polytheismus, überhaupt die Idolatrie oder der Aberglaube, und diese Behauptung wieder auf die berüchtigten Sätze, daß der Atheismus nicht notwendig mit Immoralität verbunden sei, daß selbst *an sich* ein Staat recht gut aus Atheisten bestehen könnte, weil der Atheist auch durch natürliche Gründe zu guten Handlungen bewogen werden kann und die Menschen überhaupt nicht im Einklang, sondern vielmehr im Widerspruch mit ihren theoretischen, namentlich religiösen Prinzipien leben, die Atheisten also leben können und teils wirklich leben, als glaubten sie an einen Gott, die Gottesgläubigen, die Christen aber leben können und wirklich leben, als glaubten sie an keinen Gott. Bittere Wahrheit! Die Christen leben nicht ihrer religiösen Überzeugung gemäß, ihr Leben widerspricht ihrem Glauben.

„Der Geist unsrer heiligen Religion", sagt Bayle, „die uns, wie alle wissen, die auch nur die ersten Elemente des Evangeliums kennen, nichts so sehr anbefiehlt, als Unrecht zu ertragen und demütig zu sein, flößt uns sicherlich keine kriegerischen Gesinnungen ein; der evangelische Mut ist ein ganz anderer Mut als der kriegerische; und doch gibt es auf der Erde keine[2] kriegerischeren[3] Nationen als die Christen. Die

[1] in . . . erregende: seiner Zeit so anstößige *C, wo die auf Walch verweisende Fußnote zu* Behauptung *fehlt.*

* S. hierüber auch Walchs „Philosoph. Lexikon", Leipz. 1733, Art. Atheisterei, p. 141.

[2] *In C folgt Zusatz:* so

[3] kriegerischen *C*

Türken selbst stehen hierin den Christen nach[1] – von uns lernen selbst die Ungläubigen den Gebrauch besserer Waffen. Ich weiß wohl, daß sie das nicht von uns als Christen lernen, sondern deswegen, weil wir mehr Verstand und Geschicklichkeit besitzen, ... aber nichtsdestoweniger finde ich hierin einen sehr überzeugenden Beweis, daß man in der Welt nicht die Lehren der Religion befolgt, da am Tage liegt, daß die Christen allen ihren Geist und alle ihre Leidenschaften auf die Vervollkommnung der Kriegskunst verwenden, ohne auch nur im geringsten durch die Erkenntnis des Evangeliums von dieser grausamen Tendenz abgebracht zu werden".*

„Selbst die Christen, welche aus ihrem Kultus alles Götzendienerische entfernten, haben sich ein Götzenbild errichtet: Sein Name ist die Ehre (le point d'honneur)[2], und diesem Idol opfern sie ihre Ruhe, ihr Vermögen, ihr Leben, selbst das Heil ihrer Seele auf. Auch ein noch so eifriger Protestant, wenn er eine Ohrfeige bekommt, schlägt sich zur Wiederherstellung seiner Ehre. Er ist vollkommen überzeugt, daß die Religion ihm gebietet, die gröbste Beschimpfung zu vergeben, er bittet alle Tage in dem von Jesus Christus selbst vorgeschriebenen Gebete Gott um Vergebung seiner Sünden, wie er selbst die erhaltenen Beleidigungen vergibt, d. h., er verdammt sich selbst, wenn er nicht vergibt. Er weiß überdem, daß die Staatsgesetze über den Mord, den ihm die Religion verbietet, die Todesstrafe verhängt haben und daß er sich nicht schlagen kann, ohne die Möglichkeit eines Mordes zu riskieren. Er setzt ebenso sich selbst der Gefahr aus, getötet zu werden und seine Seele mitten in der Wut der Rachsucht auszuhauchen, d. h. geradenwegs in die Hölle zu fahren, denn er hat nicht die Gewißheit, ob ihm noch Zeit genug zu einer frommen Handlung übrigbleiben wird. Aber alles ist umsonst: Die Vorstellung der Ehre hat mehr Gewalt

[1] *In C folgt als Zusatz:* . Wahrlich eine große Ehre für die Christen, daß sie sich besser als die Muhamedaner auf die Kunst verstehen, zu töten, zu bombardieren und das menschliche Geschlecht auszurotten! *Dann weiter* Von *statt* – von *in C, wo außerdem zu* auszurotten *noch die in A/B ebenfalls fehlende Fußnote Feuerbachs* gehört: „Dictionnaire historique et critique", Art. Mahomet. Rem. P., p. 261. Ed. 1740.

* „Pensées diverses", § 141, p. 90 u. 91.

[2] *Einfügung in Klammern fehlt in C.*

über ihn als das Interesse seines Lebens oder Heiles und seine Anhänglichkeit an die Religion . . . Aber ebenso ist es mit allen Dingen, die das Christentum verboten, aber nichtsdestoweniger die Christen der Welt noch[1] für ehrenvoll ansehen." * „Selbst die gewöhnlichsten Beschäftigungen des Lebens, die nach menschlichen Begriffen unschuldigsten Bereicherungsmittel (wie der Handel, das Ausleihen[2] Geldes auf Zinsen) sind nicht nur dem Geiste des Evangeliums, sondern auch den ausdrücklichen Verboten Christi und der Apostel zuwider. Ein Theolog, der seine Lebenszeit auf einen Kommentar der heiligen Schrift verwendet, hätte seine Zeit viel nützlicher anwenden können, wenn er sie auf die Handlungen der Andacht und christlichen Liebe verwendet hätte. Alle Schriftsteller müssen eingestehen, daß sie verdammt wären, wenn sie nach den Vorschriften des Evangeliums beurteilt und gerichtet würden." **

„La Religion n'est pas un frein capable de retenir nos passions.[3] Es war eine Zeit, wo man den Priestern und Mönchen in Deutschland gegen eine gewisse jährliche Abgabe an ihren[4] Prälaten erlaubte, sich Beischläferinnen zu halten. Gewöhnlich hält man die Habsucht allein für den Grund dieser schändlichen Nachsicht. Aber es ist wahrscheinlich, daß man dadurch die Keuschheit der ehrbaren Frauen wenigeren Gefahren aussetzen und ihre Männer beruhigen wollte, deren Rache zu verhüten im Interesse der Geistlichkeit lag. Seht, so wenig war die christliche Religion imstande, die Unzucht zu bezähmen, daß man sich genötigt sah, ihr einen Teil der Weiber aufzuopfern, um den andern zu retten und durch ein geringeres ein größeres Verbrechen zu verhüten, das aber dessenungeachtet ein sehr gemeines geworden" („Pensées div.", § 165). „Das Sittenverderbnis unserer Zeit hat keineswegs daher in dem Unglauben der letzten Jahrhunderte seinen Grund" (§ 156). „Wenn man

[1] der . . . noch *Fehlt in C.*

* „Réponse aux Questions d'un Provincial", p. 966, T. III.

[2] *In C folgt als Zusatz:* des

** Eclaircissement sur les Obscenités im IV. T. des „Dict. hist. et critiq.", p. 649, und „Rep. aux Quest. d'un Prov." das interessante Kapitel XXVIII, Part. III, p. 979 usw.

[3] *In C deutsch:* Die Religion ist nicht imstande, unsere Leidenschaften im Zaume zu halten. [4] ihre *C*

unter dem Glauben den wahren Glauben versteht, *den* Glauben, der stets von der Liebe Gottes begleitet und ein besonderes Geschenk des heiligen Geistes ist, so hat man wohl recht; aber wenn man darunter versteht den Mangel an Überzeugung, d. h., daß wir deswegen einen schlechten Lebenswandel führen, weil wir die Dogmen der christlichen Lehre[1] für problematisch und ungewiß halten, so hat man unrecht; denn mit Ausnahme einiger vornehmen Personen und falschen Gelehrten oder wohl gar selbst einiger von euch Herren Theologen glauben alle Leute von uns das Mysterium der Inkarnation[2], den Tod und das Leiden Jesu Christi, seine Himmelfahrt, seine Gegenwart auf unsern Altären*, das jüngste Gericht, die Auferstehung der Leiber, den Himmel und die Hölle. Man hat vielleicht von diesen Dingen keine evidente Überzeugung, aber man hat wenigstens eine solche Überzeugung, welche den Zweifel ausschließt. Unsre Bauern, unsre Handwerker, unsre Soldaten, unsre Bürger, alle unsre Frauen, die meisten Edelleute und Gelehrte[n] glauben aufrichtig und fest alle Artikel des Symbolum. Solcher, die an der Göttlichkeit der christlichen Religion zweifeln und alles, was man vom künftigen Leben sagt, für Fabeln erklären, sind sehr wenige" (§ 150). „Allein, es verträgt sich recht wohl die Überzeugung von unsern Religionsgeheimnissen mit allen möglichen Sittenlosigkeiten." „Die bloße Überzeugung von unsern Mysterien ist es nicht, was das Herz des Menschen reinigt" (§ 147). „Die Erfahrung lehrt, daß auch die, welche einen Himmel und eine Hölle glauben, zu Verbrechen aller Art[3] fähig sind, und es ist daher evident[4], daß die Neigung zum Bösen nicht daher kommt, daß man nicht weiß, daß ein Gott ist, und daß sie nicht durch die Erkenntnis eines strafenden und belohnenden Gottes gebessert wird; offenbar, daß die Neigung zum Bösen in einer Seele, die keine Erkenntnis von Gott hat, nicht stärker ist als in einer Seele, die Gott kennt" (§ 145).[4] „Wir können es sogar als ein

[1] Dogmen . . . Lehre: christlichen Glaubensartikel *C*

[2] Menschwerdung *C*

* B[ayle] schrieb die „Pensées div." in der Rolle eines Katholiken.

[3] zu . . . Art: jedes Verbrechens *C*   [4] offenbar *C*

[4] *In C folgt noch als Zusatz*: „Es ist wahrscheinlich, daß unter den Banditen und gedungenen Mördern, die so viele Ver-

Prinzip aufstellen, daß 1) die Menschen im höchsten Grade sittenlos und doch zugleich vollkommen von der Wahrheit einer Religion, selbst der christlichen Religion, überzeugt sein können; 2) daß die Erkenntnisse der Seele nicht die Ursache unsrer Handlungen sind" – ein Satz, den Bayle bestimmter noch so ausdrückt: „ce ne sont pas les opinions *générales* de l'esprit qui nous determinent à agir, mais les passions présentes du coeur [es sind nicht die allgemeinen Auffassungen des Geistes, die unser Handeln bestimmen, sondern die gegenwärtigen Leidenschaften des Herzens]" (§ 138);[1] – „3) daß, allgemein gesprochen (denn ich nehme immer diejenigen aus, die der Geist Gottes leitet), der Glaube einer Religion nicht den Wandel eines Menschen regelt und bestimmt, außer daß er höchstens dazu geeignet ist, in seinem Herzen Zorn gegen Andersdenkende, Furcht, wenn er sich von Gefahr bedroht glaubt, und andere ähnliche Leidenschaften hervorzubringen" (§ 143[2]).

Aber wenn der Glaube[3] nicht fähig ist, unsre Leidenschaften zu zügeln, so kommt auch das Gute, welches wir tun, nicht aus dem Glauben. „Ach, wie täuschen sich die Leute, wenn sie glauben, aus Liebe zu Gott käme das Löbliche, das sie tun . . . Seht, das ist der Zustand der meisten ehrbaren Leute. Sie haben eine Lieblingsleidenschaft, die sie zärtlich pflegen und der sie nichts abbrechen. Im übrigen ist ihr Wandel moralisch. Sie tun sich darauf was zugute und bilden sich ein, daß sie hierin Gott ein großes Opfer darbringen. O armselige Unwissenheit! Wenn ihr fähig wäret, Gott ein

brechen begehen, einige keine Religion haben, aber das Gegenteil ist viel wahrscheinlicher, da unter so vielen Missetätern, die dem Scharfrichter unter die Hand gekommen sind, sich keine Atheisten gefunden haben." *Dazu die in A/B ebenfalls fehlende Fußnote Feuerbachs*: Eclairciss. sur les athées. I. N. 13 im IV. T. des „Dictionn." Ed. 1740, p. 629.

[1] – ein Satz . . . du coeur:, daß nicht die allgemeinen Vorstellungen und Meinungen des Kopfes, sondern die gegenwärtigen Leidenschaften des Herzens uns zum Handeln bestimmen. *C. Dort folgt dann nach* (§ 138) *als Zusatz und statt des zweiten Gedankenstrichs:* endlich

[2] *Zusatz in C:* „Pensées div."

[3] *In C folgt Zusatz:* oder die Religion

großes Opfer zu bringen, so würdet ihr wohl einsehen, daß ihr vor allem eure Lieblingsleidenschaft aufopfern solltet und daß man nicht die Leidenschaft opfert, für welche uns unser Temperament unempfindlich macht" (§ 176). „Wenn einige Sünden gemeiner und häufiger sind als andere, so hat das seinen Grund nur darin, daß es Sünden gibt, welche weniger Kosten erfordern und allgemein eine fühlbarere Freude verursachen als die übrigen. Denn, mit einem Worte, die Freude (la joie) ist die Seele alles menschlichen Tuns und Treibens und gewiß, was man auch dagegen sagen mag, daß der Mensch mehr Liebe zum Vergnügen hat als Abscheu vor dem Schmerz und empfindlicher ist für das Gute als Üble. Er trägt kein Bedenken, in Verdruß und Schmerz zu gehen, wenn nur der Weg durch die Freude geht, noch, durch den Schmerz und Verdruß hindurchzugehen, wenn nur das Ziel die Freude ist" (§ 167). „Warum ist z. B. die Rache so gemein unter den Christen? Etwa deswegen, weil wir nicht wissen, daß das Evangelium sie uns als eine verbrecherische Handlung verbietet? Nichts weniger als dieses . . ., es kommt daher, daß sie für alle Menschen Reize hat. Die Italiener finden an ihr solche Reize, daß sie mit einer schauderhaften Entweihung[1] sagen, daß Gott sie sich vorbehalten hat[2], um der einzige zu sein, der im Genusse eines so köstlichen Gerichtes ist" (§ 171). „Das wahre Prinzip der Handlungen der Menschen (ich nehme natürlich die aus, in welchen sich die Gnade des heiligen Geistes in ihrer ganzen Wirksamkeit entfaltet) ist nichts anderes als das Temperament, die natürliche Neigung zum Vergnügen, der Sinn für gewisse Gegenstände, das Verlangen zu gefallen, gewisse im Umgang mit unsern Freunden angenommene Gewohnheiten oder sonst eine Gemütsstimmung, die in unsrer Natur ihren Grund hat" (§ 136). „Bildet euch also nicht ein, daß Leute ohne Religion schlechter handeln würden als ihr Christen mit eurer Religion; denn die Neigung zum Mitleid, zur Nüchternheit, zur Milde usw. kommt, wie gesagt, nicht daher, daß man weiß, es ist ein Gott, sondern von einer gewissen Verfassung des Temperaments, welche durch die Erziehung, durch das persönliche Interesse, durch das Verlangen nach Lob[3], durch den Ver-

[1] Ruchlosigkeit *C* [2] habe *C*
[3] das . . . Lob: die Lobbegierde *C*

nunftinstinkt und andere ähnliche Motive, die ebensogut im Atheisten als in den übrigen Menschen sich vorfinden, befestigt wurde" (§ 146). Weltliche Prinzipien allein regieren die gemeine[1] Welt – Furcht vor der weltlichen Gerechtigkeit, vor allem Furcht vor der Schande. „Les loix humaines font la vertu d'une infinité des personnes [die menschlichen Gesetze bewirken die Tugend der persönlichen Unsterblichkeit]" (§ 162).[2] „Die Zucht der Weiber ist ein Beispiel hievon. Wie viele sind die Originale zu der Amaryllis des Pastor fido und sagen im Grunde ihrer Seele oder in einem verliebten tête-à-tête[3]:

Que votre bonheur est extrême,
Cruels lions, sauvages ours,
Vous qui n'avez dans vos amours
D'autre regle que l'amour même!
Que j'envie un semblable sort,
Et que nous sommes malheureuses
Nous de qui les loix rigoureuses
Punissent l'amour par la mort!
Ha! que l'on aime peu, quand on craint de mourir!
Myrtille, plût au Ciel q'une mort inhumaine
Fût du péché la seule peine!
Je ferois gloire d'y courir.
Seule regle des belles ames,
Et le premier Dieu de mon coeur,
Honneur! voi que je fais à ta sainte rigueur
Un sacrifice de mes flammes.

[Das Wild, so hier mein Mund mehr als gelücklich heißt, / Lebt außer dieser Pein. / Es hat sonst kein Gebot im Lieben als das Lieben: / Hergegen stellt bei uns sich schärfre Satzung ein; / Derweil der Tod der Liebe Straf ist blieben. / – Was aber? Diese Lieb ist schlecht und gar geringe, / Die für das Geliebte sich weigert zu sterben. / Ach, Myrtillo, wollte Gott, / Es wäre nichts als nur der Tod, / Durch den die Ver-

[1] *Fehlt in C.*

[2] *Das französische Zitat mitsamt der Angabe des Paragraphen fehlt in C.*

[3] sagen . . . tête-à-tête: opfern der Gottheit der Ehre die Flammen ihrer Liebe!" (§ 162–64). *So in C Ende dieses Zitats statt des dort fehlenden französischen Gedichts.*

liebten müssen verderben. / Du heilig Ehre du, du reinstes aller Dinge, / Dir sei der heiße Trieb im Lieben / Durch deiner Schärfe Stahl geschlacht / Als ein unbefiecktes Wesen itzt zum Opfer hingebracht.' ⟨Christian Hofmann von Hofmannswaldau⟩]" (§ 164).

„Eine Gesellschaft von Atheisten würde die bürgerlichen und moralischen Tugenden ebensogut als die übrigen Gesellschaften realisieren, wenn sie nur die Verbrechen strenge bestrafte und die Vorstellungen der Ehre und Schande an gewisse Dinge knüpfte; denn dadurch, daß die Glieder der Gesellschaft nichts wüßten von einem ersten Wesen als einem Erhalter und Schöpfer der Welt, würden nicht die Gefühle für Ehre und Schande, für Lohn und Strafe und alle sonstige[n][1] Leidenschaften, welche die übrigen Menschen bewegen, ausgerottet, auch nicht alle Erkenntnisse der Vernunft vertilgt. Man würde daher auch unter ihnen Leute antreffen, die redlich wären im Verkehr, hilfreich gegen Arme, Feinde der Ungerechtigkeit, treu gegen ihre Freunde, großmütig gegen ihre Beleidiger, fähig, den Wollüsten des Leibes zu entsagen, gutmütig gegen jedermann." „Die Begriffe der Ehre und Schicklichkeit (les idées d'honnêteté, früher de bienséance)[2], welche unter den Christen herrschen und je nach verschiedenen Zeiten und Völkern verschieden sind, kommen keineswegs aus ihrer Religion. Allerdings gibt es einige allgemeine, denn bei keiner christlichen Nation gereicht die Keuschheit einer Frau zur Schande. Aber wollen wir aufrichtig sein, so müssen wir eingestehen, daß dieser Begriff älter ist als Moses und das Evangelium: Er ist ein gewisser Eindruck (impression), der so alt als die Welt selbst ist. Auch die Heiden entnahmen diesen Begriff nicht ihrer Religion; er ist ein Werk der Natur, d. h. der allgemeinen Vorsehung" (§ 172). „Darum ist es ein grober Irrtum, zu glauben, daß sich der Atheist jedem Verbrechen überlassen würde, wenn er nur keine Strafe von der weltlichen Gerechtigkeit zu befürchten hätte; die Epikuräer begingen mehrere tugendhafte und edle Handlungen, deren sie sich recht gut hätten enthalten können, ohne eine Strafe zu befürchten, und in denen sie wirklich der Tugend den Nutzen und das Vergnügen zum

1 *So ergänzt auch C.*

2 *Einfügung in Klammern fehlt in C.*

Opfer brachten. Die Vernunft hat es den alten Weisen gesagt, daß man das Gute aus Liebe zum Guten selbst tun, daß die Tugend sich selbst den Lohn ersetzen muß und daß es nur einem schlechten Menschen zukommt, sich aus Furcht vor der Strafe der Sünde zu enthalten.* [1] ... Lesen wir nicht, daß Epikur, ob er gleich die Vorsehung und Unsterblichkeit der Seele leugnete, es nicht unterließ, die Götter zu ehren? – Gab er nicht auf den Vorwurf, daß er nichts mit der Verehrung der Götter zu schaffen hätte, da er überzeugt wäre, daß sie den Menschen weder Gutes noch Böses täten, zur Antwort, daß die Trefflichkeit ihrer Natur allein Grund genug zu ihrer Verehrung wäre? Il es donc vrai que la *Raison a trouvé sans le secours de la Religion l'idée* de cette piété que les Peres ont tant vantée, qui fait que l'on aime Dieu et que l'on obéït à ses Loix, uniquement à cause de son infinie perfection. Cela me fait croire, que la Raison sans la connoissance de Dieu peut quelquefois persuader à l'homme, qu'il y a des choses honnêtes qu'il est beau et louable de faire, non pas à cause de l'utilité, qui en revient, mais parce que cela est conforme à la Raison [2]" (§ 178).

„Es gibt Gesetze des Denkens, die unabhängig von dem Willen des Menschen durch sich selbst, nicht infolge der Willkür richtig und wahr sind; eitel und lächerlich wäre der Widerstand des menschlichen Geistes gegen das Wesen und die Eigenschaften dieser Gesetze. Aber wenn es für die Tätigkeiten des Verstandes bestimmte und unveränderliche Gesetze gibt, so gibt es auch solche für die Handlungen des

* „La Raison a dicté aux anciens sages, qu'il faloit faire le bien pour l'amour du bien même et que la vertu se devoit tenir à elle-même lieu de récompense et qu'il n'appartenoit qu'à un mechant homme, de s'abstenir du mal par la crainte du châtiment."

[1] Die Vernunft ... enthalten. *Nur diesen Zitat-Teil bringt hier, in A/B, die in C fehlende Fußnote Feuerbachs nochmals im französischen Original.*

[2] Il est donc ... Raison. *Auch dieser Zitatteil in C deutsch*: Es ist also wahr, daß die Vernunft ohne den Beistand der Religion die Idee jener Frömmigkeit gefunden hat, welche die Kirchenväter so sehr rühmten, die da macht, daß man Gott liebt und seinen Geboten gehorcht, einzig wegen seiner unendlichen Vollkommenheit. Darum glaube ich, daß die

Willens. Die Regeln dieser Handlungen sind nicht alle willkürlich; es gibt solche, die aus der Naturnotwendigkeit fließen und eine unerläßliche Verbindlichkeit uns auflegen, und wie daher ein Schluß, der den Regeln des Schlusses widerspricht, ein Fehler ist, so ist auch eine Willenshandlung, die den Regeln des Willens nicht konform ist, ein Fehler. Die allgemeinste dieser Regeln ist aber, daß der Mensch das wollen muß, was der Vernunft (à la droite raison)[1] konform ist, und daß er seine Schuldigkeit nicht tut, sooft er will, was ihr zuwider ist. Ihr dürft es sicherlich glauben, daß es nie solche Atheisten gab, die es für gleichgültig hielten, den Gesetzen der Logik gemäß zu schließen. Sie erkannten also offenbar, daß ein Paralogismus oder ein Sophisma für jeden, der es macht, sei es nun absichtlich oder unwissentlich, schimpflich ist. Warum wollt ihr also den Atheisten die Fähigkeit absprechen, zu erkennen, daß man verpflichtet ist, die Handlungen des Willens nach der Vernunft zu richten, d. h., die Gesetze der Moral zu erfüllen? – Die Tugend ist durch ihre natürlichen Eigenschaften, unabhängig von jedem Gesetze, liebenswürdig. – Was hast du gelernt aus der Philosophie?, frug man einen griechischen Philosophen; ungeheißen (*ἀνεπιτάκτως*) zu tun, was andere aus Furcht vor den Gesetzen tun, war seine Antwort. – Eben weil es eine innere Schönheit, eine innere Güte der Tugend gibt, weil die moralischen Wahrheiten infolge der Natur der Dinge selbst und vor den Gesetzen[2] Gottes dem Menschen gewisse Pflichten auf[er]legen, konnten Thomas Aquino und Hugo Grotius behaupten, daß wir, selbst wenn es auch keinen Gott gäbe, dennoch verpflichtet wären, den Gesetzen des Naturrechts Gehorsam zu leisten." *

„Der griechische Philosoph Hermias behauptete, daß man sich nicht die Unwissenheit des Verkäufers zunutzen machen dürfe, sondern ihn auf den wahren Wert der Ware, wenn er

Vernunft ohne die Kenntnis der Religion manchmal einen Menschen überzeugen kann, daß es ehrbare Dinge gibt, die zu tun schön und löblich ist nicht wegen des daraus entspringenden Nutzens, sondern weil es mit der Vernunft übereinstimmt.

[1] *Einfügung in Klammern fehlt in C.*

[2] Geboten *C*

* Continuation des „Pensées div.", p. 406, 410, 415.

ihm unbekannt sei, aufmerksam machen müsse ... Er billigte nicht den Grundsatz: ,Volenti non fit injuria [dem Einwilligenden geschieht kein Unrecht]' ... Seine Handlungen entsprachen diesem schönen Grundsatz, denn als ihm einst jemand ein Buch zum Verkauf angeboten und den Preis zu niedrig angesetzt hatte, sagte er es ihm und bezahlte ihm mehr, als er verlangte; so handelte er in mehreren andern Fällen und sooft sich nur die Gelegenheit dazu darbot. Kann man sich eine Handlungsweise denken, die eines Philosophen würdiger wäre? Wahrlich, die Christen, die so handeln, sind selten. Rara avis in terris nigroque simillima cygno [ein auf Erden ebenso seltener Vogel wie der schwarze Schwan]."*

„Nach der Eroberung von Megara schrieb Demetrius an den Philosophen Stilpon, um von ihm ein Verzeichnis von seinen bei der Plünderung der Stadt erlittenen Verlusten zu verlangen. Stilpon gab ihm zur Antwort, daß er nichts verloren, weil ihm niemand seine Vernunft und Wissenschaft geraubt hätte. Er gab ihm zugleich mehrere gute Lehren, um ihm die edlen Gesinnungen der Humanität und Wohltätigkeit einzuflößen, und er rührte so sehr diesen Fürsten, daß er diese Lehren befolgte. Ich glaube wohl, daß es unter unsern Frommen auch gute Leute gibt, die ebenso handeln würden, aber ich glaube auch, daß es solche gibt, die den Grundsatz: ,Charité bien ordonnée commence par soi-même'[1], befolgen würden. Wenn ein Fürst nach der Plünderung einer Stadt ihnen das Versprechen gäbe, ihren Schaden ihnen vollständig wieder zu ersetzen, so würden sie sicherlich die Gelegenheit benützen, ihm sanfte Gesinnungen einzuflößen und das Wohl des Volkes zu empfehlen, aber sie würden dabei sich nicht vergessen, sie würden ihm ein genaues Verzeichnis von allen verlorenen Gegenständen überschicken, sie würden es so einrichten, daß sie selbst mit Gewinn entschädigt würden. Aber hier seht ihr einen Philosophen, der nichts weniger als ein Frommer war, die Gunst eines siegreichen Fürsten nur dazu benützen, um ihm friedfertige und milde Gesinnungen beizubringen; er schickt ihm nicht das verlangte Verzeichnis; sein Haus war geplündert worden; man bietet ihm eine reichliche Entschädigung an; aber er ant-

* „Dict. hist. et critiq." Art. Hermias.

[1] ,Charité ... soi-même': ,Jeder ist sich selbst der Nächste' *C*

wortet, daß er nichts verloren und daß seine Güter nicht in Dingen beständen, die ihm Soldaten rauben könnten. Das ist zweifelsohne sehr edel."* „Die Sitten des heidnischen Philosophen Xenokrates waren so rein, so würdevoll, so moralisch oder vielmehr so streng, daß ein Theologe seinesgleichen heute unfehlbar für einen Jansenisten oder Rigoristen gelten würde. Er war vollkommen Herr über seine Leidenschaften. Eine ausgezeichnet schöne Hetäre hatte gewettet, daß er ihren Versuchungen unterliegen würde; aber sie verlor die Wette, ob sie gleich neben ihm liegen durfte und daher alle Kunstgriffe ihres Handwerks anwenden konnte. Wahrlich ein ebenso merkwürdiger Sieg als der eines heiligen Adhelm und so mancher andrer Heiligen, die dergleichen Prüfungen, à ce qu'on dit[1], glücklich bestanden. Die Keuschheit war aber nicht die einzige Tugend des Weisen: Alle übrigen Tugenden der Mäßigkeit zeichneten sein Leben aus; er liebte weder Vergnügungen noch Reichtum noch Lobeserhebungen. Nie konnte man ihn durch Geschenke bestechen; seine Wahrhaftigkeit (sincerité)[2] und Rechtschaffenheit war eine so ausgemachte Sache, daß er der einzige war, welchen die Obrigkeit von Athen der Verbindlichkeit enthob, sein Zeugnis durch den Eidschwur zu bekräftigen. Durch eine Vorlesung über die Mäßigkeit machte er auf den Polemo, den größten Trunkenbold und Wollüstling seiner Zeit, einen solchen Eindruck, daß dieser auf der Stelle den Entschluß faßte, sich zu bessern und auf das Studium der Weisheit zu legen. Und diese Bekehrung war von Bestand; der Konvertit wurde ein sehr würdiger Philosoph. Wenn eine Kapuzinerpredigt heute eine solche Umwandlung hervorbrächte, so würde man hierin eine besondere Wirkung des heiligen Geistes erblicken und den Einfluß einer Gnade bewundern, die den Jansenisten zufolge im höchsten Grade durch sich selbst wirksam wäre; denn der in dem die Vorlesung des Xenokrates eine solche Umwandlung bewirkte, war kein Wollüstling von gewöhnlichem Schlage, das war ein Meister in seiner Art, ein Mensch, der sich seine Liederlichkeiten zur besondern Ehre anrechnete etc."** „Auch den erklärten Athe-

* „Dict." Art. Stilpon. Rem. F. [1] *In C deutsch*: wie man sagt
[2] *Einfügung in Klammern fehlt in C.*
** „Dict." Art. Xenocrate u.[3] Rem. F. [3] et *C*

isten unter den heidnischen Philosophen kann man in betreff ihres moralischen Wandels keinen Vorwurf machen, und sie haben gut[1] zwischen dem, was gut oder schlecht, recht oder unrecht ist, zu unterscheiden gewußt. Diagoras, der Atheist par excellence[2] genannt, gab den Einwohnern von Mantinea vortreffliche Gesetze." „Selbst den Plinius darf man, nach einigen Stellen zu schließen, geradezu unter die Atheisten setzen. Er gab keine andere Gottheit zu als die Natur und spottete über das Dogma der Vorsehung. ‚Irridendum vero agere curam rerum humanarum illud, quidquid est summum. Anne tam tristi atque multiplici ministerio non pollui credamus dubitemusve? [Es ist aber lächerlich, die Frage, was das Höchste sei, aus den menschlichen Verhältnissen ⟨auf die Natur⟩ zu übertragen. Oder beschmutze ich mich nicht mit so widerlichem und doch häufigem Gottesdienst, mögen wir nun glauben oder zweifeln?]'[3]". „Unter den Juden gab es eine Sekte, die ganz offen die Unsterblichkeit der Seele leugnete, es waren die Sadduzäer. Aber ich sehe nicht, daß sie wegen dieser gottlosen Lehre schlechter als die übrigen Juden waren; es ist, im Gegenteil, sehr wahrscheinlich, daß sie rechtschaffnere Leute waren als die Pharisäer, die sich auf ihre Beobachtung des göttlichen Gesetzes soviel zugute taten. Mr. de Balzac berichtet uns in seinem ‚Christlichen Sokrates' die letzten Worte eines Fürsten, der als Atheist lebte und starb, und gibt ihm dieses Zeugnis: ‚Qu'il ne manquoit pas des vertus morales, qu'il ne juroit que certes et ne buvoit que de la tisane et quil étoit extrêmement reglé en tout ce qui paroissoit de lui au dehors.'[4]" * „Vor noch nicht sehr langer Zeit wurde zu Konstantinopel ein gewisser Mahomet Effendi hingerichtet, weil er gegen die Existenz Gottes dogmatisiert hatte. Er konnte sein Leben retten, wenn

[1] sehr wohl *C*

[2] vorzugsweise *C*

[3] ‚Irridendum . . . dubitemusve?' *Fehlt in C.*

[4] Zeugnis: . . . de lui au dehors'. *In C deutsch:* Zeugnis, daß er der moralischen Tugenden nicht ermangelte, daß er nur ‚wahrhaftig' schwur, nur Kühltränke zu sich nahm und in seinem ganzen äußerlichen Wandel ausnehmend geregelt war.

* „Pensées divers.", § 174 u. Continuation des „Pensées div.", p. 396.

er nur seinen Irrtum eingestanden und versprochen hätte, ihm abzusagen, aber er zog es vor, auf seinen Blasphemien zu bestehen, indem er sagte: ‚Qu'encore qu'il n'eût aucune recompense à attendre, l'amour de la verité l'obligeoit à souffrir le martyre pour la soûtenir'.[1]"* „Auch der verruchte Vanini, der zu Toulouse 1610[2] des Atheismus wegen verbrannt wurde, führte einen moralischen Lebenswandel." (14) Keineswegs ist also das Wohl einer Gesellschaft, eines Staates schlechtweg unverträglich mit dem Atheismus. Im Gegenteil, es war nur zu oft die Religion, welche den Menschen Motive zu verbrecherischen Handlungen eingab, welche der Atheist nicht in sich finden konnte. „Die Religion ermutigte die Heiden zu Verbrechen (indem sie nämlich die Götter als Diebe, als unkeusch usw. darstellte), aber sie ermutigte dazu nicht Atheisten. Sie riß Schranken nieder, welche viele Atheisten nicht hätten niederreißen können. Die Natur, die Menschlichkeit, das Mitleid kämpfen mit vereinten Kräften in dem Herzen eines Vaters gegen die Versuchung, seine kleinen Kinder zu erwürgen. Ein Götzendiener des Molochs hätte wohl mit Hülfe derselben und ohne Einmischung der Religion den Sieg über sich davongetragen; aber da die Religion dazwischenkam, da trat er mit Füßen die Natur, die Humanität, das Mitleid, die Vernunft. Hätten die Heiden, die so viele Ungerechtigkeiten gegen die Christen begingen, nur die natürliche Vernunft zu Rate gezogen, wie ein Spinoza, wenn er zum Richter eines Prozesses gemacht worden wäre, getan hätte, so würden sie nicht eine solche Menge unschuldiger Menschen hingerichtet, eingekerkert, gemartert, verbannt oder durch Geldstrafen zugrunde gerichtet haben. Aber die *Religion* gab ihnen ein, was ihnen die *Vernunft* verboten hätte" **. „Es gibt – allgemein gesprochen, denn es gibt Ausnahmen – keine reichlichere Quelle von Ungerechtigkeiten, als wenn ein Staat in verschiedene Religionen sich zerteilt und nun alle Gerichtshöfe von den Anhängern *der* Religions-

[1] sagte: . . . pour la soûtenir'. *In C deutsch*: sagte, daß, obwohl er keine Belohnung zu erwarten habe, die Liebe zur Wahrheit ihm die Pflicht auferlege, zu ihrer Bekräftigung als Märtyrer zu leiden.

* „Pensées div.", § 182.

[2] *Tatsächlich 1619. Bei Bayle selbst das richtige Datum.*

** „Réponse aux Quest. d'un Prov.", p. 952.

partei besetzt sind, welche den meisten Abscheu vor den andern Parteien hat. Einer der hauptsächlichsten Vorteile, welchen die Protestanten Frankreichs aus den Bürgerkriegen zu ziehen hofften, war der, daß sie nicht mehr vor lauter katholischen Richtern ihre Rechtsstreitigkeiten zu führen haben würden. Sie glaubten, daß sie außerdem alle ihre Prozesse verlieren würden, sowie nur ein Papist dabei interessiert wäre. Würden sie die nämliche Besorgnis gehabt haben, wenn man ihnen Richter angewiesen hätte, die weder Christen noch Muhamedaner, noch Juden, noch Heiden, sondern nur gute Juristen und Götzendiener des point d'honneur[1] gewesen wären?" „Ihr müßt bedenken, daß, sobald es in einem Staate zwei Religionen gibt, wovon jede überzeugt ist, daß die andere eine Feindin Gottes und der gerade Weg zur ewigen Verdammung ist, die Erbitterung so weit geht, daß jede Sekte der andern schuld gibt, dem ganzen Staate den Fluch Gottes, wie Pest, Hungersnot, Überschwemmungen, Stürme, zugezogen zu haben. Dann unterläßt es die Sekte, welche bei dem Souverän ein geneigtes Ohr findet, nicht, ihm ihre Gegenvorstellungen zu machen und zu sagen, daß er, um diesen Geißeln Gottes ein Ende zu machen, die Ketzerei in seinen Staaten verbieten muß. Und er wird diesen Vorstellungen um so leichter Gehör geben, als er mit seinen Theologen überzeugt ist, daß die Ketzer oder Götzendiener keineswegs aus Einfalt und Aufrichtigkeit, sondern aus Bosheit im Irrtum stecken, so daß man ihre Gottlosigkeiten und Blasphemien ebensowenig unter dem Vorwande der sogenannten Gewissensrechte entschuldigen darf als die Mordtaten von Leuten, die sich betrunken haben. Was für Verwirrungen, was für Unruhen sind aber die Folgen einer solchen Eingenommenheit und Befangenheit (préoccupation)[2], die nun und nimmermehr den Geist eines Spinoza befallen kann."

„Ihr müßt ferner bedenken, daß die von einem falschen Religionseifer eingenommenen Gewissen nicht durch die Triebfedern, welche einen Spinozisten zurückhielten, im Zaum gehalten werden können. Die Vernunft, die Rücksicht für das Gemeinwesen, die menschliche Ehre, die Abscheu-

[1] des . . . honneur: der Ehre *C*

[2] *Einfügung in Klammern fehlt in C.*

lichkeit der Ungerechtigkeit würden einen Spinozisten abhalten, seinem Nächsten Unrecht zu tun. Aber ein Mensch, der überzeugt ist, daß er durch die Ausrottung der Ketzer das Reich Gottes fördert . . .[1], ein solcher Mensch, sage ich, wird alle Gesetze der Moral mit Füßen treten, und weit entfernt, durch die Vorwürfe des Gewissens im Zaum gehalten zu werden, wird er vielmehr durch sein Gewissen selbst dazu angetrieben, alle Mittel ohne Unterschied anzuwenden, um nur dadurch zu bewirken, daß der heilige Name Gottes nicht mehr gelästert wird, und so auf den Ruinen der Ketzerei oder Götzendienerei die Orthodoxie aufzupflanzen. Was für Verwüstungen verursacht solcher Religionseifer in einem Staate! Würde er sie von seiten der Freigeister zu befürchten haben?"* „Wenn der französische Hof atheistisch gewesen wäre, würde er je so gegen die Kalvinisten verfahren haben, wie er verfuhr, würde er je eine Bartholomäusnacht gefeiert haben?"** „Seit dem vierten Jahrhundert bis herab auf das unsrige waren Verschwörungen, Empörungen, Bürgerkriege, Revolutionen, Entthronungen unter den Christen ebenso häufig oder noch häufiger als unter den Ungläubigen. Wenn gewisse Länder weniger diesen Übeln ausgesetzt waren, so war der christliche Glaube nicht die Ursache davon; der Unterschied kommt von dem Unterschied der Volksgeister und ihrer Regierungsverfassungen her. Die Gärungen und Katastrophen, welche die Staaten verwirrt oder selbst umgestürzt haben, sind oft durch die Religion verursacht worden, und gerade diese waren die wütendsten Stürme in der Geschichte. Die Sprache ist zu schwach, um die Greueltaten auszudrücken, welche das Christentum begangen, sei es nun, um die heidnische Idolatrie[2] zu vertilgen oder um die Ketzer auszurotten oder um die Sekten aufrechtzuerhalten, die sich von der Hauptkirche absonderten; die Geschichte davon erregt Schauder, man entsetzt sich darüber, wenn man nur etwas sanftmütig ist; ein guter Mensch kann diese Geschichten nicht lesen, ohne selbst böse zu werden; er kann sich nicht enthalten, das Andenken der Urheber dieser Greuel

1 *Punkte fehlen in C.*

* „Rép. aux Quest. d'un Prov.", p. 955.

** „Pensées div.", § 155.

2 Abgötterei *C*

zu verfluchen – statt Blumen zu verlangen, um sie auf ihre Gräber zu streuen: Manibus date lilia plenis [schenke Lilien mit vollen Händen], würde er sie lieber steinigen, statt im Juvenal nach einer Segensformel zu suchen, lieber nach einer Verfluchungsformel im Tibull sich umsehen. Infelix urgeat ossa lapis [der ⟨dir⟩ Unglück verheißende Stein laste schwer auf ⟨deinem⟩ Gebein]." *[1] Aber was soll denn – kann und wird hier der fromme Leser fragen – was soll denn nun mit allen diesen Argumenten und Exempeln[2] Bayles eigentlich ausgesagt werden? Soll die Religion damit angegriffen und verdächtigt werden? Die Religion heiligt notwendig den Menschen. Was in ihrem Namen geschieht, geschieht deswegen noch nicht in ihrem Sinne. Die Leidenschaften, die Schwäche, das Verderben des Menschen, nicht die Religion ist schuld an den Greueltaten der Religionsgeschichte; wenn wirklich irgendwo und irgendwann die Religion den Menschen zu Verbrechen animiert[3] oder auch nur von Verbrechen nicht zurückgehalten, den Menschen nicht gezügelt und gebessert hat, so war es eben eine falsche Religion oder wenigstens eine falsche Religiosität. Allerdings treffen die Beschuldigungen Bayles nicht die Religion an sich, die Religion in ihrer Idee oder die dieser Idee entsprechende, die *wahre* Religion. Aber was begründet diesen Unterschied zwischen falscher und wahrer Religion? Der *Inhalt* der Religion, der *Geist* derselben. Was ist aber dieser Inhalt, dieser Geist? Der *Begriff* Gottes. Darauf kommt es an, *wie* Gott gedacht wird, *wie* er Gegenstand des Bewußtseins ist. Ist dieser Begriff ungöttlich, schlecht, so taugt auch die Religion und die Religiosität nichts. Die Griechen *dachten* Gott sinnlich; sinnlich war darum auch ihr Kultus. Aber der Begriff Gottes ist nicht nur ein Gegenstand der Religion, sondern auch der Philosophie und Moral – man kann sich Gott denken als das oberste Prinzip der Pflicht, ohne ihn deswegen zu einem Gegenstande religiösen Kultus[4] zu machen. Das, was die Religion zur Religion macht, ihre differentia specifica,[5] ihr eigentümliches

* „Répons. aux Quest.", p. 957.

[1] *Mit dem folgenden beginnt in C ein neuer Absatz.*

[2] und Exempeln *Fehlt in C.*

[3] angefeuert *C*

[4] religiösen Kultus: religiöser Verehrung *C*

[5] ihre . . . specifica, *Fehlt in C.*

Wesen im Unterschied von der Moral und Philosophie, die Religion *für sich selbst* ist daher noch nicht gut, heilig und göttlich; sie ist es nur, wenn ihr Inhalt ein göttlicher ist. Die Greuel der Religionsgeschichte, die „Verirrungen" des religiösen Bewußtseins sind nichts anderes als *die* Erscheinungen, welche das eigentümliche Wesen der Religion, im Unterschiede von der Moral und Philosophie, das Wesen der sich selbst überlassnen, nicht von der Vernunft eingegebenen und beherrschten Religion offenbaren. *Heiligkeit* ist die oberste Kategorie der Religion – die subjektive Form derselben der *Glaube* – der Glaube, der seinen Gegenstand *verbirgt*, zu einem den frechen Augen des prüfenden Geistes unnahbaren Mysterium macht. Heiligkeit ist der Charakter des obersten Gegenstandes jeder Religion,[1] heilig sind auch dem Heiden seine Götter, heilig, mysteriös[2] auch die Schauer, die er in ihren Tempeln empfindet. Aber darauf kommt es eben an, ob das Heilige auch etwas Vernünftiges, etwas Gutes ist, kurz, ein Gegenstand, der auch die Probe der Philosophie besteht – daher die Heiligkeit kein primitiver[3] Begriff ist, der als solcher in die Philosophie gehört, weil er abhängt von dem Begriffe der Wahrheit, der Vernünftigkeit und Sittlichkeit, weil nur das Wahre heilig, aber noch nicht das Heilige wahr ist. Sind daher einer Religion nicht die ethischen Begriffe die obersten, die heiligsten Begriffe, hat sie einen von denselben unterschiednen, partikulären Inhalt zum obersten Heiligtum, so hat sie wohl heilige Handlungen, aber deswegen noch lange nicht sittliche Handlungen und Gesinnungen zur Folge, so kann sie selbst der Impuls zu Verbrechen werden.

Die Beschuldigungen Bayles treffen also allerdings die Religion – die Religion, *abgesehen von ihrem Inhalte*, in ihrem *spezifischen*[4] *Unterschiede* von Moral und Philosophie, namentlich aber die Religion, wie sie im Unterschiede von dem, was man sonst die natürliche oder Vernunftreligion nannte, eine *positive* Religion, ein *förmlicher Gottesdienst*, eine zu einer *Kirche* verweltlichte, durch gewisse Glaubens-

[1] Heiligkeit ist der . . . Religion, *Fehlt in C. Statt des vorhergegangenen Punktes dort ein Semikolon.*

[2] *Fehlt in C.*

[3] ursprünglicher *C*

[4] eigentümlichen *C*

formeln begrenzte[1] Religion ist. Die Religion wird dadurch, und zwar notwendig, nicht zufällig, *im* Menschen selbst zu einer *positiven*, d. h. geist- und gesinnungslosen, einer *besondern*, von der Vernunft und Sittlichkeit unterschiednen Angelegenheit. Die Sache der Kirche wird die Sache der Religion. Wenn der Mensch nur glaubt, was die Kirche lehrt, und die heiligen Handlungen, welche sie gebietet, verrichtet, so ist er schon gerettet; seine übrigen Handlungen und Gesinnungen sind gleichgültig oder wenigstens subordiniert,[2] von untergeordneter Bedeutung, Akzidentien,[2] wenn sie auch gleich von der Kirche gefordert werden. Die Hauptsache ist die Kirche, der Geist, inwiefern er *sich nur auf sie bezieht*. Nebensache ist der Geist, die Gesinnung an sich selbst. Die katholische Kirche ist die einzig gelungne Definition dessen, was eine positive, kirchliche Religion ist; sie hat am treusten, am[2] konsequentesten ihr Wesen verwirklicht, aber eben sie hat die Indifferenz[3] des religiösen oder kirchlichen Interesses gegen die Interessen der Sittlichkeit aufs schärfste ausgedrückt, sie hat alle Handlungen ohne Unterschied, wenn sie nur im Namen[4] der heiligen Kirche geschahen, gebilligt – ob direkt oder indirekt, ob durch die Tat oder mit ausdrücklichen Worten, ist gleichgültig. (15) Die Widerrufung des Edikts von Nantes war an sich selbst schon, noch mehr aber durch die Art, wie man dabei und vorher verfuhr, eine schändliche Tat. Aber gleichwohl feierte ihr zu Ehren die katholische Kirche, den Papst an der Spitze, Jubelfeste und bestätigte daher durch die Tat, daß eine Handlung, ihre Beschaffenheit an sich selbst sei, welche sie wolle, dennoch eine gottesdienstliche, d. h. eine religiöse Handlung im Geiste der Kirche sein kann, wenn sie nur in ihrem Interesse geschieht.* Bayle führt selbst aus katholischen Schriften, welche zur Verherrlichung der heiligen Jungfrau bestimmt waren, als eine ausdrückliche, häufig vorkommende Maxime an: „Que l'on peut être très-mêchant et

[1] , durch ... begrenzte *Fehlt in C.*
[2] *Fehlt in C.* [3] Gleichgültigkeit *C*
[4] *In C folgt Zusatz:* oder Interesse
* Siehe hierüber auch B[ayle]s „Nouvell. de la Rep. des L.", p. 555–58 Nr. VII, 601–2 Nr. II, u. „Comment. philosoph.", chap. IV, Part. I.

neanmoins fort dévôt envers la mère de Dieu"[1], und zugleich mehrere Beispiele von liederlichen Weibspersonen und Verbrechern, die eifrige Verehrer der Maria waren, – Beispiele, die, man mag dagegen einwenden, was man will, immerhin charakteristische, wenngleich populäre Erscheinungen von dem „tiefkirchlichen Sinne" des Katholizismus sind. Eine tugendhafte Frau, die, schwer betrübt über den Umgang ihres Mannes mit so einem Weibsbild, sich die Gnade von der Maria ausbat, daß sie doch diese Person strafen möchte, erhielt aus ihrem Munde selbst die Antwort: „Il m'est impossible de vous accordes votre demande. Ce n'est pas, que je n'en reconnoisse la justice, mais l'affection que cette Courtisane me conserve pour moi parmi tous ces derèglemens me lie les mains et m'empêche de lui infliger le châtiment que vous souhaitez." *[2] Ein anderes Beispiel aus den „Nouvelles de la Reine de Navarre". „Un jeune Prince . . . allant à une assignation amoureuse trâversoit toûjours une Eglise qui se rencontroit sur son passage et y faisoit régulierement ses oraisons. Retournant chez lui, après avoir assez caressé sa Maîtresse, il ne manquoit point non plus de passer par la même Eglise et d'y fair ses prieres. Cette Reine allegue cela pour un temoignage de singuliere devotion."[3] Ferner: Zur Zeit der Religionskriege in Frankreich war ein streng moralischer Mann eben wegen seiner Moralität – die Ketzer zeichneten sich nämlich damals durch strenge Sittlichkeit

[1] *In C deutsch:* „daß man sehr schlecht und doch zugleich gegen die Mutter Gottes sehr fromm gesinnt sein kann"

* In betreff der Verehrung der Maria bei den Jesuiten s. auch Pascal, „Lettres Provinciales", L. IX, und des trefflichen A. v. Buchers „Jesuitischer Eulenspiegel", B. Ave, B. Samstagkinder (Sämtl. Werke, II. Bd.), wo ähnliche Beispiele vorkommen.

[2] *In C deutsch*: „Mir ist's unmöglich, euch eure Bitte zu gewähren. Nicht etwa, daß ich die Gerechtigkeit derselben nicht anerkennte, aber die Zuneigung, welche diese Dirne mitten in ihren Ausschweifungen mir bewahrt, bindet mir die Hände und hindert mich, die gewünschte Strafe ihr aufzuerlegen." *Die Fußnote Feuerbachs fehlt in C.*

[3] *In C ungenau deutsch:* „Ein junger Prinz ging immer, wann er sich zu einem gewissen Stelldichein begab, durch eine Kirche, die an seinem Wege lag, und verrichtete da regelmäßig sein Gebet. Auf der Rückkehr, nachdem er weidlich

aus – schon der Atheisterei und Ketzerei verdächtig. „C'est une chose étrange", sagt B[ayle], „et tout-à-fait scandaleuse, que tant lui (le Chancelier de l'Hopital) que tous ceux qui se distinguoient par l'austerité de la Morale dans le dernier siecle aïent passé pour méchans Catholiques."[1*]

Der Katholizismus mit seiner kirchlichen Pracht und Herrlichkeit ist nichts andres als der versinnlichte, augenscheinliche Widerspruch der positiven Religion mit dem, was die Religion an sich oder ihrem Inhalt nach sein *soll* und *will*, – ein Widerspruch, der zur Zeit der Reformation seinen Kulminationspunkt erreicht hatte und daher notwendig das religiöse Gemüt aufs tiefste erschüttern und gegen den Katholizismus empören mußte. Aus dieser Empörung ging der Protestantismus hervor, welcher daher von Hause aus eine geistigere Tendenz hatte, indem er die Religion wieder zu dem machen wollte und teils wirklich machte, was sie ihrem Inhalt nach sein *soll* und sein *will*, zu einer inneren Angelegenheit. Aber obgleich der Protestantismus die Substanz der Religion von einer Menge äußerlicher Akzidenzen[2] frei machte, kritisch unterscheidend zwischen dem Notwendigen und Überflüssigen, dem Christlichen und Unchristlichen, dem Wesen und dem Scheine, so machte er doch wieder – sei es nun infolge der Notwendigkeit der Natur der Sache oder der Natur des Menschen oder der Beschaffenheit der Zeitverhältnisse und des natürlichen, gesetzmäßigen Bildungsganges der Dinge überhaupt – die Religion selbst *im* Menschen wieder zu einer formellen, äußerlichen Sache, indem er diesen bestimmten, dogmatischen, diesen auf eine gewisse Summe von Artikeln beschränkten Glauben zur Haupt-

der Liebe gepflogen [seine Mätresse umarmt], versäumte er ebensowenig, durch die nämliche Kirche zu gehen und da seine Andacht zu verrichten. Diese Königin führt das als ein Beispiel sonderbarer Frömmigkeit an."

[1] *In C deutsch:* „Es ist ein auffallender und ganz ärgerlicher Umstand," sagt B., „daß sowohl er (der Chancelier de l'hôpital) als alle die, welche im letzten Jahrhundert durch sittliche Strenge sich auszeichneten, für schlechte Katholiken gegolten haben."

[*] „Pensées div.", § 174, 149, u. „Dict." Art. Navarre (Margu. de V. Soeur de Francois I.) R. N. Hospital R. H.

[2] Substanz . . . Akzidenzen: Religion von einer Menge Äußerlichkeiten und Unwesentlichkeiten *C*

angelegenheit erhob; mit einem Worte, er nahm sogleich wieder den Charakter einer positiven Religion, eines förmlichen Gottesdienstes an. Das Kirchliche erhielt zwar eine subordinierte[1] Bedeutung; aber Bedeutung hatte es doch noch immer; die vielen Förmlichkeiten verschwanden, aber die Förmlichkeit blieb; man unterschied zwischen wesentlichen und unwesentlichen, läuterte, vereinfachte, reduzierte sie auf das Minimum; aber daß die Religion als Religiosität sich auch als eine *förmliche Handlung* – wie innerlich als ein *förmlicher Glaube* – ausspreche,[2] war als wesentlich erkannt. In den Lebensbeschreibungen der Protestanten aus den frühern Zeiten finden wir stets mit großer Wichtigkeit als ein besonderes Zeichen der Frömmigkeit eines Mannes aufgeführt, daß er fleißig zur Kirche und zum Abendmahl ging. Leibniz stand in dem Ruf der Irreligiosität – das Volk in Hannover nannte ihn gar auf Plattdeutsch *Lövenix*, d. i. welcher nichts glaubte – offenbar deswegen nur, weil er wenig[3] zur Kirche ging*. Wenn einer bloß mit Kirchengehen und Abendmahlnehmen die Religion abgemacht zu haben glaubt, so sagen die Protestanten: „Die Kirche macht's nicht aus"; wenn einer aber selten oder gar *nicht* in die Kirche geht, so erklären sie ihn sogleich für einen irreligiösen Menschen und geben dadurch hinlänglich ihre *wahre* Gesinnung zu erkennen – die nämlich, daß ihnen doch auch das Kirchliche etwas *sehr Wesentliches* ist.

Die wahren Gesinnungen der Menschen in betreff der Bedeutung einer Handlung offenbaren sich überhaupt nicht in ihren Urteilen über das Tun, sondern über das *Nicht*tun der Handlung da, wo sie einer *unterläßt*. Freilich solange man sie tut, da hat man gut liberal sein, da legt man keinen besondern Wert auf die Handlung, eben weil sie geschieht, eben weil ihr Wert durch die Tat selbst ausgesprochen wird. Ja, man muß sogar liberal tun, denn sonst würde man sich den Stoff der Rede verkümmern. Über den Wert einer Handlung, deren Wert durch die Tat selbst eingestanden

[1] untergeordnete *C*
[2] *In C folgt Zusatz:* das
[3] *C folgt Zusatz*: oder gar nicht
* Ludovici, „Historie der Leibnizschen Philosophie", § 257, I. T.

wird, zu reden, wäre lächerlich; es bleibt daher nichts andres übrig, als den Wert derselben herabzusetzen, indem man sich mit salbungsvoller Beredsamkeit über das herausläßt, was eigentlich erst der Handlung Bedeutung gibt, ohne welches sie selbst nichts ist. Aber wehe dir, wenn du diese schönen liberalen Worte für baren Ernst nimmst und die Handlung, weil sie *für sich selbst* nichts ist, unterlässest. Aus den Urteilen, die über dich gefällt werden, wirst du ersehen, daß allerdings die Handlung auch *für sich selbst* ein sehr reelles Etwas im Sinne deiner frommen Kritiker ist. Trau, schau wem. Nur die *negativen* Fälle bringen das *positive* Urteil, die wahre Gesinnung zum Vorschein. Ein Beispiel hatten wir schon oben an den Mirakeln. Aber ebendaher, daß der Protestantismus dem Kirchlichen – wenn auch hauptsächlich als Dogma, also mehr in einer innerlichen geistigen Form – wesentliche Bedeutung gab, kommt es, daß ebenso wie im Katholizismus auch in ihm die Religion zu einem von dem sittlichen Prinzip unterschiedenen Prinzip wird, daß also Bayles Argumente ebenso den Protestantismus als Katholizismus treffen. Die positive Religion macht überdies Gott zu einem *empirischen*[1] äußerlichen Objekt*[2], das daher auch nur ein Gegenstand *empirischer* Empfindungen und Gesinnungen wird. Es verbindet sich notwendig, d. h. selbst wider Wissen und Willen, mit der Vorstellung und Ausübung der Religion nicht nur äußerlich, sondern auch innerlich die Bedeutung eines eigentlichen *Gottesdienstes.* Gott wird zu einem *förmlichen Pflichtobjekt,* die Religion zur Darbringung eines *schuldigen* Opfers, einer Ehrenbezeigung, einer *Abgabe* an den König der Könige. Der Ausspruch eines französischen Mystikers[3]: „Gott ist *eifersüchtig*", ist der wahre, charakteristische Ausdruck des in den Banden eines religiösen Herrendienstes befangenen Gemütes. Der *Glaube* selbst an Gott wird zu einer *Pflicht* gegen Gott, der theoretische Zweifel zu einem *crimen laesae majestatis* [einer Majestätsbeleidigung] Gottes, die Religion überhaupt zu einem point

[1] *C folgt Zusatz*:, d. h. hier gemeinen,

* S. hierüber auch im Anhang die Anmerkung über den Atheismus, desgl. Anm. Nr. (18).

[2] *Diese Fußnote Feuerbachs fehlt in C.*

[3] Ausspruch . . . Mystikers: Satz *C*

d'honneur der Gottheit. Der Zorn Gottes ist nichts andres als die Vergegenständlichung der Furcht und Angst des religiösen Gemütes, durch eine mißfällige Handlung, durch Entziehung einer Ehrgebühr[1] seinen Gegenstand zu beleidigen. Die Pflichten des Menschen gegen den Menschen bekommen daher eine *untergeordnete* Stellung, eine *äußerliche* Bedeutung – die *wesentlichen*, das innerliche Gemüt in Anspruch nehmenden, das *Heil* bedingenden Pflichten sind allein die Pflichten gegen Gott –, werden die Pflichten gegen den Menschen auch erfüllt, so werden sie doch nicht *um ihrer selbst willen*, sondern um Gottes willen, weil er sie befiehlt, also aus einem ihnen *äußerlichen* Grunde erfüllt, und es entfremdet so notwendig sich das Gemüt dem *sittlichen* Geiste, daher die Erfahrungen, daß der schlechteste Charakter sich mit religiösem Herrendienste verträgt, keine zufällige[n], sondern aus der Natur der Sache hervorgehende Erscheinungen sind.

Die positive Religion bindet sich ferner an *Ort* und *Zeit*, aber ebendadurch unterwirft sie sich auch *allen Gesetzen der Endlichkeit*, der äußerlichen Notwendigkeit, unterwirft sie sich, kurzum, dem natürlichen Laufe der Dinge. Notwendig wird daher auch in dem Gemüte der Menschen die Religion zu einem *zeitlichen* und *örtlichen* Akte. Man denkt an Gott, solange man in der Kirche ist, aber sowie die Kirche aus den Augen, ist Gott aus dem Sinne; man gibt Gott, was Gottes ist, um den Rücken frei zu haben und jetzt nur um so sicherer und unbeschränkter der Welt zu geben, was der Welt ist; und was die Sünden betrifft, so hat man ja hinlänglich sie schon dadurch gebüßt, daß man eine[2] Strafpredigt geduldig angehört hat. Der Prediger schärft seinen Zuhörern ein, daß das Kirchengehen und Abendmahlnehmen es nicht ausmacht, wenn man seinen moralischen Wandel nicht bessert. Aber mächtiger als das Wort eines Menschen ist die *Natur der Dinge*. Eine positive Religion ist nichts anders als eine *weltliche* Religion, sie kann daher auch nichts anders von sich erwarten als weltliche Wirkungen; sie kann sich nicht einbilden, daß sie höher steht als die Gesetze der Notwendigkeit[3], daß sie nicht unterworfen ist dem Schick-

[1] Ehrengebühr *C*
[2] *C folgt Zusatz:* langweilige
[3] höher ... Notwendigkeit: über den Gesetzen der Notwendigkeit steht *C*

sale alles Positiven; sie kann nicht ausweichen der Macht der Gewohnheit und ihren unvermeidlichen Folgen, nicht verhüten, daß nicht die Religion eine gewöhnliche Sache, das Heilige ein Gewohntes und das Gewohnte zuletzt nur deswegen, weil es ein Gewohntes, ein Heiliges wird, nicht bewirken, daß nicht das bloße *Zeichen* der Religion zur Sache wird, der Schein für das Wesen gilt, nicht verhüten, daß nicht die vermeintliche Macht der Religion nichts andres ist als *die Macht der Meinung*. Nein, sie kann es nicht. Was war die Macht der katholischen Kirche, was die Macht der protestantischen Orthodoxie? Täuscht euch nicht: nicht die Macht des Glaubens, sondern die von ihr *unterschiedne* Macht der *Meinung*. Die positive Religion wird zur *Sitte*, zu einer Sache, an die sich die mächtigsten, weil unbewußt wirkenden Vorstellungen von Ehre und Schande, von Schicklichkeit und Unschicklichkeit anknüpfen. Das „Honni soit qui mal y pense [ein Schelm, der Schlechtes dabei denkt]" war auch das Motto des Glaubens und dieses Motto seine Kraft. Wer abwich von dem allgemein angenommenen Glauben, war ehrlos, infam, vogelfrei. (16) Während die Religion die sittlichen Mächte von sich abhängig machen will, mit vornehmer Miene auf die Pflichten der Bürgerlichkeit, Menschlichkeit, Moralität herabsieht, verdankt sie vielmehr ihre Geltung, ihren Halt, ihre Kraft nur der moralischen Macht der Meinung. Es ist Täuschung, die Religion für die oberste Macht zu halten, welche die Staaten zusammenhält. (17) Es ist eine höhere Macht, welche die Religion stützt und trägt.

Die wegen ihrer Religiosität, wegen ihres festen Glaubens gepriesenen Zeiten waren die Zeiten, wo *überhaupt* jede Abweichung von der hergebrachten Regel in üblem Geruche stand, wo sich mit jedem, der eine Veränderung wagte, der Begriff eines leichtsinnigen, eigenmächtigen, unzufriedenen,[1] aufrührerischen, frivolen, undankbaren, seinen Vätern untreuen[2] Menschen verband, wo jede Verbesserung eine Störung der guten Ordnung war, wo selbst die Gedanken nicht zollfrei waren, wo man bei jedem neuen originellen Einfall das beleidigte Publikum demütigst um Verzeihung

[1] *Fehlt mitsamt dem Komma in C.*
[2] seinen . . . untreuen: treulosen *C*

bitten mußte, Geist ein Verstoß gegen das Dekorum war. Aber nicht die Religion war die Macht und der Grund der Beschaffenheit jener Zeiten, sondern die Macht des Altvätertums[1]; die Macht der Religion nur eine besondere Erscheinung von dieser.

Wenn daher eine positive Religion gut auf den Menschen wirkt, sittliche Folgen hat, Leidenschaften zügelt, kurz, *nicht* das wird, was wir sagten, daß eine positive Religion wird, so ist das zufällig; die Ursache ist nicht sie, sondern der *Mensch*, der durch seine individuelle sittliche Kraft oder durch die Macht des Guten, wie sie sich ihm durch das Gewissen oder die freie Intelligenz offenbart, die Religion beherrscht und gegen das Schicksal jeder positiven Religion sich stemmt; daß sie aber schlecht oder gar nicht wirkt, daß sie die Leidenschaften unbewältigt läßt oder selbst die Quelle unsittlicher Handlungen, kurz, das wird, was wir sagten, daß eine positive Religion wird, das ist notwendig, d. h., ist eine Offenbarung ihrer Natur. (18) „Die Liebe zur Religion ist“, wie Bayle trefflich sagt, „in den meisten Menschen *nicht unterschieden* – ein wesentlicher Charakterzug der positiven, mit der Muttermilch eingesogenen Religion – *von ihren übrigen Leidenschaften.*“ Ja, die positive Religion wird selbst notwendig eine Sache der Leidenschaft: Ein Angriff auf sie ist ein Angriff auf mich, auf meine persönliche Ehre, meinen guten Namen, meine Väter, mein Eigentum. *Subjektivität* ist ihre Wurzel, ihr Prinzip[2] der *Glaube*, nicht die *Vernunft*, das Prinzip der gegenseitigen Verständigung, das Prinzip der Universalität – man glaubt, was man nicht beweisen kann, weil man es nicht beweisen kann, oft selbst allen Vernunftgründen zum Trotz –, daher die Wut des Religionshasses, daher das heilige oder vielmehr das unheilige Zornfeuer unsrer orthodoxen[3] Theologen. Wahr ist daher, was Bayle sagt – wenn auch eine bittere, unangenehme Wahrheit, eine Wahrheit, die man ihrem Verkünder übelnimmt und sich selbst durch allerlei Sophismen ableugnen will –; denn Bayle, stets als Polemiker auf dem Standpunkt einer vernünftigen Empirie, stets die Dinge nehmend nicht

[1] des Altvätertums: der Altväterlichkeit *C*
[2] Subjektivität ... Prinzip: Ihr Grund und Boden ist ja nur *C*
[3] rechtgläubigen *C*

in seinem, aber auch nicht im idealen Sinne, sondern stets[1] im Sinne seiner Gegner, überhaupt im rezipierten[2] Sinne, stets die Dinge dialektisch in ihrer Bestimmtheit, ihrer Eigenheit sorgfältigst zu erfassen bestrebt[3], Bayle meint nicht die Religion in jenem unbestimmten allgemeinen Sinne, wo man die Religion mit der Ethik identifiziert, wie wenn man z. B. einen gewissenlosen Mensch[en] einen irreligiösen Menschen nennt, und welche ihr dann geschickterweise zum Schilde nehmt, wenn man *eure* Religion angreift, sondern die Religion, die ihr in euren religiösen Handlungen und euren Urteilen über solche, die euch zufolge irreligiöse, wenngleich sittliche Menschen sind, bekräftigt, kurz, er meint die Religion, wie sie als eine *aparte*, von der Kraft der Ehtik und Intelligenz im Menschen *unterschiedne* Kraft gedacht und geltend gemacht wird. Die christliche Religion *ihrem*[4] *Inhalte* nach ist freilich unschuldig an den schlechten Handlungen, die von Christen begangen wurden – Bayle beweist ja eben, daß die Christen nicht im Einklang, sondern [im][5] Widerspruch mit den Lehren des Christentums leben –, aber als Religion, wie sie sich auf ein *apartes* Prinzip, auf den Glauben stützt, kurz, als positive Religion kann sie nicht freigesprochen werden von den Vorwürfen Bayles, ist sie unterlegen dem Schicksal jeder positiven Religion.

Schiebt ihr aber das Schlechte der Christen auf den Menschen, nun, so schiebt auch das *Gute* der Christen nicht auf den Christen, sondern den *Menschen*. In der Tat ist es auch Torheit, zu glauben, daß alles[6] Gute, was von Katholiken und Protestanten geschah, von ihnen als Christen geschah – vorausgesetzt, daß man (und das tut und will man ja eben) den Christen als etwas Apartes von dem Menschen absondert –, als wäre die ursprüngliche Kraft des Menschen, die ewig sich selbst gleiche, im Christentum erloschen. Gute Menschen sind stets nur gute Christen gewesen. Wem soll man also die guten Handlungen der Christen anrechnen?

[1] *Fehlt in C.*
[2] geltenden *C*
[3] die Dinge . . . bestrebt: beflissen, die Dinge dialektisch in ihrer Bestimmtheit, ihrer Eigenheit zu erfassen *C*
[4] *C folgt Zusatz*: moralischen
[5] *So ergänzt auch C.*
[6] das *C*

Dem Christen oder dem Menschen? Ich dächte, dem Menschen, der schon vor dem Christentum und unabhängig von ihm in seinen Jünglingsjahren Gutes gewollt und getan, wieviel mehr jetzt, wo er über die gefährliche Periode der sinnlichen Lust und Liebe und des politischen Tatendranges hinaus war! Aber ein schlechter Mensch bleibt auch als Christ ein schlechter Mensch. Tut er auch Gutes, so tut er es doch nicht um sein[er] selbst willen, nicht, weil ihn die Natur dazu treibt, weil er nicht anders kann, weil ihm die Idee des Guten zur Notwendigkeit geworden ist, sondern nur deswegen, weil es ihm der Herr befiehlt, also aus einem unsittlichen, verwerflichen Grunde. Er würde Raub, Mord, Ehebruch begehen, wenn es nicht ausdrücklich in der Bibel verboten wäre. Nur der Befehl des Herrn hält ihn ab; nur ein ihm *äußerliches, fremdes* Gebot – der Mensch ist ja von Grund aus verdorben –, ein Gebot, zu dem er also gar keine *innern, freien, aus ihm selbst* entspringenden Verbindungs- und Verpflichtungsgründe findet, schlägt sich als Schranke zwischen die stets gegenwärtige Möglichkeit des Verbrechens und die wirkliche Ausführung ins Mittel. Er hält daher auch, weil er die Menschen nur nach sich selbst denkt und die Macht des Guten nicht aus sich selbst kennt, jeden, der sich nicht wie er auf die Bibel stützt, für einen jedes Verbrechens fähigen Menschen. Und das Dogma, das ihm ebenso heilig, wo nicht noch heiliger als die Existenz Gottes ist, das einzige Dogma, das er von Herzensgrund aus glaubt, ist das Dogma von der Grundverdorbenheit der menschlichen Natur – ein Dogma, das allerdings ein faktischer Beweis von dem Grundverderben der Menschheit ist; denn es setzt als Bedingung seiner Genesis[1] und des Glaubens daran einen Zustand der absoluten Verwilderung, der absoluten Entäußerung der Idee des Guten voraus, einen Zustand, wo der einzige wahre und gültige Glaube, der Glaube an die unaustilgbare Macht des Guten, verschwunden ist. Solange daher die Menschheit dieses Dogma glaubt, solange bleibt sie innerlich grundschlecht, jede *gründliche* Besserung des Menschen unmöglich. Die Tugend wird enterbt, wo die Sünde ein heiliges Erbrecht hat, das einzige Gute im Menschen – der Glaube an das Gute – ausgerottet. Nur da dringt das Gute in den Menschen selbst

[1] Entstehung *C*

ein, wo es als sein eignes innres Wesen, als seine wahre *Natur* gefaßt und der Glaube an die Sünde als die größte Sünde erkannt wird. So reißt die Theologie die Ethik *mit der Wurzel* aus, indem sie das Gute außer den Menschen hinausschiebt; so nimmt sie dem Menschen sein Bestes, seinen *wahren* Gott, um ihm dafür einen äußerlichen, welschen Gott zu geben.

Die Selbständigkeit der ethischen Vernunft[1]

Wesentlich im Zusammenhang mit den Gedanken, die Bayle in seinen „Pensées diverses sur les Comètes" ausgesprochen, steht seine Idee von der Selbständigkeit der Ethik, der Gedanke der sittlichen Verhältnisse als durch sich selbst bestimmter und begründeter, schlechthin allgemeiner und notwendiger, von den Partikularismen der positiven Religionen und den Dogmen der Theologie unabhängiger Verhältnisse. Obgleich dieser Begriff sich in Bayle nicht in der amtlichen Stellung eines professor publicus ordinarius [öffentlichen ordentlichen Professors] ausspricht, weil dieser Begriff ein von der Orthodoxie konfiszierter, (19) die Orthodoxie aber eine von ihm respektierte, förmlich anerkannte Behörde ist, so tritt er doch auch in der Rolle eines Privatgelehrten – namentlich da, wo ihm der Widerspruch des Lebens und der Lehren der Orthodoxen[2] und der von ihnen als Muster aufgestellten Heiligen und Frommen mit den Gesetzen der Ethik entgegentritt – mit entschiedener Kraft auf. Berühmt ist seine Kritik Davids, wo er mit einer für seine Zeit überraschenden Kühnheit und Freisinnigkeit die Handlungen dieses Heiligen analysiert[3] und beleuchtet. Sosehr sich Bayle überall beschränkt und im Zaume hält, selbst hier im Texte, in den Anmerkungen – überhaupt ein charakteristischer Zug, daß er in den sozusagen nicht offiziellen Artikeln für die Ein-

[1] ethischen Vernunft: Ethik oder Moral *C*
[2] Gläubigen *C*
[3] zergliedert *C*

schränkungen des Textes sich entschädigt – ist seine Kritik ein eklatanter[1] Sieg seiner Wahrheitsliebe über den Geist der Orthodoxie, welche – mit seltnen Ausnahmen, z. B. Calvins, der Sarah und Abrahams Benehmen als ein warnendes Beispiel hinstellt, wie selbst fromme, ja, heilige Seelen den Anfechtungen des Teufels unterliegen – ihrem partikulären Interesse, dem Interesse, alles in der Bibel wahr, gut und löblich zu finden, das höhere Interesse der Wahrheit und Gerechtigkeit zum Opfer bringt. Er zeigt trefflich die Nichtigkeit der Entschuldigungsgründe, die man theologischerseits angewandt, und die Verderblichkeit und Verwerflichkeit der diesen Rettungsversuchen zugrunde liegenden Maximen, welche aus der Heiligkeit einer Person auf die Rechtmäßigkeit und Sittlichkeit ihrer Handlungen schließen, wenn diese gleich direkt allen Begriffen des Rechts und der Billigkeit widersprechen. „C'est établir", sagt er hier, „un trés-dangereux principe: on ne pourroit plus examiner sur les idées de la Morale les actions des anciens Prophêtes, pour condamner celles qui n'y seroient point conformes et ainsi les Libertins"[2] – die Freigeisterei ist stets das Schreckwort, womit B[ayle] die Orthodoxie zur Räson zu bringen, ihr das Verderbliche und Unvernünftige ihrer Lehren im Einklang mit ihren Prinzipien zu zeigen und so verständlich zu machen sucht – „pourroient accuser nos Casuïstes d'approuver certaines actions qui visiblement sont injustes, de les approuver, dis-je, en *faveur de certains gens et par acception de personnes*. Disons mieux, appliquons aux Saints ce qui a été dit des grands esprits: nullum sine venia placuit ingenium. Les plus grands Saints ont besoin qu'on leur pardonne quelque chose . . . On feroit un très-grand tort *aux Loix éternelles* et par consequent à la vraie Religion, si on donnoit lieu aux profanes, de nous objecter, que dès qu'un homme a eu part aux inspirations de Dieu nous regardons sa conduite comme la regle des moeurs, de sorte que nous n'oserions condamner

[1] glänzender *C*

[2] *In C deutsch*: „Es heißt", sagt er hier, „ein sehr gefährliches Prinzip aufstellen: Man könnte nicht mehr nach den Ideen der Moral die Handlungen der alten Propheten prüfen, um diejenigen zu verdammen, die nicht damit übereinstimmten; und so könnten die Freigeister, les libertins [. . .]"

les actions du monde les plus opposées aux notions de l'équité, quand c'est lui qui les a commises. Il n'y a point milieu: ou ces actions ne valent rien ou les actions semblables à celles-là ne sont pas mauvaises: or puisqu'il faut choisir l'une ou l'autre de ces deux choses, ne vaut-il pas mieux ménager *les intérêts de la Morale,* que *la gloire d'un particulier*?"[1]* Den Kirchenvätern namentlich macht er den Vorwurf: „Ils ont sacrifié *les interêts generaux* de la Morale à la réputation d'un particulier, et peu s'en faut que je n'appli que à tous ceux qui sont animez de cet esprit ce bon mot de Ciceron: Urbem philosophiae proditis, dum castella defenditis."[2]**

[1] *In C deutsch*: „[. . .] unsern Kasuisten vorwerfen, daß sie gewisse Handlungen billigen, die augenscheinlich ungerecht sind, daß sie, sage ich, sie billigen zugunsten gewisser Leute und nach dem Ansehn der Personen. Sagen wir lieber, wenden wir auf die Heiligen an, was von den großen Geistern gesagt wurde: Nullum sine venia placuit ingenium [auch das Genie braucht Nachsicht]. Die größten Heiligen haben nötig, daß man ihnen etwas verzeiht. Man würde den ewigen Gesetzen und folglich der wahren Religion ein sehr großes Unrecht zufügen, wenn man den weltlich Gesinnten zu dem Vorwurf Anlaß gäbe, daß, sowie ein Mensch an den göttlichen Eingebungen teilgehabt hat, wir sein Betragen als sittliche Richtschnur betrachten, dergestalt, daß wir uns nicht getrauten, die dem Begriffe der Billigkeit entgegengesetzten Handlungen zu verwerfen, wofern nur er's ist, der sie begangen hat. Es gibt kein Drittes: Entweder diese Handlungen taugen nichts, oder die ihnen ähnlichen Handlungen sind nicht schlecht; folglich, da man eins von beiden wählen muß, ist es nicht besser, die Interessen der Moral als den Ruhm eines einzelnen zu berücksichtigen?"

* „Diction.", Art. David. R. H.

[2] *In C deutsch:* „Sie haben die allgemeinen Interessen der Moral dem Ansehen eines einzelnen geopfert, und ich hätte gute Lust, auf alle, die vom nämlichen Geiste beseelt sind, anzuwenden, was Cicero witzig sagt: Urbem philosophiae proditis, dum castella defenditis [die Stadt der Philosophie habt ihr dem Feinde ausgeliefert, während ihr die Schanzen verteidigtet]."

** „Diction.", Art. Sara. Rem. K. In betreff der moralischen Ansichten der Kirchenväter s. auch Art. Abimelech. R. A. u. Acindynus (Septimius). R. B.

Am unbedingtesten und entschiedensten spricht er aber die Universalität, die Selbständigkeit, die Souveränität[1] des Sittengesetzes aus in seinem „*Commentaire philosophique* sur ces Paroles de Jesus Christ: ‚Contrain-les d'entrer', ou l'on prouve par plusieurs raisons demonstratives, qu'il n'y a rien de plus abominable que de faire des Conversions par la Contrainte et ou l'on réfute tous les Sophismes des Convertisseurs à contrainte et l'Apologie que St. Augustin a faite des Persecutions." Traduit de l'Anglois du Sieur Jean Fox de Bruggs par M. J. F. 1686. [„Philosophischer Kommentar zu dem Worte Jesu Christi: ‚Nötige sie einzutreten', worin durch mehrere überzeugende Gründe bewiesen wird, daß es nichts Abscheulicheres gibt als Belehrungen mit den Mitteln des Zwanges, und alle Sophismen der Zwangsbekehrer sowie die Rechtfertigung von Verfolgungen beim heiligen Augustin widerlegt werden". Aus dem Englischen des Sir John Fox aus Bruggs von Herrn J. F. übersetzt. 1686]. Er stellt hier den Grundsatz auf: „Que la Lumière naturelle ou les principes généraux de nos connoissances sont la regle matrice et originale de toute interpretation de l'Ecriture en matière des moeurs principalement."[2] Das erste Kapitel enthält die Entwickelung dieses Prinzips. Sein Zweck ist, den buchstäblichen Sinn, welchen die Ketzerverfolger diesem Spruch der Bibel gaben, zu widerlegen. „Ich stütze mich", sagt Bayle hier, „um den buchstäblichen Sinn unüberwindlich zu widerlegen, auf diesen Grundsatz der Vernunft, daß jeder buchstäbliche Sinn, welcher die Verpflichtung zu Verbrechen enthält, falsch ist. Der heilige Augustin stellt diese Regel, dieses Kriterium sozusagen, auf, um den bildlichen Sinn von dem buchstäblichen zu unterscheiden. Jesus Christus, sagt er, hat ausgesprochen, daß wir nicht selig sein werden, wenn wir nicht das Fleisch des Menschensohnes essen; dieser Spruch scheint uns ein Verbrechen anzubefehlen; er ist also ein Bild, welches uns verbindet, an dem Leiden des Herrn teilzunehmen und uns auf eine nützliche und angenehme Weise ins Gedächtnis zu rufen, daß sein Fleisch für

[1] Universalität ... Souveränität: Universalität und Selbständigkeit

[2] *In C deutsch:* „daß das natürliche Licht und die allgemeinen Grundgesetze unserer Erkenntnisse die Grundregel aller Schriftauslegung sind, vornehmlich im Punkte der Moral".

uns gekreuzigt und verwundet worden. Es ist hier nicht der Ort, zu untersuchen, ob diese Worte beweisen, daß der heilige Augustin nicht die Ansicht der katholischen Kirche gehabt[1], oder ob er seine Regel gehörig anwendet; es genügt die Behauptung, daß sein Räsonnement sich auf dieses allein ein richtiges Verständnis der Schrift aufschließende und sichernde Grundprinzip stützt: daß, wenn der buchstäbliche Verstand einer Bibelstelle den Menschen zu Verbrechen oder (um alle Zweideutigkeit zu beseitigen) zu solchen Handlungen verpflichtet, welche das natürliche Licht, die Gebote des Dekalogs und die Moral des Evangeliums verbieten, es schlechterdings ausgemacht ist, daß man diese Stelle falsch versteht und statt der göttlichen Offenbarung dem Volke seine eignen Visionen, seine Leidenschaften und Vorurteile vorträgt.

Gott bewahre[2], daß ich die Gerichtsbarkeit des natürlichen Lichtes und der metaphysischen Prinzipien so weit ausdehnen wollte wie die Sozinianer, welche den Satz aufstellen, daß jeder Sinn der heiligen Schrift, welcher diesem Lichte und diesen Prinzipien widerspricht, falsch ist, und infolge dieses Grundsatzes den Glauben an die Dreieinigkeit und Inkarnation[3] verwerfen; nein, nicht unbedingt, nicht unbeschränkt stelle ich meine Behauptung auf. Ich weiß wohl, daß es Grundsätze gibt, gegen welche die ausdrücklichsten, evidentesten Worte der heiligen Schrift nichts ausrichten würden, wie z. B. die Grundsätze, daß das Ganze größer ist als der Teil, daß, Gleiches von Gleichem abgezogen, Gleiches übrigbleibt, daß unmöglich zwei sich widersprechende Sätze wahr sind, unmöglich das Wesen eines Subjekts wirklich noch besteht nach der Hinwegnahme des Subjekts. Wenn man hundertmal das Gegenteil von diesen Sätzen in der Schrift nachwiese, wenn man tausend und abermal tausend Wunder mehr als Moses und die Apostel täte, um dadurch die diesen allgemeinen Grundsätzen des Menschenverstandes entgegengesetzten Lehren zu beweisen, der Mensch, so wie er ist, würde nimmermehr daran glauben und sich viel eher überreden, entweder, daß die Schrift nur in Metaphern oder Worten, die in einem entgegengesetzten Sinne zu nehmen sind (par contre-véritez [der Wahrheit

[1] hat *C* [2] verhüte *C*
[3] Menschwerdung Gottes *C*

entgegen]), rede, oder, daß diese Wunder vom Teufel kämen, als glauben, daß das natürliche Licht in diesen Grundsätzen sich irre. Dies ist so wahr, daß selbst die Katholiken, sosehr es in ihrem Interesse liegt, ihre Metaphysik aufzugeben und alle Prinzipien des gesunden Menschenverstandes (sens commun)[1] uns verdächtig zu machen, anerkennen, daß weder die Schrift noch die Kirche noch die Mirakel etwas gegen die evidenten Erkenntnisse der Vernunft, z. B. gegen den Grundsatz: ‚Das Ganze ist größer als der Teil', vermögen. Ich verweise hierüber nur auf den Pater Valerien Magni, einen berühmten Kapuziner, und damit man mir nicht einwende, daß dies nur ein Privatmann[2] ist, und mir daher nicht die Notwendigkeit einer Masse von Zitaten auferlege, bemerke ich nur im allgemeinen, daß alle Kontroversisten katholischerseits leugnen, daß die Transsubstantiationslehre der gesunden Philosophie widerspricht, und tausend Distinktionen, tausend Spitzfindigkeiten ersinnen, um zu zeigen, daß sie nicht die Grundsätze der Metaphysik zugrunde richte. Die Protestanten räumen ebensowenig den Sozinianern ein, daß die Dreieinigkeit und Inkarnation sich selbst widersprechende Dogmen sind; sie behaupten und zeigen, daß man diesen Widerspruch ihnen nicht nachweisen kann. So machen es alle Theologen, zu welcher Partei sie auch gehören mögen. Erst erheben sie so hoch, als es ihnen nur beliebt, die Offenbarung, das Verdienst des Glaubens und die Tiefe der Mysterien, aber dann kommen sie an den Thron der Vernunft, um ihr an den Füßen desselben ihre Huldigungen darzubringen, und anerkennen, wenn auch nicht mit ausdrücklichen Worten – doch ihr ganzes Benehmen spricht es nur zu deutlich und beredt aus –, daß der oberste Gerichtshof, die letzte entscheidende Instanz in allen Materien die durch die Grundsätze des natürlichen Lichtes oder der Metaphysik zu uns redende Vernunft ist. Sage man doch nicht mehr, daß die Theologie eine Königin und die Philosophie ihre Dienerin ist; die *Theologen* beweisen es ja selbst durch die *Tat*, daß sie die *Philosophie als die Königin*, die *Theologie als ihre Dienerin ansehen*; nur daher kommen die Torturen, die sie ihrem

1 *Einfügung in Klammern fehlt in C.*

2 nur . . . Privatmann: nicht nur ein einzelner *C, wo aber* nicht *sicher versehentlich steht.*

Verstande antun, um nicht beschuldigt zu werden, daß sie der vernünftigen Philosophie widersprechen. Um dieser Beschuldigung vorzubeugen, ändern sie lieber die Grundsätze der Philosophie, setzen bald diesen, bald jenen Grundsatz, je nachdem sie ihre Rechnung dabei finden, herunter, aber durch alle diese Schritte sprechen sie eben aufs deutlichste die Superiorität[1] der Philosophie und das wesentliche Bedürfnis aus, ihr den Hof zu machen; sie würden sich nicht um die Gunst der Vernunft mit solcher Anstrengung bewerben und mit ihren Gesetzen übereinzustimmen bemühen, wenn sie nicht anerkennten, daß jedes Dogma, welches nicht, sozusagen, bei dem obersten Gerichtshof der Vernunft und des natürlichen Lichtes einregistriert, gerichtlich bestätigt und beglaubigt ist, einen schwankenden und wie Glas zerbrechlichen Boden hat.

Fragen wir nun nach dem wahren Grunde von dieser Erscheinung, so können wir ihn nur darin finden, daß uns das Dasein jenes klaren und lebhaften Lichtes, welches alle Menschen, sobald sie nur die Augen ihrer Aufmerksamkeit (attention)[2] auftun, erleuchtet und sie unwidersprechlich von seiner Wahrheit überzeugt, zu dem Schluß berechtigt, daß es Gott, daß es die wesenhafte und substantielle Wahrheit selbst ist, welche uns unmittelbar durch sich selbst erleuchtet und in ihrem Wesen uns die Ideen der ewigen, in den allgemeinen Prinzipien und Begriffen der Metaphysik liegenden Wahrheiten schauen läßt. Warum sollte nun aber die ewige Wahrheit so mit uns rücksichtlich dieser allgemeinen Wahrheiten verfahren, warum sie allen Zeiten, allen Weltaltern, allen Nationen in der Art offenbaren, daß nur eine geringe Aufmerksamkeit die Bedingung ihrer Erkenntnis ist und daß man seine Beipflichtung[3] ihnen nicht versagen kann, warum, wiederhole ich, sollte sie so mit dem Menschen verfahren, wenn nicht darum, um ihm mit diesen Wahrheiten eine Regel an die Hand zu geben, einen Maßstab der Beurteilung für die übrigen besondern Gegenstände, die sich fortwährend halb wahr, halb falsch, bald sehr verworren und dunkel, bald wieder ein wenig heller dem Geist dar-

[1] Obergewalt *C*
[2] *Fehlt in C.*
[3] Verpflichtung *So schlechter übersetzt in C.*

stellen? Obgleich Gott voraussah, daß die Gesetze der Einheit der Seele mit dem Leibe der Einheit derselben mit dem göttlichen Wesen (eine Einheit, die zwar kein deutlicher Begriff ist, aber denkenden Christen für nichts weniger als eine Chimäre gilt) nicht eine klare Offenbarung von Wahrheiten aller Art, eine Sicherheit vor allen Irrtümern verstatten würden, so wollte er dennoch der Seele ein unfehlbares Mittel zur Unterscheidung des Wahren vom Falschen mitteilen; und dieses Mittel ist das natürliche Licht, sind die metaphysischen Prinzipien, an denen wir eine Richtschnur, eine ursprüngliche Regel besitzen, um zu erkennen, ob die besondern, von Büchern oder unsern Lehrern mitgeteilten Lehren richtig oder unrichtig sind. Hieraus folgt, daß der einzige Versicherungsgrund von der Wahrheit eines Gegenstandes für uns seine Übereinstimmung mit diesem ursprünglichen und allgemeinen Licht ist, welches von Gott in die Seele aller Menschen ausgegossen wird und, sobald sie ihm nur die gehörige Aufmerksamkeit schenken, unfehlbar oder unwidersprechlich ihre Überzeugung nach sich zieht. Nur diesem ursprünglichen und metaphysischen Lichte verdanken wir es, daß wir den wahren Sinn unzähliger Stellen der heiligen Schrift ergründet haben, Stellen, die, im buchstäblichen gemeinen Sinne genommen, uns in die niedrigsten Vorstellungen von der Gottheit, die sich nur immer denken lassen, gestürzt haben würden.

Ich wiederhole es noch einmal, Gott bewahre[1], daß ich dieses Prinzip so weit wie die Sozinianer ausdehnen wollte; in betreff der spekulativen Wahrheiten mag es allerdings gewisse Grenzen geben, allein ich denke, in betreff der praktischen und allgemeinen, sich auf die Sittlichkeit beziehenden Prinzipien fallen sie durchaus weg. Ich will sagen: Ich glaube, daß man *ohne Ausnahme* alle moralischen Gebote jener natürlichen Idee der Billigkeit (d'equité), welche aber, wie das metaphysische Licht, jeden Menschen, der da in die Welt kommt, erleuchtet, unterwerfen muß. Allein da die Leidenschaften und Vorurteile nur zu oft die natürliche Idee der Billigkeit verdunkeln, so wünsche ich, daß jeder, der sie recht erkennen will, sie im allgemeinen und in der Abstraktion, sowohl von seinen besondern

[1] *C folgt Zusatz:* mich davor

Interessen als von den Gewohnheiten seines Vaterlandes, zum Objekt seines Nachdenkens macht. Denn leicht kann eine verschmitzte und zugleich tief eingewurzelte Leidenschaft den Menschen überreden, daß eine Handlung, die für ihn eine nützliche und angenehme ist, der Vernunft gemäß sei; leicht kann die Macht der Gewohnheit und die Richtung, die uns die Erziehung gegeben, uns etwas als gut und schicklich vorstellen, was es doch nicht ist. Um sich daher von diesen Hindernissen loszumachen, wünsche ich, daß der, welcher deutlich das natürliche Licht in bezug auf die Moral erkennen will, über sein persönliches Interesse und über die Gewohnheiten seines Landes sich erheben und im allgemeinen die Frage an sich selbst stellen möge:[1] Ist dieses Gesetz oder dieser Grundsatz ein gerechter? Und wenn es sich darum handelte, in einem Lande ihn einzuführen, wo er nicht gilt, wo es aber freistände, ihn anzunehmen oder zu verwerfen, würde man mit leidenschaftsloser Prüfung erkennen, daß er gerecht ist und daher verdient, angenommen zu werden? Ich glaube, daß diese Abstraktion die Wolken zerstreuen würde, welche bisweilen in unserm Geiste dieses ursprüngliche und allgemeine Licht verfinstern, das von Gott ausfließt, um allen Menschen die allgemeinen Prinzipien der Moral zu offenbaren, damit sie daran einen Probierstein für alle besonderen Lehren und Gesetze besitzen selbst diejenigen nicht ausgenommen, welche Gott ihnen auf eine außerordentliche Weise offenbart, sei es nun unmittelbar oder mittelbar durch Propheten.

Ich bin vollkommen überzeugt, daß Gott, ehe er äußerlich sich Adam zu vernehmen gab, um seine Pflichten ihn zu lehren, schon innerlich zu ihm gesprochen hatte, indem er ihm die erhabne und unermeßliche Idee des absolut vollkommnen Wesens und die ewigen Gesetze der Moralität offenbarte, und zwar so, daß Adam sich nicht sowohl deswegen, weil ein gewisses, äußerliches Verbot sein Gehör erschüttert hatte, zum Gehorsam gegen Gott für verpflichtet hielt, als vielmehr deswegen, weil das innerliche Licht, welches ihn schon erleuchtete, ehe noch Gott äußerlich zu ihm sprach, die Idee seiner Pflicht und Abhängigkeit von

[1] *In A/B und C folgt Anführungszeichen, ohne daß zu ersehen wäre, wo die Anführung endet.*

dem höchsten Wesen ihm ununterbrochen vorhielt. Selbst in betreff Adams ist daher die Behauptung richtig, daß die *geoffenbarte Wahrheit gleichsam unter die Gerichtsbarkeit des natürlichen Lichts gestellt* wurde, um von ihm besiegelt, eingetragen, bewährt zu werden und so erst das Recht verbindender Gesetzeskraft zu erhalten, und es ist, im Vorbeigehen gesagt, sehr wahrscheinlich, daß, wenn unsre ersten Eltern über den dunkeln Gefühlen des Vergnügens, welche der Vorschlag, von der verbotnen Frucht zu essen, in ihrer Seele erregte, nicht, infolge der wesentlichen Beschränktheit endlicher Geister, welche ihnen nicht die Beschäftigung mit geistigen Gedanken verstattet, während ihre Seele von den lebhaften und dunkeln Gefühlen der Lust eingenommen ist, die ewigen Gesetze der Moralität aus dem Gesichte verloren hätten, sie schwerlich das Gebot Gottes überschritten haben würden – ein Fall, der uns stets zur Warnung dienen muß, nie das natürliche Licht aus den Augen zu verlieren, wenn uns einer, er sei, wer er wolle, irgendein neues moralisches Gesetz vorschlagen will.

Allein was in Rücksicht Adams nur eine Wahrscheinlichkeit ist, daß er nämlich die Gerechtigkeit des äußerlichen Verbotes Gottes nur dadurch einsah, daß er dasselbe mit seiner primitiven[1] Idee von dem höchsten Wesen verglich, das ist nach dem Falle zur unerläßlichen Notwendigkeit geworden. Denn nachdem der Mensch erfahren, daß es zwei sehr unterschiedne Gesetzgeber gibt, war ihm ein Unterscheidungsprinzip absolut notwendig, um nicht die äußerlichen Offenbarungen Gottes mit den allenfallsigen Einflüsterungen oder Inspirationen eines maskierten Teufels zu verwechseln. Und dieses Prinzip konnte eben nichts anderes sein als das natürliche Licht, nichts andres als die in der Seele aller Menschen eingedrückten Ideen der Moralität, kurz, die universelle Vernunft, welche alle Geister erleuchtet und keinen täuscht, wenn er nur aufmerksam ihren Rat vernimmt, zumal in solchen lichtvollen Momenten, wo die körperlichen Dinge nicht die Seele in Anspruch nehmen, sei es nun durch sinnliche Bilder oder durch Leidenschaften, die sie im Gemüte erregen. Alle Träume, alle Visionen der Patriarchen, alle Reden, die sie aus dem Munde

[1] ursprünglichen *C*

Gottes vernahmen, alle Engelerscheinungen, alle Wunder, kurz, alles hat die *Prüfung des natürlichen Lichtes* bestehen müssen; denn wie hätte man sonst *unterscheiden* können, ob diese *Offenbarungen* von einem *bösen*, verführerischen Prinzip[1] oder von dem Schöpfer aller Dinge kämen? ... Ein aufmerksamer und nachdenkender Kopf sieht klar ein, daß das lebhafte und deutliche Licht, welches uns an keinem Orte, zu keiner Zeit verläßt und uns zeigt, daß das Ganze größer ist als der Teil, daß es Pflicht ist, dankbar gegen seinen Wohltäter zu sein, keinem andern zu tun, was wir nicht wollen, daß andere uns tun, sein Wort zu halten, nach seinem Gewissen zu handeln, er sieht, sage ich, klar ein, daß dieses Licht von Gott kommt, daß es eine natürliche Offenbarung ist; wie sollte er sich also einbilden können, daß Gott hernach sich selbst widersprechen, d. h. kalt und warm aus einem Munde blasen werde (souffler le chaud et le froid)[2], sei es nun, daß er selbst äußerlich zu uns spricht oder andere Menschen sendet, um uns das gerade Gegenteil von den allgemeinen Lehren der natürlichen Vernunft zu offenbaren? Ein Epikuräer schließt ganz richtig (obgleich er sein Prinzip falsch anwendet), wenn er behauptet, daß unsre Sinne, weil sie die erste Regel unsrer Erkenntnisse und der Ursprung der Wahrheiten in unsrer Seele sind, nicht der Täuschung unterworfen sein können. Er täuscht sich wohl in dieser Annahme, daß das Zeugnis der Sinne die Regel und das Kriterium der Wahrheit ist, aber da er einmal dieses annimmt, so schließt er mit vollem Rechte, daß unsre Sinne die entscheidenden Richter in allen zweifelhaften und streitigen Fällen sein müssen. Wenn also das natürliche und metaphysische Licht, wenn die allgemeinen Prinzipien der Wissenschaften, wenn diese ursprünglichen Ideen, welche durch sich selbst uns überzeugen, uns gegeben sind, um vermittelst derselben richtig zu urteilen und an ihnen eine Unterscheidungsregel zu haben, so ist es absolut notwendig, daß sie unsere obersten Richter sind und daß wir ihrer Entscheidung alle streitigen und zweifelhaften Fälle unterwerfen. Sollte sich daher jemand herausnehmen, zu behaupten, daß Gott uns ein den ursprünglichen Prinzipien

[1] Wesen *C*

[2] *Einfügung in Klammern fehlt in C.*

geradezu entgegengesetztes Moralprinzip geoffenbart habe, so muß man ihm das ableugnen und behaupten, daß er sich irrt und daß es viel vernünftiger ist, das Zeugnis seiner Kritik und Grammatik als das Zeugnis der Vernunft zu verwerfen. Will man das nicht zugeben, so ist es aus mit unserm Glauben ... Und darauf läuft auch am Ende das ganze Gerede der römischen Katholiken für die Autorität der Kirche und gegen den Weg der freien Untersuchung hinaus. Ohne daran zu denken, machen sie nur einen großen Umweg, um nach unzähligen Fatiguen an *das* Ziel zu kommen, dem die andern geraden Weges zugehen. Die andern sagen nämlich frei und ohne Umschweife heraus, daß man sich an *den* Sinn halten muß, der uns als der bessere erscheint; sie aber sagen, daß man sich davor wohl in Acht nehmen müsse, weil unsre Begriffe uns täuschen könnten, unsre Vernunft nur Irrtum und Finsternis sei, und daß man daher sich an die Entscheidung der Kirche halten müsse. Kommt man denn aber nicht damit wieder auf die Vernunft zurück? Muß denn nicht der, welcher das Urteil der Kirche seinem eignen vorzieht, vorher den Schluß machen: ‚Die Kirche hat mehr Einsicht wie ich, sie verdient also mehr Glauben wie ich'? Jeder bestimmt sich also nach seiner eignen Erkenntnis; wenn er etwas für eine Offenbarung hält, so geschieht es, weil sein gesunder Sinn, sein natürliches Licht, kurz, seine Vernunft ihm sagt, daß die Beweise dafür, daß es eine Offenbarung ist, gut sind. Wie stände es denn mit uns, wenn wir gegen die Vernunft als ein Prinzip des Irrtums und der Finsternis mißtrauisch sein müßten? Müßten wir denn nicht auch selbst gegen diesen Ausspruch: ‚Die Kirche hat mehr Einsicht als ich, also verdient sie mehr Glauben als ich', mißtrauisch sein? Müßten wir nicht notwendig befürchten, daß sie sich täuscht[1], sowohl in betreff des Prinzips als der Folgerung, die sie daraus zieht? Wie stände es denn mit diesem Argumente[2]: ‚Alles, was Gott sagt, ist wahr, nun sagt er aber durch Moses, daß er einen ersten Menschen erschuf, also ist es wahr', wenn wir nicht die natürliche Vernunft zu einer sichern und unfehlbaren Regel, zum absoluten Kriterium aller Fragen hätten, selbst die Frage nicht ausgenommen, ob dies oder jenes in der Bibel

[1] täusche *C* [2] Beweise C

enthalten ist? Haben wir denn nicht dann auch Ursache, an dem Obersatze dieses Argumentes[1] und folglich auch an dem Schlußsatz[2] zu zweifeln? Da aber ein solcher Zustand das schrecklichste Chaos und der verruchteste Pyrrhonismus[3] von der Welt wäre, so müssen wir notwendig eingestehen und anerkennen, que tout dogme particulier, soit comme l'avance comme contenu dans l'Ecriture, soit qu'on le propose autrement est faux, lorsqu'il est refuté par les notions claires et distinctes de la lumière naturelle, principalement à l'égard de la Morale.[4]" *

Sosehr wir dem Verfasser der „Pensées diverses" die Bekämpfung des Aberglaubens, seine Tendenz, die Menschheit *aufzuklären,* die Natur aus einem Gegenstand der religiösen Angst und Furcht zu einem Gegenstande freier, vernünftiger Anschauung zu machen, die Naturphilosophie also von der Theologie abzutrennen, als ein besonderes Verdienst anrechnen müssen, sosehr müssen wir sein Bestreben, die Unabhängigkeit der Ethik von der Theologie, ihre Selbständigkeit und ausnahmslose Universalität geltend zu machen, als ein löbliches Bestreben anerkennen. Denen freilich, die an den *Namen* Gottes, in Beziehung auf dieses Wort noch in der alten Superstition[5] befangen, *magische* Wirkungen knüpfen, das Wort „Gott" an die Spitze der Ethik und überhaupt der Wissenschaft stellen wollen, um ihnen angeblich einen sichern und fruchtbringenden Boden damit zu geben, denen freilich erscheint ein solches Bestreben als ein irriges – ein Wort, mit dem gerade am meisten die Irrwische unsrer Zeit um sich werfen –, als ein oberflächliches, seichtes Bestreben – Worte, mit denen jetzt gerade die flachsten, gedankenlosesten Köpfe am freigebigsten sind.

1 Beweises *C*
2 Schlußsatze *C*
3 das . . . Pyrrhonismus: die schrecklichste Verwirrung und verruchteste Zweifelsucht *C*
4 *In C deutsch:* daß jedes besondere Dogma, sei es nun, daß man es auf den Grund der Schrift behauptet oder sonstwie aufstellt, falsch ist, wenn es durch die klaren und deutlichen Begriffe des natürlichen Lichtes widerlegt wird, besonders in betreff der Moral.
* „Oeuvres div.", T. II., p. 367–370.
5 der . . . Superstition: dem alten Aberglauben *C*

Aber laßt euch nicht betören, Freunde der Wahrheit! Befolgt die strengen Gesetze der Wissenschaft! Haltet fest an dem Verstande! Bleibt treu der Vernunft![1] Dann ist auch Gott in euch, zwar nicht dem Namen nach, aber, was mehr ist, dem *Wesen* nach. Der Name macht es nicht aus; es kommt auf die Bestimmung, auf den Begriff an. Der Begriff allein unterscheidet den Gott und den Götzen, die Wahrheit und das Wahnbild. Setz[e]st du Gott zum Prinzip einer bestimmten Erkenntnis und Wissenschaft, so kannst du nicht den *allgemeinen* Begriff Gottes in seiner unbestimmten Totalität zum Prinzip machen, denn als diese ist er ebenso das Prinzip dieser als *jener* Wissenschaft, ist er das *Prinzip von allem*. Wie willst du also die bestimmte Wissenschaft aus ihm begründen[2]? Heißt das nicht das Licht aus dem Dunkel ableiten wollen, die Wissenschaft in der Tat prinziplos machen und sie bloß zufälligen Einfällen preisgeben? Wenn du Gott z. B. zum Prinzip der Rechtsphilosophie machen willst, kannst du sie aus ihm[3] begründen, wie er der Gnädige, der Barmherzige, der Allmächtige, der Schöpfer der Natur ist? Nein, du hast kein andres Prädikat als das der *Gerechtigkeit*. Als Allmacht, als unbeschränkte, an kein Gesetz gebundne Macht kann er das Recht zum Unrecht, das Unrecht zum Recht machen; als Gnädiger ist er nicht gerecht, hebt er die dem Rechtsbegriff nach gültige Strafe auf. Gott kann lediglich in *dieser* und *keiner andern* Bestimmtheit in Betracht kommen, wenn er das Prinzip *dieser* und nicht zugleich irgendeiner andern Wissenschaft sein soll. Indem du die Wissenschaft begründen willst, nimmst du ihr ihren Grund, vernichtest ihre Basis, ihre[4] Grenzen, ihr Maß, ihre Gesetze, ihre heilige Idee, wenn du irgendein andres Prädikat mit zu Hülfe nimmst; deine wissenschaftliche Deduktion[5] ist nichts andres als die unredlichste Taschenspielerei von der Welt.

Höre ein Beispiel! Was würdest du von dem Verstande eines Menschen halten, welcher die Güte der Gedichte seines

[1] Bleibt . . . Vernunft! *Fehlt in C.*
[2] ableiten *C*
[3] aus ihm: durch ihn *C*
[4] Basis, ihre *Fehlt in C.*
[5] Begründung *C*

Freundes also beweisen wollte: Cajus ist ein guter Mensch[1], ein guter Jurist usw.[2], also sind seine Gedichte auch gut. Du würdest lachen. Und warum? Weil er nicht diese[3] von den übrigen Eigenschaften unterschiedne und unabhängige Eigenschaft des Dichtens, nicht diese bestimmte Qualität[4], aus der allein die Gedichte kommen, sondern den moralischen Menschen[5] zum Prinzip seiner Deduktion[6] macht. Aber verfährst du nun weniger verstandlos, wenn du die Rechtsbegriffe aus Prädikaten der Gottheit ableitest, die gar nichts mit der Idee des Rechtes gemein haben? Ist das nicht eine Schöpfung *aus nichts*? Ebenso ist es, wenn du Gott zum Prinzip der Ethik machst. Du hast dann kein andres Prädikat als das der bonitas oder sanctitas[7], kein andres als ein *ethisches Prädikat*. Jedes andre Prädikat ist nicht nur überflüssig, sondern auch störend, ja, zerstörend. Gott ist nicht *als Gott überhaupt*, sondern *als* das *Gute* Prinzip der Ethik; *nicht das Subjekt*, sondern das Prädikat allein kommt in Betracht; es reduziert sich alles auf die *Idee des Guten*, alldieweil du nur *durch* dieselbe das Prädikat des Guten[8] denkest. Es ist daher gleichgültig, ob du Gott *als das Gute* oder das *Gute an und für sich* zum Prinzip machst, da Gott *lediglich in dieser Bestimmtheit* Prinzip der Ethik ist. Gott ist nur noch ein Name, ein Wort; das Wesen, der Begriff ist der *ethische* Begriff. Ja, es ist nicht nur gleichgültig, ob du das Wort „Gott" noch anwendest oder fallenläßt; es ist heilsam, es ist redlich, es ist ein wohltätiger Fortschritt, es ist eine Notwendigkeit, *das Gute* nicht als ein Prädikat, als eine Eigenschaft *eines Wesens*, das noch andere *ihm selbst entgegengesetzte* Eigenschaften hat, zu fassen, sondern *in seiner absoluten Selbständigkeit* zu denken. Nur so wird das *Sittliche rein*, unbefleckt, unvermischt gedacht, erkannt, *was es ist*, nur so wird es *als Idee* gefaßt, und erst so gefaßt, kann

1 *Statt des folgenden Kommas in C:* oder
2 *Fehlt in C.*
3 die *C*
4 nicht ... Qualität: diese bestimmte Eigenschaft oder Fähigkeit *C*
5 *C folgt Zusatz:* oder den Juristen
6 Prinzip ... Deduktion: Beweisgrund *C*
7 bonitas ... sanctitas: Güte oder Heiligkeit *C*
8 das ... Guten: Gott als gut *C*

es in seiner Wahrheit, seiner untrüglichen und unbestechlichen Selbstheit begriffen werden.

Gott ist der Gute, der Weise, der Allmächtige – so hieß es auf dem Standpunkt der Theologie. In der Vorstellung der Allmacht – obwohl sie durch das Prädikat der Weisheit und Güte äußerlich beschränkt wurde – war die Idee des Guten an sich, objektiv aufgehoben; die Behauptung, daß Gott nur das Gute und Weise *wollen* und vollbringen könne, war die *subjektive Einschränkung*, um die anstößigen Konsequenzen[1] zu beseitigen, die aber *an sich notwendig* in dieser Vorstellung enthalten waren. Selbst *Leibniz* faßt in seiner „Theodizee" die *Macht* als ein *besonderes*, vom Willen und Verstand unterschiednes Prädikat. Als die einzig wahre Macht wurde daher nicht die *Macht der Intelligenz* und des Willens gefaßt; der Begriff der Macht war noch nicht unter die *Herrschaft* des Geistes genommen – nur eine dunkle, *sinnliche* Vorstellung, ein ungezügelter, willkürlicher nächtlicher Dämon oder Kobold, der auch den besten Köpfen das Licht ihres Geistes auslöschte, kein Wort, das einen positiven[2] Gedanken ausdrückte, kein Zeichen der Vernunft, sondern ein sinnstörender, ihre besten Entwürfe besudelnder Fleck. Es war diese Vorstellung der Macht *im Grunde* dieselbe Vorstellung als die, welche dem Volksglauben an Zauberei und Teufelei zugrunde lag, nur mit dem Unterschiede, daß sie in den Köpfen der denkenden Orthodoxen nur oder doch hauptsächlich an die Vorstellung Gottes angeknüpft wurde. Es war der unüberwundene Mirakelglaube, der zwar in den Dienst der moralischen, geistigen Eigenschaften Gottes genommen – durch ihren moralischen Gehalt unterscheiden sich die Wunder Gottes von den Wundern des Teufels –, aber doch zugleich noch ein selbständiger Glaube war. (20)

Die naivste Satire auf die Bedeutung der Wunder war daher der Glaube, daß auch die Dämonen, die Teufel Wunder tun können, – ein Glaube, der aber nur auf eine volkstümliche Weise das wahre Wesen des Mirakels zur Erscheinung bringt, denn der Begriff des Wunders ist *kein göttlicher* Begriff. In den Begriff Gottes mischte sich darum in der Vorstellung

[1] Folgen *C*
[2] wirklichen *C*

unsrer frommen Väter ein Gott mit dem bösen Prinzip gemeinsames Prädikat ein: *die wundertätige Macht,* die Macht der Unvernunft und Gesetzlosigkeit, nur mit dem *an sich,* an dem *Inhalt* des Begriffes selbst nichts ändernden Unterschied, daß die Macht Gottes Allmacht war und seine Wunder nicht zu dem – dem Wunder an *sich selbst* äußerlichen – Zwecke geschahen, die Menschen zu verführen und irrezuleiten, sondern zu bessern und [zu] erleuchten. *Der Glaube und Begriff des Wunders* an sich selbst ist daher ein ebenso *irrationaler*[1] als *irreligiöser* und *unsittlicher Glaube und Begriff.* (21)

So wie die Wissenschaften überhaupt unter den Scholastikern nicht gedeihen konnten, weil sie keine *rein wissenschaftliche[n]*[2] Prinzipien hatten, weil sie die Grenzen der Theologie und Philosophie vermischten, weil ihre Prinzipien nicht freie, dem Denken immanente[3] Prinzipien waren, d. h., weil ihnen die *Glaubensvorstellungen selbst* unbedenklich und unverfänglich *Denkprinzipien* waren – daher die albernen Quästionen[4] der Scholastiker, z. B., ob Gott nicht durch seine Allmacht einer Jungfer ihre verlorne Jungferschaft wiederherstellen, ob er nicht einer Kreatur Allmacht und Allwissenheit geben könne, ohne ihr deswegen das Wesen einer Kreatur zu nehmen, Quästionen[4], die alle durch die Bank nur notwendige Konsequenzen von der uranfänglichen Schöpfung aus nichts waren –, so wenig konnte die Ethik, die am längsten unter der Botmäßigkeit der Theologie stand, gedeihen, die sittliche Idee in ihrer Reinheit, in ihrer adäquaten[5] Bedeutung erfaßt werden, solange sie in Abhängigkeit von der Theologie war. Die Theologie gründet die Ethik auf den Willen Gottes; denkt sie sich diesen Willen schlechtweg, weil es der *Wille* Gottes, der Befehl des Herrn ist, als Grund der Ethik, so hat sie ein willkürliches, ein unsittliches, ein die Ethik in ihrer Basis vernichtendes Prinzip der Ethik, denn das Gute hat keine andere als *seine eigne Macht,* es kann nur *durch sich selbst* den Menschen binden und bestimmen, d. h., es kann keinen andern sittlichen Verpflich-

[1] unvernünftiger *C*
[2] *So ergänzt auch C.*
[3] eingeborne *C*
[4] Fragen *C*
[5] wahren *C*

tungsgrund, das Gute zu tun, geben als den Begriff des Guten *an und für sich selbst.* (22) Denkt sie sich aber deswegen den Willen Gottes als Grund der Ethik, weil er der Wille des Guten ist, die Natur Gottes das Gute selbst ist, so ist der substantielle Begriff,[1] der *entscheidende, wesenhafte* Begriff allein der *ethische* Begriff, so gibt sich die Theologie als Theologie auf, so stehen wir auf dem Boden der Philosophie, auf dem Standpunkt der autonomischen Ethik. Die Ethik selbständig zu erfassen, war daher eine heilige Aufgabe der Menschheit; alle anderweitigen theologischen Vorstellungen entstellen, verunreinigen, verfinstern sie. Erst in Kant und Fichte, wo die Philosophie zu ihrem Heile und zum Heile der Menschheit sich selbständig erfaßte, unabhängig von der Theologie, erst in ihnen kam daher auch die ethische Idee in ihrer Reinheit und Lauterkeit zum Dasein. Der Atheismus, der so verächtlich behandelte Atheismus war nichts anderes als die notwendige und deswegen heilsame Übergangsstufe von *dem empirischen,* wie ein Ding *äußerlich*-objektiven[2] Gotte, von dem Gotte, an den sich die empirische[3] Frage knüpfte: *Gibt es einen Gott?*, von dem seiner Natur nach ebendeswegen *ableugbaren* und *bezweifelbaren, ungöttlichen* Gotte zum Idealismus, zum Gedanken des Geistes, zum Begriffe des *Göttlichen an und für sich,* zur selbständigen, lautern Erfassung des Wesens der Natur wie des Wesens der sittlichen Idee. (23) Der kategorische Imperativ[4] war das Manifest, in dem die Ethik ihre Freiheit und Selbständigkeit der Welt ankündigte, – ein heilbringender elektrischer Schlag aus dem heitern Himmel der bisherigen Glückseligkeitstheorien. Anders als in der nackten, von allen Anthropopathismen entkleideten Gestalt der schlichten Pflichtnotwendigkeit konnte sich zunächst die ethische Idee nicht geltend machen. Kant ist der erste, der eine Grammatik der Ethik schrieb.

Ich weiß wohl: Ihr spottet über den kategorischen Imperativ. Aber der Grund ist begreiflich; euer Spott gereicht nur dem kategorischen Imperativ zur Ehre. Euer schwülstiger, euer von den Blähungen und sonstigen Beschwerden eures

[1] der . . . Begriff, *Fehlt in C.*

[2] Ding . . . objektiven: äußerliches Ding gegenständlichen *C*

[3] gemeine *C*

[4] *In C* „kategorische Imperativ“ *und dahinter Zusatz*: (d. h. das unbedingte Sittengebot)

bedürfnisreichen Unterleibs aufgedunsner, euer von Kruzifixen und Heiligenbildern faszinierter, euer superstitiöser, euer materialistisch, euer selbstsüchtig, euer verstockt religiöser Sinn macht euch unfähig, die erhabne Idee des kategorischen Imperativs zu ahnden, geschweige zu begreifen. Noch erhabner als Kants sind aber Fichtes Ideen, die er in seiner „Sittenlehre" und zerstreut in seinen übrigen Schriften aussprach. Das Christentum hat an Erhabenheit nichts, was es den Ideen Fichtes an die Seite stellen könnte, aus dem einfachen Grunde, weil es als Religion, die sich an den Menschen überhaupt, besonders an das Volk wendet, die sittlichen Ideen an empirische[1] Interessen knüpfen muß, um sie ihm eingänglich zu machen. Fichtes Ideen sind streng, teilweise fast übermenschlich, aber die *Ethik ist keine Pädagogik,* deren Sache es ist, die empirischen Tugendmittel zu lehren und anzuwenden. Die Ethik kann nicht kapitulieren, sich nicht akkommodieren an die menschlichen Schwächen und Bedürfnisse, nicht dem Menschen schmeicheln[2], sie muß ihn vielmehr aufschrecken, erschüttern, zermalmen; ihre Gebote müssen mit unbedingter Rücksichtslosigkeit ausgesprochen werden und für den empirischen Menschen stets den Charakter der Unendlichkeit, des Ideals tragen, damit er sich nicht einbilde, er sei schon, was er stets nur *werden* kann und soll. Fichte war der Held, der einzig der sittlichen Idee die ganze Macht, Schönheit und Herrlichkeit der Welt zum Opfer brachte, daher die Einseitigkeit seines Systems. Aber nur diese selbständige Erfassung der Ethik konnte auch einen solchen *rein sittlichen* Charakter hervorbringen* – die Theologie bringt nicht solche Charaktere hervor. Der Theolog tut das Gute nicht um des Guten willen; die Idee der Sittlichkeit ist nicht die *selbständig* ihn beherrschende Idee. Er denkt dabei stets an Gott, nicht als das Gute – sonst würde er diese Idee befreien, selbständig machen –, sondern als Gott überhaupt, an Gott, wie sich an dessen Vorstellung *empirische,* eigennützige *Bedürfnisse* anknüpfen, wie er sich auf den Menschen nicht nur als ein moralisches, geistiges, sondern

[1] gemeine *C*

[2] sich nicht . . . schmeicheln: nicht dem Menschen schmeicheln, nicht nach seinen Schwächen sich bequemen *C*

* Man vergleiche „Fichtes Leben" von seinem Sohne [I. H. Fichte] – ein würdiges, höchst dankenswertes Denkmal.

auch physisches, abhängiges, allerlei Schwächen und Affekten, wie Furcht und Hoffnung, unterworfnes Wesen bezieht, an Gott, den allmächtigen Herrn, den obwaltenden Beschützer und Wohltäter der Menschheit: Was er tut, das tut er im Namen des allmächtigen Herrn, auf sein Geheiß, in seinem Angesicht; er opfert ihm sein Leben auf, aber der, dem er es aufopfert, ist sein Beschützer, sein Vater, sein Vergelter; er weiß, daß ewige Seligkeit ihn erwarten wird[1]. Opfert er sich auch nicht gerade deswegen auf, tut er überhaupt das Gute nicht gerade deswegen, weil ihn das Paradies erwartet, er weiß doch, daß es ihn erwartet, es identifiziert[2] sich doch sein Glaube an das Paradies so sehr mit dem Glauben an Gott, daß, wer ihm das Paradies nimmt, auch Gott nimmt; und er mag sich die Freuden des Paradieses noch so geistig vorstellen, die Seligkeit bezieht sich doch immer auf den empirischen Glückseligkeitstrieb. Seine sittlichen Handlungen und Gesinnungen haben daher keinen *rein sittlichen* Grund; diesen hätten sie nur, wenn er das Gute in seiner absoluten Selbständigkeit, *rein an und für sich selbst dächte.* Aber das ist ja dem Theologen viel zu abstrakt und negativ[3]. Er bedarf zu seinem Objekte ein Subjekt, dem er selbst hinwiederum persönlich Objekt ist, ein Subjekt[4], von dem er gesehen wird, wie er es sieht, dem er in die Augen blickt, um hier im Grunde das Bild des eigenen Selbstes wiederzufinden.

Die Christen rühmen sich ihrer Demut dem heidnischen Hochmut gegenüber. Vitia splendida[5] nannten sie die Tugenden der Heiden, entsprungen aus Ruhmsucht, aus Selbstsucht überhaupt. Es sei! Aber wenn du das Gute nicht aus Liebe zum Guten an und für sich selbst, sondern aus Liebe zu Gott tust, merke wohl: zu Gott, wie du ihn denkst, d. h. zu einem Wesen, in dessen Begriff und Verehrung du dich nicht *über den Begriff der Persönlichkeit* zur Anerkennung der Macht und Wirklichkeit *der Idee* erhebst, so geschieht alle deine Liebe nur im Dienste und Interesse der

[1] erwarten wird: erwartet *C*
[2] vermischt *C*
[3] „abstrakt und negativ" *C*
[4] *Beide Male* Gegenstand *statt* Objekt *und* Wesen *statt* Subjekt *in C.*
[5] *In C folgt als Zusatz deutsch:*, glänzende Laster

Persönlichkeit; deine Religion ist nur eine vergeistigte Selbstsucht. Daß du dir diese Persönlichkeit als eine von dir unterschiedne, als die absolute, als die göttliche Persönlichkeit vorstellst, ändert nichts an der Sache. Die *substantielle*[1] *Bestimmung* Gottes, auf die du dich beziehst, ist nicht die Kategorie der Ethik, sondern *die rein empirische Kategorie der Persönlichkeit.*[2] Die Persönlichkeit ist die Hauptsache, die ethische Kategorie nur[3] ein *Akzidenz*, das nur[4] zur Beleuchtung, zur *Hervorhebung* der Persönlichkeit dient, aber nicht für sich selbst in deine Anschauung tritt; sie ist nur ein *Mittel* zu deinem *frommen* Zwecke. Ob du von andern Sterblichen gesehen wirst oder von dem unsterblichen Wesen, ob du dich in deiner armseligen Aussicht auf den einzuerntenden Ruhm selbst belohnst oder von dem König der Könige den Lohn empfängst, ob du das Gute tust, um den Menschen zu gefallen oder um dem höchsten Wesen zu gefallen – es ist eins: Das Gute geschieht nicht aus freien, unabhängigen, nicht aus objektiven, aus dem Guten selbst geschöpften Gründen. Ja, es ist ein viel tieferer Hochmut, sich vorzustellen, ein *Gegenstand* des höchsten Wesens zu sein, als ein Gegenstand der Bewunderung von seinesgleichen – obwohl ein Hochmut, der umso weniger als solcher zu erkennen ist, als er nicht den Schein des Hochmuts vor sich trägt. Aber das Auge des Denkers, der so manche Enttäuschung erlebt, täuscht er nicht. Er erkennt, daß der Unterschied nur darin besteht, daß der Fromme das, was er von sich abzieht, in den Gegenstand überträgt, um, was er sich selbst genommen, wieder aus den Händen des höchsten Wesens zurückzuerhalten. Überdies wogen die Opfer des Heiden nicht den Lohn auf, den er erwartete; was ist der Name, der Ruhm gegen das Opfer des Lebens? Ein Schatten, ein Nichts. Aber die Opfer der Christen wiegt der Lohn unendlich auf; hier ist das Opfer ein Nichts gegen den Lohn.

Wahrlich, die denkenden Heiden dachten reiner die Idee des Guten, denn sie mischten nicht den Begriff der Persönlichkeit *ein*. Wehe dem, der die Idee des Guten als ein Prä-

[1] wesentliche *C*
[2] die Kategorie . . . Persönlichkeit.: die ethische Bestimmung, sondern die der Persönlichkeit. *C*
[3] Die Persönlichkeit . . . nur: Die ethische Bestimmung ist nur ein Nebending, *C* [4] bloß *C*

dikat, als eine – wenn auch die wesentliche – Eigenschaft auf ein Subjekt[1] auftragen und von ihm unterstützen lassen muß, um sie nicht wesens- und[2] haltungslos aus seinen Augen verschwinden zu sehen! Wie da der philosophische Geist verschwunden ist, wo nicht mehr *das Sein* selbständig gedacht, sondern ein Seiendes, d. h. ein gespenstisches Subjekt, das *ist*, vorausgesetzt wird, so ist der sittliche Geist entschwunden, wo die Idee des Guten nicht frei von aller Persönlichkeit rein durch sich selbst gedacht und um seiner selbst willen geliebt und getan wird. Nur mit gerechter Verachtung kann und muß man daher auf euch blicken, die ihr, mit euren angeblich tieferen, religiösen Begründungen euch brüstend, die positivsten, tiefsten Fortschritte der Menschheit und Wissenschaft, im lächerlichsten Dünkel befangen, als *überlebte Standpunkte* bezeichnet. Wo sind denn eure Werke, die ihr den Werken eines Fichte[3], eines Kant[4] an die Seite setzen könnt? Wo Charaktere wie Kant, wie Fichte, wie Friedrich II.? Ach, wie sehr bestätigt sich wieder in neuster Zeit, was Bayle von der Religion in seiner Zeit sagte! Der unreinste Sinn kann sich hinter die Religion verstecken; die schmutzigsten, verächtlichsten Gesinnungen, die niedrigsten Persönlichkeiten, die schlechtesten Weltzustände vertragen sich wohl mit der Religion, aber nicht *mit der Idee der Sittlichkeit*. Nur die Ethik – freilich nicht eine bornierte Moral, die die Pflicht in ihrer trivialsten Bedeutung erfaßt, die sie nicht stützt auf die unendliche Idee des Guten, in deren Anschauung allein sich die Moral mit der Metaphysik, der Wille mit der Erkenntnis verbindet –, nur die Ethik[5] ist darum die wahre Religion; sie ist *der Geist* der Religion, der offen ausgesprochne, der sein[er] selbst gewisse, der sich nicht durch Phantasiebilder täuschende und hintergehende, in dunkle Embleme[6] und konfuse Vorstellungen verbergende Geist, das reine, einfache, gerade Wort der Wahrheit, fern von aller orientalischen Bilderpracht. Nur die Ethik erzeugt, wie die Geschichte beweist, offne, freie, redliche, edle, widerspruchslose, *natürliche*, wahrhafte, echt religiöse Charaktere. Friedrich war ein *religiöser*

[1] *C folgt Zusatz:* oder Wesen
[2] wesens- und *Fehlt in C.*
[3] *Im Original A/B und C:* Fichtes
[4] *Im Original A/B und C:* Kants
[5] – freilich ... Ethik *Fehlt in C.*
[6] Symbole *C*

Fürst. Die Staatsreligion, die Religion des Regenten ist allein *die heilige Idee der Gerechtigkeit*. Die Gerechtigkeit ist eine *unendliche Tugend*. Ein gerechter Fürst ist per se [durch sich] ein frommer Fürst, denn er subordiniert sich demütigst der heiligen Idee und Pflicht der Gerechtigkeit, und die Gerechtigkeit ist nichts andres als die der Vernunft konforme, die allgemeine Liebe, *die Liebe aber zur Menschheit die einzig wahre Gottesliebe*, wie dies die Weisen aller Zeiten gewußt und gesagt haben. Aber ein frommer Fürst ist deswegen, weil er fromm ist, noch nicht ein gerechter und guter Fürst; ja, er vergißt und vernachlässigt nur zu leicht über der Sorge für sein Heil, über seinen *Pflichten* gegen Gott die untergeordneten, gemeinen Pflichten gegen seine Untertanen, seinen Staat. Schon Cosimo de Medici sagte, „che gli stati non si tenevano con i Paternostri in mano".[1]* Die Theologie, die sich *über* die Ethik stellt, ist ebenso verderblich den Staaten, dem Leben wie den Wissenschaften. Wer etwas *über* die Pflicht setzt, der hat schon in seinem Sinne die Pflicht *überschritten*. Was der Mensch nicht mit und in dem Sinne des Höchsten betreibt, das hat für ihn im Grunde seiner Seele nur die Bedeutung von Allotrien, dem fehlt der Segen der Wahrheit, die Macht der Gottheit. Nur wem die Ethik selbst die Theologie ist, die Pflichten gegen die Menschheit die Pflichten gegen Gott sind, nur in dem ist die Pflicht eine göttliche Notwendigkeit, ein Urteil in letzter Instanz, eine Infallibilität [Unfehlbarkeit], eine resolutio categorica [ein unbedingter Beschluß],[2] eine vis primitiva [ursprüngliche Kraft], eine unauflösliche Bindekraft, eine Entelechie des Willens, kurz – was kann man mehr sagen? – *eine Wahrheit*. Nur, wer von sich sagen kann wie Friedrich II.:

„Mein höchster Gott ist meine Pflicht"**,

kann sein ein Friedrich, leisten, was er der Menschheit leistete.

[1] *In C deutsch:* daß sich die Staaten nicht mit dem Paternoster in der Hand behaupteten.

* Macchiavelli, „Istor. Fiorent.", Lib. VII., p. 250. Opere di N. M. V. IV. Milano 1804.

[2] eine . . . categorica, *Fehlt in C.*

** „Sämtliche Werke Friedrichs d. Gr. In einem Bande", Berlin 1835, p. 724.

Die Abtrennung der Ethik von der Theologie ist der schlagendste Beweis, daß sich der[1] Geist [von] der Theologie entfernt hat, daß er gleichgültig geworden ist gegen ihre Dogmen, daß er etwas auf dem Herzen hat, was er vor ihren Einflüssen in Sicherheit zu bringen sucht, daß er nichts mehr mit ihnen zu schaffen haben will, daß es vielmehr zwischen ihm und der Theologie zu einem *förmlichen Bruche*, zu einer *entschiednen Antipathie* gekommen ist – eine[r] Antipathie, deren theoretischer Ausdruck die Erkenntnis und Behauptung ist, daß die Dogmen der Vernunft widersprechen.

Die Veranlassung zur ausführlichen Begründung und Durchführung dieses Widerspruchs gaben Bayle keineswegs die orthodoxen, sondern die rationalistischen Theologen, welche behaupteten, daß die Schrift und [die] Vernunft sich nicht widersprechen könnten, – so z. B. in einer im Jahre 1686 auf der Universität zu Franeker aufgestellten These folgenden Inhalts: „Neque ex culpa libero eos, qui asserere sustinent, si Ratio aliud quid nobis dictaret, quam scriptura, huic potius esse credendum: quasi aut Scriptura Rationi adversari aut contraria simul vera aut *illud verum esse* posset, quod Rationi contrariatur [und diejenigen erlöse ich nicht von der Schuld, die die Meinung kundtun, es sei, wenn die Vernunft uns etwas anderes als die Schrift lehre, dieser eher zu glauben: als ob die Schrift zur Vernunft in Gegensatz stehen oder die Wahrheit widerspruchsvoll sein oder etwas wahr sein könnte, was der Vernunft widerspricht]."*[2] Die Rationalisten anerkannten die Rechte der Vernunft, aber zugleich auch die Rechte der Orthodoxie; sie wollten zwei Herren zugleich dienen. Selbst der treffliche B. Bekker, welcher die Kühnheit hatte, im Jahre 1692 mit seiner „Bezauberten Welt" gegen den Hexen- und Dämonenglauben aufzutreten und seinen philosophischen Gründen mehr Glauben zu schenken als den Aussprüchen der Bibel in dieser Materie, stützte doch wieder – freilich für seine Zeit eine Notwendigkeit – seine Gedanken zugleich auf die

* „Réponse aux Quest.", p. 765. Not. n.

[1] der: ein *so A/B und C (vermutlich Druckfehler).*

[2] folgenden . . . contrariatur *Fehlt in C, wo die Fußnote Feuerbachs bereits zu* These *gehört.*

Autorität der Bibel und war so genötigt, die gegen ihn zeugenden Stellen in einem seiner Ansicht günstigen Sinne auszulegen. Die Rationalisten standen selbst noch auf dem Standpunkt der Orthodoxie, die Dogmen waren ihnen eine Autorität; nur war ihnen auch die Vernunft eine Autorität, sie begingen daher den Widerspruch, daß sie das Interesse der Vernunft verneinten, indem sie in ihrem Interesse zu handeln glaubten, das der Vernunft Widersprechende als ein der Vernunft Konformes[1] zu beweisen suchten. Sie gaben zu, daß die Inkarnation, Prädestination, die Trinität[2] der Vernunft wirklich Mysterien und daher nur Gegenstände des Glaubens wären, aber von andern Dogmen, die nicht weniger oder noch mehr der Vernunft widersprechen, suchten sie zu beweisen, daß sich die Einwürfe dagegen beseitigen, die Widersprüche, die sich dem Nachdenken über diese Dogmen zunächst darbieten, befriedigend auflösen ließen. Diese Dogmen waren besonders der Sündenfall und die unmittelbar damit zusammenhängenden Lehren der Theologie. Bayle dagegen hatte in seinem „Dictionaire" gelegentlich auf die Disharmonien[3] zwischen dem natürlichen und geoffenbarten Lichte hingewiesen, namentlich die Widersprüche zwischen dem Sündenfall, dem Ursprung des Übels und dem Wesen Gottes als unauflöslich bezeichnet. Das ärgerte natürlich die rationalistischen Theologen; sie suchten daher das Gegenteil zu demonstrieren, Bayle zu widerlegen. Aber Bayles Geist konnten ihre Erklärungen nicht befriedigen, ihre Argumente[4] nicht blenden; sie gaben ihm nur die Gelegenheit, seine zufälligen Äußerungen zu förmlichen Beweisen zu erheben und die Schwächen und Widersprüche der rationalistischen Theologie recht ins Licht zu setzen. (24) Während die rationalistischen Theologen die Partei der Orthodoxie nahmen, indem sie die Partei der Vernunft nahmen, so ergreift Bayle *die Partei der Vernunft, indem er die Partei der Orthodoxie nimmt* und mit den unbedingten Orthodoxen sagt, aber nicht nur sagt, sondern *beweist*: Die Lehre vom Sündenfall – das wichtigste Dogma, ja, die Basis der Orthodoxie – ist rein

[1] Entsprechendes *C*
[2] Inkarnation ... Trinität: Menschwerdung, die Gnadenwahl, die Dreieinigkeit *C*
[3] Mißhelligkeiten *C*
[4] Gründe *C*

unbegreiflich, d. h. widerspricht den Begriffen der Philosophie. Um den Widerspruch recht in die Augen springen zu lassen, reduziert B. den streitigen Punkt auf eine gewisse Anzahl von Thesen. Sieben Artikel machen den Inhalt der theologischen Lehre aus, und ihnen gegenüber stehen 25, sage *fünfundzwanzig*, philosophische Maximen, mit denen die theologischen Artikel übereinstimmen müßten, wenn eine Übereinstimmung des Glaubens und der Vernunft zustande kommen sollte, aber nun und nimmermehr sich zusammenreimen lassen. Die Sätze der Theologie sind folgende:

„1) Gott, das ewige und notwendige, unendlich weise, gute, heilige und mächtige Wesen, besitzt seit aller Ewigkeit eine Herrlichkeit (gloire)[1] und Seligkeit, die weder zunehmen noch abnehmen können. 2) Gott bestimmte sich mit Freiheit zur Hervorbringung von Geschöpfen und wählte aus einer unendlichen Menge möglicher Wesen nach Belieben einige aus, um ihnen die Existenz zu geben und die Welt aus ihnen zu machen, die übrigen ließ er im Nichts. 3) Das menschliche Wesen befand sich in der Anzahl von Wesen, die er schaffen wollte; er schuf daher einen Mann und ein Weib und bewilligte ihnen unter andern Gunstbezeugungen auch den freien Willen, so daß sie die Macht hatten, ihm zu gehorchen oder nicht zu gehorchen; aber er bedrohte sie mit dem Tode, wenn sie sein Verbot, von einer gewissen Frucht zu essen, nicht halten würden. 4) Sie aßen dessenungeachtet von dieser Frucht, und seitdem wurden sie nebst ihrer ganzen Nachkommenschaft verurteilt zum Elend dieses Lebens, zum zeitlichen Tod, zur ewigen Verdammnis und einem solchen Hange zur Sünde, daß sie sich ihr fast unbeschränkt und unaufhörlich überlassen. 5) Es gefiel ihm jedoch infolge seiner unendlichen Barmherzigkeit, von dieser Verdammnis eine sehr geringe Anzahl von Menschen auszunehmen, sie zwar während dieses Lebens dem Elend und Sündenverderbnis ausgesetzt [sein] zu lassen, aber sie doch durch seine Unterstützung instand zu setzen, die Seligkeit des ewigen Paradieses zu erlangen. 6) Er hat von Ewigkeit her alle Ereignisse vorausgesehen, alle Dinge geordnet, jedes an seinen Platz gestellt, und er lenkt und regiert die Welt fortwährend nach seinem Wohlgefallen, so daß nichts ohne seine Erlaubnis oder

[1] *Fehlt in C.*

wider seinen Willen geschieht, sondern er vielmehr so, wie es ihm nur gut dünkt, und sooft, als es ihm nur gut dünkt, alles Mißfällige, folglich auch die Sünde, welche für ihn das empörendste, verabscheuungswürdigste Ding von der Welt ist, verhindern und in jeder menschlichen Seele die Gedanken hervorbringen kann, welche er gutheißt. 7) Er bietet Gnaden Leuten an, von denen er weiß, daß sie sie nicht annehmen dürfen und daß sie sich durch die Zurückstoßung dieser Gnaden bei weitem schuldiger machen, als sie es sein würden, wenn man sie nicht ihnen angeboten hätte, und erklärt ihnen, daß er sehnlichst wünsche, daß sie diese Gnaden annehmen, erweist ihnen aber nicht die Gnaden, von denen er weiß, daß sie sie annehmen würden."

Die philosophischen Maximen sind folgende: „I. Da das unendlich vollkommne Wesen in sich selbst eine Herrlichkeit und Seligkeit findet, die sich weder vermehren noch vermindern lassen, so hat seine Güte allein ihn zur Erschaffung der Welt bestimmt; keine Sucht nach Lob, kein interessierter Beweggrund, seine Seligkeit und Herrlichkeit zu erhalten oder zu vergrößern, hat daran Anteil gehabt. II. Die Güte des unendlich vollkommnen Wesens ist unendlich und wäre nicht unendlich, wenn man sich eine Güte vorstellen könnte, die größer als die seinige wäre. Dieses Merkmal der Unendlichkeit kommt allen seinen andern Vollkommenheiten zu, seiner Liebe zur Tugend, seinem Hasse gegen das Laster; sie müssen so groß sein, daß sich nichts darüber denken läßt. III. Da eine unendliche Güte Gott bei der Schöpfung der Welt geleitet hat, so bezwecken alle Spuren von Weisheit, Verstand, Macht und Größe nur das Wohl der intelligenten Geschöpfe. Er hat seine Vollkommenheiten nur dazu geoffenbart, daß die Geschöpfe dieser Art ihre Glückseligkeit in der Erkenntnis, in der Bewunderung und Liebe Gottes fänden. IV. Die Wohltaten, die er den der Glückseligkeit fähigen Geschöpfen mitteilt, haben nur ihr Wohl zur Absicht. Er erlaubt also nicht, daß sie ihnen zum Unglück gereichen, und wenn der allenfallsige Mißbrauch derselben imstande sein sollte, sie zugrund zu richten, so würde er ihnen solche Mittel mitgeben, die ihnen den guten Gebrauch sicherten; denn sonst wären es nicht wahrhafte Wohltaten, und seine Güte wäre geringer als die, die wir uns in irgendeinem andern Wohltäter vorstellen können. V. Ein böses Wesen ist wohl fähig, seine Feinde mit kostbaren Geschenken zu überhäufen, sobald es weiß, daß sie dieselben nur zu ihrem eignen Verderben benutzen werden. Es stimmt also nicht mit dem unendlich guten Wesen überein, seinen Geschöpfen einen freien Willen zu geben, wenn dasselbe bestimmt weiß, daß sie einen verderblichen Gebrauch davon machen werden. Wenn dasselbe daher ihnen den freien Willen gibt, so gibt es ihnen zugleich auch das Mittel zur gehörigen Anwendung mit und erlaubt nicht, daß sie in irgendeinem Falle die Anwendung dieses Mittels versäumen. Und sollte es kein Sicherheitsmittel gegen den Mißbrauch des freien Willens geben, so würde ihnen Gott eher dieses Vermögen entziehen als zugeben, daß es die Quelle ihres Verderbens würde. Und dies ist um so offenbarer, als der freie Wille eine Gnade ist, die er ihnen aus eigner Wahl, ohne darum ersucht worden zu sein, erwies, so daß er also in diesem Falle weit mehr an den verderblichen Folgen dieser Gabe schuld wäre, als wenn er sie nur auf ihre dringenden Bitten hin bewilligt hätte. VI. Wenn man jemand eine seidene Schnur schickt, in der Gewißheit, daß er sich damit aus freiem Antriebe erdrosseln werde, so ergreift man ein ebenso sicheres Mittel, ihn ums Leben zu bringen, als wenn man ihn erdolcht oder durch einen andern erdolchen läßt. Man beabsichtigt seinen Tod ebensogut bei der Anwendung des ersten als eines der letztern Mittel, ja, es hat den Anschein, daß man eine boshaftere Absicht dabei hat, weil man auf ihn allein die ganze Schuld und Strafe seines Untergangs wälzen will. VII. Ein wahrer Wohltäter gibt unverzüglich; er wartet nicht, bis seine Geliebten aus Mangel an den Wohltaten, die er ihnen ohne alle Schwierigkeit und Unbequemlichkeit gleich von Anfang hätte erweisen können, lange Leiden ausgestanden haben. Wenn ihm seine beschränkten Kräfte nicht erlauben, Gutes zu tun, ohne Schmerz oder sonst ein Übel beizumischen, so tut er es wohl, aber nur mit Bedauern, und er greift zu diesem Mittel der Wohltätigkeit nur dann, wenn ihm kein andres schmerzloses Mittel zu Gebote steht. Wenn er aber seinen wohltätigen Zweck ebenso leicht durch ein wohltätiges Mittel erreichen könnte, so würde er diesen direkten Weg einschlagen und nicht erst den Umweg vom Übel zum Guten machen. Und wenn er mit Reichtümern und Ehren jemand überhäuft, so ist es nicht seine Absicht, ihn diese Güter genießen zu lassen, um ihn dann durch den Verlust derselben um so empfindlicher zu strafen, je mehr er sich daran gewöhnt hatte, und ihn so unglücklicher zu machen als einen, welcher stets dieser Güter beraubt war. Um diesen Preis, traun!, würde ein böses Wesen seine verhaßten Feinde mit Wohltaten überhäufen. VIII. Der größte und reellste Ruhm, den man sich in der Eigenschaft eines Regenten erwerben kann, ist, wenn man unter seinen Untertanen die Tugend, die Ordnung, den Frieden, die Seelenruhe aufrechterhält. Der Ruhm, der sich auf ihr Unglück stützt, kann nur ein falscher Ruhm sein. IX. Die größte Liebe für die Tugend bekundet nur der Regent, welcher, wenn es in seinen Kräften steht, bewirkt, daß die Tugend stets ohne Beimischung der Sünde ausgeübt wird. Wenn es ihm nun ein leichtes ist, dieses Glück seinen Untergebnen zu verschaffen, er aber doch der Sünde erlaubt, sich zu erheben, mit dem Vorbehalt, sie erst nach langer Duldung zu bestrafen, so ist seine Liebe für die Tugend nicht die größte, die man sich vorstellen kann, sie ist folglich nicht unendlich. X. Den größten Haß auf die Sünde hingegen bekundet keineswegs der, welcher sie erst lange herrschen läßt und hintendrein bestraft, sondern wer sie schon vor ihrer Entstehung ausrottet, d. h. verhindert, daß sie gar nicht[1] aufkommt. Ein König z. B., welcher seine Finanzen so trefflich eingerichtet hätte, daß nie ein Unterschleif vorfiele, würde einen stärkern Haß gegen die Ungerechtigkeit seiner Finanzpächter (partisans)[2] bezeugen, als wenn er sie dann erst hängen ließe, nachdem er lange geduldig zusah, wie sie sich mit dem Blute seiner Untertanen mästeten. XI. Ein auf die Interessen der Tugend und das Wohl seiner Untertanen bedachter Regent gibt sich alle mögliche Mühe, daß sie nie seine Gesetze übertreten, und wenn er sich genötigt sieht, sie wegen des Ungehorsams zu bestrafen, so tut er es, um durch die Strafe sie von ihrem Hang zum Bösen zu heilen und in ihrer Seele eine feste und dauerhafte Neigung zum Guten wiederherzustellen, weit gefehlt, daß es sein Wille wäre, durch die Strafe des Verbrechens ihre Neigung zum Bösen zu befestigen. XII. Wenn man ein Übel erlaubt, welches man doch verhindern kann, so bekümmert

[1] gar nicht *Fehlt in C.*
[2] *Fehlt in C.*

man sich nicht darum, ob es begangen oder nicht begangen wird, oder man wünscht selbst, daß es begangen wird. XIII. Es ist ein großer Fehler eines Regenten, wenn er sich nicht darum kümmert, ob Ordnung oder Verwirrung in seinen Staaten ist. Der Fehler ist um so größer, wenn er will oder wünscht, daß Verwirrung darin ist. Wenn er durch geheime und indirekte, aber unfehlbare Mittel einen Aufruhr in seinen Staaten erregte, welcher sie an den Rand des Untergangs brächte, um sich dann in den Augen der Welt den Ruhm zu verschaffen, daß er den zur Rettung eines großen, dem Untergange nahen Reiches erforderlichen Mut und Verstand besitze, so beginge er eine höchst bedauernswürdige Handlung. Wenn er aber diesen Aufruhr deswegen erregte, weil ihm kein anderes Mittel zu Gebote stände, den gänzlichen Untergang seiner Untertanen zu verhüten und das Wohl seines Volkes auf neuen Grundlagen und auf mehrere Jahrhunderte hinaus zu befestigen, so würde man wohl diese unheilvolle Notwendigkeit beklagen, die Art und Weise aber, wie er sie zu benutzen wußte, loben. XIV. Die Erlaubnis eines Übels ist nur dann zu entschuldigen, wenn man es nicht verhüten kann, ohne dadurch ein größeres Übel zu bewirken, aber nimmermehr zu entschuldigen, wenn man die wirksamsten Mittel gegen dieses Übel sowohl als gegen alle anderen Übel, die etwa aus der Unterdrückung desselben entstehen könnten, in Händen hat. XV. Das unendlich mächtige Wesen, Schöpfer der Materie und Schöpfer der Geister, macht alles, was es nur immer will, mit dieser Materie, mit diesen Geistern. Es gibt keine Bewegung, keine Lage, keine Figur, welche nicht seine Allmacht der Materie geben, keinen Gedanken, welchen sie nicht den Geistern mitteilen könnte. Wenn also dieses Wesen ein physisches oder moralisches Übel erlaubt, so geschieht es nicht deswegen, weil ohne dieses Übel ein andres noch größeres physisches oder moralisches Übel absolut unvermeidlich wäre. Alle Gründe von der Notwendigkeit einer Mischung des Guten mit dem Übel, welche sich auf die Beschränktheit der Kräfte des Wohltäters stützen, fallen bei diesem Wesen weg. XVI. Man ist ebensogut die Ursache eines Ereignisses, wenn man es durch moralische Mittel, als wenn man es durch physische Mittel bewirkt. Ein Staatsminister, welcher, ohne sein Kabinet[t] zu verlassen, bloß dadurch, daß er die Leidenschaften der Rädelsführer zu benützen weiß, alle Pläne einer Verschwörung zerstört, ist ebensogut die Ursache von dem Sturz dieser Kabale, als wenn er sie durch eine Gewalttat zerstört hätte. XVII. Es ist eins, ob ich eine notwendige Ursache anwende oder eine freie Ursache, wenn ich gerade *die* Momente wähle, wo ich weiß, daß sie sich bestimmt hat. Wenn ich annehme, daß das Schießpulver das Vermögen hat, sich zu entzünden oder nicht zu entzünden, wenn Feuer daran kommt, und ich bestimmt weiß, daß das Pulver gesinnt sein wird, sich um acht Uhr morgens zu entzünden, so bin ich ebensogut die Ursache von seinen Wirkungen, wenn ich um diese Stunde Feuer an das Pulver bringe, als ich die Ursache bin in der wahren Annahme, daß das Feuer eine notwendige Ursache ist. Denn in Beziehung auf mich ist die freie Ursache nicht mehr eine freie Ursache; ich ergreife sie in dem Momente, wo ich weiß, daß sie durch ihre eigne Macht genötigt ist. Es ist unmöglich, daß ein Wesen frei oder indifferent sei in betreff des Gegenstandes, zu dem es bereits bestimmt ist, und in betreff der Zeit, wo dasselbe bestimmt ist. Alles, was existiert, existiert notwendig, während es existiert oder in dem Moment, wo es existiert. Tout ce qui existe, existe necessairement pendant qu'il existe.[1] XVIII. Wenn ein großes Volk sich der Empörung schuldig gemacht hat, so verfährt man keineswegs gnädig, wenn man dem hunderttausendsten Teile verzeiht, das ganze übrige Volk aber hinrichtet, ohne selbst die Säuglinge zu verschonen. XIX. Wenn ein Arzt aus einer Menge von Heilmitteln, worunter sich mehrere befinden, von denen er bestimmt weiß, daß sie der Patient mit Vergnügen nehmen würde, gerade nur das Mittel auswählt, von dem er gleichfalls bestimmt weiß, daß es der Patient ausschlagen wird, so mag er so viel, als er will, den Patienten bitten und ermahnen, das Mittel nicht zu verwerfen, man wird nichtsdestoweniger einen gerechten Grund haben, zu glauben, daß es nicht sein ernstlicher Wille ist, ihn zu heilen; denn wenn er wirklich die Genesung des Patienten wünschte, so würde er eine von denjenigen Arzneien auswählen, von denen er weiß, daß sie der Kranke recht gerne annehmen würde. Wenn er aber überdem wüßte, daß die Ver-

[1] Tout . . . qu'il existe. *Fehlt in C. Im vorausgegangenen Satz sinngemäß dasselbe deutsch.*

werfung des angebotnen Heilmittels die Krankheit des Patienten bis zur Tödlichkeit steigern würde, so könnte man sich nicht enthalten, zu behaupten, daß er trotz aller seiner Bitten und Ermahnungen den Tod des Kranken wünsche. Voilà Monsieur les deux partis qu'il est question de pacifier, 7 Propositions Théologiques d'un côté, 19 Maximes Philosophiques de l'autre. Vous appercevrez du premier coup d'oeil que la més-intelligence n'est pas petite.[1]" *

Man kann nichts Gründlicheres, nichts Schlagenderes, nichts Unüberwindlicheres – von dem Standpunkt aus, auf welchem Bayle stand und stehen *mußte*, um seine Gegner zu schlagen – gegen das Dogma vom Sündenfall – das Grundübel, aber Grundprinzip der Orthodoxie – und die damit zusammenhängenden Vorstellungen und Dogmen vorbringen, nicht deutlicher, nicht kräftiger diese dogmatische St. Bartholomäusnacht der Intelligenz und aller göttlichen Begriffe ins Licht setzen, als es hier in diesen 19 Propositionen geschieht. Sie enthalten ein treffliches dialektisches, obwohl nur indirektes, Panorama von den theoretischen Greueltaten der orthodoxen[2] Theologie. Leibniz übernahm gleichwohl, aus Galanterie gegen eine treffliche Königin, überdem nachsichtsvoll gegen herrschende, namentlich religiöse Vorstellungen, aber gewiß auch nur deswegen so tolerant, so liberal gegen sie, weil sein universeller Geist im Wesen frei davon war, Leibniz übernahm die Widerlegung der Bayleschen Einwürfe gegen die Konformität[3] des Glaubens mit der Vernunft. Aber Leibniz bleibt nicht bei der Klinge; er hält den theologischen Standpunkt nicht inne; er schiebt zwischen die Dogmen und Bayles Gegengründe *seine eignen* Deutungen und Ideen ein. So entgegnet Leibniz, daß die Tugend nicht die einzige Qualität sei, die Gott liebe, daß des Menschen Glückseligkeit nicht sein einziger Zweck sei, daß

[1] *In C auch die beiden letzten Sätze deutsch:* Das sind, mein Herr, die beiden Parteien, um deren Versöhnung es sich handelt, 7 theologische Sätze auf der einen und 19 philosophische Grundsätze auf der andern Seite. Sie werden auf den ersten Blick bemerken, daß das Mißverständnis nicht gering ist.

* „Réponse aux Quest. d'un Prov.", p. 796–798.

[2] rechtgläubigen *C*

[3] Übereinstimmung *C*

das Universum, nicht der Mensch allein oder für sich selbst, sein Objekt[1] sei. Aber alle diese Entgegnungen verlassen den theologischen Standpunkt, spielen den Streitpunkt in eine allgemeinere Sphäre, in die Sphäre der Philosophie, wo konsequent zugleich mit den Einwürfen Bayles auch die Dogmen und die sie begleitenden Vorstellungen, welche Bayle angreift und Leibniz verteidigt, wegfallen. Fällt *die Basis* der *Bayle*schen Einwürfe, so fällt auch die Basis der Dogmen. Und so ist es auch in der Tat! Leibniz hebt den Standpunkt der Theologie auf, indem er sie in Schutz nimmt. Wenn Gott *das Universum im Auge* hat, nicht nur den Menschen, oder wenn er den Menschen nur insofern im Auge hat, inwiefern er im Universum mitbegriffen und das Universum Gegenstand Gottes ist, so kann nicht mehr die Rede sein – die Notwendigkeit dieser Folgerung leuchtet von selbst ein – von einer unmittelbaren und besondern, sondern nur einer allgemeinen und indirekten Vorsehung, der Vorsehung des Gesetzes, nicht mehr die Rede sein von besonderen Apparitionen[2] der Gottheit, von besondern Gnadenwirkungen und Mirakeln, wo Gott unmittelbar des Menschen wegen eingreift und die allgemeinen Gesetze zum Besten seiner Auserwählten aufhebt, nicht mehr die Rede sein von einem Sündenfall als einem Akte, der Furore macht, ja, die *ganze Schöpfung* mit in seinen Fluch hineinzieht. Wenn ein Vater seinen Sohn in einen schönen Blumengarten versetzt, mit dem Bedeuten, daß er hier sich seines Lebens erfreuen möge und ihm alles erlaubt sei, nur nicht die Frucht eines gewissen Baumes, so mag es wohl den Schein haben, solange als der Sohn dieses Gebot hält, solange der friedliche Zustand der Affirmation besteht, daß der Vater auch den Garten und die lieblichen Blumen und die schönen Goldkäfer, die sich von ihren Pollen nähren, liebt, weil er seinen Sohn in diese Umgebung versetzte, um ihm damit eine Freude zu machen, und sie ihm also selbst gefallen haben muß, indem man nur damit einen andern erfreuen kann, was man selbst, wenigstens relativ, schön findet. Aber wenn er, sowie der Sohn *nicht* dieses Gebot hält, darüber so exaltiert wird, so in Zorn und Wut gerät, daß er alle Blumen und Käfer mit den Füßen

[1] Gegenstand *C*
[2] Erscheinungen C

zertritt, kurz, eine so schreckliche Verwüstung anrichtet, daß, wo sonst nur Leben und Freude wohnte, jetzt nur Tod und Elend haust, so erklärt er ganz unzweideutig durch diese Wut, daß ihm gar nichts weiter Gegenstand ist als ebendieser sein Sohn. Und wenn er dann die sich widersprechende Handlung tut, daß er[1] den Sohn selbst und seine ganze Nachkommenschaft verflucht, so kommt das[2] nur daher, daß ihn die Wut im ersten Augenblick so sehr seines Verstandes beraubte, daß er nicht mehr zwischen Recht und Unrecht unterscheiden konnte und über seinem Zorne den Grund seines Zornes vergaß. Denn weswegen anders ärgerte er sich so sehr als wegen der Sünde seines Sohnes? Sein einziges Objekt, außer ihm selbst, ist also der Sohn. Sowie er ihn gezüchtigt und sein Zorn sich gesetzt hat, so wird er daher auch wieder auf Mittel denken, seinen Sohn glücklich zu machen, ihn zu Gnaden annehmen und so, was er zuerst auf negative und verkehrte Weise, jetzt auf affirmative Weise bekräftigen, nämlich daß ihm nicht der Garten, nicht die andern Wesen, sondern allein der Sohn am Herzen liegt. Dieser einerseits egoistische, im höchsten Grade reizbare und empfindliche, andrerseits wieder, wenn er gerade in die rechte Laune kommt, herzensgute, vor Liebe überfließende Vater ist der Gott der dogmatischen Theologie. In der Theologie kommt Gott nur in Betracht, wie er Gegenstand des Menschen ist, wie er sich auf ihn[3] bezieht und wie der Mensch Gegenstand Gottes ist[4]. Die Beziehungen Gottes auf die Welt als Schöpfer, Erhalter der Dinge gehen auf in der Bestimmung Gottes als eines bloßen Personen-Gottes, die hier die allein *wesentliche* und *charakteristische* ist, gehen auf in der substantiellen[5] Bestimmung der Persönlichkeit und ihren Affektionen, Bestimmungen[6], die alle die Beziehung auf den Menschen ausdrücken, den Menschen nicht von seiner Persönlichkeit, nicht von dem Gedanken *an sich selbst, an sein Heil* abziehen. *Derselbe* Gott, der *mein* Vater, *mein* Erretter, *mein* Be-

[1] die sich . . . daß er: gleichwohl *C*
[2] dieser Widerspruch *C*
[3] Gegenstand . . . ihn: sich auf den Menschen *C*
[4] und . . . ist:, den Menschen allein zu seinem Gegenstande hat *C*
[5] *Fehlt in C.*
[6] Affektionen, Bestimmungen: Eigenschaften *C*

schützer ist, derselbe ist der Schöpfer der Dinge, und ich beziehe mich daher stets auf mich, nur bald mehr unmittelbar, bald mehr[1] mittelbar. Der Standpunkt des Universums verschwindet.[2] Der Mensch tut hier wohl alles um Gottes willen, aber Gott tut auch alles um des Menschen willen; der Mensch hat nur Gott im Auge, aber Gott hat auch nur den Menschen – und zwar nicht den Menschen überhaupt, den Menschen der Idee, die Gattung, das sind ja ruchlose Abstraktionen, sondern diesen, jeden speziellen Menschen –[3] im Auge. Der Mensch ist[4] der Zweck Gottes. Gott opfert sich selbst auf zur Erlösung desselben. Diese Lehre nur und die ihr zugrunde liegenden Vorstellungen sind der Mittelpunkt der Theologie. Zwar ist seine Absicht[5] nur, sie[6] *zu sich selbst* zu bringen, aber nur weil er die Seligkeit ist, auf daß seine *ihre* Seligkeit sei. Hätte er wirklich sich, nur sich im Auge, wie einige Theologen behaupten, so würde er sie in sein Wesen absorbieren[7]; aber nein, sie bleiben ewig – sonst ginge ja *ihre* spezielle Seligkeit verloren – in ihrer Individualität bestehen, ewig Gegenstände also des Auges Gottes, des Allsehenden. Der Gott der Theologie ist ein spezieller, partikulärer Gott – wer das leugnen will, leugnet die Theologie, leugnet ihre spezifische Differenz[8] –, kein Gott des Universums, kein *universaler Gott.* Dieser Gott, der nicht ein masculinum, sondern generis neutrius, nicht ein nomen proprium, sondern commune[9] ist, dieser Gott ist ja der verhaßte, der chimärische, der nur im Gedanken – jawohl: nur im Gedanken, denn auch das Universum existiert für uns nicht im Gefühle des Herzens, nicht in den Sinnen, sondern nur im Gedanken – existierende, *pantheistische* Gott, der Gott der Philosophen, der von jeher den Theologen ein Gespenst,

[1] nur bald ... bald mehr: nur bald unmittelbar, bald *C*
[2] Der ... verschwindet. *Fehlt in C.*
[3] – und zwar ... speziellen Menschen – *Fehlt in C.*
[4] *C folgt Zusatz:* hier
[5] seine Absicht: die Absicht Gottes *C*
[6] die Menschen *C*
[7] verschlingen *C*
[8] ihre ... Differenz: ihr eigentümliches Wesen *C*
[9] ein masculinum ... commune: männlichen oder persönlichen, sondern sächlichen Geschlechts, kein Eigenname, sondern Gattungsname *C*

ein Nichts war, weil er das Nichts ihres Selbstes ist, weil er ihnen nicht, wenigstens nicht so, wie sie es wünschen, die Gewißheit ihrer ewigen, persönlichen Fortdauer gibt, welche im letzten Grunde die einzige Gottheit ist, die sie glauben. Leibniz widerlegt vom Standpunkt des Universums, also vom Standpunkt des pantheistischen Gottes aus, d. h. – um groben Mißverständnissen vorzubeugen – des Gottes, in dessen Begriffe nicht *die* Bestimmungen nur, welche allein die menschliche Persönlichkeit sich selbst verobjektivieren[1], sondern *die Kategorien der Universalität* und *Vernunftnotwendigkeit* in Anschauung kommen, Leibniz, sage ich, widerlegt von diesem Standpunkt aus, obwohl er ihn selbst in anthropomorphistische Vorstellungen einfaßt, Bayles Einwürfe; er hebt also mit dem Standpunkt Bayles auch den Standpunkt der Dogmen auf, in Beziehung auf welchen allein seine Einwürfe gelten, Bedeutung haben. (25)

Leibniz, auch die Theologen Jaquelot und Clericus machten Bayle ferner diesen Vorwurf, daß er zu anthropomorphistische[2] Vorstellungen und Beispiele anwende. Aber auch gegen diesen Vorwurf müssen wir Bayle in Schutz nehmen. Wenn einmal die Prädikate der Weisheit, der Güte und Gerechtigkeit auf Gott anwendbar sind, gelten, so müssen auch notwendig – was ja Leibniz selbst ausdrücklich zugibt – die Begriffe, die wir notwendig damit verbinden, und die Konsequenzen, die sich unmittelbar daraus ergeben, gelten; sonst sind sie leere Worte. Wir müssen entweder sagen: Wir haben gar keinen Gedanken von Gott, gar kein Prädikat für ihn – dann ist aber das Wort „Gott" ein bloßer, ein sinnloser Wortschall, Gott für uns ein Nichts, denn der Glaube kann nicht dieses Nichts des Gedankens ersetzen, weil er selbst der Vorstellung bedarf, wenn er nicht ein Glaube von nichts sein will –, oder wir müssen auch[3], wenn wir einmal ein Prädikat wählen, auch die Konsequenzen gelten lassen, die *notwendig* daran sich anknüpfen. Wir machen uns einer erbärmlichen Sophistik, einer schmählichen Lüge und Hinterlist schuldig, wenn wir, was wir zuerst behaupteten, dann wieder zurücknehmen wollen, unter dem Beisatze, man müsse sich das ja nicht zu anthropomorphistisch denken,

[1] vergegenständlichen *C*
[2] *C folgt Zusatz:*, d. h. zu menschliche
[3] *Fehlt in C.*

sich ja nicht einbilden, daß die Gerechtigkeit Gottes *unsre* Gerechtigkeit ist. Es gibt nur *eine* Gerechtigkeit, nicht eine menschliche *und* eine göttliche Gerechtigkeit. Der Unterschied zwischen der menschlichen und göttlichen Gerechtigkeit kann kein Unterschied in dem *Begriffe der Gerechtigkeit an sich selbst* sein, sondern nur den, dem Begriffe der Gerechtigkeit *an sich* gleichgültigen, Unterschied der menschlichen und göttlichen Persönlichkeit treffen. Der Mensch täuscht sich oft, mischt Leidenschaften ein, aber wo das der Fall ist, da ist er eben *nicht* gerecht. Gott unterscheidet sich als Gerechter nur dadurch von dem Menschen, daß sich nie ein Irrtum über das, was recht ist, nie ein *ungerechtes* Motiv sich in seine Gerechtigkeit einmischt, daß die Gerechtigkeit sich in ihm verwirklicht, ohne einen Widerstand zu finden, ohne ihren Begriff zu verdunkeln. Darum appelliert der Mensch, wo der menschliche Richter ihm unrecht getan, an die göttliche Gerechtigkeit, nicht deswegen, weil bei Gott gerade ist, was bei den Menschen krumm, sondern in der Gewißheit, daß die Gerechtigkeit Gottes nicht *gegen* den Begriff der Gerechtigkeit handeln kann und also auch in diesem speziellen Falle so entscheiden werde, wie es recht ist. Er nimmt seine Zuflucht nicht zu einem *andern* Begriffe der Gerechtigkeit – wie könnte er sich sonst mit Zuversicht an die Gottheit wenden? –, sondern nur zu der Untrüglichkeit und Unbestechlichkeit Gottes als den zuverlässigen Garantien des Begriffs der Gerechtigkeit. Bayle nun denkt sich das *Ideal* der Güte, der Liebe, der Gerechtigkeit, er denkt sie sich *so* als Eigenschaften der Gottheit, wie sie nicht durch Leidenschaften und andere ihnen an sich fremdartige Ingredienzen und Grenzen[1] beschränkt werden, und veranschaulicht sie allerdings durch Beispiele von Menschen, aber von Menschen, welche diesen Begriffen entsprechen, welche so sind, wie sie sein sollen, welche nicht sich, sondern diese Tugenden offenbaren, welche folglich keine Anthropomorphismen sind. Vielmehr sind die theologischen Vorstellungen die Anthropomorphismen, gegen welche Bayle zwar dieselben Begriffe geltend macht, welche der Theologie zugrunde liegen, aber gedacht mit strenger Konsequenz und gereinigt[2], ge-

[1] Ingredienzen . . . Grenzen: Einflüsse *C*
[2] mit . . . gereinigt: in strenger Folgerichtigkeit *C*

dacht in *ihrer Universalität, in ihrer Göttlichkeit.* Der Begriff der Gerechtigkeit ist *durch sich selbst, an und für sich selbst* – nicht erst als Eigenschaft einer göttlichen Persönlichkeit gedacht, die eben nur dadurch gerecht ist, daß sie dem Begriffe der Gerechtigkeit entspricht – ein *göttlicher* Begriff. Der Mensch, der gerecht ist, ist ein Gott ähnlicher, kein *anthropopathischer* Mensch; denn er abstrahiert von seinem menschlichen, interessierten, leidenschaftlichen Wesen; er überwindet sich. Die Leidenschaft widerspricht nicht dem Menschen, aber die Gerechtigkeit widerspricht ihm; die tagtägliche Erfahrung liefert die sprechendsten Beweise. Rohe, sinnliche, gemeine, sich nicht *über sich* erhebende Menschen und Völker haben keinen Begriff von der Gerechtigkeit; sie kennen nur die Rache. Der Gott der sieben theologischen Propositionen, der Adams Schuld auf seine Nachkommen ausdehnt und andere dem Begriffe der Gerechtigkeit widersprechende Handlungen begeht, widerspricht nicht dem rohen, leidenschaftlichen, boshaften oder wenigstens sinnlichen Menschen, sondern nur dem höher gebildeten Menschen, der sich über die Begierden und Triebe der Sinnlichkeit zu dem Begriffe der Gerechtigkeit an und für sich erhebt, kurz, widerspricht nur dem Menschlichen, nicht in seiner schlechten und gemeinen, sondern in seiner wahren, göttlichen Bedeutung. Der Chinese, der die Vergehen des Vaters an seinen Kindern strafen läßt, noch mehr der Barbar würde das Benehmen des dogmatischen Gottes seinen Begriffen ganz konform[1] finden. Der Einwand daher: Man muß die Gerechtigkeit Gottes und seiner Handlungen nicht nach menschlichem Maßstab, d. h. nichts anderes als: nicht nach dem Begriffe der Gerechtigkeit an und für sich, nicht nach dem göttlichen Begriffe, beurteilen, ist ein eitler Vorwand, mit dem man das Schlechteste, das Vernunftloseste, das Albernste rechtfertigen kann. (26) Wenn ein heidnischer Philosoph, etwa ein Xenophanes, den heidnischen Theologen die Handlungen der Götter vorhielt, um ihnen das Unvernünftige ihres Glaubens zu zeigen, so haben sie ihm gewiß dieselbe Antwort gegeben, mit denselben Gründen die Handlungen ihrer Götter gerechtfertigt, mit welchen die christlichen Theologen ihre Dogmen verteidigen. Unfehlbar haben die

[1] entsprechend *C*

heidnischen Priester zu dem Xenophanes also geredet: „Vermessner! Wie willst du nach deinem kurzsichtigen, beschränkten Verstande die Handlungen der unsterblichen Götter bemessen[1]? Den Göttern ist alles erlaubt; sie sind erhaben über die Schranken der gemeinen bürgerlichen Tugenden, erhaben über die Gesetze, welche Sterbliche binden; darum nur sind sie Götter. Aber der Ehebruch der Götter ist gleichwohl nicht Ehebruch, der Diebstahl der Götter nicht Diebstahl, an ihre Handlungen muß man keinen menschlichen Maßstab anlegen. Es ist wahr: Ihre Handlungen sind unsrer Vernunft nach schändliche, den heiligsten Begriffen der Moralität widersprechende Handlungen; aber vergiß nicht, daß es Götter sind, die handeln[2]; *was sie tun, ist göttlich,* und was *göttlich* ist, muß auch *recht und gut sein.* Der Ehebruch der Götter ist daher kein Ehebruch; *wie* freilich der Ehebruch der Götter, der unableugbarste, der sonnenklarste, der auf der Tat ertappte Ehebruch dennoch kein Ehebruch ist, das können wir dir nicht begreiflich machen; wir selbst begreifen es nicht; du mußt es glauben; aber eben das Unbegreifliche ist ja der göttliche Humor davon." (27) Lösen wir daher dem Bayle die Zunge und sprechen das geradezu mit philosophischer Strenge und Unbedingtheit aus, was er selbst weder in Beziehung auf seine Zeit noch in Beziehung auf sich sich einzugestehen und auszusprechen wagen konnte, so erhalten wir diese Wahrheit zum Ertrag: *Der* Gott, welcher in den sieben theologischen Propositionen beschrieben und in den neunzehn philosophischen Maximen kritisiert wird, ist ein *leidenschaftlicher,* von einem Extrem ins andere stürzender, ein willkürlicher, *kapriziöser,* darum unbegreiflicher, d. h. ein *dem Begriffe der Gottheit,* wie sie in den philosophischen Maximen dargestellt wird, geradezu widersprechender, *gottloser* Gott, ein Gott ohne allen göttlichen Wahrheitssinn, ein widerspruchsvoller, verschlagner, hinterlistiger, täuschender, *trugvoller* Gott, ein Gott, der in der Tat und Wahrheit die

[1] meistern *C*

[2] Aber der Ehebruch . . . die handeln: Es ist wahr: Ihre Handlungen sind unserer Vernunft nach schändliche, den heiligsten Begriffen der Moralität widersprechende Handlungen – Mordtaten, Diebstähle, Ehebrüche; aber vergiß nicht, daß es Götter sind, die handeln, daß man an ihre Handlungen keinen menschlichen Maßstab anlegen darf *C*

Ursache der Sünde und alles Übels ist, aber nur nicht den *Schein* haben will, daß er es ist, und daher alle möglichen Mittel ersinnt, um von sich, dem Allmächtigen, ohne dessen Wille nichts geschieht, dem Allgegenwärtigen, dem Allwissenden, die Schuld auf seine armen Geschöpfe zu wälzen.

Die Frage, ob Gott *schuldig* oder *unschuldig* sei an dem Falle des Menschen – eine Frage, die nicht der Glaube, sondern der Verstand aufwarf, aber welche nichts weniger als eine vorwitzige und überflüssige Frage, sondern eine Frage ist, die sich notwendig, *von selbst* aus den theologischen Prinzipien und Vorstellungen ergibt, die man nicht unterlassen kann, sich aufzuwerfen, wenn man ehrlich ist und über die Gegenstände des Glaubens nachsinnt, um die anstößigen Konsequenzen zu beseitigen, wie die frühern, deswegen so achtbaren Theologen taten, welche sich nicht ihres Glaubens und der mit ihm zusammenhängenden Vorstellungen *schämten* –, diese Frage hat bekanntlich nicht wenig die Köpfe und Federn der Theologen früherer Zeit in Bewegung gesetzt. Begriff- und haltungslose Distinktionen, leere Ausflüchte, bloße Finten waren die schwachen Werkzeuge, mit welchen sie sich gegen die Notwendigkeit der Folgerung und des Eingeständnisses, daß Gott selbst die Ursache der Sünde ist, zu stemmen suchten, so schwach, daß mit vollem Rechte *jede* theologische Partei der anderen den Vorwurf machen konnte und wirklich machte, daß Gott nach ihrem Systeme an dem Sündenfall schuld sei. Sowenig sie die ethischen Ideen in ihrer Unbedingtheit und Reinheit zu denken vermochten, sowenig sie außerdem Anstand nahmen, Gott Handlungen zuzuschreiben, die diesen Ideen entgegengesetzt waren, sowenig konnten sie doch diese Folgerung sich selbst und andern eingestehen. Gott, der das Böse straft und verflucht, zugleich als den Urheber des Bösen sich vorzustellen, war [1] ein zu unerträglicher, zu himmelschreiender Widerspruch nicht nur mit den Gesetzen der natürlichen Logik, sondern auch mit den ethischen Begriffen, mit dem moralischen Gewissen, mit dem *Rechtssinne* selbst. Aber gleichwohl ergab sich diese Folgerung ohne allen Zwang mit leicht hinfließender Notwendigkeit aus den Vorstellungen der Allmacht, der Allwissenheit, der Vorsehung, der Prädestination und anderen

[1] das war *C*

damit zusammenhängenden Vorstellungen. Was war in dieser Not also zu tun? Der Verstand mußte einen schlauen Kniff ersinnen, um den beleidigten Rechtssinn wenigstens durch die Beteuerung, daß dem nicht also sei, daß diese Folgerung nicht stattfinde, zu hintergehen. Dieser göttliche Verstandeskniff war vorzüglich die Permission[1]. Es war nicht der Wille, nicht ein Befehl, eine Bestimmung Gottes, daß der Mensch sündigte; Gott bewahre! Der liebe Gott hat nur die Augen zugedrückt; er hat es geschehen lassen. Seht, das war der Gott unsrer frommen Väter, der Gott jener tief religiösen Zeiten, die man uns jetzt als ein Muster vorhält. Solche Albernheiten, solche niedrige[n] Vorstellungen vertrugen sich mit dem Begriff der Gottheit! Aber was konnte zwischen einem Wesen, mit welchem man solche Vorstellungen verbinden konnte, und zwischen irgendeinem gemeinen menschlichen Regenten für ein Unterschied stattfinden? Der Unterschied war ein Wort, ein Wahn.

Bayle macht diese Distinktion folgendermaßen zuschanden. Er untersucht zwar nicht den Begriff der Permission an und für sich, wo er unter anderm gefunden hätte, daß die Zulassung weder ein Wollen noch Nichtwollen, weder ein Befehlen noch Verbieten, sondern nur eine Indifferenz[2] ausdrückt, welche sich daher auch nur auf etwas seiner Natur nach Indifferentes[3] beziehen kann, nicht auf eine Handlung, wie [es] die Sünde ist, denn in diesem Falle ist die Zulassung selbst schon Sünde. Aber er zeigt den Widerspruch, in dem die Zulassung mit andern Prädikaten der Gottheit steht. „Die bloße Zulassung", sagt er, „reicht nicht hin, um den Fall Adams vorauszusehen; eine bloße unbestimmte Zulassung würde Gott zu einem bloßen *Zuschauer* machen, und er muß daher, um seiner Providenz[4] gewiß zu sein, noch auf eine ganz andere Weise bei der Handlung der Sünde mit eingreifen. Er muß die Umstände lenken, er muß sie anordnen, er muß sie kombinieren[5] und durch unwirksame Gnaden (par des graces incongrues), durch besonders

[1] *In C folgt Zusatz*:, die Zulassung oder Erlaubnis
[2] Gleichgültigkeit *C*
[3] Gleichgültiges *C*
[4] Vorsehung *C*
[5] verbinden *C*

applizierte Objekte[1] und sonstige Mittel das Ereignis unfehlbar machen... Gott hat unzählige Zusammenstellungen[2] (Kombinationen) von Umständen gewußt, in denen Adam sich so oder so betragen haben würde; es wäre absurd, zu behaupten, daß Gott keine einzige Kombination[3] von Umständen vorausgesehen habe, wo Adam seine Pflicht erfüllen würde. Haben wir nicht die Versicherung, daß er voraussah, daß die Bewohner von Tyrus und Sodom (Matth. c. 11., v. 21) ihre Freiheit nicht mißbraucht haben würden, wenn sie Zeugen von den Wundern Jesu Christi gewesen wären? Und das waren doch Leute, die an die Sünde gewöhnt und weit von der Unschuld entfernt waren, welche dem ersten Fall vorherging. Gesteht man nicht förmlich ein, daß auch die verstocktesten Sünder durch unzählige Mittel auf den Weg der Besserung gebracht werden könnten, wenn Gott, der die Angemessenheit dieser Mittel wohl weiß, sich ihrer bedienen wollte, sie nicht ihnen verweigerte? ‚Multi sunt qui poenitentiam agerent, si talibus auxiliis praevenirentur: imo verius dici potest, nullum esse adeo obfirmatum in malo, quin mille modis converti possit, et hoc optime novit Deus, qui nihilominus innumeris denegat ea auxilia, cum quibus videat fore ut converterentur, si ea haberent‘ (Petrus a Sancto Joseph).[4] Laßt uns also eingestehen, daß Gott voraussah, daß der erste Mensch, je nach der Verschiedenheit der Umstände, bald zum Guten, bald zum Bösen seiner Freiheit sich bedienen würde. Nun hat es ihm aber beliebt, von allen diesen unzähligen Kombinationen gerade eine solche auszuwählen, wo Adam sündigen mußte... Helft euch daher soviel, als ihr wollt, mit dem Kunstgriff des freien Willens, ihr werdet mir doch nimmermehr weismachen, daß nicht Adams und Evas Versündigung Gottes Wille war, da er alle die Kombinationen, wo sie nicht gesündigt hätten, verwarf und dagegen eine solche Kombination wählte, in welcher er

[1] Gegenstände *C*

[2] Verbindungen *C*

[3] Verbindung *C*

[4] *In C deutsch:* ‚Viele‘, sagt Petrus a Sancto Josepho, ‚würden Buße tun, wenn man mit den entsprechenden Mitteln ihnen zu Hülfe käme; ja, man kann geradezu behaupten, daß keiner so verhärtet im Bösen ist, daß er nicht auf unzählige Weisen bekehrt werden könnte, und das weiß

ihre Determination[1] zur Sünde voraussah, denn in Beziehung auf Gott war der Moment ihrer Entscheidung zum Ungehorsam etwas Gegenwärtiges; sie konnten daher in diesem Augenblick nicht mehr [als] frei und unbestimmt in betreff der Handlung, die sie begehen sollten, betrachtet werden (vergl. oben die XVII. philosophische Maxime). Man kann wohl durch den freien Willen beweisen, daß Gott nicht durch ein *physisches* Mittel Adam und Eva zum Ungehorsam antrieb – was auch die Behauptung der Supralapsarier ist –, aber keineswegs, daß nicht Gott als moralische Ursache an den Handlungen der Menschen, sie seien nun, welche sie wollen, teilhat." *

An die Vorstellung von der Zulassung oder Erlaubnis der Sünde knüpfte sich notwendig die Frage an: Aber wozu, aber warum hat denn Gott die Sünde zugelassen? Calvin, welcher die Permission, wie noch einige andere Theologen,[2] verwarf und an ihrer Statt den Willen setzte, aber gleichwohl leugnete, daß Gott die Ursache der Sünde sei, sagt[3]: „Entant que la cheute d'Adam a été un renversement du vray et droit ordre, et que ç'a été une rebellion contre Dieu et transgression de sa justice, il est certain qu'elle a esté contraire à la volonté de Dieu. Mais rien de tout cela n'empesche, que Dieu n'ait voulu que l'homme tombast, pour *certaine cause combien qu'elle nous soit incognue.*"[4] * Ein treffliches Sophisma! Und besonders deswegen interessant, weil hier der Grund der theologischen Unbegreiflichkeiten so offen zutage liegt. Wenn ich eine *bestimmte* Handlung

Gott recht gut, aber nichtsdestoweniger versagt er Unzähligen die Mittel ihrer Bekehrung.'

[1] Bestimmung oder Neigung *C*

* „Rép. aux Quest.", p. 803–804.

[2] die Permission . . . Theologen,: ‚wie noch einige andere Theologen, die Permission *C*

[3] sagte *C*

[4] *In C deutsch:* „Insofern der Fall Adams eine Umstürzung der wahren und gesetzmäßigen Ordnung und zugleich eine Empörung gegen Gott und Übertretung seiner Gerechtigkeit war, ist es gewiß, daß er dem Willen Gottes zuwider war. Aber das alles hindert nicht, daß Gott nicht gewollt habe, daß der Mensch fallen soll, aus einer gewissen, wenn auch uns unbekannten Ursache."

* loc. cit.

erlaube oder *will*, daß sie geschieht, so kann der *bestimmte* Grund einzig und allein auch aus der *Bestimmtheit* der Handlung selbst hergeholt werden. Gesetzt, daß ich sie auch nur als Mittel will, so will ich sie, weil eben nur *diese* und *keine andere* Handlung das Mittel zu meinem Zwecke ist; der Grund, daß ich sie will, liegt daher auch hier in ihrer Bestimmtheit. Nun war aber der Sündenfall nicht nur *irgendeine* bestimmte Handlung, sondern eine *absolut bestimmte* und *spezifische*[1] Handlung, eine *außerordentliche* Handlung, eine Handlung sans comparaison [ohne Vergleich] – die *erste* Sünde, die *absolute Sünde* –, eine Handlung also, die alles, was sie ist und war, als Sünde, *nichts* als Handlung überhaupt war, eine Handlung, wo der Akzent, der entscheidende Sinn und Nachdruck lediglich auf der Sünde liegt. Wenn daher Gott den Sündenfall wollte, so lag der Grund einzig und allein in dem, was den Sündenfall zum Sündenfall macht. Wenn man aber sagt, daß Gott die Sünde *nicht als Sünde wollte*, so *leugnet* man dadurch von vornherein, daß er sie aus irgendeinem *bestimmten* Grunde wollte, so *nimmt man sich selbst* den *einzigen* Grund weg, den man anführen könnte, da er ja nur in der spezifischen Differenz[2] der Sünde zu finden wäre, und es *versteht sich* daher *von selbst* die Folgerung, daß die cause incognue[3] ist. Die Prämisse[4] ist falsch, sie[5] beruht auf einer grundlosen Distinktion; daß sie[6] nichts ist, offenbart die Konklusion[7]; denn wenn sie[8] etwas taugte, so müßte sie[9] notwendig die Erkenntnis einer certaine cause, eines bestimmten Grundes, zur Folge haben. Aber die Prämisse[10] gilt gleichwohl für wahr – aus leicht begreiflichen Gründen –, die objektive Nichtigkeit der Prämisse oder des[11] Prinzips kann sich daher subjektiv in der Konklusion[12] nur aussprechen als die Leugnung der

[1] besondere *C*
[2] *C folgt Zusatz:*, dem eigentümlichen Wesen
[3] *In C deutsch:* Ursache unbekannt
[4] Die Prämisse: Der Vordersatz *C*
[5] *Fehlt in C.*
[6] er *C*
[7] die Konklusion: der Schlußsatz *C*
[8] jener *C*
[9] dieser *C*
[10] die Prämisse: der Vordersatz *C*
[11] der ... des: des Vordersatzes oder *C*
[12] Schlußfolge *C*

Erkennbarkeit des Gegenstandes oder[1] als die naive, drollige Versicherung seiner Unbegreiflichkeit. Dies ist, im Vorbeigehen gesagt, das große Geheimnis von den theologischen Unbegreiflichkeiten.

Andere Theologen führten positive Gründe an. Ein solcher war besonders die Freiheit. Das köstlichste Geschenk, das Gott den Menschen machte, ist die Freiheit. Gott erlaubte die Sünde, weil er sie nicht hätte hindern können, ohne die Freiheit aufzuheben oder wenigstens störende Eingriffe in ihr Wesen sich zu erlauben. Bayle verwirft mit Recht diesen Grund als eine übertriebne Delikatesse und eitle Galanterie, die bei einem so tragischen Falle wie der Sündenfall nur eine höchst lächerliche Rolle spiele. „Es gibt", sagt er, „allerdings schonende Rücksichten, die wir strenge beobachten müssen; man darf sich derselben nur in Fällen der Not überheben; aber dann, wenn diese Fälle kommen, muß man sich auch über alle diese schonenden Rücksichten hinwegsetzen. Wenn ein Sohn sieht, wie eben sein Vater sich durch das Fenster hinabstürzen will, sei es nun in einem Anfall von Wahnsinn oder in dem Moment eines wütenden Ärgers, so tut er ganz recht daran, ihn anzuketten, wenn er auf keine andere Weise ihn zurückhalten kann. Wenn eine Königin in das Wasser fällt und der nächste beste Lakai umarmt sie oder packt sie bei den Haaren an, um sie zu retten, so tut er, und sollte er ihr auch die Hälfte der Haare ausreißen, ganz wohl daran, wenn er so verfährt; die Königin dürfte sich wohl schwerlich über Mangel an Ehrfurcht beklagen. Wenn man eine schön geputzte Dame in einen Abgrund fallen ließe, könnte man einen eitleren Grund zur Entschuldigung dieser Handlung anführen als diesen, daß man sie nicht hätte erhalten können, ohne ihre Bänder und Frisur in Unordnung zu bringen? In solchen Fällen ist Zwang und Gewalt eine Wohltat . . . Diejenigen also, welche keinen andern Grund für die Zulassung der Sünde anzuführen wissen als die Unverletzlichkeit der Privilegien der Freiheit, verlieren ihre Sache unfehlbar vor dem Forum der Vernunft. Was, kann man ihnen entgegnen, ihr denkt Gott euch als den Vater der Menschen und sagt doch, daß er ihnen lieber den kurzen und kleinen Ärger über die erzwungne

[1] *Fehlt in C. Dort Komma nach* Gegenstandes

Aufopferung einer angenehmen Unterhaltung, in der sie zum Mißbrauch ihrer Freiheit bereit waren, ersparen will als die ewige Verdammnis, in die sie der Mißbrauch des freien Willens stürzt? Wo findet ihr solche Vorstellungen von väterlicher Güte? Wie? Das nennt ihr eine gehörige Beobachtung der Privilegien der Freiheit, wenn man den freien Willen schont, d. h. sich sorgfältigst enthält, der Neigung eines Menschen Einhalt zu tun, der daran[1] steht, für immer seine Unschuld zu verlieren und auf ewig sich zu verdammen? Vous seriez moins déraisonnables, si vous disiez à un homme qui seroit tombé proche de vous, et qui se seroit cassé la jambe, *ce qui nous a empêchez de vous garantir de cette chute est que nous craignions de defaire quelques plis de votre robe, nous en respections trop la symmetrie pour entreprendre de la troubler et il nous a paru plus legitime de vous laisser exposé à une fracture d'os . . .*[2] Doch meinetwegen, es soll die Freiheit ein absolut unantastbares Privilegium für sich haben. Aber gab es denn nicht noch Mittel genug, dem Fall des Menschen zuvorzukommen? Es handelt sich nicht darum, sich einer körperlichen Bewegung entgegenzusetzen; eine solche Hemmung ist ärgerlich; es handelt sich nur von einem Willensakt. Nun sagen aber alle Philosophen: Der Wille kann nicht gezwungen werden, voluntas non potest cogi, es ist ein Widerspruch, zu sagen, daß ein Willensakt erzwungen sei; denn jeder Akt des Willens ist wesentlich freiwillig. Nun ist es aber Gott unendlich leichter, der Seele der Menschen irgendeinen ihm beliebigen Willensakt einzudrücken, als uns, eine Serviette zu falten, also – die weitern Folgen verstehen sich von selbst." *

Wieder andere Theologen, oder vielmehr am Ende alle miteinander, selbst diejenigen nicht ausgenommen, welche

[1] im Begriffe *C*

[2] *In C deutsch:* Ihr wäret weniger unvernünftig, wenn ihr zu einem Menschen, der neben euch gefallen wäre und sich ein Bein gebrochen hätte, sprächet: Was uns abhielt, Sie vor diesem Fall zu behüten, ist, daß wir fürchteten, einige Falten Ihres Rockes zu verderben; wir hatten zuviel Respekt vor ihrer Symmetrie, als daß wir uns unterstanden hätten, sie zu stören, und es schien uns pflichtmäßiger, Sie einem Beinbruch ausgesetzt [sein] zu lassen.

* „Diction. hist." Art. Pauliciens. Rem. M.

die Freiheit zuerst als den hinreichenden Erklärungsgrund des Sündenfalls angepriesen, verschanzten sich hinter den theologischen Prinzipien geradezu widersprechende Gründe und Standpunkte[1] – so hinter den Standpunkt des Universums, wo der Sündenfall, welcher der Theologie ein mirakulöses, ein außerordentliches, ein welthistorisches Ereignis ist, zu einer natürlichen, an sich bedeutungslosen und – was noch wichtiger ist – zu einer Begebenheit degradiert[2] wird, die nicht erst durch eine *besondere* Tat braucht getilgt zu werden, sondern an und für sich schon aufgehoben, und rektifiziert[3] ist, – namentlich aber hinter die Kategorie der *Beziehung* Gottes *auf sich selbst* – eine Kategorie, welche, da sie der Theologie, deren wesentliche, spezifische Bestimmung die Subjektivität, die Persönlichkeit und daher die Beziehung Gottes auf den Menschen ist, geradezu widerspricht, in der Theologie[4] selbst wieder nur unter *der Form des Egoismus* und unter der Kategorie[5] *der Beziehung auf uns* zum Vorschein kommt, Gott in der Qualität[6] eines eitlen, herrischen, ruhm- und selbstsüchtigen Tyrannen zur Anschauung bringt. So entgegnet der Theologe Jaquelot, welcher namentlich Bayle gegenüber die Behauptung aufstellte, daß die Freiheit imstande sei, den Gordischen Knoten des Sündenfalls aufzulösen, und ihn zur Verabfassung und Begründung seiner neunzehn Maximen veranlaßt hatte, dem Bayle[7]: „Als Gott das Universum schuf, hatte er *nur sich selbst* und seinen Ruhm im Auge ... Man muß die Dinge auf ihren Ursprung zurückführen und sich die intelligenten und freien Kreaturen, die Gott heilig und unschuldig schuf, als das Meisterstück seiner Hände und als das Zentrum vorstellen, in welchem die Strahlen des Lichts

[1] *Gemeint:* hinter Gründen und Standpunkten, die den theologischen Prinzipien geradezu widersprechen. *Abweichend vom heutigen Sprachgebrauch setzt Feuerbach hier nicht den Dativ, sondern den Akkusativ.*

[2] herabgesetzt *C*

[3] berichtigt *C*

[4] , da sie ... in der Theologie: aber in der Theologie ihrem eigentümlichen Wesen zufolge *C*

[5] unter ... Kategorie *Fehlt in C.*

[6] Eigenschaft *C*

[7] dem Bayle: diesem folgendes *C*

und der Herrlichkeit aller göttlichen Attribute sich sammelten. Dieser Grund hat unendlich mehr Gewicht als alle Gegengründe und Einwürfe, weil er unmittelbar von dem Ruhme Gottes hergenommen ist, die Einwürfe aber, die man macht, nur auf die Geschöpfe, ihren Nutzen oder Schaden sich beziehen, Rücksichten, die, gegen die Rücksicht des Ruhms des Schöpfers gehalten, ohne alles Gewicht sind." „Gott", sagt Jurieu, „hat die Sünde erlaubt, um zu offenbaren seine Herrlichkeit und seine bewundernswürdige Vorsehung, die um so heller strahlt, je mehr die schrecklichen Verwirrungen der Sünde imstande sind, die Welt über den Haufen zu werfen. Die Geschicklichkeit des Steuermannes offenbart sich nur in stürmischen Zeiten; wenn das Menschengeschlecht sich fromm und ruhig verhielte, so würde die Herrlichkeit der göttlichen Vorsehung weniger sichtbar sein, als sie es jetzt ist. Die Tugenden Gottes, die sich in der verdorbnen Welt auf tausenderlei Weise kundgeben, wären in einer heiligen Welt unbekannt geblieben." Er macht sich den Einwurf: „Warum doch Gott, da er sich so viele Gelegenheiten gibt, seinen Ruhm zu offenbaren, eine unendliche Menge von Menschen untergehen läßt?" Aber er ist mit der Antwort gleich fertig: „N'importe", sagt er – das „n'importe" ist unübersetzbar –[1], „die Menschen haben keinen Grund, sich über die Gottheit zu beklagen; sie gehen durch *ihre eigene Schuld* (?) zugrunde; Gott ist durch kein Gesetz an sie gebunden. Die Geschöpfe sind ihm gegenüber ein *reines Nichts*; *er liebt seinen Ruhm mehr als alle seine Geschöpfe*[2]. Er ist der Zweck, und sie sind die Mittel. Creaturae sunt coram Deo merum nihil: et gloriam suam plus amat Deus, quam omnes creaturas, quia omnia fecit in suam gloriam. Ipse est finis, illae sunt media, quo unque modo media ducant ad finem, intentum suum summum agens assequitur. [Die Geschöpfe sind vor Gott ein bloßes Nichts, und seinen Ruhm liebt Gott mehr als alle seine Kreaturen, weil er alles zu seinem Ruhme schuf. Er selbst ist der Zweck, jene sind die Mittel. Auf welche Weise die Mittel auch zum Zweck führen

[1] „N'importe [es ist ohne Belang]" ,. . . unübersetzbar – : „Es tut nichts", sagt er, *C*

[2] *C folgt Zusatz:*, weil er alles nur zu seinem Ruhme gemacht hat.

mögen, das höchste Tun folgt doch immer seiner Absicht.][1]" „Alle Prädestinationslehrer", sagt Bayle, „retirieren sich hinter die Interessen der Weisheit und des Ruhmes ihres Gottes, zumal wenn sie, wie Piskator, aufrichtig sind." „Wenn Gott", sagt dieser nämlich, „durchaus nicht den Sündenfall gewollt hätte, so würde er ihn verhindert haben, weil er ihn verhindern kann. Gott will nicht allein, daß die Sünden geschehen können (die Möglichkeit der Sünde), er will selbst, daß sie wirklich geschehen (die Wirklichkeit der Sünde), weil er den vernünftigen Kreaturen in der Bestrafung der Sünden seine Gerechtigkeit, in der Vergebung derselben seine Barmherzigkeit will sehen lassen ... Gott will oder beabsichtigt daher die Sünden selbst, weil er ohne sie die Offenbarung seiner Gerechtigkeit und Barmherzigkeit nicht wollen oder beabsichtigen könnte. Gott hat einige Menschen bestimmt zum Heile, das ihnen gegeben wird durch die Barmherzigkeit, welche die Sünden vergibt, die andern zum Verderben, das ihnen gebracht werden wird durch die Gerechtigkeit, die die Sünde bestraft. Er hat also überhaupt die Menschen zur Sünde bestimmt, weil er ohne sie seinen Zweck nicht ausführen könnte."* Ein anderer Theolog sagt: „Gott kann nur *sich* lieben, nur an *sich* denken, nur *für sich selbst* arbeiten ... Der Fall Adams beweist eben am besten, daß Gott den Menschen nicht um des Menschen willen liebt und daß Gott, eigentlich zu reden, nur *sich selbst* in seinen Werken im Auge hat ... Gott sucht, indem er den Menschen macht, seinen Nutzen, seinen Ruhm, die Interessen seiner Liebe zu sich selbst; vermöge seiner unendlichen Voraussicht weiß er wohl, daß der Mensch fallen soll, er unterläßt es aber doch nicht, den Menschen zu machen, und zwar als ein hinfälliges Geschöpf; denn er weiß auch, daß sein Fall ein weites Feld allen seinen Eigenschaften eröffnen wird, namentlich seiner Gerechtigkeit und Barmherzigkeit, die auf einem andern Wege nicht zum Vorschein kommen konnten."** Am allernaivsten drückt sich aber Theodor von Beza in dieser Materie aus. Seine Gedanken sind – ob sie gleich von den Theologen der entgegengesetzten Parteien verworfen

[1] Creaturae ... assequitur. *Fehlt in C.*

* „Rép. aux Q.", p. 807.

** loc. c., p. 920.

worden sind – ein zu wichtiges Aktenstück zur Charakteristik des Geistes der Theologie, als daß sie hier nicht einen Platz finden sollten. „Als Gott als ein Werkmeister, dessen Weisheit unendlich ist, beschlossen hatte, die Welt und vor allem den Menschen zu schaffen, hatte er sich einen *gewissen Zweck* vorgesetzt ... Dieser Zweck war ..., alle Menschen zu seinem Ruhme zu erschaffen. Nun ist aber Gottes Herrlichkeit weder bekannt noch gefeiert, wenn seine Barmherzigkeit und Gerechtigkeit nicht offenbar sind. Aus diesem Grunde hat er ein ewiges und unveränderliches Urteil (arrest)[1] gefällt, durch welches er einige Menschen aus reiner Gnade (de pure grace)[1] zum ewigen Leben bestimmte und einige durch ein gerechtes Gericht zur ewigen Verdammnis, um an jenen seine Barmherzigkeit, an diesen seine Gerechtigkeit zu zeigen*. Als nun Gott diesen Zweck sich bei der Schöpfung des Menschen vorgesetzt hatte, war es nötig, daß er *an die Mittel und Wege* dachte, um diesen Zweck erreichen zu können, damit ebenso seine Barmherzigkeit als Gerechtigkeit offenbar würden[2]. Denn die Barmherzigkeit setzt die Erbarmungswürdigkeit[3] (la misère) voraus; die Barmherzigkeit kann da nicht stattfinden und offenbar werden, wo keine Erbärmlichkeit ist; es mußte daher der Mensch so erschaffen werden, daß er Gott Stoff zur Barmherzigkeit geben konnte, was aber nicht möglich, ohne daß die Erbarmungswürdigkeit[3] vorhergeht. Aber ebenso setzt die Gerechtigkeit die Schuld voraus, um ausgeübt werden zu können, denn da, wo keine Schuld ist, hat auch die Gerechtigkeit keinen Stoff; aus diesem Grunde mußte daher der Mensch so erschaffen werden, daß er mit Beibehaltung seines Wesens (la nature gardée) sich zu einem Gegenstande der Gerechtigkeit eignete; denn Gott hätte seine *Gerechtigkeit* nicht am Menschen erweisen können, wenn er ihn nicht zur *ewigen Verdammnis* bestimmt hätte. Gott will ... also nach seiner unendlichen Barmherzigkeit einige Menschen auserlesen, um sie in Christus zu erretten, aber einige will er

[1] *Einfügung in Klammern fehlt in C.*

* Dasselbe sagt auch schon Augustin, „De Civit. Dei" L. XXI, c. XII, in Opp. D. A. A., Venetiis 1551. T. V, p. 227.[4]

[2] würde *C*

[3] Erbärmlichkeit *C*

[4] in Opp. ... p. 227. *Fehlt in C.*

nach seiner Gerechtigkeit verwerfen, damit sie durch ihre eigne Schuld verdammt werden. (Möchte man nicht des Teufels lieber werden, des offenbar bösen und insofern wenigstens redlichen und wahren Prinzips, als dieses verschlagnen, zum Scheine guten, dem Wesen nach bösen Prinzips[1]!) Um zu diesem Zwecke zu kommen, konnte Gott den Menschen nicht böse erschaffen, aber er wollte es auch nicht – denn er ist ja *gut von Natur*, ja, die Güte selbst (ach, wie rührend!). Denn wenn der Mensch in diesem Zustande geblieben wäre, so hätte Gott keine Gelegenheit gehabt, an ihm seine Barmherzigkeit oder Gerechtigkeit zu zeigen. Der Mensch mußte daher gut erschaffen werden, damit es nicht den Anschein hätte, als wäre Gott der Urheber des Bösen[2] (de peur qu'il ne semble que Dieu soit auteur du mal), jedoch keineswegs so, daß er sich nicht verändern konnte, sondern vielmehr veränderlich und fähig zu sündigen (toutesfois sans aucune coulpe de Dieu, köstliche und notwendige Klausel!), damit Gott die Ausführung seines geheimen Planes und Zweckes erreichen kann."* Selbst die rationalistischen Theologen, sagt Bayle, bedienen sich desselben Schildes wie die Prädestinationslehrer und andere. „Es ist wahr", sagt Saurin, „Gott setzt die Menschen in eine Lage, in welcher er voraussieht, daß sie sündigen werden, aber in welcher sie auch eine unendliche Menge von Abhaltungsgründen haben. Gott handelt so aus Absichten, die seiner hohen Weisheit vollkommen würdig sind; und der Zweck, den er sich dabei vorsetzt, ist ein unendlich größerer und berücksichtigungswürdiger[er][3] Grund als alle vorausgesehenen Übel. Man kann ihn daher nicht als den Urheber der Sünde betrachten. Gott bringt die Ereignisse hervor. Was aber die Sünde des Menschen selbst betrifft, so sieht sie Gott wohl voraus, er lenkt sie zu einem guten Zwecke hin, er benützt sie zu seinem Ruhme, aber er bringt sie nicht hervor... Ein Fürst ist verbunden, nicht nur das Böse nicht zu tun, sondern auch aus allen seinen Kräften es zu verhindern. Denn ist nicht derjenige, welcher seinem Nächsten das Leben nicht rettet, wenn er es kann, ein

[1] Gottes *C*

[2] nicht ... Bösen *In C hervorgehoben.*

* „Rép. aux Quest.", p. 814.

[3] wichtigerer C

Menschenmörder, wenn er gleich weder direkt noch indirekt zu seinem Tode beitrug? Allein Gott ist *der absolute Herr* des Universums, er hat ein *unbeschränktes* Recht über seine Kreaturen; man hat daher kein Recht, ihm die Verbrechen vorzuwerfen, die er voraussah und verhindern konnte, weil er *nicht verbunden* war, sie zu verhindern." * (28) So opferten die protestantischen Theologen der Ehre Gottes ihren Verstand und selbst die heiligsten Lehren ihres Glaubens auf, die da lauten, daß Gott mehr das Heil seiner Geschöpfe als seinen Ruhm liebe, indem er sich bis zum Kreuzestod erniedrigte, gleichwie andererseits die Katholiken die heiligsten Gesetze der Gerechtigkeit und Menschlichkeit ihrem Glauben aufopferten, blutige Menschenopfer zwar nicht zur Versöhnung, wie die Heiden, aber zur Ehre seines Namens ihrem Gotte darbrachten. (29)

Bayle erwidert auf diese Behauptung, daß die Sünde zur Manifestation[1] des Ruhmes der Gottheit notwendig sei: „Wie? Das Wesen, dessen Güte, Heiligkeit, Weisheit, Wissenschaft und Macht unendlich ist, welches die höchste Liebe für die[2] Tugend, den höchsten Haß gegen die Sünde hat, wie der Begriff desselben uns klar und deutlich lehrt und selbst jede Zeile der heiligen Schrift bestätigt, dieses Wesen hätte in der Tugend kein seinen Zwecken entsprechendes Mittel finden können? Die Sünde hätte ihm allein dieses Mittel darbieten können? Sollte man nicht vielmehr glauben, daß nichts mehr diesem Wesen gemäß ist, als die Tugend mit Ausschluß alles Sündhaften in seinen Schöpfungen zu begründen? Wenn aber die Sünde allen andern Mitteln vorgezogen wurde, folgt nicht hieraus aufs deutlichste, daß es das einzige Mittel war, welches die Weisheit Gottes wählen konnte, um zu ihrem Zwecke, d. i. zur Offenbarung ihrer Herrlichkeit zu gelangen? Denn wenn die Tugend oder irgendein andres, von der Sünde unterschiednes Mittel ebensogut als die Sünde zu den Zwecken des Schöpfers gestimmt hätte, so würde die Sünde nicht den Vorzug erhalten haben; sie muß also das einzige Mittel gewesen sein, dessen sich Gott bedienen konnte. Es wurde

* l. c., p. 808.
[1] Offenbarung *C*
[2] für die: zur *C*

daher angewendet aus reiner Notwendigkeit, mit derselben Notwendigkeit, mit welcher Gott seinen Ruhm und die Offenbarung seiner Herrlichkeit liebt. Da er nun seinen Ruhm nicht mit indifferenter Freiheit, sondern mit Notwendigkeit liebt, so muß er auch notwendig die Mittel lieben, ohne welche er nicht die Offenbarung seiner Herrlichkeit bezwecken kann, folglich auch die Sünde, wenn sie das einzige Mittel zur Erreichung seines Zweckes ist." „Was aber am meisten in dieser Lehre unsre Vernunft verwirrt, ist, daß sie verlangt, daß man *alle* Attribute[1] der Gottheit in ihrer ganzen Ausdehnung erhalte und nicht einige der Erhaltung anderer aufopfere. Wenn aber ja einem Attribut der Vorrang gebührt, so gebührt er der Güte; denn der Vernunft scheint es, daß die Güte das vorzüglichste Merkmal der göttlichen Natur ist, daß Gott, da es des Menschen wesentlichste Pflicht ist, ihn über alle Dinge zu lieben, auch im höchsten Grade liebenswürdig und gut sein müsse. Die Offenbarung bestätigt uns in dieser Idee; sie lehrt uns, daß Gott vor allen Dingen Liebe und kindliche Furcht, die eben nichts anders als eine mit Ehrfurcht, Achtung und Vertrauen gemischte Liebe ist, von uns fordert. Wir kennen keine verabscheuungswürdigere Maxime als die der Tyrannen: Oderint, dum metuant [mögen sie mich ruhig hassen, wenn sie mich nur fürchten]." „Philosophen würden den Satz: Gott arbeitet nur für seinen Ruhm (Dieu ne travaille que pour sa gloire), höchst zweideutig und verdächtig finden; wir begreifen nicht, würden sie sagen, wie das unendliche Wesen, welches in seinen eignen Vollkommenheiten eine unendliche Seligkeit und Herrlichkeit findet, bei der Schöpfung der Welt die Absicht haben kann, Ruhm zu suchen; wir denken uns das höchste Wesen erhaben über alles, was Ruhmsucht und Ehrgeiz heißt, wir können uns in ihm keinen andern Grund der Weltschöpfung vorstellen als die Güte. Und wenn ja Motive der Ehre[2] ihn dazu bestimmten, so glauben wir, daß er den Ruhm eines Erhalters der Tugend und des Glücks unter den Menschen bei weitem vorzöge dem Ruhm eines geschickten und gewandten Politikers, der trotz aller Unordnungen und Verwirrungen, aller Greuel und Übel, wovon seine Staaten

[1] *In C folgt Zusatz:* oder Eigenschaften
[2] Motive . . . Ehre: ehrgeizige Motive *C*

wimmeln, den Zweck ihrer Erhaltung erreicht. Denn wohl darf ein großer Monarch, wenn wider seine Absicht seine aufrührerischen Untertanen und ränkevollen Nachbarn ihn in innere und äußere Kriege verwickelten, in denen er Proben seines Muts und seiner Klugheit ablegen konnte, sich glücklich schätzen, daß er durch die Verjagung[1] dieser Ungewitter mehr Bewunderung erregt und einen größern Namen sich erwirbt als durch eine friedliche Regierung. Aber wenn er aus Furcht, daß sein Mut und seine Talente aus Mangel an Gelegenheit unbekannt bleiben möchten, geschickterweise selbst eine solche Kombination von Umständen herbeiführt, die seine Untertanen zur Empörung und seine eifersüchtigen Nachbarn zum Kriege gegen ihn reizt, so strebt er nach einem des rechtlichen Mannes unwürdigen Ruhm und hat keinen Sinn für den wahren Ruhm, denn dieser besteht vielmehr darin, die Herrschaft des Friedens, des Wohlstandes, der guten Sitten zu befördern, als Uneinigkeiten zu hegen, um dem Publikum zu zeigen, wie geschickt man die eine nach der andern unterdrücken kann." „Wenn man diesen Philosophen den Einwand machte, daß man Gott nicht nach dem kleinlichen Maßstab beurteilen dürfe, nach welchem wir Monarchen beurteilen, so würden sie – zweifelt nicht! – die Antwort darauf nicht schuldig bleiben, und wenn sie auch nur die Worte entgegenhielten, welche Gott in der Schrift spricht, nämlich, daß er ebensoviel oder mehr Liebe für den[2] Menschen hat als die Väter für ihre Kinder[3], so würde es ihnen nicht an Stoff zu Erwiderungen fehlen." * Es bleibt daher dabei: Das Dogma vom Sündenfall ist unbegreiflich. In der Tat war auch die letzte Brustwehr, hinter die sich die Theologen post tot discrimina rerum [nach so vielen Gefährdungen der Dinge][4] versteckten, stets die Unerforschlichkeit und Unbegreiflichkeit der Wege Gottes. O profondeurs des sagesses [oh Tiefen der Weisheiten], riefen sie sämtlich am Schlusse dieser dornenreichen Materie aus. Die unerforschliche Weisheit war das Lamm

[1] Vertreibung *C*
[2] für den: zum *C*
[3] für . . . Kinder: zu ihren Kindern *C*
* „Rép. aux Quest.", p. 809, 810.
[4] post . . . rerum *Fehlt in C.*

Gottes, welches die theoretischen Sünden der Theologie auf sich nahm – in der Tat[1] nichts andres als der verstandumnebelnde Dampf von dem umsonst verschossenen Pulver. (30)

Die Bedeutung des Widerspruchs zwischen Glaube und Vernunft in Bayle

Die Dogmen der Theologie sind Bayle im Grunde seines Wesens ein wahrer Greuel, nicht deswegen, weil sie, wie etwa bei einem rohsinnlichen[2] Menschen, unreinen Interessen, gemeinen Leidenschaften, niedrigen Vorstellungen widersprechen; nein, deswegen, weil sie mit den positivsten[3] Ideen der *natürlichen*, d. h. der nicht verschrobenen, nicht durch dogmatische Interessen verdorbnen, der unbestochnen, der unbefleckten Vernunft im Widerspruch stehen, weil sie der natürlichen Vernunft nach unwahr und ungereimt sind. Aber sind wir denn damit auf eine besondere Differenz zwischen Bayle und den Orthodoxen gekommen? Haben diese nicht auch eingestanden: Der natürlichen Vernunft nach sind die Dogmen falsch und ungereimt, ist das gerade Gegenteil derselben wahr? Allein die natürliche Vernunft, die sich in den Orthodoxen regte, war nur eine vorübergehende Wallung ihres Blutes, eine ungewöhnliche, plötzliche, gleich wieder verschwindende Lichterscheinung, ein Phantasma, ein Gespenst, eine Anfechtung vom Teufel. In Bayle dagegen ist das Licht der natürlichen Vernunft das beständige Licht seines Lebens, *das* Licht, das ihn beseelt und erfreut, das ihm die Gegenstände, die das wesentlichste Interesse für ihn haben, mit den Farben, die seine Lieblingsfarben sind, beleuchtet, das Licht seiner spezifischen[4] Tätigkeit und Wirksamkeit, das liebe, gute Sonnenlicht. Die Stimme der Vernunft gilt dem Orthodoxen nur für die Stimme seiner Magd, die wohl in den gemeinen Lebens-

[1] *C folgt Zusatz:* aber
[2] rohen *C*
[3] wesentlichsten *C*
[4] charakteristischen *C*

angelegenheiten, aber nicht bei den höhern Dingen mitzusprechen berechtigt ist. Oder höchstens hat die Vernunft für ihn die Bedeutung seiner Konkubine, der er nur bei der Nacht, im Rücken seines Glaubens, im Widerspruch mit seinen Geboten, darum mit angstbeklommenem Herzen zu Zeiten, wo ihn eben das natürliche Gelüste überwältigt, flüchtige Besuche macht. Aber in Bayle ist die Vernunft die Lebensgefährtin, die Freundin seiner Seele, die Gattin, mit der ihn Übereinstimmung der Neigung, der Denkart, des Charakters verbunden hat.

Es steht hier der Glaube – wohl nicht dem Gleichnis, aber der Bedeutung desselben nach – in demselben Verhältnisse zur Vernunft wie dort die Vernunft zu dem Glauben, jedoch mit dem Unterschiede, daß in Bayle der Glaube allerdings die äußerlich *berechtigte* Person ist, der Glaube das *Recht*, die Vernunft aber die *Neigung* für sich hat. Das *subjektiv* Objektive Bayles ist die Vernunft, das objektiv Objektive der Glaube.[1] Die Worte, die daher hier die Vernunft über ihr Mißverhältnis zum Glauben fallenläßt, haben ein ganz anderes Gewicht, eine ganz andere Bedeutung, als wenn sie aus dem Munde eines Orthodoxen kommen; sie kommen hier aus einer *förmlichen Entzweiung* mit dem Glauben, aus einem *innerlich* entschiedenen Widerwillen und Widerspruch gegen ihn. Das „*nicht*" in den Worten: „Die Dogmen lassen sich nicht mit den Maximen der Vernunft zusammenreimen", wird mit einer besonderen Betonung, mit einem solchen Nachdruck ausgesprochen, daß man eine besondere Absicht dahinter suchen und meinen möchte, es liege das Enthymema[2] zugrunde: „Wahr ist nur, was mit der Vernunft übereinstimmt". Die Worte, die sie über ihr Mißverhältnis mit dem[3] Glauben fallenläßt, sind keine Worte, wie sie einem zufällig im Gespräch entfahren, wo man so manches spricht, was man, im strengsten Sinne genommen, nicht verantworten möchte, sondern, sozusagen, systematische Behauptungen. Der Widerspruch ist nicht nur so hingeworfen; er wird begründet, demonstriert. Eifrig wird in dem Archiv der Vernunft nachgesucht, um urkundlich zu erhärten, daß

[1] Das subjektiv . . . Glaube. *Fehlt in C.*
[2] der geheime Schluß *C*
[3] mit dem: zum *C*

zwischen ihr und dem Glauben sich keine Verwandtschaft auch nur im entferntesten Grade nachweisen lasse. Wenn aber auch nur die geringste Neigung zwischen beiden vorhanden wäre, würde man nicht lieber die Augen ein wenig zudrücken oder die Urkunden selbst verfälschen oder wenigstens allerlei diplomatische Finten ersinnen, wie die rationalistischen Theologen taten, um die Hindernisse ihrer Befreundung zu beseitigen, als sich so streng an den buchstäblichen Sinn der Urkunde halten? Wie ist es möglich, daß man es aufrichtig mit dem Glauben meint, wenn man gegen ihn, der doch einmal nicht umhin kann, mit der Vernunft unter einem Dache zu leben, die Vernunft aufhetzt, indem man nachweist, wie er ihr überall widerspricht? Heißt das nicht am Ende den ganzen Menschen gegen ihn aufwiegeln und ihm abspenstig machen? Ist es nicht besser, um Frieden zu erhalten, sich selbst Täuschungen vorzumachen?

Aber, ach, der Glaube ist verschwunden. Wo der Glaube ein *wahrer* ist, da ist er auch ein *natürlicher*, da versteht ihn der Mensch, da ist er ihm nichts Fremdes, da denkt er auch in ihm oder lebt ebenso in ihm fort. Aber wo der Mensch bemerkt und sagt, daß der Glaube der Vernunft widerspricht, da ist er aus dem Glauben heraus, da hat sich die Vernunft von dem Glauben losgewunden, selbständig gemacht, den Glauben *als ein Objekt* sich gegenübergestellt, das zunächst ein Objekt der Reflexion, dann des Zweifels, hernach der Kritik, endlich der Verwerfung wird. Wo der Glaube ein wahrer ist, da ist er überall. Allgegenwärtigkeit ist das Merkmal des Göttlichen[1] im Menschen. Wer etwas anderes im Kopfe als im Herzen, etwas anderes[2] im Herzen als im Kopfe hat, ist eine Mißgeburt, die in Weingeist auf einem anatomischen Theater verdient aufbewahrt zu werden, denn selbst das anatomische Herz steht nicht isoliert da, wie man früher glaubte, sondern es hat Nerven, durch die es mit dem sensorium commune in Verbindung steht[3]. Wo der Glaube nicht überall, nicht in der Vernunft auch ist, da ist er nicht der *Gott der Seele*, sondern ein endliches, beschränktes,

[1] des Göttlichen: der Wahrheit *C*
[2] im Kopfe . . . anderes *Fehlt in C.*
[3] , durch die . . . steht *Fehlt in C.*

partikuläres Ding, da ist der Glaube kein *absoluter* Glaube, folglich kein wahrer – denn nur der *absolute* Glaube ist Glaube –, da glaubt man, daß man glaubt, aber man glaubt nicht wirklich, nicht von Grund aus, da ist der Glaube ein *affektierter* Seelenzustand, der sich nach außen nur auf die verschrobenste, widerwärtigste Weise äußern kann, da ist der Glaube im Grunde *nur eine Lüge, eine Chimäre.*

Ein solcher Glaube war der Glaube der neuern Zeit überhaupt in den denkenden Menschen, der Glaube eines Cartesius, eines Bayle, so orthodox sie auch zu sein glaubten. Sie erkannten objektiv den Widerspruch des positiven Glaubens mit der Vernunft, und so stand denn auch notwendig subjektiv ihr Glaube im Widerspruch mit ihrer Vernunft, ihrem Wesen.

Ein neuerer Katholik hat wohl den Cartesius als ein Muster eines katholisch gläubigen Philosophen aufgestellt und zugleich gegen diejenigen protestiert, welche behaupten und beweisen, daß der Katholizismus der Vernunft und Wissenschaft widerspricht. Cartesius unterwirft sich allerdings dem Glauben seiner Kirche, er verwahrt sich feierlichst dagegen, daß er ihre Gegenstände in das Gebiet des Denkens und Zweifelns ziehe; er sagt, er wolle selbst zurücknehmen, was etwa ihr widerspricht; aber gerade durch diese seine Versicherungen und Beteuerungen, noch mehr durch die unverkennbare Schüchternheit, mit der er gleichsam nur wie auf den Zehen auftritt, durch die Ängstlichkeit, mit welcher er sich stets umsieht, ob nicht dieser oder jener Gedanke dem Glauben widerspricht[1], bekundet er, daß sein Denken – und zwar nicht als das seinige, sondern als Denken überhaupt –[2] im Widerspruch mit seinem Glauben, sein Glaube im Widerspruch mit seinem Denken[3] steht. Wo aber so ein enger Raum gegeben ist, daß man sich nicht gerade aufrichten

[1] *In C hierzu Fußnote Feuerbachs:* So sagt er z. B. Respons. IV (de Deo): „Summae mihi curae esse Cavere, ne vel minimum quid in meis scriptis repriatur, quod merito theologi reprehendant [mit größter Sorgfalt beachte ich immer, daß in meinen Schriften auch nicht das mindeste gefunden werden kann, das die Theologen mit Recht anfechten können]."

[2] – und ... überhaupt – *Fehlt in C.*

[3] , sein Glaube ... Denken *Fehlt in C.*

kann, daß man sich stets ducken und bucken oder gar auf allen Vieren kriechen muß, um nicht anzustoßen, kann man da wohl noch leugnen, daß dem natürlichen Bewegungstriebe widernatürliche Schranken entgegengestellt sind? In der Tat hatte die Kirche durch ihre Dogmen die Vernunft konfisziert, denn wie ist es da möglich, frei zu denken, d. h. so zu denken, wie es die Natur der Wissenschaft erfordert, wie man denken muß, wenn man wahrhaft denken will, wo man stets befürchten muß, gegen ein Dogma, d. h. ein Gebot der Kirche, welches ein *Gesetz* des Geistes ist, anzustoßen? Das Dogma ist eben nichts andres als eine Schranke des Geistes, und zwar eine *willkürliche* Schranke. Dogmen aufstellen heißt den Geist beschränken, bornieren. Das Dogma ist nichts anderes als ein *ausdrückliches Verbot zu denken.* Moses sagte: Du sollst nicht stehlen, nicht ehebrechen; aber das Dogma sagt: *Du sollst nicht denken.* Das Dogma widerspricht daher *an und für sich,* abgesehen von dem Inhalte, der Vernunft; denn es macht Lehren zu Pflichten, das Geistige zu einem äußerlichen Zwangsobjekte. Das Dogma ist unredlich, ja, hinterlistig, denn es macht etwas, was an sich, seiner Natur nach eine Sache des Denkens ist, zu einer *Gewissenssache*; es *besticht* den Menschen, es greift ihn an seiner Persönlichkeit, an seiner schwachen Seite an, um damit seine Vernunft zu übertölpe[l]n. Das Dogma ist *interessiert.* Wer glaubt, ist selig, wer nicht, verflucht. Aber die Wahrheit ist uneigennützig; sie wendet sich darum auch nicht an den Eigennutz im Menschen, sie erniedrigt sich nicht wie die Leidenschaft zu einem Objekt der Furcht und Hoffnung, sie verspricht und verflucht nicht, sie wendet sich frei an die freie, interesselose Intelligenz. Das Dogma widerspricht dem Begriffe und Wesen der Wahrheit. Kein Dogma *als Dogma* ist wahr. Die Kirche würde nur dann nicht der Vernunft und den Forderungen der Wissenschaft widersprechen, wenn sie so liberal wäre, *den Zweifel an sich selbst* und an ihren Dogmen zu gestatten, aber das wird sie wohl bleibenlassen.[1]

Wo daher dem Geiste *Satzungen als Wahrheiten* aufgebürdet werden, da ist dem Wesen nach die Wissenschaft anathematisiert. Wenn die Kirche es nicht förmlich aus-

[1] Kein Dogma . . . wohl bleibenlassen. *Fehlt in C.*

spricht, so geschieht es nur aus Inkonsequenz, aus äußerlicher Notwendigkeit, nicht aus Herzensgrund. Und wenn sie selbst auch die Wissenschaften fördert, so ruht doch fortwährend ein *verborgener Fluch* auf der Wissenschaft. Das Denken ist nur frei in Lappalien, gebunden im Wesentlichen. Die Wissenschaft ist nur Schein – kein göttlicher Hauch beseelt sie –, sie ist nur Menschentand, ein Spielwerkzeug oder höchstens ein zur Erhaltung der Kirche, also aus äußerlichen Gründen unentbehrliches Handwerkzeug. Und wie daher ein ernster, wahrhaft wissenschaftlicher Geist erwacht, so kann er nur mit der Kirche und, wenn er ihren Glauben selbst noch teilt, *mit sich selbst* in Widerspruch geraten und diesen Widerspruch nur durch haltungslose Distinktionen und Exzeptionen[1] zu verdecken suchen. Wenn Cartesius ein *wahrer* Katholik gewesen wäre, so würde er die Dogmen seiner Kirche zu den Prinzipien seines Denkens gemacht haben, oder vielmehr: er hätte gar nicht das Bedürfnis, den Reiz des Denkens empfunden, er wäre gar *kein Philosoph* gewesen. Wo *Dogmen* den Geist *beherrschen*, wirklich geglaubt werden, da ist kein *Bedürfnis des Denkens*. Erwacht es[2] dennoch, im Widerspruch mit den Wirkungen, die die Herrschaft der Dogmatik ausübt, so ist es ein dem Begriffe, der Natur des Denkens *widersprechendes*, ein widernatürliches, ein ungründliches, ein bodenloses Denken. Die Dogmen nehmen dem denkenden Geiste das Licht weg; was unter ihrem Obdache wächst, bleibt stets ein unterdrücktes, lebloses,[3] armseliges, verkrüppeltes Pflänzchen, eben weil es des unmittelbaren Zutrittes und Anhauchs der himmlischen Mächte entbehrt. Die spitzfindige Distinktion, die geistlose Demonstration, die sich nur um Voraussetzungen herumdreht, kurz, die nur formelle Tätigkeit ist hier die einzige Tätigkeit, die dem Geiste übrigbleibt, in der er sich Luft macht. Ein solches Denken war das Denken der Scholastiker – ein Denken ohne ein Prinzip des Denkens. Selbst die Nominalisten, obwohl die freisinnigsten Denker – die, welche überhaupt den eigentlichen Übergang vom Scholastizismus *innerhalb* des Scholastizismus zur neuern Philosophie bil-

[1] Distinktionen ... Exzeptionen: Unterscheidungen und Ausnahmen *C*

[2] *C folgt Zusatz:* aber

[3] *Fehlt in C.*

den –, konnten nicht dem Fluch des Formalismus entgehen. Die neuere Philosophie erst gab sich ein wahres Fundament, eben weil sie sich *kein bestimmtes* Fundament gab, welches stets nur ein Dogma sein könnte. Nicht der Glaube an die Existenz einer Außenwelt – eine überdem triviale und unfruchtbare Wahrheit –, nicht der Glaube[1] an die Existenz eines Gottes – alle solche Voraussetzungen wären nur *Beschränkungen* des Denkens –[2], viel weniger der Glaube an partikuläre Dogmen, nur die Idee der Wahrheit, *die Idee der Philosophie,* ist das Fundament der Philosophie, ist das *unendliche* und das allein gedeihliche Folgen verbürgende Prinzip der Philosophie; denn die Idee der Philosophie ist *die Notwendigkeit,* die innere Gesetzmäßigkeit des Philosophierens. Wer daher nach einem Fundament der Philosophie sucht, beweist, daß er ein unphilosophischer Kopf, daß er *nicht berufen* ist zur Philosophie, daß er auf seine eigne Faust hin philosophiert und daher auch das System, das er etwa „aufstellt", ein künstlich von ihm ersonnenes ist. Die *Philosophie ist eine Notwendigkeit,* sogut als die Kunst eine Notwendigkeit ist. Diese Notwendigkeit erscheint im Subjekt[3] als Trieb und Talent. Wer entschiednes Talent hat, der hat per se schon das Fundament der Philosophie, der ist ein *gesetzmäßiger* Denker, ein *legitimer,* von der Idee der Philosophie bevollmächtigter und beseelter Philosoph.

Cartesius nun gründete die Philosophie wieder auf die Idee der Philosophie. Und schon vor ihm war in den Italienern die Unendlichkeit der Idee der Philosophie zum Bewußtsein gekommen; sie fanden ihre Vorbilder darum in den alten Philosophen, als welche aus der Idee der Philosophie, aus der Quelle geschöpft hatten, keine durch Dogmen beschränkten Geister waren, und suchten ihre Systeme in ihrer Totalität zu reproduzieren. Aber die Idee der Philosophie bestimmt sich notwendig und bestimmt sich verschieden, sowohl aus innern als äußern Gründen. Dem Cartesius war die bestimmte Idee der Philosophie die Selbstgewißheit des Geistes: das „omnia *mea mecum* porto

[1] an die Existenz . . . der Glaube *Fehlt in C.*
[2] – alle . . . Denkens – *Fehlt in C.*
[3] Menschen *C*

[alles Meinige trage ich bei mir]" nicht in moralischer – wenigstens nicht allein –, sondern in intellektueller[1] Bedeutung aufgefaßt. Die Philosophie kann sich nur auf *klare und deutliche* Begriffe stützen; nur diese sind gewiß. Das Gewisseste ist aber das Selbstbewußtsein des Geistes. Die Idee[2] der Philosophie ist daher *die Idee des Geistes*; das Denken, das Bewußtsein ist eine Realität, eine unbezweifelbare Wahrheit – das Kriterium des Wahren der Gedanke, nicht die Empfindung, nicht die sinnliche Vorstellung, nicht die Einbildung. Nicht mehr das Dogma ist daher das bindende Objekt, nicht mehr ein beschränktes Fundament, ein Ding, das ens [Seiende], Basis der Philosophie, sondern eine unendliche Idee, die Idee des lebendigen Geistes, die aber, wie gesagt, Cartesius nur als das Bewußtsein seiner selbst im Unterschiede von allem Äußerlichen und Materiellen bestimmt, das Denken nur in einem subjektiven Sinne erfassend, was aber für die Sache gleichgültig ist.[3] Der Geist des Cartesius ist darum ein schlechthin *antidogmatischer, freier* und folglich *antikatholischer* Geist. Er unterscheidet sich gerade dadurch von den Scholastikern, ja, dadurch allein, daß er kein kirchlicher Denker, *kein katholischer Philosoph* mehr ist. Der Zweifel ist das *spezifische*[4] *Merkmal* der neuern Philosophie im Unterschiede vom Scholastizismus, der, wenn er zweifelte, nur *innerhalb* eines Unbezweifelten sich hielt, nur *Spezielles* bezweifelte oder, wenn er diese Grenze übersprang, ein warnendes Beispiel von der Wahrheit des „Ne sutor ultra crepidam [sinngemäß: Schuster, bleib' bei deinem Leisten!]", nur in bodenlose Albernheit versank. Aber der Zweifel des Cartesius hat seine Bedeutung darin, daß er ein genereller[5] ist. Mag Cartesius soviel, als er will, den Zweifel beschränken, alle diese Einschränkungen sind willkürlich, subjektiv,[6] ändern nichts an der Sache, nichts am Prinzip. *Der Geist des Zweifelns entscheidet*, nicht

[1] allgemein geistiger *C*
[2] *C folgt Zusatz:* und Grundlage
[3] das Denken, das Bewußtsein . . . Sache gleichgültig ist.: das Denken, das Selbstbewußtsein ist die erste, die unbezweifelbarste Wahrheit. *C*
[4] charakteristische *C*
[5] allgemeiner C
[6] *Fehlt in C*

der bestimmte Gegenstand. Magst du vom Zweifel ausnehmen, was du willst, die Grenzen, die du dem Zweifel im Besondern setzest, fallen über kurz oder lang, sind nur die Schranken deiner Persönlichkeit, die andere, wenn sie deinen Geist übernehmen, nicht mehr berücksichtigen und so den wahren Sinn deiner Zweifel enthüllen werden. So viele Verehrer die Cartesische Philosophie unter den Katholiken fand, ja, hier mehr als unter den Protestanten, sie emanzipierte[1] den Geist aus der Knechtschaft des Glaubens, sie verbreitete den Geist des Zweifels in alle Wissenschaften, d. h. den Geist der Prüfung, der Unterscheidung des Falschen vom Wahren, des Eingebildeten vom Objektiven[2], des Deutlichen und Gewissen vom Dunkeln und Ungewissen. (31)

Unwissende nur können die positiven Wirkungen und Leistungen einer Philosophie verkennen. Die Wirkungen der Philosophie sind *unendlich*, aber sie sind geistige, darum entziehen sie sich den Augen. Gewöhnlich schätzt man ihre Wirkungen nach den Anwendungen von gewissen Sätzen auf andere Wissenschaften, aber diese Wirkungen sind die untergeordnetsten, die schlechtesten; solche Anwendungen sind nur formelle, dogmatische Bestrebungen. *Der Geist* einer Philosophie ist allein ihr Wesen, ihr *positiver*[3] *Ertrag*; nur wer in ihrem Geiste handelt, handelt ihr gemäß, handelt selbständig, handelt als Philosoph; denn die *Gewinnung* des Geistes, die Absonderung desselben von dem Formellen ist eine Handlung der Selbsttätigkeit. So war der Geist der Cartesischen Philosophie der Geist *des Denkens überhaupt*, der Geist der Besonnenheit, der Ungläubigkeit, der Freiheit, der Prüfung, der Untersuchung, der Unterscheidung. Erst mit der Cartesischen Philosophie wird es Tag. Ihre *Einseitigkeit* gerade war ihre *Notwendigkeit*, ihre *Heilsamkeit*. Ihr *positiver*[3] *Ertrag*, ein bleibender Gewinn in geistiger Beziehung für die spätere Philosophie und alle diejenigen noch heute, welche die *Fortschritte* ihrer Vorfahren zu erkennen und sich anzueignen verstehen, war die Absonderung alles Materiellen von der Idee des Geistes, den man vor ihm[4] stets als ein materielles Wesen dachte, welches

[1] befreite *C*
[2] Gegenständlichen *C*
[3] wahrer *C*
[4] *Gemeint: vor Descartes*

in dem Körper realiter, d. i. localiter (örtlich) sich befinde[1]. Ihr habt gut reden von der Einheit der Seele und des Leibes: Sind es zwei Begriffe wenigstens, ist diese Einheit nicht ein absolut homogenes[2] Eins, so muß die Philosophie das Moment des Unterschieds auffinden und hervorheben. C[artesius] ist der erste Philosoph, wenigstens der christlichen Zeit, der den Geist *rein* gedacht, der von diesem Begriffe alles Fremdartige abgesondert und in dieser Reinheit zum *Prinzip* gemacht hatte[3]; denn wenn wir auch bei andern, wie bei Augustin, ähnliche Gedanken finden, so waren sie doch nur *zufällige*, prinziplose oder mit andern, ihnen widersprechenden Bestimmungen vermischte Gedanken. Der positive[4] Ertrag der Cartesischen Philosophie in materieller Beziehung aber war die Reduktion[5] des Naturstudiums auf den *Begriff des Mechanismus*, d. h. auf deutliche und klare Begriffe, auf die Erforschung *natürlicher, bestimmter* Gründe überhaupt. So einseitig und unersprießlich, jedoch erst in der spätern Zeit, die Ausdehnung dieses Prinzips auf *alles* wurde, so war damit doch das *Skelett*, die Grundlage der Naturwissenschaft gegeben. Sosehr es dem alten Vorurteil der Menschen widersprach, die Tiere als Maschinen zu denken, sosehr noch heute der Unwissende oder oberflächlich oder wenigstens einseitig Gebildete über diesen Gedanken des Cartesius als ein Paradoxon lachen und bei dieser Gelegenheit den bekannten Spruch des Cicero[6] zu erneuern geneigt sein mag, diese dem Wesen der Tierheit scheinbar *absolut*[7] widersprechende Bestimmung war *der erste Schritt* zur Erkenntnis ihres Wesens, ein Schritt, mit dem allem Aberglauben in der Naturwissenschaft mit einem Schlage der Garaus gemacht, an die Stelle der bisherigen Anschauungsweise, welcher die Tiere für willkürlich und absichtlich, nach den Regeln menschlicher Klugheit handelnde Wesen galten, eine ganz neue Anschauung der Dinge

[1] , welches . . . befinde *Fehlt in C.*
[2] absolut homogenes: gleichartiges *C*
[3] hat *C*
[4] wahre *C*
[5] Zurückführung *C*
[6] Spruch . . Cicero: Ausspruch Ciceros über die Absurditäten der Philosophen *C*
[7] schlechterdings *C*

und Wesen gesetzt war. Sonst hatte der Mensch nur sich selbst zum Maßstab der Natur gemacht, alles nur *nach sich* gedacht, unfähig, etwas andres beziehungslos zu denken; jetzt erst kam er, durch das Verdienst der Cartesischen Philosophie hauptsächlich, zur Anschauung *eines andern als andern*, zu einer *objektiven*[1] Anschauung. Gerade dadurch, daß sie den Begriff des Geistes von der Natur absonderte, sonderte sie auch *von dem Begriff der Natur* alles ab, was nicht zu ihr gehörte, sondern in sie hineingetragen war. So war die scheinbar *un-, ja, widernatürlichste* Anschauung der Natur die *erste natürliche* Anschauung derselben. Cartesius, nicht Bacon hat darum *das Prinzip* der Naturwissenschaft *rein* ausgesprochen. Die Idee, die der Cartesischen Behauptung, daß die Tiere Maschinen sind, zugrunde liegt – und es ist das Wichtigste, um eine Philosophie richtig zu erkennen und [zu] beurteilen, die Idee in ihrem Unterschiede von der Art, wie sie *bestimmt* und ausgedrückt wird, zu eruieren[2] –, ist nichts andres als der *Begriff der Notwendigkeit*. Der Mechanismus ist nicht die Idee, sondern die Bestimmung der Idee, d. h. eine zeitliche, endliche, aber ebendeswegen für ihre Zeit positive[3] und notwendige Bestimmung. In der spätern Zeit, wo ein tieferer Natursinn erwachte und der Unterschied zwischen innerer und äußerer Notwendigkeit und Zweckmäßigkeit emporkam, fiel daher diese Bestimmung, aber die Idee blieb – denn sie ist die aus dem Wesen der Natur selbst geschöpfte Bestimmung –, die Handlungen der[4] Tiere, gerade die am meisten, die wir aufs höchste bewundern, weil sie uns als willkürlich erscheinen, sind (im wesentlichen) *notwendige* Handlungen. Und dies ist eben der *wahre Sinn* des Cartesischen Satzes: „Die Tiere sind Maschinen". Erseht daher aus diesem Beispiele, daß das an einer Philosophie, was gewöhnlich von der Masse aufs heftigste verschrien und angefeindet wird, ihr für das *Negative*[5] gilt, gerade das Positive,[6] gerade das Beste daran, eine Neuerung zwar, aber ein wesentlicher Fortschritt, eine Er-

[1] gegenständlichen *C*
[2] ermitteln C
[3] wahre *C*
[4] *C folgt Zusatz:* namentlich niederen
[5] Schlechte und Falsche *C*
[6] gerade . . . Positive, *Fehlt in C.*

weiterung und Bereicherung unsrer Begriffe ist, obwohl sie zunächst, eben weil jede neue Erkenntnis alte Illusionen zerstört, als die größte Einseitigkeit und Armseligkeit selbst erscheint. Und damit ihr euch vollkommen davon überzeugt, daß die Cartesische Philosophie wirklich nicht nur für die Philosophie im engern Sinne, sondern auch für die Menschheit und Wissenschaften überhaupt positive, wohltätige, segensreiche Wirkungen gehabt hat und daher notwendig selbst eine positive, gute Philosophie war, so hört, wie der treffliche Naturforscher Reaumur über Cartesius sich ausspricht. „Nous devons", sagt er, nachdem er die bisherigen albernen Vorurteile, in der Naturgeschichte namentlich, angeführt hat, „nous trouver heureux d'être nés dans un temps où la raison est venue à bout de détruire tant de préjugés et où elle nous a montré les routes certaines que nous devons suivre pour découvrir la verité. Nous devons nous trouver heureux d'avoir été précédés par un Maitre tel que Descartes qui nous a appris à discuter les idées les plus reçues et à n'adopter que celles qui n'ont rien pour nous que de clair et d'évident. Quels services un seul homme n'a-t-il pas rendus à tout le genre humain."[1]*

Hört auch Bayle. Seine Stimme ist hier vollkommen gültig: „En bonne Philosophie c'est agir témérairement que d'affirmer une chose, si l'on n'en a une idée claire et distincte. C'est pour avoir fait prendre garde, que cette loi oblige tout homme qui veut devenir Philosophe, que Mr. Descartes a tant contribué dans ce siecle à *perfectionner la raison humaine* et qu'il l'a mise en état d'exterminer *les vieilles erreurs* et

[1] *In C deutsch:* „Wir dürfen", sagt er [*etc.* . .], „uns glücklich schätzen, in einer Zeit geboren zu sein, wo es der Vernunft gelungen ist, so viele Vorurteile zu zerstören, und wo sie uns die sichern Wege gezeigt hat, die wir einschlagen müssen, um die Wahrheit zu entdecken. Wir dürfen uns glücklich schätzen, einen Meister wie Descartes zum Vorgänger zu haben, der uns gelehrt hat, die angenommensten Vorstellungen zu untersuchen und nur diejenigen uns anzueignen, die für uns durchaus klar und einleuchtend sind. Welche Dienste hat ein einziger Mann der ganzen Menschheit geleistet!"

* „Memoires p. s. à l'Histoire des Insect." T. V, P. II, IX. Mem., p. 106.

d'éviter les autres à l'avenir."[1*] Solche Bedeutung hatten für die Menschheit die klaren und deutlichen Begriffe des Cartesius.

Daß nun aber Cartesius ein a-, ja, antikatholischer Denker war, ein Geist, der *an und für sich selbst*, abgesehen von äußerlichen Rücksichten, heraus war aus den Banden der Kirche, der sich nicht von ihr am Gängelbande des Dogmas leiten ließ, der unabhängig dachte, dessen Gedanken im Widerspruch standen mit dem Glauben seiner Kirche, davon haben wir ein spezielles und darum schlagendes Beispiel an seiner Behauptung, daß die Ausdehnung das Wesen des Körpers ausmacht, – eine Bestimmung, welcher zufolge die Transsubstantiation unmöglich, absolut unbegreiflich, unvernünftig war[2]. Wäre C. ein in seinem Denken von den Dogmen seiner Kirche abhängiger und bestimmter oder gar innerlich mit ihrem Glauben verschmolzener, kurz, ein gläubiger Geist gewesen, so würde er aus dem Dogma der Transsubstantiation gefolgert haben, daß das Wesen des Körpers nicht in der Ausdehnung bestehen könne. Aber es geht hieraus nur zu deutlich hervor, daß Cartesius *als Philosoph* vergaß, daß er Katholik war, und weiter wollen wir nichts, denn daß Cartesius in den Momenten, wo er nicht dachte, wo er nicht Philosoph war, ein Katholik war und vielleicht selbst ein guter Katholik, das wollen wir gerne zugeben. Ebendeswegen, weil nach dem Cartesischen Begriffe von dem Wesen des Körpers die Transsubstantiationslehre[3] ein Unding ist, entfernten sich auch die frommen Katholiken von Cartesius, wenigstens in diesem, übrigens sehr

[1] *In C deutsch:* „In der wahren Philosophie ist es ein unbesonnenes Verfahren, etwas zu behaupten, wenn man keine klare und deutliche Vorstellung davon hat. Ebendadurch, daß Herr Descartes einem jeden, der Philosoph werden will, dieses Gesetz auferlegt, hat er in unserem Jahrhundert so viel zur Vervollkommnung der Vernunft beigetragen und sie befähigt, die alten Irrtümer zu verbannen und künftige zu vermeiden."

* Bayle, „Nouv. Lett. citiq. sur l'Hist. du Calvinis [me.]". Oeuv. div., T. II, p. 244.

[2] unmöglich ... war: schlechterdings unbegreiflich, unvernünftig, unmöglich ist *C*

[3] Transsubstantiation *C*

wichtigen, ja, wesentlichen Punkt seiner Philosophie. So sagt Du-Hamel, dessen Zeugnis hier vollkommen entscheidend ist, weil er, von aller Verketzerungssucht weit entfernt, schon seinem eklektischen Geiste nach ein milder, unparteiischer Mann ist: „Primum illud non dabo, essentiam corporis in trina dimensione esse positam: nam ut taceam de sacro-sancto Eucharistiae sacramento, ubi corpus Christi integrum sub speciebus panis continetur, nec tamen est extensum et loco circumscriptum, cumque panis dimensiones, non substantia remaneat, idque omnino fieri non posse videatur, si natura corporis posita sit in triplici dimensione: nolo enim in praesentia hoc argumentum pressius urgere etc."[1]* Bayle bemerkt in betreff dieser Materie: „Comme il est vrai que l'estendue n'est point l'essence de la matière, s'il répugne à la foi, qu'elle le soit et que tout principe contraire à la révélation est faux, on peut dire aussi, que si l'éntendue est l'essence de la matière, il est certain qu'aucune révélation ne peut detruire cette verité et que tout dogme Theologique qui y seroit contraire est faux."[2]** Cartesius schloß die Gegenstände des Glaubens von dem Gebiete der Philosophie aus, aus frommen Gründen, d. h. aus Gründen, die, *soweit* jeder Mensch Gegenstand seines Bewußtseins ist, sich selbst

[1] *In C deutsch:* „Ich gebe dem Cartesius nicht zu, daß das Wesen des Körpers in der Ausdehnung besteht, wenn ich gleich für jetzt nichts reden will von dem heiligen Sakrament des Abendmahls, wo der ganze Leib Christi unter der Gestalt des Brotes enthalten ist, ohne doch ausgedehnt und durch den Raum beschränkt zu sein, und wo wohl die Ausdehnung des Brotes, aber nicht seine Substanz übrigbleibt, was schlechterdings unmöglich zu sein scheint, wenn die Natur des Körpers in der Ausdehnung besteht."

* Joan Bapt. Du-Hamel, „De consensu Veteris et Novae Philosophiae. Libri duo", Parisiis 1663, Lib. I, p. 146.

[2] *In C deutsch:* „Wie es wahr ist, daß die Ausdehnung nicht das Wesen der Materie ist, wenn es dem Glauben widerspricht, daß sie es ist, und daß jedes der Offenbarung widersprechende Prinzip falsch ist, so kann man auch sagen, daß, wenn die Ausdehnung das Wesen der Materie ausmacht, es gewiß ist, daß keine Offenbarung diese Wahrheit zerstören kann und daß jedes theologische Dogma, das ihr widerspräche, falsch ist."

** „De l'essence des Corps." Oeuv. div., T. IV, p. 130.

kennt, fromm waren, in deren subjektive[1] Aufrichtigkeit wir keinen Zweifel setzen dürfen oder wenigstens wollen; aber die wahren, die objektiven, die *uns* gegenständlichen Gründe sind, weil sein Geist eine andere Richtung genommen, ein lebendigeres Interesse hatte, als diese Gegenstände zum Objekt zu machen. (32) Das, was ein *denkender* Mensch nicht mehr zum Gegenstande seines Denkens macht, das hat nicht mehr ein wesentliches Interesse für ihn, kein mit seiner spezifischen Differenz[2] übereinstimmendes Interesse; mit dem mag er nichts mehr zu schaffen haben, dem entflieht er in eine *andere, bessere Welt,* in eine Welt, in der er seinem wesentlichen Triebe und Berufe nachleben kann, eine Welt, die wir als sein geistiges, wahres Vaterland anerkennen müssen. Was dein Inneres beschäftigt, das beschäftigt auch deinen Verstand, das nimmst du auch in ihn auf als ein Objekt deiner Betrachtung und Beschauung, von dem du nicht lassen kannst. Was man liebt, will man nicht nur betasten, sondern auch sehen; die Geliebte, die du nicht aus den Armen lassen kannst, kannst du auch nicht aus den Augen lassen. Was nicht mehr den edelsten Sinn des Menschen affiziert[3] und interessiert, da[s][4] ist auch nicht mehr das Edelste und Höchste in ihm. Was nun aber namentlich ein Philosoph, dessen Wesen das Denken konstituiert[5], von seinem Denken ausschließt, das verbannt er aus seinem Wesen, verbannt es[6] aus sich *als Philosoph* und, es fehlt nicht viel, es dauert nicht mehr lange, *aus sich auch als Mensch.* Der Geist hatte sich daher abgekehrt von dem Interesse der Kirche, sich im Unterschiede von ihrem geistlichen Reich ein geistiges Reich gegründet; *in sich selbst* fand er keinen Verbindlichkeitsgrund zum Glauben; *aus sich selbst* wußte er nichts von der Kirche. Die *Existenz* der Kirche war nur noch der Grund des Glaubens; er kam nicht aus dem Wesen, die Prämissen[7] dazu fehlten; er war ein an sich zufälliger Fund. Der Glaube war *in* dem Menschen selbst ein dem Menschen

[1] *Fehlt in C.*
[2] charakteristischen Bestimmtheit *C*
[3] ergreift *C*
[4] *So ergänzt auch C.*
[5] ausmacht *C*
[6] er *C*
[7] innern Bedingungen *C*

äußerlicher, darum nur formeller[1] Glaube – ein Glaube ohne Geist und Leben – dieses hatte er der Wissenschaft und Wirklichkeit zugewandt –, ein Glaube sich selbst zum Trotze und Zwange – ein von empirischen Instanzen (wie z. B. von der Geburt) aufgedrungener Glaube. *Man glaubte, was man nicht glaubte.* Der Glaube war ein Widerspruch. Er war subjektiv[2] – da, wo er noch die höchste Bedeutung hatte – eine Pietät, *objektiv*[3] eine Heuchelei. Kurz, ihr Glaube war – diese Bestimmung ist die wesentlichste – ein *historischer Glaube.*

Die Männer, in denen der Widerspruch des Glaubens und der Vernunft als eine historische Merkwürdigkeit uns begegnet, waren denkende, geistvolle Männer, Männer von entschiedner Wissenschaftlichkeit, selbständige, selbstbewußte Männer. Notwendig erhielt daher der Glaube, dessen wesentlichste Bestandteile historische, sogenannte positive Dinge waren, in ihrer Seele *die* Bedeutung, welche er eben in ihnen hatte. Die Natur des Positiven, des Historischen kommt in ihnen aufs klarste zum Vorschein. Das Positive gilt, weil es gilt, ohne Grund, wenn auch ursprünglich ein Grund vorhanden war. So war denn auch ihr Glaube nur ein positiver Glaube; er galt, ohne daß ein Grund *in ihnen* selbst zu diesem Glauben vorhanden war; er war daher der *adäquate*[4] Ausdruck seines Gegenstandes und des Verhältnisses, in welchem *der Geist* zu ihm stehen kann. Das Historische kann eben keinen andern Glauben fordern als einen *historischen*, der Seele äußerlichen. Mit dem Maße, das[5] du missest, mit dem sollst du wieder gemessen werden. Das Historische *als Wahrheit* aufbürden wollen, ist anmaßende Torheit. Eine historische Wahrheit ist eben eine historische Wahrheit, aber weiter nichts, keine geistige, keine an und für sich seiende, keine göttliche Wahrheit, keine bindende, keine *geistbestimmende* Wahrheit. Wir glauben ohne Anstand die Taten eines Alexander, eines Karl XII., weil sie uns keinen Glauben aufdringen, weil sie sich frei, unbefangen, anmaßungslos, offen und ehrlich als das, was sie sind, als bloße historische

[1] , darum . . . formeller *Fehlt in C.*
[2] *C folgt Zusatz:* , d. h. der Gesinnung nach
[3] C folgt Zusatz: , d. h. dem Geist und Wesen nach
[4] angemessene *C*
[5] *Im Original A/B und C:* daß

Fakta, geben, und das Zeugnis ihrer Glaubwürdigkeit, die *letzte Instanz*, auf der alle Gewißheit beruht, ist die Übereinstimmung, wenn auch nicht mit dem, was wir erlebt haben, mit unsern Erfahrungen, mit unsern Vorstellungen im besondern, aber doch mit unsern Begriffen im allgemeinen, mit den Gesetzen der inneren Möglichkeit, mit der Vernunft. Aber ein Faktum, das besondere Ansprüche macht, das sich uns als Wahrheit selbst aufdringen will, können wir mit vollem Rechte als ein anmaßendes Ding von uns weisen, etwa mit den Worten: Liebes Faktum, wenn du dich mir als eine bindende Wahrheit geben willst und dabei auf deine Faktizität[1] pochst, so bestehe ich vor allem auf *meinem Rechte*, daß du hier an dieser Stelle, hier vor meinen Augen vorgehst (wenn anders, woran ich noch sehr zweifle, die Wahrheit ein totes Faktum werden kann), so mußt du mir auch auf *faktische*[2], auf *unmittelbare* Weise zukommen; an ein vermitteltes, überliefertes Faktum, an ein Faktum, das *für mich kein Faktum* mehr ist, hänge ich nicht – dafür stehe ich dir! – meine Seele. Die *Gegenwart* ist *das Wesen*, die *Seele* des Faktums. Das gegenwärtige Faktum *muß* ich glauben – und dieses Zwingende, dieses Unableugbare will man ebendamit ausdrücken, wenn man etwas als eine Tatsache hinstellt –; es ist unabhängig von meinem Denken; ich kann nicht zweifeln, ob es ist; aber ein vergangenes Faktum glaub' ich, wenn ich es glauben *mag*. Das mittelbare Faktum ist eine Übersetzung, zu der uns das Original fehlt; es ist versetzt worden in den blauen Dunst der Vorstellungs- und Einbildungskraft, die *unwillkürlich* – oft nach einem Zeitraume von wenigen Jahren, zumal wenn wir unterdes in ganz andere Verhältnisse und Lagen gekommen sind – die Gegenstände der Vergangenheit verändert, dem Maße der Wirklichkeit entrückt, in einem täuschenden Lichte uns darstellt; es ist seiner Natur nach unzuverlässig, *notwendig* ein Objekt des Zweifels, kurz, es verliert seinen faktischen Charakter[3]; es kann daher auf nichts anderes Anspruch machen als höchstens [auf] einen historischen, d. h. meinem wahren Wesen, meinem höchsten Interesse, meinem Geiste an und für sich indifferenten

[1] Tatsächlichkeit *C* [2] tatsächliche *C*
[3] seinen . . . Charakter: den Charakter der Tatsächlichkeit *C*
[4] gleichgültigen *C*

Glauben. (33) Ewig lebendige Fakta sind allein die geistigen, die unmittelbaren Äußerungen des Geistes: die schlichten Worte der Wahrheit; diese allein binden, diese allein bestimmen den Geist, weil diese Bestimmungen zugleich *Selbst-Bestimmungen* des Geistes sind, den Geist durch sich selbst, durch seine Selbst-Tätigkeit[1] von ihrer Wahrheit überzeugen. ***Der Glaube aber an Fakta als Wahrheiten,*** an sogenannte ***dogmatische Fakta,*** ist ***purer, blanker Aberglaube – der Aberglaube der Totenbeschwörer.*** Der Glaube an dogmatische Fakta ist daher nur da ein lebendiger, wo der Glaube an den Geist tot, der Geist selbst tief gesunken, der Sinn für Wahrheit verloren, die Urteilskraft geschwächt, die intellektuelle Tatkraft erloschen ist. Aber in jenen Männern war Wissenschaft [,⟨?⟩] Geist und Leben, sie gaben darum dem Faktum, was dem Faktum gebührt. Ihr Glaube war ein *vergangener,* abgeschiedner, ihnen fremder, nicht ihr gegenwärtiger, wirklicher, unmittelbarer, ursprünglicher Geist.

Der Glaube war aber zugleich durch eine gegenwärtige Macht, die Kirche, repräsentiert.[2] Der Glaube hatte die *allgemeine Meinung* für sich oder war vielmehr selbst diese allgemeine Meinung. Er verdiente also – abgesehen von andern, dem Glauben an sich fremden Gründen, die zur Pietät verbanden – Schonung, Anerkennung, Achtung, ja, Ehrfurcht. Der Glaube, den sie der Kirche darbrachten, war ein *schuldiges Opfer.* Die Vernunft war nur noch eine *subjektive Meinung* – sie hielten daher diese als *ihre,* eine noch *unberechtigte* Meinung in Schranken, subordinierten sie der Autorität der Kirche.[3] Ja, obgleich innerlich, an sich der Glaube nur ein obskurer, unwirksamer Privatmann war, so schoben sie doch stets den Gläubigen vor, als wäre er die Hauptperson. Die öffentliche Meinung war auch die öffentliche, aber deswegen nicht die ihrem wahren, ursprünglichen Wesen entsprechende Meinung ihrer Seele. Weil ich Mitglied dieser Kirche bin, so glaube ich, aber nicht weil ich glaube, bin ich Mitglied derselben. Ich glaube, was ihr glaubt; ich will und mag nicht in Widerspruch treten, nicht brechen mit denen, an die so viele, so starke Bande mich knüpfen; ich will auch hierin

[1] Selbsttätigkeit *C*
[2] vertreten. *C*
[3] subordinierten ... Kirche.: unterordneten sie der Kirche. *C*

mit euch in Frieden und Gemeinschaft leben. Heilig sei mir, was euch heilig ist. Amen. So dachte, so sprach die Vernunft[1] zu dem Glauben und seinen Anhängern. Aber ebendadurch erhielt der Glaube wieder eine seiner ursprünglichen Bedeutung in ihnen entgegengesetzte, eine gegenwärtige, lebendige Bedeutung; er war in sich selbst der größte Widerspruch mit sich. So wie mit Cartesius und anderen seiner Glaubensgenossen war es nun auch mit Bayle – obwohl er Protestant war, aber der Protestantismus hatte sich ebenso wie der Katholizismus durch seinen historisch-dogmatischen Glauben mit dem Geiste, mit der Vernunft in Widerspruch gesetzt. Gelogen, geheuchelt (subjektiv, mit Wissen und Willen) hat Bayle nicht. Sein Glaube war eine *subjektive* Ehrlichkeit. Wir haben keinen Grund, dieses zu bezweifeln. Nicht nur die feierlichsten Versicherungen sprechen dafür; er bestätigte auch seine Ergebenheit an die reformierte Kirche durch öffentliche Akte. „C'est une fausseté notoire, que de dire que Mr. Bayle (er selbst spricht anonym von sich) a été plusieurs années sans faire aucun acte de Religion, car si l'on excepte sept ou huit mois de sa maladie, temps ou les plus dévots se dispensent d'aller au Temple, il a toujours communié quatre fois l'an et assisté assez souvent aux exercices publics . . . La migraine méchante maladie d'habitude pour Mr. B. est la seule cause qui l'empêche d'être assidu au Sermon autant, que le sont les autres Refugiez."[2]* Ja, was noch unendlich mehr sagen will, als

[1] *In C folgt Zusatz:* in jenen Männern

[2] *In C deutsch:* „Es ist eine offenkundige Unwahrheit, wenn man behauptet, Herr Bayle (er spricht anonym von sich selbst) habe mehrere Jahre lang keine religiöse Handlung verrichtet, denn wenn man sieben oder acht Monate seines Krankseins ausnimmt, in welchem Falle selbst die Frömmsten von der Pflicht eines Kirchenbesuchs sich entbinden, hat er immer viermal jährlich das heilige Abendmahl genommen und ziemlich oft dem öffentlichen Gottesdienst beigewohnt . . . Das leidige Kopfweh, ein für Herrn B. alltägliches Leiden, ist die einzige Ursache, die ihn abhält, sich zur Predigt ebensooft als die andern Ausgewanderten einzufinden."

* „La Chimère de la Cabal de Rotterdam", p. 744, 746. Oeuvr. div., T. II.

solche äußerliche[n], stets zweideutige[n] Zeichen, er bestätigte seine Anhänglichkeit selbst durch Opfer. „Ich lebe", sagt B., „in höchst obskuren und mittelmäßigen Verhältnissen – was jedoch ohne Klage, ohne Vorwurf gesagt sei. Allein ich dürfte nur nach Frankreich gehen, wo ich mit offnen Armen aufgenommen würde, um mir eine ehrenvollere, bequemere und unvergleichbar[1] vorteilhaftere Lage zu verschaffen, als meine hiesige ist .... Überdem wissen meine Bekannte[n][2], daß der Aufenthalt zu Paris stets Reize für mich hatte, daß ich dieser Stadt den Vorzug vor allen andern Städten gab. Ich war nämlich stets der Überzeugung, daß ich mir in Paris durch den Umgang mit seinen so umgänglichen Gelehrten und durch die Benützung seiner vielen trefflichen Bibliotheken ein bißchen Gelehrsamkeit hätte erwerben können:[3] Il n'y a donc que mon attachement à la Religion Reformée qui m'ait empêché de m'arrêter à Paris, lorsque la suppression de l'Academie de Sedan m'eut dépouillé de ma Profession. ... Il n'y a que ce même attachement qui m'ait retenu içi, depuis que mon étoile bonne ou mauvaise a voulu que je devinsse Auteur, et je puis dire sans vanité, que l'accueil que l'on m'auroit fait en France depuis ce tems la n'eût pas été peu avantageux selon le monde. *C'est là une preuve de zele pour la Religion réformée.*"* Überdem mischten sich bei Bayle in seine Anhänglichkeit an die reformierte Religion die Gesinnungen und Empfindungen der Liebe, der Pietät ein. Die Seinigen gehörten der unterdrückten, der schmählich

[1] unvergleichlich *C*

[2] *So ergänzt auch C.*

[3] Il n'y a donc ... Religion réformée. *In C auch dieser Teil des Zitats deutsch:* Nur meine Anhänglichkeit an den reformierten Glauben hat mich abgehalten, in Paris meinen Wohnsitz zu nehmen, nachdem die Aufhebung der Akademie in Sedan mich meiner Professur beraubt hatte ... Nur diese nämliche Anhänglichkeit hat mich hier zurückgehalten, seitdem mein guter oder böser Stern mich zum Schriftsteller bestimmt hat, und ohne Eitelkeit kann ich sagen, daß die Aufnahme, die ich in Frankreich seit jener Zeit gefunden hätte, mit nicht geringen weltlichen Vorteilen für mich verbunden gewesen wäre. Es ist das ein Beweis meines Eifers für den reformierten Glauben."

* „La Cabale chimerique ou Refutation de l'Histoire fabuleuse etc.", p. 674. T. II. Oeuv. div.

verfolgten Kirche an. Sein geliebter älterer Bruder starb selbst als Märtyrer seines Glaubens im Kerker. „Mon attachement à la Religion que j'ai succée avec le lait, fils et frere puîné de Ministre, tous deux des plus zélez qu'il y eût en France, et dont le dernier est mort dans le Château Trompette, où il avoit été enfermé pour la Religion, couronnant la piété qu'il avoit temoignée toute sa vie par une très-belle mort, qui fut admirée de ceux mêmes qui avoient fait tout ce qu'ils avoient pû pour le faire mourir Papiste, et des attaques desquels il triompha glorieusement."[1]* Wir haben endlich um so weniger Grund, seine Anhänglichkeit zu bezweifeln, als die Sache der Reformierten, in Beziehung auf ihre Zeit, die Sache des Fortschritts, die Sache der Vernunft und Freiheit war, so daß er um des Guten und Wahren willen, was die vom alten Aberglauben gereinigte reformierte Religion ihm darbot und welches mit seinem Geiste und Wesen übereinstimmte, auch das, was mit diesem Guten und Wahren damals als ein Wesentliches verbunden war, aber seinem Geiste und Wesen widersprach, glaubte, d. h. in sich[2] tolerierte, sich gefallen ließ.

Aber nichtsdestoweniger widersprach seinem *objektiven*[3] *Wesen* der Glaube. Sein Glaube war ein *Akt der Selbstverleugnung* – eine Schranke, die er sich selbst setzte – eine ebendeswegen *an sich willkürliche Schranke* – die freiwillige *Negation* seines Geistes, wie hinwiederum sein Geist die Negation seines Glaubens war. Aber der Geist hatte nichts für sich als eben *sich selbst*, kein Recht als das der Einsicht.

[1] *In C deutsch:* „Ich habe," sagt er selbst, „den reformierten Glauben mit der Milch eingesogen, Sohn und jüngerer Bruder von Predigern, die beide zu den eifrigsten Frankreichs gehörten und von denen der letztere gestorben ist in dem Schlosse Trompette, wo er seines Glaubens wegen eingesperrt war und seinem frommen Leben durch einen sehr schönen, selbst von den Papisten bewunderten Tod die Krone aufsetzte." *Der letzte Teil des in A/B französischen Zitats heißt aber deutsch:* [. . . durch einen sehr schönen Tod, der selbst von denjenigen bewundert wurde, die alles in ihrer Macht Stehende getan hatten, um zu erreichen, daß er als Papist sterbe, über deren Anschläge er aber rühmlich triumphierte]. * „La Cabale chim.", p. 677.

[2] in sich *Fehlt in C.*

[3] *C folgt Zusatz:*, d. i. wahren

Die Vernunft war nur *toleriert*, die ecclesia pressa [unterdrückte Kirche]. Der Glaube dagegen hatte eine objektive, legitime, historisch beglaubigte Macht für sich, er war die herrschende Kirche. Die Vernunft mußte daher dem Glauben aufgeopfert werden. Bayle schließt aus den Einwürfen der Vernunft gegen den Glauben nicht auf die Nichtigkeit der Dogmen, sondern auf die Nichtigkeit der Vernunft. Die Schwierigkeiten, die sie dem Glauben macht, dienen nur dazu, zu zeigen, wie unvernünftig, wie schwach, wie blind die Vernunft ist, sie dienen dazu nur, die Vernunft zu demütigen und das Verdienst des Glaubens zu erhöhen, zu beweisen, daß es kein anderes Mittel gibt, sich aus dem Labyrinth der Zweifel zu befreien, als unbedingt, mit Enthaltung alles Räsonnements sich den Aussprüchen des Glaubens zu unterwerfen. So bemerkt B. in betreff des Ursprungs der Sünde und des Übels:[1] „Cette origine est bien obscure et ce qui a été dit de celle du Nil, qu'elle étoit plutôt un objet d'admiration qu'un objet de connoissance, lui convient parfaitement. Elle est hors de la portée de notre raison: la Philosophie peut sentir par-là son fort et son foible.... Elle peut donc connoître, que, si elle a quelque force *pour élever des brouillards, elle est trop foible pour les dissiper*. Nous devons par-là lui donner de bons coups de caveçon, afin qu'elle soit moins orgueilleuse et que cette humiliation ou mortification lui apprenne à se captiver sous l'obéissance de la Foi. Il faut la dompter comme l'on dompta Bucephale, en l'empêchant de voir son ombre et en le tournant vers le Soleil; c'est-à-dire qu'il faut qu'elle se détache de son esprit de dispute, pour ne consulter que l'oracle de la

[1] *In C deutsch:* „Dieser Ursprung ist sehr dunkel, und was von dem des Nils gesagt wurde, daß er ein Gegenstand vielmehr der Bewunderung als der Erkenntnis sei, paßt vollkommen auf ihn. Er liegt außer der Fassungskraft unserer Vernunft; die Philosophie kann hier ihre Stärke und ihre Schwäche fühlen... Sie kann sonach erkennen, daß, wenn sie einige Kraft hat, um Nebel zu schaffen, sie zu schwach ist, um sie zu zerstreuen. Wir dürfen sie also nur tüchtig am Kappzaum schnallen, damit sie weniger stolz sei und diese Demütigung oder Züchtigung sie lehre, unter den Gehorsam des Glaubens sich gefangen zu geben. Man muß sie bändigen, wie man den Buzephalus bändigte, indem man ihn hinderte, seinen Schatten zu sehen, und ihn der Sonne entgegenlenkte; d. h. sie muß ihre Streit-

révèlation."* „Die menschliche Vernunft kann nur *zerstören*, aber nichts aufbauen (c'est un principe de destruction et non pas d'édification)[1]; sie taugt nur dazu, Zweifel zu machen und Streitigkeiten zu erregen, die zu keinem Resultate führen, weil man ebensoviel dafür als dagegen sagen kann. Man kann von der Vernunft sagen, was die Theologen von dem mosaischen Gesetz sagten. Wie dieses sich nur dazu eignete, dem Menschen die Erkenntnis seines Unvermögens und das Bedürfnis eines Erlösers beizubringen, daher ein Pädagog war, der zu Jesus Christus führte, so ist die Vernunft nur dazu geschickt, den Menschen seine Finsternis, seine Ohnmacht und die Notwendigkeit einer andern Offenbarung als der der natürlichen Vernunft fühlen zu lassen." ** Darum erklärt sich auch Bayle für Huet und la Mothe le Vayer, welche behaupten, daß der Skeptizismus *die* Philosophie sei, welche sich am besten mit dem Christentum vertrage. „Il semble donc", sagt er, „que ce malheureux état (nämlich der Ungewißheit) est le plus propre de tous à nous convaincre, que notre Raison est *une voie d'égarement*, puisque, lorsqu'elle se déploie avec le plus de subtilité, elle nous jette dans un tel abîme. La suite naturelle de cela doit être de *renoncer à ce Guide* et d'en demander un meilleuri à la Cause de toutes choses. C'est un grand pas vers la Religon Chrétienne; car elle veut que ... nous captivions notre entendement à l'obéissance de la Foi."[2]***

sucht aufgeben, um nur auf das Orakel der Offenbarung zu hören."

* „Réponse aux Q. d'un Prov.", p. 683.

[1] *Einfügung in Klammern fehlt in C. Davor dasselbe deutsch.*

** „Diction." Art. Manichéenes Rem. D.

[2] *In C deutsch:* „Es scheint also," sagt er, ,,daß dieser unselige Zustand der Ungewißheit am geeignetsten ist, uns zu überzeugen, daß unsere Vernunft ein Irrweg ist, da, wann sie sich zur größten Feinheit steigert, sie uns in einen solchen Abgrund stürzt. Die natürliche Folge hiervon ist die Pflicht, diesen Führer aufzugeben und sich einen bessern von dem Urquell aller Dinge auszubitten. Das ist ein großer Schritt zur christlichen Religion; denn sie will, daß wir unsern Verstand unter den Gehorsam des Glaubens gefangen geben."

*** „Dict."[3] Art. Pyrrhon. R. C. S[iehe] auch „Republiq. d. L.", p. 561.

[3] „Dictionn." *C*

So revoziert Bayle die Beleidigungen wieder, die er dem Glauben angetan hat. Nachdem er – zwar nicht formell, doch materiell – eine Sottise um die andere dem Glauben gesagt hat, springt er wieder zum Glauben hin und bittet ihn demütigst um Verzeihung, sich entschuldigend mit den Schwächen der Vernunft, ihrem sanguinischen Temperament, ihrer Neigung zu dialektischen Späßen. Seine Zweifel, Gegengründe, Ausstellungen (wie z. B. an den Handlungen Davids) sind nur Meinungen eines Partikulier, die weiter gar kein Gewicht haben, kleine häusliche Zwistigkeiten, die der öffentlichen Würde und Autorität des Glaubens keinen Abbruch tun, müßige Zwischenviertelstunden, in denen man sich nur zur Erholung seinen Launen überläßt, um dann sogleich wieder um so gestärkter unter die Zucht des Glaubens sich zu begeben, unschuldige Witze, die die Vernunft auf den Glauben macht, rhetorische und dialektische Übungsstücke, in denen man sich nur in die Rolle eines esprit fort hineindenkt und sagt, was man dagegen sagen *könnte*, wenn man sich auf den Standpunkt der Vernunft stellen wollte. So umflattern die Zweifel und Einwürfe Bayles wie kleine Tagvögel, angreifend, aber sogleich wieder zurückfliehend, keck und furchtsam zugleich, die Nachteule der Orthodoxie.

Sein dogmatischer Glaube ist guter Wille. In magnis voluisse sat est [in großen Dingen genügt es schon, gewollt zu haben], könnte man auf ihn anwenden. Sein Glaube ist eine freiwillige Abstinenz und Pönitenz seiner Vernunft: B[ayle] ist ein intellektueller Asket, ein geistiger Flagellant. Pascal trug einen stachligen Gürtel um seinen Leib, Bayles Gürtel ist der Glaube, der die Regungen seiner geistigen Natur stets im Zaume hält. Aber wie auch der strengste Karthäuser trotz aller Kasteiungen, trotz aller kalten Wasserüberschläge nicht den Brand seiner Begierden stillen kann, so kann auch Bayle trotz aller Selbstbeherrschung nicht verhüten, daß nicht stets sein ursprünglicher Naturtrieb sich verrät. Sein großes „Dictionaire historique et critique" gibt uns ein Bild von ihm. Der Historiker, der Geschäftsführer des Glaubens, *der* Bayle, der nicht in seinem Interesse und Namen, sondern im Geiste und Auftrage der Orthodoxie spricht, *der* Bayle, welcher sich nicht unterscheidet von andern Glaubensgenossen, ist mit großen Lettern gedruckt, ist der Text; aber der Text ist kurz;

kaum ist er oben, so taucht er sich auch sogleich wieder in dem breiten Strom der Anmerkungen in sein ursprüngliches Element unter, wo wir *den* Bayle finden, welchen wir nicht so leicht mit andern Menschen verwechseln können. Im Texte[1] trägt er das Amtskleid eines Orthodoxen, aber in den Anmerkungen wirft er sich ins Negligé, jedoch so, daß er auch hier noch immer das Dekorum der Orthodoxie strenge einhält. Aber gleichwohl war Bayle, um es noch einmal zu sagen, kein Heuchler. Der Widerspruch des Glaubens und der Vernunft in Bayle hat eine *tragische Bedeutung*. Sein Zweifel ist Schicksal, ist die Macht, der Drang des Weltgeistes, gegen den die Penaten des Glaubens nichts vermögen. Er ist ein Freigeist aus Notwendigkeit. Bei dem Heuchler ist das Äußere im Widerspruch mit dem Innern, das Innere die Negation des Äußern und umgekehrt.[2] Aber B. *war in sich selbst im Widerspruch mit sich.* Er heuchelte nicht den Glauben; er glaubte wirklich, aber er glaubte im Widerspruch mit sich, mit seiner Natur, seinem Geiste.

Aus diesem innerlichen *unwillkürlichen* Widerspruch müssen wir auch die Widersprüche erklären, in die sich Bayle namentlich da verwickelte, wo er seinen Anklägern gegenüber, die ihm allerdings Absichten unterlegten, von denen er[3] weit entfernt war, und seine Worte entweder absichtlich verdrehten oder mißverstanden, seine Rechtgläubigkeit und Religiosität verteidigt. Mit einem besondern Interesse weist Bayle[4] bei jeder Gelegenheit auf die Widersprüche zwischen dem Glauben und der Vernunft hin. Und der *wahre Sinn* dieser seiner beständigen Entgegensetzung des Glaubens und der Vernunft ist der, daß beide wirkliche, *unvereinbare*, sich gegenseitig aufhebende Gegensätze sind. „Es ist evident", sagt Bayle, zwar nicht in seiner eignen Person, sondern in einer fremden Rolle, in der Rolle eines Abbé, welcher die Vorteile nachweist, welche ein Pyrrhonist[5] aus dem Christentum für seinen Skeptizismus ziehen könnte, aber doch offenbar im Sinne seines wahren Wesens, „es ist evident, daß die

[1] Text *C*
[2] die . . . umgekehrt.: die Verneinung des Äußern; *C*
[3] *C folgt Zusatz:* wohl
[4] *C folgt Zusatz:* , wie bereits gezeigt wurde,
[5] Zweifelsüchtiger *C*

Dinge, welche sich nicht von einem Dritten unterscheiden, sich nicht untereinander selbst unterscheiden (quae sunt idem uni tertio, sunt idem inter se)[1]. Dieser Grundsatz ist die Basis aller unserer Urteile und Schlüsse, und nichtsdestoweniger gibt uns die Offenbarung des Mysteriums der Dreieinigkeit die Versicherung, daß dieser Grundsatz falsch ist. Macht Unterschiede, soviel als ihr wollt: Ihr werdet doch nimmermehr beweisen, daß nicht dieser Grundsatz durch dieses große Mysterium aufgehoben ist. Es ist 2) evident, daß es zwischen Individuum, Wesen (nature), Person keinen Unterschied gibt; und dennoch gibt uns das nämliche Geheimnis die Versicherung, daß die Personen können vervielfältigt werden, ohne daß die Individuen und Wesen ihre Einzigkeit verlieren. Es ist 3) evident, daß, um einen Menschen zu machen, welcher eine vollkommen und wirklich *eine* Person ist, es hinreicht, einen menschlichen Körper und eine vernünftige Seele zu verbinden. Das Mysterium der Inkarnation lehrt uns jedoch, daß dies nicht hinreichend ist, woraus folgt, daß wir nicht gewiß sein können, ob wir Personen sind, denn wenn es einem menschlichen Körper und einer vernünftigen Seele *wesentlich* wäre, eine Person auszumachen, wenn man sie miteinander verbindet, so könnte Gott niemals bewirken, daß sie nicht eine Person ausmachten; wir müssen also behaupten, daß die Persönlichkeit ihnen rein akzidentell ist. Nun ist aber jedes Akzidenz auf mehrfache Weise von seinem Subjekt abtrennbar; es ist daher Gott möglich, auf mehrfache Weise zu verhindern, daß wir Personen sind, ob wir gleich aus Leib und Seele bestehen; denn wer wird uns denn die Gewißheit geben, daß er sich nicht irgendeiner dieser Weisen oder Mittel bedient, um uns die Persönlichkeit zu entziehen? Ist er verbunden, uns alle die Weisen, wie er über uns verfügt, zu offenbaren? Es ist 4) offenbar, daß ein menschlicher Körper nicht an mehreren Orten zugleich sein und nicht sein Kopf mit allen übrigen Teilen denselben unteilbaren Punkt einnehmen kann, und dennoch lehrt uns das Mysterium der Eucharistie[2] – notez que c'est un Abbé qui parle[3] –, daß alle Tage diese zwei un-

[1] *Einfügung in Klammern fehlt in C. Der vorausgegangene Satzteil besagt deutsch etwa dasselbe.*

[2] der Eucharistie: des Abendmahls *C*

[3] *In C deutsch:* merkt, daß ein Abbé hier spricht!

mögliche[n][1] Dinge geschehen, woraus wieder folgt, daß wir nicht gewiß sein können, ob wir von andern Menschen unterschieden sind und ob wir nicht eben jetzt im Serail von Konstantinopel, in Kanada, in Japan und in jeder Stadt der Welt sind, an jedem Orte unter verschiednen Beschaffenheiten. Da aber Gott nichts umsonst tut, sollte er mehrere Menschen erschaffen, wenn ihm ein einziger genügen kann, der an verschiednen Orten ist und je nach den verschiednen Orten verschiedene Beschaffenheiten hat? Infolge dieser Lehre verlieren wir daher die Wahrheiten, die wir in den Zahlen finden, denn wir wissen nicht mehr, was Zwei und Drei ist, wir wissen nicht mehr, was Identität[2], was Verschiedenheit ist. Wenn wir urteilen, daß Johann und Peter zwei Menschen sind, so gründet sich unser Urteil nur darauf, daß wir sie an verschiednen Orten sehen und der eine nicht alle Eigenschaften des andern hat. Aber das Dogma der Eucharistie[3] richtet dieses Unterscheidungsprinzip zugrunde. Vielleicht ist nur eine einzige Kreatur im Universum, und die scheinbar vielen Kreaturen sind nichts andres als diese einzige Kreatur an verschiednen Orten und unter verschiednen Beschaffenheiten. Wir machen große Rechnungen, als gäbe es viele verschiedne Wesen; aber alles ist Chimäre. Wir wissen nicht mehr, ob es zwei Körper gibt, ja, wir wissen selbst nicht mehr, ob es einen Körper und einen Geist gibt; denn wenn die Materie durchdringlich ist, so ist offenbar die Ausdehnung nur ein Akzidenz des Körpers und folglich der Körper seinem Wesen nach eine nicht ausgedehnte Substanz; er kann also alle die Eigenschaften annehmen, die wir uns in dem Geiste denken, – Verstand, Wille, Leidenschaften, Empfindungen; es gibt demnach kein Kriterium mehr, ob eine Substanz körperlich oder geistig ist... Gehen wir nun zur Moral über. Es ist 1) offenbar, daß man ein Übel verhindern muß, wenn man es kann, und daß man sündigt, wenn man das Übel verhindern kann und es dennoch erlaubt. Unsere Theologie jedoch lehrt uns, daß dieser Grundsatz falsch ist; denn sie lehrt, daß Gott keine seiner Vollkommenheiten unwürdige Handlung dadurch begeht, daß er die Übel und Störungen in der Welt duldet, obgleich es ihm ein leichtes

[1] *So ergänzt auch C.* [2] Einheit *C*
[3] der Eucharistie: des Abendmahls *C*

ist, sie zu verhüten. Es ist 2) offenbar, daß eine Kreatur vor ihrer Existenz nicht an einer schlechten Handlung mitschuldig sein kann, 3) offenbar, daß es ungerecht ist, sie zu bestrafen, als hätte sie eine Schuld an dieser Handlung. Nichtsdestoweniger zeigt uns die Lehre von der Erbsünde die Falschheit[1] dieser evidenten Maximen[2]. Es ist 4) evident[3], daß man das Gute dem Nützlichen vorziehen muß und daß das heiligste Wesen am wenigsten dem Nutzen vor der Tugend den Vorzug geben darf. Und doch sagen unsre Theologen, daß Gott, ob er gleich zwischen einer vollkommen wohlgeordneten und sündenlosen Welt und zwischen dieser unsrer sündenverdorbenen und verwirrten Welt wählen konnte, dennoch jener Welt diese vorzog, weil er dabei das Interesse seines Ruhms viel besser fand."* Der Glaube widerspricht also den wesentlichsten Vernunftprinzipien, und Bayle erhebt gerade um so mehr das Verdienst des Glaubens, je mehr er der Vernunft widerspricht. „Man muß notwendig," sagt er, „wählen zwischen der Philosophie und dem Evangelium; wollt ihr nur glauben, was evident[4] und den allgemeinen Begriffen konform[5] ist, so ergreift die Philosophie und laßt das Christentum; wollt ihr aber die unbegreiflichen Mysterien der Religion glauben, so ergreift das Christentum und laßt die Philosophie; denn es ist ebenso unmöglich, die Evidenz[6] und die Unbegreiflichkeit zu verbinden, als es unmöglich ist, die Bequemlichkeiten eines viereckigen und eines runden Tisches zu vereinigen. Entweder – oder: Wenn euch die Beschaffenheiten einer runden Tafel nicht recht sind, so laßt euch eine viereckige machen, aber verlangt nicht, daß die nämliche Tafel euch die Bequemlichkeiten einer runden und viereckigen Tafel darbiete. Allein ein wahrer Christ . . . kann sich nur lustig machen über die Subtilitäten der Philosophie . . . der Glaube erhebt ihn über die Regionen, wo die Ungewitter der Streitigkeiten herrschen. Er ist an einem Platz, wo er unter sich die Donner

[1] Unwahrheit
[2] evidenten Maximen: sonnenklaren Grundsätze
[3] offenbar *C*
* „Diction." Art. Pyrrhon. Rem. B.
[4] deutlich *C*
[5] gemäß *C*
[6] Deutlichkeit *C*

der Argumente und der distinguo [ich unterscheide] ohne Furcht brummen hört, – ein Platz, der für ihn der Olymp der Dichter ist (Claudian) und der Tempel der Weisen (Lucrez), von wo er mit vollkommner Ruhe auf die Schwachheiten der Vernunft und die Verirrungen der Sterblichen, die sie zur Führerin haben, herabschaut. Jeder Christ, der sich durch die Einwürfe der Ungläubigen stören und beunruhigen läßt, hat schon einen Fuß in derselben Grube wie sie." „Das Verdienst des Glaubens wird um so größer, je mehr die geoffenbarte Wahrheit, die er zum Gegenstand hat, alle Kräfte, d. i. Begriffe (toutes les forces)[1] unsres Geistes übersteigt; denn je mehr die Unbegreiflichkeit des Gegenstandes zunimmt, je größer die Anzahl der Vernunftmaximen ist, die ihn bekämpfen, um so größer ist also auch das Opfer, das wir der Autorität Gottes bringen; wir bezeugen in diesem Falle eine größere Unterwürfigkeit und Ehrfurcht gegen Gott, als wenn der Gegenstand leicht zu glauben wäre. Woher kommt es denn, ich bitte euch, daß der Glaube des Patriarchen der Gläubigen so sehr gepriesen wird? Nicht wahr: daher, daß er glaubte in der Hoffnung auf etwas, was nicht zu hoffen war (qu'il crut sous espérance contre espêrance)[2]. Es wäre kein besonderes Verdienst gewesen, auf das Versprechen Gottes hin eine der Natur nach sehr wahrscheinliche Sache zu hoffen; das Verdienst bestand vielmehr darin, daß die Hoffnung auf dieses Versprechen geradezu wider alle Wahrscheinlichkeit war. Disons aussi que la Foi du plus haut prix est celle qui sur le témoignage divin embrasse *les Verite*[s] *les plus opposées à la Raison.*[3]" Und zum Beleg seiner Behauptung führt Bayle aus andern Schriftstellern mit Beistimmung solche Stellen an, die geradezu einen absolut blinden Glauben anpreisen, unter andern folgende. „‚Le Diable m'emporte si je croyois rien', fait on dire au Maréchal d'Hocquincourt. ‚Depuis ce temps-là je me ferois crucifier pour la Religion.

[1] *Einfügung in Klammern [deutsch:* alle Kräfte] *fehlt in C.*

[2] *Einfügung in Klammern fehlt in C. Ungefähre Bedeutung im vorangegangenen Satzteil deutsch.*

[3] *In C auch der letzte Satz des Zitats deutsch:* Sagen wir also auch, daß der Glaube von höchstem Werte ist, welcher auf das göttliche Zeugnis hin die der Vernunft entgegengesetzten Wahrheiten ergreift.

Ce n'est pas que j'y voye plus de raison; au contraire moins que jamais: mais je ne saurois que vous dire, je me ferois pourtant crucifier sans savoir pourquoy'. ,Tant mieux, Monseigneur', reprit le Pere d'un ton de nez fort devot, ,tant mieux; ce ne sont point des mouvemens humains, cela vient de Dieu. *Point de raison, c'est la vraye Religion cela, point de raison.* Que Dieu vous a fait, Monseigneur, une belle grace! Estote sicut infantes, Soyez comme des enfans. Les enfans ont encore leur innocence; et pourquoy? parce qu'ils n'ont point de raison. Beati pauperes spiritu, Bienheureux sont les pauvres d'esprit. Ils ne pechent point: la raison est, qu'ils n'ont point de raison. Point de raison, je ne saurois que vous dire, je ne say pourquoy: les beaux mots! Ils dévraient être écrits en lettres d'or. Ce n'est pas que j'y voye plus de raison; au contraire moins que jamais. En vérité cela est divin pour ceux qui ont le goût des choses du Ciel. Point de Raison: que Dieu vous a fait, Monseigneur, une belle grace!'"[1] Bayle bemerkt wohl, daß diese Stelle einen lächerlichen Anstrich habe, aber setzt hinzu: „Qu'on donne un air plus sérieux

[1] *In C deutsch:* „,Hole mich der Teufel, wenn ich nichts glaubte', hat man den Marschall von Hocquincourt in einem Gespräche mit dem Pater Canaye [in einem . . . Canaye ⟨. . .⟩ *Zusatz in C*] sagen lassen. ,Kreuzigen ließe ich mich seitdem für die Religion. Nicht etwa, daß ich mehr, Vernunft darin sähe; im Gegenteil, weniger als je; aber, kurzum, ich ließe mich dennoch kreuzigen, ohne zu wissen warum.' ,Um so besser, Exzellenz', erwiderte der Pater in einem sehr frommen Nasenton, ,desto besser; das sind keine menschlichen Regungen, das kommt von Gott. Keine Vernunft, das ist die wahre Religion, keine Vernunft. Welch herrliche Gnade hat Gott eurer Exzellenz erwiesen. Estote sicut infantes, seid wie die Kinder. Die Kinder haben noch ihre Unschuld; und warum? Weil sie keine Vernunft haben. Beati pauperes spiritu, selig sind die Armen am Geiste. Sie sündigen nicht; der Grund ist, weil sie keine Vernunft haben. Keine Vernunft, kurzum, ich weiß nicht warum: oh schöne Worte! Sie sollten mit goldnen Buchstaben geschrieben sein. Nicht etwa, daß ich mehr Vernunft darin sähe; im Gegenteil, weniger als je. Wahrhaftig, das ist göttlich für die, welche Sinn für himmlische Dinge haben. Keine Vernunft! Oh, köstliche Gnade, die Gott eurer Exzellenz gewährt hat!'"

et plus modeste à cette pensée, elle deviendra raisonnable."[1]*

Als ihm nun aber der Vorwurf gemacht wurde, daß er auf den Ruinen der Vernunft die Fahne des Glaubens aufpflanzen wolle, daß es aber unmöglich sei, zu glauben, was die Vernunft geradezu verneine, daß man folglich die Religion zerstöre, wenn man sie als Unvernunft darstelle, so macht er eine Menge Klauseln, Einschränkungen, Milderungen und Exzeptionen[2], welche dem Gegensatz von Glauben und Vernunft jenen pikanten Sinn nehmen, der ihm allein ein historisches und philosophisches Interesse gibt, und ihn auf den weinerlichen, matten Ton der theologischen Halbheit, die nicht die Dogmen geradezu der Unvernunft, aber auch nicht der Vernunft vindizieren will, herabstimmen. „Mr. B[ayle]", sagt er, „n'a jamais prétendu passer les bornes, où se renferment ceux qui disent simplement, qu'il ne leur est pas possible de contenter leur raison sur les difficultez évidentes qu'elle forme contre les mysteres de l'Evangile, dont ils sont très-persuadez".[3] „Ohne sich einer Lüge oder eines Widerspruchs schuldig zu machen, kann man versichern[4], daß man Dinge glaubt, die man nicht mit *allen* Ideen der natürlichen Vernunft zusammenreimen kann (avec toutes les idées de la lumiere naturelle)[5]."* Dieses Wort „alle" spielt auch in seiner „Réponse aux Questions" eine beständig wiederkehrende Rolle, aber was tut hier das quantitative Ver-

[1] *In C deutsch*: „Man gebe diesem Gedanken eine ernstere und bescheidenere Form, so wird er vernünftig."

* „Eclaircissement sur les Pyrrhoniens", p. 644, 645 im IV. T. des „Diction." Edit. 1740.

[2] Einschränkungen und Milderungen *C, wo* und Exzeptionen *fehlt.*

[3] *In C deutsch:* „Herr Bayle", sagt er, „hat nie mehr behaupten wollen als die, welche einfach sagen, daß es ihnen unmöglich ist, die offenbaren Einwendungen, welche die Vernunft gegen die Geheimnisse des Evangeliums macht, sowenig sie auch an der Wahrheit derselben zweifeln, auf eine die Vernunft befriedigende Weise zu beantworten".

[4] behaupten

[5] *Einfügung in Klammern fehlt in C. Bedeutung deutsch davor:* mit . . . Vernunft

* „Entretiens de Maxime et Themiste", p. 5, Oeuv. div., T. IV.

hältnis[1] zur Sache? „Der Widerspruch zwischen der Offenbarung und einigen Grundsätzen der Vernunft[2] ist nicht gefährlicher als der Widerspruch, in dem die Grundsätze der Vernunft selbst untereinander stehen. Man würde sich sehr täuschen, wenn man glaubte, daß unsre Vernunft immer mit sich selbst übereinstimmt. Die zahllosen Schulzänkereien über alle möglichen Gegenstände beweisen offenbar das Gegenteil. Folgt aus jenem Widerspruch also, daß es nicht mehr möglich ist, sich auf die Vernunft zu verlassen?" „Bayle wollte weiter nichts sagen, als daß es Dogmen in der Religion gibt, in denen die Vernunft Schwierigkeiten entdeckt, die sie nicht auflösen und erklären kann", aber „es ist kein Grund vorhanden, eine Lehre zu verwerfen, die *sehr großen Schwierigkeiten* unterworfen ist." (So? Wenn man aber alles gegen ein Dogma sagt, was man nur sagen kann, die Widersprüche desselben mit den wesenhaftesten Begriffen – z. B. des Gottes des Sündenfalls mit dem Begriff der Gottheit: „Un tel Dieu *n'est point celui* dont la lumiere naturelle nous donne l'idée"[3] – nachweist, so sind das auch nur Schwierigkeiten?) „Es ist ein großer Unterschied zwischen der Behauptung: Les mystères sont[4] contraires à la raison, wie die Sozinianer behaupten, und Bayles Meinung, daß es Dinge gibt, qui peuvent paroître contraires à la Raison, quoiqu'elles soient véritables [Les mystères ... raison: die Mysterien stehen in Gegensatz zur Vernunft; qui peuvent ... véritables: die als im Gegensatz zur Vernunft stehend erscheinen können, obwohl sie wahr sind]." Die Mysterien, sagt er an einer andern Stelle, widersprechen nur der kleinen miserabeln Vernunft des Menschen, die nur eine Portion Vernunft ist, nicht der Vernunft an sich. „Bayle behauptet nicht, daß man die Vernunft *aufgeben* müsse, um zu glauben: Au contraire on ne se retranche dans la Foi, que sous la conduite et par les ordres des maximes les plus évidentes de la Raison. Est-ce abandonner la Raison que de la prendre pour

[1] hier ... Verhältnis: das hier *C*

[2] *C folgt Zusatz:*, sagt er,

[3] *In C deutsch:* „ein solcher Gott ist nicht der, den das natürliche Licht uns lehrt"

[4] *In A und B* semblent *und vom Druckfehlerverzeichnis verbessert in* sont. *Trotzdem in C versehentlich wieder* semblent.

guide?[1] Diese Maxime[2] ist die Wahrhaftigkeit, die Untrüglichkeit und Glaubwürdigkeit Gottes. Lorsque Dieu parle, c'est à la Raison à se taire et à conclure, que puisque Dieu fait une chose, elle est bien faite.[3]" * Hier soll also wieder der Vernunft eine Autorität zugestanden werden. Aber wie? Die Stimme der Vernunft soll der Mensch nur dazu hören, um ihre Stimme nicht zu hören? Sehen, um nicht zu sehen? Die Vernunft soll raten, die Vernunft aufzugeben? Kein Ding kann sich selbst aufgeben, auch das erbärmlichste nicht. Jedes Wesen gefällt sich selbst. Die Liebe jedes Dinges zu sich selbst ist nichts andres als das Göttliche in ihm, sein Schutzgeist, sein Erhaltungsprinzip. Was ist, liebt sich selbst; nur dadurch ist es und kann es sein und bestehen. „Omnis enim res cognoscit, se ipsam esse, et pugnat contra nonesse et amat se esse."[4]** Wieviel weniger kann also die Vernunft sich selbst aufgeben? Wie die[5] Gründe geben zum Beweise, daß sie grundlos ist? Und wie kannst du der Vernunft glauben, daß du ihr nicht glauben sollst? Wenn sie unglaubwürdig ist, kannst du ihr denn glauben, daß sie unglaubwürdig ist? Wie kannst du gewiß sein, daß sie dich nicht auch hierin zum besten hält? Machst du nicht in einem und demselben Momente die Vernunft zu einem Prinzip des Glaubens und des Nichtglaubens, der Gewißheit und der Ungewißheit? (34)

Welches Elend des Geistes! Welche Charakterlosigkeit, welche Unwahrhaftigkeit! Welche Halbheit, welche Sophistik!

[1] *In C deutsch:* im Gegenteil, man verschanzt sich nur hinter den Glauben unter der Anführung und auf Befehl der Vernunft. Heißt das die Vernunft aufgeben, wenn man ihre evidentesten Grundsätze zur Richtschnur nimmt?

[2] Diese Maxime: Ein solcher Grundsatz C

[3] *In C deutsch:* Wenn Gott spricht, so gebührt es der Vernunft, zu schweigen und zu schließen, daß etwas recht und gut ist, weil es Gott tut.

* „Entret. de Max. et de Them.", p. 23, 47–50, 91, 62. S. hierüber auch „Rép. aux Quest.", p. 762, 1073 usw.

[4] *In C deutsch:* „Jedes Wesen weiß, daß es ist, und kämpft gegen das Nichtsein und will gern sein."

** Campanella, „De Sensu Rerum et Magia", Franc. 1620, c. 13, L. II.

[5] dir *C*

Nur mit Widerwillen kann man sich von diesen Widersprüchen Bayles wegwenden und ihm die Worte zurufen, die Friedrich II. dem Gassendi:

„So tief Gassendi die Natur erforscht,
So gut er schreibt und so gelehrt er ist –
Bestimmen kann er zwischen Moses doch
Und seinem Lehrer Epikur sich nie.
Ein hinkendes System ist nicht für mich,
Wo Wahrheit fehlt, ist keine Wissenschaft."

Aber seht, das sind die köstlichen Früchte eures historisch-dogmatischen Glaubens: Der Glaube wiegelt den Menschen gegen sich selbst auf; er entzweit ihn; er empört ihn gegen das Beste in ihm. Sophistik, Widerspruch, Täuschung, Lüge ist der notwendige Habitus[1] der Seele, die da glaubt, was der Vernunft, deren Stimme sich doch nimmermehr unterdrücken läßt, zuwiderläuft. Ist gar ein selbständiger Geist erwacht, der wissenschaftliche Trieb der herrschende geworden und doch der Glaube noch als ein heiliges Dogma oder gar als ein Gesetz in der allgemeinen Meinung befestigt, so ist die Heuchelei – sei sie nun eine subjektive oder objektive –, das verabscheuungswürdigste Laster der Menschheit, *eine Notwendigkeit.* (35) Erkennen wir es darum als eine heilsame Tat an, daß der Geist, nachdem er einmal gebrochen – und der Bruch war notwendig –, endlich den dogmatischen Glauben als ein unerträgliches Joch unbedingt von sich warf. Stürzte gleich der Geist, dem lästigen Joche entronnen, zunächst, wenigstens in Frankreich, nur in das Element der Sinnlichkeit: Das Vergnügen (le plaisir) ist wahrer, geistreicher, wohltätiger, göttlich-menschlicher als ein Flagellanten-Glaube, der mit Natur und Vernunft in Widerspruch steht und nichts andres als häßliche Karikaturen von Menschen hervorbringt. „Le plaisir n'habita jamais des coeurs impurs et corrompus."[2]* Das Vergnügen ist ein Ausfluß der Gottheit, aber der Glaube, der dem Menschen Torturen antut, nur Menschenwerk; das Vergnügen ist durch sich selbst ein positiver Begriff, in seinem höchsten Grade

[1] der . . . Habitus: die notwendige Beschaffenheit *C*

[2] *In C deutsch:* „Das Vergnügen bewohnte nie unreine und verdorbene Herzen."

* De la Mettrie, „L'art de jouir". Oeuv. phil., T. II.

gedacht eine göttliche Realität[1] – die Seligkeit; aber der Glaube paßt weder im Positivus noch Superlativus[2] auf Gott – Gott ist wohl das glückseligste, aber nicht das gläubigste Wesen. Was aber nicht in Gott ist, kann auch nicht aus Gott kommen. Das Vergnügen macht den Menschen frei (wenn auch nur in einem untergeordneten Sinne), aber der Glaube beschränkt ihn nur auf sich selbst. Das Vergnügen ist nicht ein selbstsüchtiges, nein, ein kindliches, teilnehmendes, freigebiges, gütiges, liebevolles Wesen; es wird entzückt von der Schönheit des Gegenstandes; es opfert, hingerissen von seinen Reizen, dem Genusse des Geliebten, sich selbst vergessend, sein zeitliches und ewiges Wohl rücksichtslos auf. Aber der Glaube macht den Menschen nur bedacht auf sich, nur erpicht auf sein ewiges persönliches Heil und erfüllt ihn mit beständiger Angst und Furcht, er möchte durch irgendeinen Genuß, durch irgendeinen freien Gedanken seine ewige Seligkeit verscherzen. Der orthodoxe Arnaud betrachtete selbst diesen unschuldigen Ausspruch Malebranches, „que tout plaisir rend *heureux* celui qui en jouit pour le temps qu'il en jouit"[3], als einen höchst gefährlichen, verdammungswerten Satz.* Daher die dem Psychologen interessante Erscheinung, daß gerade die eifrigsten Orthodoxen, d. h. die Menschen, welche das pure, blanke, das durch keine anderweitige[n][4] Ingredienzen[5] beschränkte und gebundne Wesen des Glaubens in sich darstellten, d. h. unbedingt, rücksichtslos, leidenschaftlich, aber ebendarum wahr aussprachen, die selbst- und gelbsüchtigsten Personen von der Welt waren. Ohne Ketzer, ohne Ungläubige kann der Orthodoxe nicht leben. Der Ketzer ist ihm ein *natürliches Bedürfnis*. Sind ihm keine Ketzer gegeben, so muß er sich selbst welche machen. Warum aber? Weil das nur auf sein ewiges Heil erpichte, nur auf sich konzentrierte Selbst des Orthodoxen allein in den Momenten des Zorns, des Hasses von sich frei, außer sich versetzt wird. Die Wut gegen den Ketzer

[1] Vollkommenheit *C*

[2] Positiv noch Superlativ *C*

[3] *In C deutsch:* „daß der Genuß jedes Vergnügens, solange wenigstens, als er dauert, glücklich macht"

* S. hierüber „Nouv. de la Rép. des Lett.", p. 348, p. 445 usw.

[4] *So ergänzt auch C.*

[5] Zutaten *C*

ist nur die Wut gegen seinen eignen befangnen und gepreßten Zustand. In den Wallungen des Zorns entschädigt er sich für den Mangel der natürlichen freien Empfindungen der Freude und Liebe, welche er aus ängstlicher Sorge für die überirdischen Freuden des Paradieses sich nicht vergönnt oder wenigstens verbittert. Die lucida intervalla[1] in der Seele des Orthodoxen sind nur die Momente, wo das Zornfeuer seine Augen erleuchtet. Gerade durch seinen *Haß* gegen den (natürlichen) Menschen *versöhnt* er sich wieder mit dem Menschen, denn er gesteht dadurch ein, daß auch der Gläubige auf einem sehr natürlichen Standpunkt steht. Freilich könnte man seinem ränke- und selbstsüchtigen Benehmen ein dogmatisches Interesse zugrunde legen, das Interesse nämlich, den Ungläubigen das Dogma von der Erbsünde und von dem Grundverderbnis der Menschheit durch ein argumentum ad hominem zu insinuieren [hier: einen Beweis, der ihrer eigenen Erfahrung ⟨mit dergleichen⟩ entspricht, aufzudrängen]. Ohne Grund ist diese Vermutung nicht. Denn wenn das Leben des Orthodoxen eine redende Dogmatik sein muß, wenn alle Glaubensartikel in ihm ausgeprägt werden sollen, so muß er doch gewiß auch dem höchst wichtigen Kapitel von der Erbsünde und ihrer Folge einen besondern Ehrenplatz in seinem Leben anweisen. Ist denn nicht von jeher ein Angriff auf die Erbsünde mit dem Vorwurf der Unchristlichkeit, ja, des Atheismus gestempelt worden? Ist der Glaube an den Teufel, an die Sünde nicht stets ebenso heilig gewesen als der Glaube an Gott? Der Orthodoxe muß also gewissermaßen als die personifizierte Erbsünde unter den Menschen umherwandeln. Muß er denn nicht den Ungläubigen mit einem guten Exempel vorleuchten? Aber wie könnte er das, wenn er immer gut wäre? Der esprit fort würde notwendig daraus schließen, daß das Gute seine Natur wäre. Er muß also ex professo von Zeit zu Zeit wenigstens zeigen, daß er ein grundverdorbener Mensch ist, um zu beweisen, daß das Gute, was er tut, nicht *aus ihm selbst* kommt, sondern nur eine Wirkung der Gnade ist. Er muß also von Zeit zu Zeit die Maske der Orthodoxie fallenlassen, um den natürlichen Menschen in seiner ganzen Blöße

[1] lichten Augenblicke *C* [*hier Druckfehler:* leichten].

hinzustellen. Und nicht sauer wird ihm diese Aufgabe. Er hat ja den Vorzug vor dem Ungläubigen voraus, daß er sich seiner Blößen, seiner Sünden nicht zu schämen braucht. Ja, er darf sich nicht einmal schämen; er würde durch die Scham sein Dogma widerlegen, denn die Scham ist ein natürliches Gefühl der Unschicklichkeit und Unwürdigkeit, eine vom Glauben unabhängige Mißbilligung einer Handlung, noch ein alter Überrest *von* der ursprünglichen Unverdorbenheit. Mit schamlosem Wohlgefallen muß er daher – den Spruch im Munde: „Naturalia non sunt turpia [die natürlichen Dinge sind nicht schimpflich]" –[1] sich an seinen Sünden als ganz natürlichen, sich von selbst verstehenden Folgen der verderbten menschlichen Natur weiden. Sollte er aber auch die esprits forts ihrem eignen Schicksal überlassen, so ist er doch, schon in Beziehung auf sich selbst, genötigt, der Erbsünde von Zeit zu Zeit ihren Lauf zu lassen, denn wie könnte er sonst die Wirkungen der Natur von den Verdiensten und außerordentlichen Wirkungen des Glaubens unterscheiden?

Bayles Bedeutung als Polemiker

Wenn uns Bayles Polemik auf dem Gebiete der dogmatischen Theologie in ihrem *Resultate* unbefriedigt läßt, ja, selbst widerlich affiziert, indem er hier, im Kampfe zwischen Neigung und Gesetz, zwischen Natur- und positivem Rechte, zwischen Vernunft und Glaube, sich selbst Gewalt antut und nur eine konditionelle, klauselvolle, unentschiedene, sich selbst widersprechende Sprache führt, so versöhnt er uns dagegen da, wo der Gegenstand ihm keine widernatürlichen Schranken auferlegt, wo er frei und rücksichtslos für das Wahre und Rechte in den Kampf treten kann, wieder mit sich und flößt uns ebensowohl durch die moralischen als intellektuellen Eigenschaften seiner Polemik Achtung und Verehrung ein. Ein solcher Gegenstand war für ihn vor allem der Katholizismus seiner Zeit. – Bayle steht hier als Polemiker um so bedeutungsvoller da, als er kein befangener,

[1] – den Spruch . . . turpia – *Fehlt in C.*

sondern *ein freier*, ein unbestochner, ein *über Parteiinteressen erhabner* Kopf ist, was schon daraus hervorgeht, daß er auch die Schwächen und falschen Lehren seiner Glaubensgenossen namentlich in praktischer Beziehung kräftig bekämpft, daß er den protestantischen Orthodoxen, sooft sich nur die schickliche Gelegenheit dazu darbietet, wegen ihrer Parteisucht, ihrer Beschränktheit, ihres Eigendünkels, ihres Partikularismus[1] tüchtige Hiebe versetzt und selbst die verhaßtesten Feinde des Protestantismus, die Jesuiten, gegen ungerechte Beschuldigungen in Schutz nimmt. Zum Beweise nur folgendes, ebensowohl Bayle als die Protestanten seiner Zeit charakterisierende[s] Dokument. Die Protestanten nahmen Bayle ebendiese seine Unparteilichkeit gegen die Jesuiten übel. Er erwidert aber darauf:[2] „Un Dictionnaire historique ne doit point porter les marques d'une prévention passionée, et je me'n suis éloigné autant que jai pu, tant à leur égard, qu'envers toute autre sorte de sujets: . . . on leur impute beaucoup de choses (comme il arrive lorsque ha haine est devenuë générale) dont on n'a aucune preuve, mais que l'on croit facilement à l'instigation des préjugez. Combien de sottises et d'impostures ne débitent-ils pas contre les Ministres, eux et les autres Ecclesiastiques Papistes? La prévention c'est la passion qui les anime. L'homme est homme par-tout. L'exemple de ce que les Préjugez produisent contre nous doit tenir en bride un Historien et l'obliger à croire que nous pouvons être quelque fois injustes envers nos ennemis. Là-dessus que faire? Ne rien assûrer que sur l'autorité des preuves publiques et bien avérées. Je me souviens du chagrin que je fis à quelques Refugiez, lorsque je pris la liberté de les contredire, en les entendant assûrer que Ravaillac étoit un Jésuïté . . . Ils eurent une véritable

[1] , ihres Partikularismus *Fehlt in C.*

[2] *In C deutsch:* „Ein geschichtliches Wörterbuch darf nicht die Spuren einer leidenschaftlichen Eingenommenheit an sich tragen, und ich habe mich soviel als möglich davon freigehalten, sowohl hinsichtlich ihrer als in betreff aller andern Gegenstände . . . Man beschuldigt sie vieler Dinge (wie es gewöhnlich geht, wann der Haß allgemein geworden ist), wovon man keinen Beweis hat, die man aber auf Antrieb der Vorurteile leichthin glaubt. Wieviel Dummheiten und Lügen tischen sie gegen die protestan-

douleur, de ce que je les forçai de croire ... qu'ils se trompoient."* Bayle ist ein *streng gewissenhafter Polemiker* wie Historiker. Er schildert selbst trefflich, bei Gelegenheit seiner Streitigkeit mit Jurieu, seine Gewissenhaftigkeit: „*Il est réservé jusques à la superstition*, quand il s'agit d'affirmer ou de nier des choses douteuses; il craint toujours que ce quil affirme ne soit pas assez certainement vrai et que ce qu'il nie ne soit pas assez certainement faux. Il est *d'une bonne foi* qui va jusques au *scrupule* pour ne point affoiblir les raisons de son Adversaire, et pour ne pa[s] *détourner* ses paroles en un autre sens, ni en *inferer de fausses consequences*, et il se prive par-là d'une infinitè d'avantages auprès de ses Lecteurs, et s'il lui arrivoit de tomber *dans quelque bévûë ou dans quelque calomnie*, il en auroit *une confusion* extrême."[1]** *Wahrhaftigkeit* und *Gerechtigkeit* ist das *Gesetz* seiner Polemik. Er verschmäht es, zu niedrigen

tischen Prediger auf, sie und die andern papistischen Geistlichen. Die Eingenommenheit ist die Leidenschaft, die sie beseelt. Der Mensch ist überall Mensch. Das Beispiel von dem, was die Vorurteile gegen uns aufbringen, muß einen Geschichtsschreiber im Zaume halten und ihn zu dem Glauben verpflichten, daß wir manchmal gegen unsere Feinde ungerecht sein können. Was ist also zu tun? Nichts zu behaupten als auf den Grund öffentlicher und wohlbegründeter Beweise. Ich erinnere mich, welchen Kummer ich einigen Ausgewanderten verursachte, als ich so frei war, ihrer Behauptung, daß Ravaillac Jesuit sei, zu widersprechen ... Ein wahrer Schmerz ergriff sie darüber, daß ich sie zwang, zu glauben ..., daß sie sich täuschen."

* Lettre 322, p. 859. Oeuv. div., T. IV.

[1] *In C deutsch*: „Bis ins Abergläubische geht seine Vorsicht, wenn es sich darum handelt, zweifelhafte Dinge zu behaupten oder zu leugnen; er fürchtet immer, daß, was er behauptet, nicht offenbar genug wahr und, was er leugnet, nicht offenbar genug falsch sei. Seine Redlichkeit geht so weit, daß er's sich zur Gewissenssache macht, die Gründe seines Gegners nicht zu schwächen, den wahren Sinn seiner Worte nicht zu entstellen, noch falsche Folgerungen daraus zu ziehen; und dadurch beraubt er sich einer Menge Vorteile bei seinen Lesern, und sollte er ja auf ein Versehen oder eine Unwahrheit verfallen, so könnte er sich darüber kaum beruhigen."

** „La Chimère de la Cab. de Rotterd.", p. 741.

Mitteln seine Zuflucht zu nehmen; aber er braucht es auch nicht; er hat – etwa die Fälle ausgenommen, wo er den Vorwurf der Irreligiosität und Ungläubigkeit von sich abwälzt – ein Vorwurf, gegen den er für seine Zeit um so weniger gleichgültig sein konnte, als dieser seinen ganzen wissenschaftlichen Kredit und damit seine literärische Wirksamkeit gefährdet hätte, wenn er ihn auf sich sitzen ließ –, kein persönliches, überhaupt kein *beschränktes, partikuläres* Interesse zu vertreten; überdem verheißt ihm stets das Gefühl der Superiorität [1] seines Geistes im Verhältnis zu seinen Gegnern schon an und für sich den Sieg. Was namentlich sein Verhältnis zum Katholizismus betrifft, so gab er schon in seiner Jugend eine merkwürdige Probe von der Gerechtigkeits- und Wahrheitsliebe seiner Seele. Das „audiatur et altera pars“ trieb nämlich den wißbegierigen Jüngling an, auch die Streitschriften der Katholiken zu lesen, um seine Religion zu prüfen. Ihre Gründe machten einen solchen Eindruck auf seinen Geist, daß er selbst zum Katholizismus überging. Indes nach abermaliger reiflicher Überlegung und Beratung mit sich kehrte er wieder zum Protestantismus zurück. Es ist diese Begebenheit die merkwürdigste in der Jugend Bayles, ein höchst charakteristischer Zug von der *Freiheit* und dialektischen Beweglichkeit seines Geistes. Bayle erzählt sie selbst. [2] „Mr. Bayle pendant qu'il faisoit sa Philosophie dans l'Académie de Puy-Laurens, ne se borna pas tellement à la lecture de ses cahiers, qu'il ne lût aussi quelques livres de Controverse, non pas dans l'esprit qu'on fait ordinairement, c'est à dire, pour *se confirmer dans les opinions preconceuës* mais pour *examiner* selon le grand principe des Protestans, si la Doctrine que l'on a succée avec le lait est vraïe ou fausse: ce qui demande qu'on entende les deux parties. C'est pourquoi il fut curieux de voir dans leurs propres livres *les raisons* des Catholiques. Il trouva des objections si spécieuses contre le dogme qui ne reconnoît sur la terre aucun Juge parlant, aux décisions duquel les particuliers soient obligez de se soumettre, quand il arrive

[1] Überlegenheit *C*

[2] *Das folgende in C deutsch:* „Während Bayle auf der Akademie in Puylaurens Philosophie studierte, beschränkte er sich nicht auf die Lektüre seiner Hefte, so daß er nicht auch einige Kontrovers-Schriften gelesen hätte, und zwar

des disputes sur le fait de Réligion, que ne se pouvant répondre à lui-même, quand il lisoit ces objections et moins encore défendre ses principes contre quelques subtils Controversistes avec lesquels il disputa à Thoulouse, il se crût Schismatique, et hors de la voïe du salut, et obligé de se réünir au gros de l'arbre, dont il régarda les Communions Protestantes comme des branches rétranchées. S'y étant réüni il continua ses études de Philosophie dans le College des Jésuïtes, comme font dans tous les pays où l'Eglise Romaine domine presque tous ceux qui étudient, de quelque qualité et condition qu'ils soient. Mais le *culte excessif* qu'il voïoit rendre aux *Créatures* lui aïant paru trés-suspect, et la *Philosophie* lui aïant fait mieux connoître l'impossibilité de la transsubstantiation, il conclut qu'il y avoit du Sophisme dans les objections auxquelles il avoit succombé, et faisant *un nouvel examen* des deux Religions, il retrouva la lumiere qu'il avoit perduë de vûë, et la suivoit, sans avoir égard ni

nicht in der gewöhnlichen Absicht, nämlich um sich in den vorgefaßten Meinungen zu bestärken, sondern um nach dem großen Prinzip der Protestanten zu prüfen, ob die Lehre, die man mit der Milch eingesogen hat, wahr oder falsch ist: wozu die Verhörung der beiden Parteien erforderlich ist. Darum war er begierig, die Gründe der Katholiken in ihren eigenen Schriften zu lesen. Er fand so blendende Einwendungen gegen den Lehrsatz, der auf Erden keinen sprechenden Richter anerkennt, dessen Entscheidungen sich zu unterwerfen der einzelne verpflichtet wäre, wann Streitigkeiten über religiöse Punkte vorkommen, daß er, unfähig, sich selbst Antwort zu geben, wann er diese Einwendungen las, und noch unfähiger, seine Grundsätze gegen einige feine Kontroversisten, mit denen er in Toulouse stritt, zu verteidigen, sich für einen vom Wege des Heils verirrten Schismatiker ansah und sich verpflichtet glaubte, mit dem Hauptstamm sich wieder zu vereinigen, als dessen losgerissene Zweige er die protestantischen Gemeinden betrachtete. Als er sich wieder damit vereinigt hatte, setzte er im Jesuiten-Kollegium seine Studien fort, wie in den Ländern, wo die römische Kirche herrschend ist, beinahe alle Studierende tun, von welchem Stande und Berufe sie auch sein mögen. Aber nachdem die übertriebene Verehrung, die er den Kreaturen erweisen sah, ihm großen Verdacht erregt und die Philosophie ihn befähigt hatte, die Unmöglichkeit der à mille avantages temporels dont il se privoit, ni à mille choses fâcheuses qui lui paroissoient inévitables en la suivant."*

Bayles Polemik gegen den Katholizismus ist teils allgemeiner, teils spezieller Natur. Von dieser letztern Art seiner Polemik haben wir nur *eine* Schrift mit dem Titel: „*Ce que c'est que la France toute Catholique sous le Regne de Louis le Grand*. Lettre écrite de Londres. [Was das allkatholische Frankreich unter der Herrschaft Ludwigs des Großen in Wirklichkeit ist. Brief aus London]".** Nur *eine* und noch dazu sehr kurze Schrift. Gerade aber darin, daß sie ein *'απαξ λεγόμενον* [ein einmalig Gesagtes] ist, und in ihrer konzentrierten Kürze, wodurch sie sich von den sonst so weit ausgedehnten Schriften Bayles vorteilhaft unterscheidet, liegt das Salz dieser Schrift. Sie bezieht sich lediglich auf die Widerrufung des Edikts von Nantes, erfolgt anno 1685, im 38sten[1] Lebensjahre Bayles. Sie ist einzig in ihrer Art, wie die Tat, worauf sie sich bezieht; sie ist, sozusagen, der charakteristische Ausdruck, der terminus technicus, das epitheton ornans, das spezifische „nota bene" dieser glorreichen Tat – ein gepfeffertes Sarkasma, ein gallenbitterer Pfuiteufel der tiefsten, aber gerechtesten Indignation. Nicht die Widerrufung des Edikts an sich selbst, nicht diese Tat als solche – Bayle hatte nichts andres erwartet –, nur die moralische Beschaffenheit des Verfahrens, diese heimtückische, trügerische, lügenhafte, feige und doch grausame Weise, wie man vor der Tat verfuhr, und die Schamlosigkeit, mit welcher man nach der Tat eine schändliche Handlung als eine preiswürdige Tat ausposaunte, die Dreistigkeit, mit der man die erwiesensten Tatsachen leugnete, der ganzen Menschheit ins Gesicht leugnete, daß gewaltsame und andre schnöde Mittel

Transsubstantiation besser einzusehen, machte er den Schluß, daß die Einwendungen, denen er erlegen, nur auf Scheingründen beruhen, und indem er die beiden Religionen einer neuen Prüfung unterwarf, fand er das Licht wieder, das er aus den Augen verloren hatte, und ging ihm nach, ohne Rücksicht auf persönliche Vorteile, deren er sich beraubte, noch auf tausend Widerwärtigkeiten, die, wann er ihm nachging, unvermeidlich schienen."

* „La Chimère de la Cab. de Rott.", p. 759.

** Oeuv. div., T. II., p. 337–354[2].

[1] 38. *C* [2] 337–354. *So richtig C statt A/B* 337–154.

angewandt worden seien, um die Ketzer in den Schoß der alleinseligmachenden Kirche zurückzuführen, – nur dies war es, was Bayle aufs tiefste empörte und wogegen er im Namen der Wahrheit und Gerechtigkeit aufs energischste protestierte. Kein persönliches, kein Parteiinteresse inspirierte ihn; obwohl bitter, ist daher doch wahr, was er sagt; jedes Wort belegt die Tat; seine Schrift ist nichts andres als die Stimme des strafenden Gewissens, das sich mitten im Taumel des Jubels über das ganz und gar katholische Frankreich als ein gewiß sehr störendes mal-à-propos erhob. Aber eben das Gewissen liebt keine Euphemismen und Paraphrasen, es nennt die Dinge bei ihrem wahren Namen: die Lüge Lüge, den Meineid Meineid. „Erlauben Sie[1], mein Herr" – so beginnt die Stimme des bösen Gewissens – die Schrift ist in Briefform verfaßt –, „daß ich nur auf eine kleine Viertelstunde" – doch hören wir lieber Bayle in seiner Muttersprache, das Gewissen liebt keine Dolmetscher –[2] „souffrez Monsieur que j'interrompe pour un petit quart d'heure vos cris de joie et les félicitations que l'on vous écrit de toutes parts pour l'entiere ruine de l'Heresie ... Je viens vous tenir un autre langage que vous trouverez

[1] Erlauben Sie: Nichts für ungut *C*

[2] die Schrift ... Dolmetscher – *Fehlt in C, wo Feuerbach das folgende lange Zitat, mit Ausnahme der darin wiedergegebenen Verse, in deutscher Übersetzung bringt:* „wenn ich auf ein Viertelstündchen euer Freudengeschrei und die Glückwünschungen unterbreche, die man euch zur gänzlichen Vernichtung der Ketzerei von allen Seiten schreibt ... Ich bin im Begriff, euch eine andere Sprache zu führen, die ihr wahrscheinlich etwas rauh finden werdet; aber immerhin, eine kleine Beschämung könnte euch nicht schaden, und ihr alle, wie ihr seid, verdient sie so wohl, daß man euch nur gibt, was euch gehört, wie man euch ohne Komplimente die ärgerlichsten Wahrheiten sagt. .. Die Freude, die ihr inmitten eurer Triumphe fühlt, vergönnt euch nicht, die Sache gehörig zu prüfen. Ihr glaubt so obenhin und aus einem schmählichen Vorurteil, daß alles, was man uns angetan, gerecht sei, da es von einem für die wahre Religion so glorreichen Erfolg begleitet war. Aber täuscht euch hierin nicht: Euere Triumphe sind vielmehr die des Deismus als die des wahren Glaubens. Ich wollte, ihr hörtet diejenigen, die keine andere Religion als die der natürlichen

apparemment un peu rude, mais que faire à cela? Une petite mortification vous seroit nécessaire, et vous la méritez si bien tous tant que vous êtes, qu'on vous fait justice de vous dire vos véritez les plus fâcheuses sans compliment . . ." (p. 337) „. . . la joie que vous sentez au milieu de vos triomphes ne vous permet pas de bien examiner les choses. Vous croïez en gros et par un honteux préjugé, que tout ce qui a été fait contre nous est juste, quisqu'il a été suivi d'un si glorieux succès à la vraie Religion. Mais ne vous y trompez point: vos triomphes sont *plûtôt ceux du Déïsme* que ceux de la vraie Foi. Je voudrois que vous entendissiet ceux qui n'ont d'autre Religion que celle de l'équité naturelle. Ils regardent votre conduite comme un argument irréfutable, et, lorsqu'ils remontent plus haut, et qu'ils considerent les ravages et les violences sanguinaires que votre Religion Catholique a commises pendant six ou sept cens ans par tout le monde, ils ne peuvent s'empêcher de dire que Dieu est trop bon essentiellement pour être l'auteur d'une chose aussi pernicieuse que *les Religions positives,* qu'il n'a révélé à l'homme que le droit naturel, mais que des esprits ennemis de notre repos sont venus de nuit semer la zizanie dans le

Billigkeit kennen. Sie betrachten euer Betragen als einen unwiderleglichen Beweis, und wann sie weiter zurückgehen und die Verheerungen und Grausamkeiten erwägen, die euere katholische Religion im Laufe von sechs bis sieben Jahrhunderten überall verübt hat, so können sie sich nicht enthalten, zu behaupten, daß Gott wesentlich zu gut ist, um Urheber eines so verderblichen Dings zu sein wie die positiven Religionen, daß er dem Menschen nur das natürliche Recht geoffenbart hat, daß aber unserer Ruhe feindliche Geister im Finstern kamen, um auf dem Gebiete der Religion Zwietracht zu säen durch Gründung gewisser besonderer Gottesverehrungen, von denen sie wohl wußten, daß sie ein ewiger Samen von Kriegen, Metzeleien und Ungerechtigkeiten sein würden . . . Rohe Gewalt und Unredlichkeit, das sind die beiden hervorstechendsten Kennzeichen eurer Kirche; sie läßt an allen Orten ihres Durchzugs einen so üblen Geruch davon zurück, daß trotz ihrer Frechheit im Lügen die Geschichte uns diese schmählichen Spuren aufbewahrt hat. . . Der liebe Gott bewahre uns davor, daß dies Unglück Europa nicht widerfahre, ich meine das, unter euer Joch wieder zu fallen; denn wieviel champ de la Religion, par l'établissement de certains cultes particuliers, qu'ils savoient bien qui seroient une semence éternelle de guerres, de carnages et d'injustices ... La violence et la mauvaise foi sont les deux marques caractéristiques de votre Eglise; elle en laisse une si mauvaise odeur dans tous les lieux de son passage, que sa hardiesse à mentir n'a pû empêcher que l'Histoire ne nous ait conservé ces honteux vestiges ... Le bon Dieu veuille que ce malheur n'arrive pas à l'Europe, je veux dire, celui de retomber (p. 338) sous votre joug; car combien de crimes, de sacriléges, de profanations, de violences et de faux sermens cela ne vous coûteroit-il-pas? Et si jamais vous y arriviez, ce ceroit alors que l'on pouroit dire ce que dit Lucrece du siecle d'Epicure:

‚Humana ante oculos foede cum vita jaceret
In terris oppressa gravi sub religione,
Quae caput a coeli regionibus ostendebat
Horribili super adspectu mortalibus instans.'

Il faut avoüer, Monsieur, que votre pérséverance dans le même caractere est une chose bien digne d'étonnement. On se lasse de tout et l'Univers est un théatre de vicissitudes

Verbrechen, Frevel, Roheiten, Gewalttaten und Meineide würde euch das kosten! Und sollte es je dazu kommen, dann wahrlich würde man sagen können, was Lucretius von Epikurs Zeitalter sagte:

‚[Als vor den Blicken der Menschen das Leben schmachvoll auf Erden
Niedergebeugt von der Last schwerwuchtender Religion war,
Die ihr Haupt aus des Himmels erhabenen Höhen hervorstreckt
Und mit greulicher Fratze die Menschheit furchtbar bedräuet.]'

[Lukrez, ‚De rerum natura' I, 62–65, deutsch von Diels.] Man muß gestehen, mein Herr, daß eure Beharrlichkeit in demselben Charakter etwas Erstaunliches ist. Alles wird man satt, und die Welt ist ein Schauplatz beständigen Wechsels. Gleichwohl bleibt eure Kirche immer auf ihren zwei Füßen, die da sind Unredlichkeit und Gewalttätigkeit. Welche Maschinen sie auch in Bewegung zu setzen versuche, diese beiden müssen stets wieder an die Reihe kommen. Man hat neuerdings ein schönes Beispiel gecontinuelles. Cependant votre Communion se trouve toûjours sur ses deux piez qui sont la mauvaise foi et la violence. De quelques machines qu'elle veuille faire essai, il faut que ces deux-là viennent toûjours sur les rangs. On a vû tout fraichement un bel exemple. Il sembloit que vous eussiez quelque envie de vous en tenir à votre mauvaise foi, car on vous a vû pendant quelques années ne saper la Réformation que par des Arrêts, par des procès et des chicanes. Bien des gens se persuadoient que vous continueriez ce train-là. Mais vous vous êtes bientôt lassez d'une posture et d'une démarche si contrainte, c'étoit proprement ne marcher ou ne sauter que sur un pié; vous vous êtes donc remis dans votre ancienne et naturelle situation qui est la fourberie et la violence; vous avez rempli nos maisons de soldats, et, après avoir commis cent cruautez, vous soûtenez avec la derniere effronterie qu'on n'a usé que des voies de la douceur" (p. 339) . . . „Cette mauvaise foi est tellement enracinée dans vos maximes, qu'on ne sauroit assez s'étonner de ceux qui ont blâmé le Parlement d'Angleterre, de n'avoir pas fait jurèr le Roi à présent Régnant, qu'il laisseroit les choses de la Religion dans l'état qu'il les a trouvées. Bien loin de blâmer

sehen. Es hatte den Anschein, als wolltet ihr euch mit eurer Unredlichkeit begnügen, denn man sah euch einige Jahre lang die Reformation nur durch richterliche Aussprüche, Prozesse und Schikanen unterwühlen. Viele waren überzeugt, ihr würdet in diesem Geleise bleiben. Ihr wurdet aber einer so gezwungenen Stellung und Handlungsweise bald überdrüssig; das hieß eigentlich nur auf einem Fuße gehen und hüpfen; so seid ihr denn zu eurer vorigen natürlichen Lage zurückgekehrt, d. h. zu Betrug und Gewalttätigkeit; ihr habt unsere Häuser mit Soldaten angefüllt, und nach Ausübung unzähliger Grausamkeiten behauptet ihr mit der äußersten Unverschämtheit, daß man keine andere als gelinde Mittel angewandt habe. Diese Unredlichkeit ist euren Grundsätzen so tief eingewurzelt, daß man sich nicht genug über die verwundern kann, welche das englische Parlament getadelt haben, weil es den gegenwärtig regierenden König nicht schwören ließ, daß er die religiösen Angelegenheiten in dem vorgefundenen Zustand belassen wolle. Weit entfernt, dies zu tadeln, muß man die Weisheit dieser ehrwürdigen Gesellschaft rühmen, die sich mit dem Worte begnügte, das der König in der Eigenschaft eines braven Mannes, cela, on doit loüer la sagesse de cette auguste Compagnie qui s'est contentée de la parole que le roi avoit donnée en qualité d'honnête homme et d'homme d'honneur. Cet engagement est une fois plus fort que les sermens qu'il eût pû prêter en qualité de Catholique; car comme sous cette qualité ce Monarque releve des personnes de votre ordre, vous lui auriez bientôt fait voire que son serment n'étoit pas un lien indissoluble, et qu'il n'obligeoit qu'à tems, c'est-à-dire, pendant que l'occasion de le rompre n'étoit pas favorable; de sorte qu'il ne faudroit pas se fier aux sermens qu'il auroit prêtez comme Chretien à la Romaine; mais pour la parole qu'il a donnée en qualité de Prince honnête, homme, qui aime la réputation d'homme sincere franc et

eines Ehrenmannes gegeben hatte. Diese Verpflichtung ist noch einmal so stark als die Eide, die er als Katholik hätte ablegen können; denn da der Monarch in letzterer Eigenschaft von den Personen eures Standes abhängt, so würdet ihr ihm bald bewiesen haben, daß sein Eid kein unauflösliches Band sei und daß er nur nach Umständen verpflichte, d. h. solange, als die Gelegenheit, ihn zu brechen, nicht günstig sei, dergestalt, daß man sich auf die Eide, die er als Christ nach römischem Schnitte geschworen hätte, nicht verlassen dürfte; dagegen kann man sich allerdings auf das Wort verlassen, das er in der Eigenschaft eines redlich gesinnten Fürsten gegeben, eines Mannes, der den Ruf eines aufrichtigen, freimütigen und edlen Mannes liebt, der den Ruhm nach dem Maßstabe viel reinerer Begriffe liebt als die, welche ihr den Fürsten beibringt, um sie zum Werkzeug eurer ungerechten Leidenschaften zu machen . . . Für meinen Teil, wenn ich künftig mit Katholiken zu tun bekomme, so werde ich sie vor allem fragen: In welcher Eigenschaft wollt ihr mit mir verkehren? Als Katholiken? Sagen sie Ja, so antworte ich ihnen, daß sie sich nur zurückziehen sollen, daß ich in dieser Beziehung kein Vertrauen zu ihnen fassen könne; wollen sie aber als rechtschaffene Menschen verkehren, so ist es etwas anderes. Die Eide, die ihr als Katholiken schwört, sind nur ein Spinnengewebe; ihr blast darüber hin, und es ist zerrissen. Man braucht euch nur zu sagen, daß ihr durch die Beleidigungen, die ihr einem Hugenotten antut, ihn zum Katholischwerden bewegt, um seinen Prozeß gegen euch zu gewinnen, und ihr rechnet euch den Meineid zum Verdienste an, und ebenso verhält es sich mit euren übrigen Handlungen. Welch ein généreux, qui aime la gloire sur des idées tout autrement pures que celles que vous inspirez aux Princes, pour les rendre l'instrument de vos injustes passions, on s'y peut fier. A cet égard il n'est point sous la jurisdiction Ecclesiastique. ... Pour moi désormais si j'ai à faire à des Catholiques, je leur demanderai d'abord: en quelle qualité traiterez-vous avec moi, est-ce comme Catholiques? S'ils disent qu'oui, je leur répondrai qu'ils n'ont qu'à se retirer, que je ne saurois prendre confiance en eux sous cette relation, mais s'ils veulent traiter comme honnêtes hommes, ce sera une autre chose. Vose sermens comme Catholiques ne sont qu'une toile d'araignée que vous rompez en soufflant dessus. On n'a qu'a vous dire, qu'en faisant tort à un Huguenot vous

Triumph, um es nochmals zu sagen, ist das für diejenigen, welche behaupten, Gott habe uns keine andere Religion geoffenbart als das natürliche Licht, das nie ermangeln würde, uns sicher anzuzeigen, was billig und rechtschaffen, was unsere Pflicht gegen Gott und den Nächsten ist, wenn wir's nicht durch so viele Andächteleien und Lehrmeinungen verdunkelten, die, sagen sie, ein unserer Ruhe feindliches Wesen schlau und unmerklich uns in den Kopf gesetzt hat; welch ein Triumph, sage ich, für diese Gottlosen, zu sehen, wie die einzige Religion, die deutliche Spuren der Göttlichkeit an sich trägt, in dem größten Teil ihrer Anhänger so ungeheuer tief gesunken ist und wie dieser darauf ausgeht, den übrigen Teil ins Verderben mit sich hinabzuziehen. Eine bessere Lektion im Malebranchismus könnte man nicht geben; denn wäre es Gottes würdig, oft nach besondern Absichten und durch Wunder zu handeln, hätte er's geschehen lassen, daß eine so verdorbene Kirche wie die eurige, eine Kirche, die durch die Ungeheuerlichkeit ihrer Grundsätze und durch die Niederträchtigkeit einiger ihrer Satzungen den Abscheu und die Verachtung der ganzen Erde verdient hat, in dem Grade sich ausbreite und durch eine lange Reihe von Betrügereien, mit Beihülfe von Dragonern und Soldaten, die am Ende die Hauptrolle bei dem schönen Unternehmen gespielt haben, eine reformierte Partei, ein Häuflein Unschuldiger, die Gott in der Einfalt des Evangeliums dienten, unterdrücke? ... Nein, die Gottlosen sollen von eurem langen und lästigen Glück ferner nicht sagen, was sie ehedem von Sylla sagten; es ist kein Fehler der Vorsehung; vielmehr muß man ausrufen, wie der unglückliche Kaiser Mauritius, als er in Phokas' grausamen le disposerez à se faire Catholique, pour avoir raison du procès qu'il vous feroit, et vous croirez faire une bonne oeuvre de vous parjurer et ainsi de vos autres actions. Quel triomphe encore un coup n'est ce point (p. 346) pour ceux qui disent que Dieu ne nous a point révélé d'autre Religion que la lumière naturelle qui ne manqueroit pas de nous montrer sûrement l'équité, et l'honnêteté, et notre devoir envers Dieu et le prochain, sie nous ne l'obscurcissions pas par tant de cultes et par tant de dogmes, dont un Etre ennemi, sans doute, de notre repos, disent-ils, nous a subtilement et imperceptiblement coeffez; quel triomphe, dis-je, pour ces impies de voir que la seule Religion qui a des marques éclatantes de Divinité, soit tombée, pour sa plus ample partie, dans une si énorme dépravation, et qu'elle se propose d'engloutir l'autre partie et de la corrompre. C'est la meilleure leçon de Mallebranchisme qu'on sauroit donner; car s'il étoit digne de Dieu d'agir souvent par des volontez particulieres et par des miracles, auroit-il souffert qu'une Eglise aussi corrompuë que la vôtre, qu'une Eglise qui par l'énormité de ses maximes et la bassesse de quelques-uns de

Händen sich befand: ‚[Du bist gerecht, Herr, und gerecht sind deine Urteilssprüche]'. Die Welt ist so bös, daß es zur Ordnung, zur unveränderlichen Ordnung, dem höchsten Gesetze Gottes gehört, daß sie zugleich unglücklich und lächerlich sei. Da nun aber Gott nur nach dem Maße einer unendlichen Weisheit handelt, so muß er die Welt auf den kürzesten und geeignetsten Wegen strafen, und gilt es, die Menschheit in den Zustand zu versetzen, in dem sie um ihrer Sünde willen zu sein verdient, in einen unseligen und lächerlichen Zustand, so kann ich mir kein geeigneteres, kürzeres, wirksameres Mittel denken, als die römische Kirche in großem Glücke und Ansehn zu erhalten. Wofern nur eure Kirche in blühendem Zustande ist, so habt ihr nie zu fürchten, daß die andern Menschen nicht auf tausenderlei Weise nach Gebühr gepeinigt werden. Eine zum Dreinhauen allzeit fertige Geißel der göttlichen Gerechtigkeit wird sie sein; notwendig seid ihr dem gerechten Richter der Menschen, um ihm besondere Absichten und Wunder zu ersparen, usw. Von einem Könige von Portugal, der Bevölkerung in die neue Welt schickte, sagt man, er habe Sorge getragen, daß weder Advokaten noch Staatsanwälte hinkämen, damit sie nicht den Samen der Prozesse dort einschleppten. Aber weit ses dogmes a mérité l'horreur et le mépris de toute la terre, s' accrût au point qu' elle a fait, et opprimât par une longue suite de supercheries grossieres, entremêlées de Dragons et de Soldats qui ont été enfin les Factotum de cette belle entreprise, un parti Réformé, une Troupe d'innocens qui servoient Dieu selon la pureté de l'Evangile? . . . Que les impies ne disent donc plus de votre longue et fatiguante prospérité ce qu'ils disoient autrefois de Silla; elle n'est point une faute de la Providence, il faut plûtôt içi s'écrier, comme faisoit l'infortuné Empereur Maurice, exposé à la cruelle discretion de Phocas: ‚Justus es, Domine, et justa sunt judicia tua'. Le monde est si méchant qu'il est de l'ordre, de cet ordre immuable, qui est la Loi souveraine de Dieu, qu'il soit tout ensemble et malheureux et ridicule; or comme Dieu est un Agent infinement sage, il doit punir le Monde par les voies les plus courtes et les plus propres, et je ne pense pas qu'il y ait de moïen plus propre, plus court, plus efficace, pour mettre le genre humain dans l'état où il mérite d'être par ses péchez, un état, dis-je ridicule et de souffrance, que de conserver l'Eglise Romaine dans une

besser wäre es gewesen, weder Priester noch Mönche hinzuschicken; denn das ist ein Krebsschaden, der ewig um sich frißt und aus dem Innersten der Seele alle natürliche Billigkeit und Rechtschaffenheit verjagt, um dafür Hinterlist und Grausamkeit einzupflanzen, die da immer auf die Gelegenheit lauern, Empörungen, Bürgerkriege und Kreuzzüge zu erregen, wodurch nach dem angeblichen Sinn der Parabel jedermann mit offener Gewalt gezwungen würde, die Grimassen zu schneiden, die sie wünschen. Wüßte ich einen Winkel in der Welt, wo sie ihre verfolgungssüchtigen Grundsätze, sei es überreif oder erst im Keime, nicht hinbrächten, oh, wie gerne würde ich schon morgen mich dahin versetzen, und ich wollte, Lafontaine hätte es gewagt, von eurer Sippschaft zu sagen, was er vom Schulmonarchen und Schuljungen gesagt hat:

‚[Nichts Schlimmres auf der Welt weiß ich
Als Schüler, wenn es nicht der Schule Meister ist.
Der Beiden Bester wird als Nachbar sicherlich
Gefallen mir zu keiner Frist.]'

Und sollte es euch gelingen, auch hier euch einzunisten, morgen, wenn ich kann, reise ich nach Grönland ab.

grande prospérité et crédit. Ne craignez pas que les autres hommes manquent à être bien tourmentez en mille manieres, pourvû que votre Eglise soit florissante. Ce sera un fléau de la justice divine, toujours prêt à mettre en oeuvre, vous êtes donc nécessaires au juste Juge des hommes, pour lui épargner des volontez particulieres et des miracles etc. (p. 347). On dit qu'un Roi de Portugal envoïant des Peuplades dans le Nouveau Monde eut soin de n'y envoïer ni Advocats, ni Procureurs, afin qu'ils n'y apportassent la semence des Procès. Mais il eût bien mieux valu n'y envoïer ni Prêtre, ni Moine, car c'est une gangrêne qui ronge toûjours et qui chasse du fond de l'ame toute sorte d'équité et d'honnété naturelle, pour y introduire à la place la mauvaise foi et la cruauté, toûjours au guet pour exciter des séditions, des guerres civiles et des Croisades qui contraignent à vive force selon le prétendu sens de la Parabole tout le monde à faire les grimaces qu'ils souhaitent. Si je savois un coin du monde, où ils ne portassent pas leurs maximes persécutantes ou en graine, ou en herbe; ha! que de bon coeur je m'y transporterois dès demain, et je voudrois que la Fontaine eût osé dire de vous autres ce qu'il a dit du Pédant et de l'Ecolier:

,Et ne sais bête au monde pire
Que l'Ecolier, si n'est le Pédant;
Le meilleur de ces deux pour voisin, à vrai dire,
Ne me plairoit aucunement.'

Et s'il vous arrive de vous impatroniser içi, dès le lendemain je partirai, si je puis, pour le Groenland.

,Ultra Sauromatas fugere hinc libet et glacialem Oceanum', qu'on a eu raison de dire de vous tout le contraire de ce que Platon a dit des Philosophes, car je ne croi pas que plus

,[Man möchte von hier bis hinter Sarmatien und über den eisigen Ozean fliehen.]'

Wie richtig hat man von euch gerade das Gegenteil von dem gesagt, was Plato von den Philosophen sagte; denn ich glaube nicht, daß sich ein größeres Unglück auf Erden ereignen könnte, als wenn ihr entweder herrschtet oder wenn die Herrscher Pfaffen wären. Ich bin so entrüstet und empört über eure betrügerischen und rohen Grundsätze, daß, wenn Platos Republik irgendwo herzustellen wäre, ich keineswegs den Geschmack eines neuern Schriftstellers grand malheur pût arriver sur la terre que si ou vous régniez ou si ceux qui regneroient étoient Prêtres! Je suis tellement outré et tellement indigné de vos frauduleuses et violentes maximes, que si la République de Platon se pouvoit etablir quelque part, je ne serois pas du goût d'un Auteur moderne qui a déclaré qu'il ne s'y transporteroit pas, et peu s'en faut que dans les transports de mon indignation, à la vûë du triste état où vous avez réduit la qualité de Chretien, je ne suive l'exemple d'Averroës qui s'écria, *que mon ame soit avec celle des Philosophes, vû que les Chretiens adorent ce qu'ils mangent*, et moi j'ajoûte, vû *qu'ils se mangent les uns les autres, comme les loups les brébis* (p. 351)."

Bayles Polemik gegen den Katholizismus in allgemeiner Beziehung enthält sein mehrmals schon erwähnter „Commentaire philosophique" und seine „Critique génerale de l'Histoire du Calvinisme", nebst der Fortsetzung derselben: „Nouvelles Lettres de l'Auteur de la Critique générale"* – eine Schrift in welcher Bayle den Protestantismus gegen die Beschuldigungen des Jesuiten Maimbourg, des Verfassers dieser „Histoire du Calvinisme", mit ebensoviel Kraft als Witz und Gelehrsamkeit verteidigt, aber zugleich natürlich mit der Defensive die Offensive ergreift. Die ersten Briefe – auch diese Schrift ist nämlich in Briefform eingekleidet – beschäftigen sich größtenteils nur mit ganz speziellen Dingen oder mit der Widerlegung ganz alberner Vorwürfe, wie z. B., daß die Reformatoren nur aus Heiratslust die römische Kirche verlassen hätten, Vorwürfe, die indes Bayle zu weitläufigen Erörterungen (besonders in den „Nouvelles Lettres") veranlassen. Erst mit dem dreizehnten Briefe kommt er auf Materien[1] allgemeinerer Natur. Er widerlegt nämlich hier die triviale Beschuldigung, daß die Ketzer notwendig Feinde des Staates, Rebellen seien. „Der Revo-

teilen könnte, der erklärt hat, daß er sich nicht dahin versetzen würde; ja, in der Aufwallung meines Zorns, beim Anblick des traurigen Zustands, in den ihr die Eigenschaft eines Christen gebracht habt, wandelt mich fast die Lust an, mit Averroës auszurufen: ‚Möchte doch meine Seele bei der der Philosophen weilen, da die Christen anbeten, was sie essen', und ich füge hinzu: da sie einander selbst auffressen wie der Wolf die Schafe."

* Oeuv. div., T. II, p. 1–336.

[1] Gegenstände *C*

lutionsgeist," sagt er – um nur einige Proben der Vollständigkeit wegen auch aus dieser Schrift zu geben –, „hängt nicht davon ab, ob man ein Ketzer oder Orthodox ist. Die Lust, das Joch seines Fürsten abzuwerfen, hängt fast immer ab von dem Charakter des Volkes oder von der Weise, wie man es behandelt, oder von dem Einfluß, den ehrgeizige Köpfe auf die Masse ausüben. Die Italiener sind stockkatholisch, und doch waren nirgends Empörungen, Bürgerkriege, Regierungswechsel häufiger als in Italien ... Mr. Maimbourg gibt der Stadt Paris das ehrenvolle Zeugnis, daß sie jederzeit großen Eifer für die wahre Religion gezeigt hat, und doch hat sie sich häufig gegen ihre Könige empört. Wer kann, um nicht von der alten Zeit zu reden, ohne Schauder die Geschichte von den Ereignissen in dieser Stadt vor und nach dem Tode Heinrichs III. lesen? Toulouse ist ohne Widerrede die bigotteste Stadt Europas; schwerlich waren je die Heiden so vernarrt in ihre falschen Götter, als diese Stadt in die Reliquien der Heiligen vernarrt ist. Mr. Maimbourg rühmt ihr nach, daß sie sich ganz rein von der Pest der Ketzerei erhalten habe, obgleich von mehreren protestantischen Orten umringt, und daher sei wie die Lilie unter den Dornen. Aber gleichwohl kann man den Hochverrat nicht höher treiben, als diese Stadt unter der Regierung Heinrichs III. ihn trieb. Der erste Präsident Duranti, ein guter Katholik, aber auch treuer Diener des Königs gegen die Ligue, bemühte sich vergeblich, diese große Stadt im Gehorsam zu erhalten; er lud ihren Haß dadurch so sehr auf sich, daß er grausam ermordet, sein Leichnam durch die Stadt geschleppt und an dem gemeinen Galgen aufgeknüpft wurde. Das Bildnis des Königs wurde ihm gegenüber aufgehängt, und das Volk schrie dabei mit teuflischer Frechheit: Te voilà maintenant avec ton Roi que tu aimois tant.[1]" Im siebzehnten Briefe bringt B. diese Materie wieder zur Sprache und verteidigt die Hugenotten gegen den Vorwurf, daß sie Urheber der Übel gewesen, in die Frankreich die Bürgerkriege gestürzt hätten, und wälzt die Schuld auf die Tyrannei des Papsttums. „Jener Gesandte, der den Papst also anredete (Balzac, ‚Discours sur une

[1] *In C deutsch:* Da bist du nun mit deinem König, den du so liebtest.

Tragédie'): ,Primatu Abel, gubernatu Noë, Ordine Melchisedec, dignitate Aaron', und endlich zum Schluß ihm sagte, ,qu'il étoit le grand Turc des Chretiens' [Erstgeburt Abels, Steuermann Noahs, Standesgenosse des Melchisedek, Träger der Würden Aarons, ⟨...⟩ daß er der Großtürke der Christen wäre][1], hatte mehr Recht, als er dachte ... Wenn man ihm nicht blindlings glaubt, wenn man die Kühnheit hat zu denken, wenn man nicht alles Licht des eignen Gewissens und Verstandes zu seinen Gunsten auslöscht, so ist man schon ein erklärter Rebell, ein Feind Gottes und seiner Kirche, verbannt und verdammt. Aber auch der Türke duldet keine Prüfung, keine Untersuchung, er verlangt blinden Gehorsam" (p. 77). „Ich habe mich daher nie genug wundern können, daß man die Ketzer aufforderte, auf dem Konzilium zu Trient zu erscheinen, denn man konnte kein guter Katholik sein, ohne zu glauben, daß alles, was sie vorbringen würden, falsch, ketzerisch und längst schon vom Vatikan verdammt wäre. Nun ist es aber absurd, einen Theologen aufzufordern, seine Gründe zu sagen, wenn man ihm keine Hoffnung gibt, daß man ihm in dem Falle, wo er nachweist, daß er recht hat, recht geben wird, und ebendiese Hoffnung konnte das Konzilium den Protestanten nicht lassen, weil es nach den Prinzipien der katholischen Kirche unmöglich war, daß die Ketzer recht hatten. Die Schuld der Religionskriege fällt daher auf die Papisten, welche sich ein Recht anmaßten, das ihnen nicht zustand, – das Recht, die Ketzer grausam zu verfolgen und die barbarischsten Todesstrafen über sie zu verhängen ... Das Gewissen zwingen wollen ist ein offenbarer Angriff auf die Rechte der Gottheit – und nur in diesem Attentat muß man die Quelle von den Übeln erkennen, die Frankreich verwüsteten" (p. 77). „Sage man doch nicht, daß sich der Staat auf keine tolerierte Religion verlassen könne ... Die Politik kann mit vielen triftigen Gründen nachweisen, daß es dem Staate sogar vorteilhaft ist, mehrere Religionen zu dulden, und die Geschichte des österreichischen Hauses,

[1] *In C fehlt der in Klammern stehende Verweis auf Balzac. Der hier französisch zitierte Satzteil dort deutsch*: daß er wäre der Großsultan der Christen, *dahinter:* (le grand turc des chrétiens). *Die im folgenden in den Text von A/B eingefügten Seitenangaben finden sich in C nicht.*

welches in eine erbärmliche Nichtigkeit versunken ist, weil es nur eine Religion dulden wollte, zeigt, daß die so sehr gerühmte Religionseinheit nichts zum Glücke eines Königreichs beiträgt. Das Haus Österreich, das nur eine Religion duldete, ist vielleicht rettungslos zugrunde gerichtet, wenn die Protestanten es nicht noch in seinem Falle unterstützen, und Frankreich, welches bis jetzt zwei Religionen duldete, hat sich zu einer solchen Höhe emporgeschwungen, daß es durch ganz Europa gebietet" (p. 78). „Töricht ist es, wenn die katholische Kirche ihr Verfolgungsrecht da[von] herleiten will, daß sie die wahre, die anderen Kirchen aber die falschen sind, denn sie stützt sich hier nur auf ihre eigne Überzeugung; die andern Kirchen sind aber ebenso überzeugt, daß sie die wahre Kirche sind, und hätten daher ein ebenso gutes Recht zur Verfolgung als sie. Töricht ist es gar, wenn die Herren mit ihrem Altertum kommen. Wenn dieser Grund des Alters gelten sollte, so müßten wir heute noch in ganz Europa das Christentum abschwören und den Kultus der falschen Götter an seine Stelle setzen: Die Könige Frankreichs waren eher Heiden als Christen" (Brief 20). „Überdem, ist denn eure Religion noch dieselbe, als sie vor alters war? Die bigottesten Theologen räumen ein, daß wenigstens die Gebräuche und Zeremonien sich verändert haben. Grand prejugé pour l'inconstance des dogmes.[1] Alles ändert sich in der Welt; die Religion ist von dieser allgemeinen Regel nicht ausgenommen: sie hat kein besonderes Privilegium.[2]" * „Eitel sind daher die Gründe, mit welchen man die Bedrückungen der Protestanten unter Ludwig XIV. und selbst die Widerrufung des Edikts von Nantes rechtfertigen will (21. u. 22ster Brief). Das schrecklichste Verbrechen ist die Verletzung seines Wortes: crime épouvantable ... le violement de sa parole et de la Religion du serment: Religion qui est la chose du monde qui nous devroit être la plus sacrée.[3] Verrucht war daher die Moral

[1] *In C deutsch:* Ein günstiges Zeichen für die Unbeständigkeit der Dogmen.

[2] Alles ... Privilegium. *In C hervorgehoben.*

* Lettre XIII. „Nouvelles Lettres critiq.", p. 256–257.

[3] : crime ... la plus sacrée.: und der Heiligkeit des Eides, der uns das Allerheiligste sein sollte. *So in C, womit die deutsche Bedeutung des französischen Zitatteils aus A/B, der dort*

des Papstes Pius IV., der unablässig in Karl IX. drang, daß er den mit dem Prinzen Condé abgeschlossnen Vertrag brechen sollte" (p. 98). „Aber freilich, Eide zu brechen macht den Herren keine Schwierigkeit; sie brauchen nur zu sagen: Die Zeiten und Personen haben sich geändert, es existieren also nicht mehr die Gründe des Vertrages" (p. 114). „Ja, sie rechtfertigen selbst alle ihre Handlungen lediglich mit dem Privilegium ihrer Unfehlbarkeit" (16. Br.). Aber was ist Unfehlbarkeit? „Il n'y a rien qui me divertisse tant que de voir Mrs. de l'Eglise Romaine se refuter les uns les autres sur les faits les plus illustres.[1] Die Herren brüsten sich, an der Tradition ein unerschütterliches und unveränderliches Prinzip zu besitzen. Sie werfen uns spöttisch vor, daß die Bibel eine wächserne Nase ist, die man nach Belieben drehen und biegen kann. Aber die Tradition ist noch bei weitem mehr eine wächserne Nase als die Bibel . . . Noch heute weiß man nicht, was man von der unbefleckten Empfängnis der heiligen Jungfrau und Mariä Himmelfahrt halten soll. Die Thomisten, welche die unbefleckte Empfängnis leugnen, behaupten, daß die Tradition für sie ist[2]. Die Skotisten, welche der entgegengesetzten Meinung sind, behaupten auch, daß die Tradition aller Jahrhunderte für sie ist[2], und erwarten mit Ungeduld den glücklichen Augenblick, wo es dem heiligen Geist belieben wird, in die Seele seiner Heiligkeit herabzusteigen, um durch sie eine mit der Lehre der Kirchenväter und dem fortwährenden Glauben der Kirche übereinstimmende Entscheidung zu verkünden. Sonderbar, daß sie eine Wahrheit einsehen, welche die Päpste ungeachtet ihres heiligen Geistes noch nicht erkennen konnten. Noch heute weiß man ferner nicht den wahren Stand des Streites über die Ketzerei der Semipelagianer. Man weiß heute noch nicht, ob der heilige Augustin Jansenist oder Molinist war, denn jede Partei stützt sich auf die Autorität des heiligen Augustins . . . Nicht nur die Gelehrten wissen nicht, wovon es sich

freilich auch den vorausgegangenen Satzteil Das . . . Wortes *französisch wiederholt, unvollständig, aber sinngemäß wiedergegeben ist.*

[1] *In C deutsch*: Es ist nichts ergötzlicher, als zu sehen, wie die Herren der römischen Kirche selbst über Hauptpunkte sich zanken.

[2] sei *C*

denn eigentlich in den Disputen[1] zwischen den Ketzern und Orthodoxen über die Gnade handelte, sondern auch der Papst, obwohl inständigst um seine Meinung gebeten, wußte nichts zu antworten, nachdem er weitläufig die Gründe von beiden Seiten angehört hatte. In der Tat, nachdem der Streit zwischen den Thomisten und Molinisten de auxiliis [über die Gnadenmittel] unter dem Papst Clemens XIII.[2] in Rom aufs lebhafteste geführt worden war, konnte man der Unfehlbarkeit des heiligen Stuhls keinen andern Bescheid abgewinnen als den, daß es besser gewesen wäre, wenn der Streit ganz unterblieben wäre ... Wozu dient also das unfehlbare Tribunal der Kirche, dieses unfehlbare Licht der Tradition, wenn der im Jahre 1604 entschiedne Streit heute noch, und zwar lebhafter als je, fortdauert? Doch noch weit wichtigere Lehren hat das unfehlbare Licht noch nicht entschieden. Weder die Kirche noch der Papst hat bestimmt, welches die notwendigen Formalitäten und Bedingungen eines Ausspruchs ex cathedra sind, und doch ist der Pabst nur unfehlbar, wenn er ex cathedra spricht. Heute weiß man noch nicht, wem Jesus Christus das Privilegium der Unfehlbarkeit und die Rechte des Episkopats erteilt hat. Die Theologen des Papstes behaupten, daß die Päpste über den Konzilien sind[3], daß sie unfehlbar sind etc. Die gallikanische Kirche dagegen behauptet, daß die Konzilien über dem Papste stehen usw. Und dieser Streit betrifft nicht ein Nichts; es handelt sich hier um alles. Denn wenn es wahr ist, wahr durch das Wort Gottes und die Tradition, daß Jesus Christus die Oberherrschaft und Unfehlbarkeit den Päpsten gegeben, so sind die, welche das Gegenteil lehren, Ketzer, und die Bischöfe, welche glauben, ihre Autorität unmittelbar von Gott zu haben, nicht nur Ketzer, sondern auch Rebellen gegen die legitime Macht, die Gott in der Kirche eingesetzt hat (usw. p. 117)[4].

Ebenso ist es mit der Lehre vom Supremat des Papstes in bezug auf die weltliche Macht. „Ein englischer Edelmann, ein guter Katholik und gelehrter Mann, hat eine Abhandlung geschrieben, worin er beweisen wollte, daß es nicht die Lehre

[1] Streitigkeiten *C*

[2] *Bayle nennt Clemens VIII.*

[3] stehen *C* [4] *Das Eingeklammerte fehlt in C.*

der katholischen Kirche sei, daß der Papst die Könige absetzen und die Untertanen ihres Eidschwurs entbinden könne. Aber der gelehrte Jesuit L. Lessius schrieb dagegen und bewies nicht nur, daß dies die Lehre der katholischen Kirche sei, sondern auch, daß die römische Kirche unmöglich die wahre Kirche sein kann, wenn diese Lehre nicht wahr ist. Er beweist es durch sehr überzeugende Gründe, und zwar also: Wenn der Papst über das Zeitliche der Fürsten nicht die Macht hat, welche seine Anhänger ihm beilegen, so folgt, daß die römische Kirche seit wenigstens fünfhundert Jahren sich geirrt hat, und zwar in einer Lehre von der größten Wichtigkeit, einer Lehre, die ihr fast in ihrer ganzen Regierung zur Richtschnur gedient hat, so folgt, daß sie mit Willen geirrt hat, geirrt aus Ehrgeiz, daß sie mit wohlüberlegtem Vorsatz die Lehre der alten Kirche und der heiligen Väter in betreff der Macht der Kirche verfälscht hat, daß die Pforten der Hölle sie überwältigt haben, daß sie in Verfall geraten, daß sie nicht mehr die wahre Kirche Christi ist, daß folglich alle Fürsten und Laien einen gerechten und vernünftigen Grund haben, sich von der römischen Kirche loszutrennen. Der berühmte Kardinal du Perron, der geistvollste und gewandteste Kopf Frankreichs, er, der am besten die notwendigen Konsequenzen eines Prinzips durchschaute, konnte nicht umhin, die Richtigkeit dieses Schlusses anzuerkennen und selbst die Grundsätze des Jesuiten in seiner berühmten Anrede an den Adels- und Bürgerstand geltend zu machen. Es handelte sich nämlich hier von einem Vorschlag des Bürgerstandes, betreffend die feierliche Verdammung der Lehre, welche unsre Könige von der päpstlichen Macht abhängig macht. Dieser Vorschlag beunruhigte die Kammer der Geistlichkeit ... Aber der Kardinal sprach mit solcher Kraft und Beredsamkeit, daß der Vorschlag des Bürgerstandes durchfiel ... Er sagte: Dieser Artikel stürzt uns in eine offenbare Ketzerei, indem er uns das Geständnis abzwingt, daß die katholische Kirche seit mehreren Jahrhunderten von der Erde verschwunden ist. Denn wenn die, welche die entgegengesetzte Behauptung aufstellen, diese Lehre für eine gottlose und verabscheuungswürdige Lehre halten, so war der Papst also seit mehreren Jahrhunderten nicht das Haupt der Kirche, sondern Ketzer und Antichrist." „Der Kardinal hatte vollkommen recht, so zu sprechen, denn wenn man einmal als eine geoffenbarte Wahrheit den Satz aufstellt, daß die Könige unmittelbar von Gott eingesetzt sind . . ., so begeht ein Papst, der einen Souverän absetzt, die größte Ketzerei, das größte Verbrechen. Ja, der wahre Charakter des Antichristen ist es, auf Erden ein Tribunal zu errichten, welches die Gesetze Gottes kassieren kann. Eine Kirche daher, welche anerkannt hat und anerkennt als Oberhaupt einen Menschen, der sich diese Macht anmaßt, ist in der Tat in die Ketzerei verfallen. Und dies ist denn auch in der Tat noch heute der Zustand der gallikanischen Kirche, weil sie ungeachtet der Beschimpfungen, die sie dem Papste antut, ihn dennoch für ihr Haupt anerkennt."* (23 st. Br.) Worauf gründet sich denn nun also das Privilegium der Unfehlbarkeit? „Nicht auf die Erfahrung, denn diese lehrt vielmehr, daß es Päpste und Konzilien gab, die sich in sehr wichtigen Artikeln der Lehre irrten, daß die einen Päpste und Konzilien geändert und kassiert haben, was die andern bestimmt[1] hatten, daß ungeachtet der Politik der unfehlbaren Kirche, das Dekorum wohl zu beobachten, man tausendmal bereits entschiedne Fragen wieder streitig gemacht und einer neuen Prüfung unterworfen hat, usw. Man hat sich zwar mit der Distinktion geholfen, daß die Kirche nur unfehlbar sei in Rechtssachen, nicht in Tatsachen. Aber diese Distinktion ist nichtig. Wenn die Kirche z. B. sagt, daß das eine Rechtssache ist, zu wissen, was Gott über diese oder jene Sache geoffenbart hat, so irrt sie sich, denn das ist ebensogut eine reine Tatsache, als es nur eine Tatsache betrifft, zu wissen, ob Jansenius dies oder jenes gesagt. Sie gesteht aufrichtig ein, daß jede Frage, wo es sich von dem Sinn eines Autors handelt, nur die Frage nach einer Tatsache ist und daß sie nicht von Gott das Privilegium der Unfehlbarkeit erhielt, um zu entscheiden, daß z. B. Jansenius auf dieser oder jener Seite diesen oder jenen Satz ausgesprochen hat. Sie muß also eingestehen, daß, wenn es sich von der Bestimmung des Sinnes eines Verses in der Bibel handelt, dies auch eine wahre question de fait[2] ist, in Beziehung auf welche ihr nicht Gott das Gnaden-

* Über die tollen Widersprüche der weltlichen Macht mit der päpstlichen und der gallikanischen Kirche mit der römischen s. auch Lettre 25.

[1] festgesetzt *C* [2] Tatfrage *C*

geschenk der Unfehlbarkeit machte. Was wäre auch in der Tat unvernünftiger, als zu behaupten, daß der heilige Geist weder dem Papst noch dem Konzil die zur unfehlbaren Ausmittlung der Meinung eines bloßen Theologen nötige Einsicht gibt[1], selbst wenn auch die Ruhe der Kirche noch so sehr dabei beteiligt ist, und doch zugleich wieder zu behaupten, daß der heilige Geist ihnen die zur Enthüllung der tiefen Geheimnisse der Bibel erforderliche Einsicht verstatte?" Oder stützt sich etwa die Infallibilität auf die Bibel? „Die Stellen der Schrift, welche diese Wahrheit enthielten, müßten so klar sein, daß man sich nicht irren könnte und jeder Gläubige fähig wäre, bloß vermittelst seines Verstandes zu erkennen, daß wirklich Gott diese Wahrheiten in diesen Stellen ausspricht; denn wenn diese Stellen mehrere vernünftige Auslegungen erlaubten[2], so daß es möglich wäre, ohne gegen die Analogie des Glaubens zu verstoßen und ohne der Schrift die geringste Gewalt anzutun, ihnen nicht den Sinn von der Unfehlbarkeit der Kirche[3] zu geben, so stände es offenbar jedem frei, davon zu glauben, was er wollte, und die Unfehlbarkeit der Kirche wäre daher nicht mehr ein das Gewissen bindendes Dogma. Diese Stellen müßten daher so klar zugunsten der Unfehlbarkeit der Kirche sprechen, daß eine entgegengesetzte Erklärung unmöglich wäre. Denn man kann nicht wieder auf die Unfehlbarkeit der Kirche zurückgehen, um durch ihre allmächtige Autorität den wahren Sinn einer von den Interpreten verschieden ausgelegten Stelle zu bestimmen. Wir untersuchen ja eben, ob es eine unfehlbare Autorität unter den Christen gibt, wir prüfen das Recht der römischen Kirche, welche sich diese Unfehlbarkeit beilegt; während dieser Untersuchung bleibt daher dieses Recht unentschieden und ohne Anwendung; denn es wäre absurd, die Autorität der römischen Kirche geltend zu machen, um die fraglichen Stellen in dem Sinne auszulegen, welcher ihr die Unfehlbarkeit beilegt, die eben ein Gegenstand der Prüfung ist, denn wir wissen ja noch nicht, ob die Schrift einen unfehlbaren Richter unter den Christen eingesetzt hat, woraus sich ergibt, daß wir[4] nicht verbunden sind, uns irgendeinem

[1] gebe *C* [2] zuließen *C*
[3] nicht ... Kirche: einen andern Sinn *C*
[4] woraus ... daß wir: so daß wir also *C*

Ausspruch dieses Richters zu unterwerfen. Wenn nun dieses aber feststeht, so ist es unmöglich, daß je die Kirche ihre Unfehlbarkeit beweise; denn um dies zu beweisen, müßte es notwendig, wie gesagt, in der Schrift einige Stellen geben, welche so klar diese Unfehlbarkeit aussprechen, daß selbst das Volk ohne Vermittlung der Kirche sie darin finden könnte. Nun gibt es aber keine solchen Stellen, also ist es unmöglich . . . Der stärkste Beweis aber, daß die Stellen der Schrift, welche von der Unfehlbarkeit der Kirche handeln, nicht so klar sind, daß sie selbst das Volk verstehen kann, vielmehr so dunkel, daß nicht einmal die Kirche sie versteht, ist, daß es in der römischen Kirche zwei große Parteien gibt, die sich darüber streiten, wer der Träger dieser Unfehlbarkeit ist." Oder stützt sie sich etwa auf die Vernunft? Nein! „Plus j'examine la chose, plus elle me paroît absurde. A quoi sert un Tribunal infaillible, dont les décisions sont commises à des Prélats capables de se tromper? N'est-ce pas retomber dans les inconveniens qu'on vouloit fuire?" Also die „l'infaillibilité que l'Eglise Romaine s'attribue est une Chimère" (Br. 29st.). „Plus on pénétre dans les Mysteres de l'Eglise Romaine plus on y découvre un Cahos incompréhensible, et bien en prend aux peuples d'être accoutumez à n'examiner point leur Religion et s'abandonner aveuglément à la conduite d'autrui; car s'ils pénétroient dans le fond des dogmes, il leur seroit impossible d'être un seul moment en repos" (Br. 27.)[1]. Oh, wie tief sind[2] die Geheimnisse des Positivismus gegenüber dem trugvollen, gottlosen

[1] *Beide Zitate in C deutsch:* „Je mehr ich den Gegenstand untersuche, desto ungereimter erscheint er mir. Wozu dient denn ein unfehlbares Tribunal, dessen Entscheidungen Prälaten, die sich täuschen können, übertragen sind? Heißt das nicht in die Übel, die man vermeiden wollte, wieder zurückfallen? Also ist die Unfehlbarkeit, welche die römische Kirche sich zuschreibt, eine Chimäre" (29. Br.). „Je mehr man in die Mysterien der römischen Kirche eindringt, desto mehr entdeckt man darin ein unbegreifliches Chaos, und es ist daher gut für die Völker, daß sie gewöhnt sind, ihre Religion nicht zu prüfen, sondern sich blindlings der Leitung anderer zu überlassen; denn wenn sie den Dogmen auf den Grund kämen, so könnten sie auch nicht einen Augenblick in Ruhe sein" (27. Br.).

[2] *C folgt Zusatz:* doch

Subjektivismus[1] und Rationalismus der modernen Welt! Er imponiert – aber es ist nur Schein. Geht auf den Grund – und die imponierende Objektivität reduziert sich auf die willkürlichste, grundloseste *Meinung*. Die Autorität ist die Basis des Positivismus, aber die unfehlbare, denn wodurch unterschiede sie sich sonst von der Autorität eines einzelnen? Aber worauf gründet sich diese Unfehlbarkeit? Auf keinen Grund, sondern auf die *Versicherung schlechtweg*: Ich bin unfehlbar, weil ich unfehlbar bin. Es ist eins, ob der Träger der Infallibilität von sich selbst sagt: Ich bin unfehlbar, oder [ob] von andern gesagt wird: Er ist unfehlbar; eins, ob der Träger einer oder mehrere sind. Der Grund der Unfehlbarkeit bleibt einerseits eine grundlose, subjektive Versicherung, eine bloße Assertion[2], andererseits eine ebenso grundlose, subjektive Einbildung. Daß in dem Sinn der Völker diese Assertion[2] Glaubenskraft erhielt, tut nichts zur Sache. Dadurch, daß eine Meinung die Meinung Unzähliger wird, verliert sie nicht ihre Subjektivität. Diese könnte sie nur verlieren, wenn ein objektiver Grund für sie spräche, ein *Beweis* sie bewährte. Nur die innere Qualität gibt Universalität und Objektivität. Diese innere Qualität ist aber allein der *Verstand* der Sache. Nur, was *Verstand* hat, ist eine Realität, alles andere *Illusion*, schön zwar oft, aber deswegen noch nicht wahr.

Den ehrenvollsten Platz in dieser[3] Kategorie der polemischen Schriften Bayles nimmt aber – jedoch nur dem Zweck und Inhalt, nicht der Form nach – sein „Commentaire philosophique sur les Paroles: ‚Contrain-les d'entrer'" ein, veranlaßt durch die Verfolgungen, welche die Protestanten in Frankreich erlitten*, und gerichtet gegen das Dogma vom Gewissenszwang. Die Schrift ist in drei Teile abgeteilt. In dem ersten Teile widerlegt er den buchstäblichen Sinn dieser Worte 1) c[h]ap.[4] II aus dem Grunde, weil er den deutlichsten Begriffen des natürlichen Lichtes widerspricht; denn diesen zufolge ist die Religion ein *geistiger* Akt, welcher nicht durch ungeistige, durch gewaltsame Mittel hervorgebracht

[1] *In C in Anführungszeichen.*
[2] Behauptung *C*
[3] der eben bezeichneten *C*
* S. die kräftige, lesenswürdige Préface, p. 358.
[4] *So ergänzt auch C.*

werden kann, und also ein Widerspruch mit der *Natur der Sache*, mit den allgemeinen Prinzipien der Vernunft, mit [1] der ursprünglichen primitiven Regel, durch die wir das Falsche vom Wahren, das Gute vom Schlechten unterscheiden, Gewalt anzuwenden, um jemand Religion einzuflößen; 2) chap. III aus dem Grunde, weil er dem Geiste des Evangeliums zuwider ist; 3) chap. IV, weil er, zum allgemeinen Verderben der Staaten, die Basis aller Moral, den Unterschied zwischen recht und unrecht, gut und schlecht aufhebt; denn wenn eine Handlung, welche ungerecht ist, wenn sie nicht zugunsten der Religion geschieht – eine solche Handlung ist aber jeder Gewissenszwang –, gerecht wird, wenn sie zugunsten der Religion geschieht, so darf man ungestraft die Ketzer bestehlen, ihre Kinder rauben, ihre Töchter schänden, damit eine schimpfliche Schwangerschaft sie nötigt[2], ihre Stütze in der wahren Religion zu suchen, kurz, so wird jedes Verbrechen zu einem religiösen Akt; 4) chap. V aus dem Grunde, weil er die Heiden berechtigt, die Christen, welche sie belehren wollen, wegen einer ebenso lächerlichen als diabolischen, allen Prinzipien der Vernunft und Moral schnurstracks zuwiderlaufenden Lehre aus ihren Ländern zu jagen; 5) chap. VI aus dem Grunde, weil dieses Gebot, selbst wenn man noch so gemäßigt und besonnen verfahren wollte, unmöglich ohne Verbrechen ausgeführt werden könnte und entgegengesetzte[3] Wirkungen in den Ketzern hervorbrächte, als man bezwecken will – ein Grund, der zwar schon in den frühern Gründen enthalten ist, aber der Deutlichkeit wegen noch besonders hervorgehoben wird –; 6) chap. VII, weil der buchstäbliche Sinn die christliche Religion eines Beweises ihrer Göttlichkeit gegen den Muhamedanismus beraubt; 7) chap. VIII, weil er den Kirchenvätern eine lange Reihe von Jahren hindurch unbekannt war; 8) chap. IX, weil er die Klagen der ersten Christen gegen ihre heidnischen Verfolger nichtig und lächerlich macht; denn die Heiden hätten also zu den Christen sprechen können: „Messieurs de quoi vous plaignez-vous? On vous traite comme

[1] ein Widerspruch ... Vernunft, mit: widerspricht es der Natur der Sache, den allgemeinen Prinzipien der Vernunft, *C*
[2] nötige *C*
[3] ganz andere *C*

vous nous traitiez, si vous étiez à notre place" etc.[1]; 9) chap. X, weil er die Christenheit in einen fortwährenden gegenseitigen Verfolgungskrieg stürzen würde, indem das Ende dieses Krieges nur von dem Ende der endlosen Dogmenstreitigkeiten abhängen könnte, jede Sekte aber sich für die orthodoxe, die wahre Kirche halten und daher das Recht für sich in Anspruch nehmen würde, die andern Sekten zu verfolgen.

Im zweiten Teile seines „Kommentars" widerlegt Bayle ausführlich die Einwürfe, die man ihm machen konnte, oder vielmehr die Gründe, mit welchen man das Dogma der Intoleranz zu entschuldigen und rechtfertigen sucht. Dergleichen Gründe sind z. B.: 1) Man wendet keine Gewalt an, um das Gewissen zu zwingen, sondern nur, um die zu erwecken, welche sich hartnäckig weigerten, die Wahrheit zu prüfen und anzuerkennen. 2) Gottes Wege sind nicht unsere Wege, und Gott kann daher auch durch uns zweckwidrig erscheinende Mittel vermittelst verborgner Wirkungen den Zweck der Bekehrung erreichen. 3) Unter den Zwangsmaßregeln sind keine Galgen und Schafotte, sondern nur kleine Beschwerlichkeiten zu verstehen. B. erwidert auf den ersten Einwand *unter anderm*, daß dieses Mittel gerade die Seele in einen Zustand versetzt, der sie unfähig macht, die Wahrheit zu prüfen, auf den zweiten, daß dieser Grund den abscheulichsten Pyrrhonismus[2] begründet, auf den dritten, daß, wenn man einmal Zwang und Gewalt für erlaubt halte, der Grund verschwunden sei, eine Grenze zu setzen, Galgen und Schafotte für unerlaubte Mittel zu halten. Im dritten Teil widerlegt B. noch besonders, und zwar Satz für Satz, die scheinheilige Sophistik, mit welcher Augustin die Zwangsbekehrungen verteidigt, selbst als Maßregeln der christlichen Liebe darstellt. Er weist auch von seiner Apologie gründlich nach, daß sie alle Vernunft, alle Moral geradezu vernichtet. „Si la confiscation des biens d'un particulier étoit une usurpation injuste, en cas qu'il fût Orthodoxe, et si elle devient une action très-juste, par cela seulement qu'il ne l'est point, il s'ensuit qu'une même action devient *d'un péché*

[1] *In C deutsch:* „Meine Herren, worüber beklagt ihr euch? Man behandelt euch, wie ihr uns behandelt[et], wenn ihr an unserm Platze wäret", usw.

[2] den . . . Pyrrhonismus: die schrecklichste Ungewißheit und Zweifelsucht *C*

une vertu, par cela seulement *qu'elle est faite pour les intérêts de la Religion, ce qui est la ruïne* de toute la Moral et de toute la Religion naturelle."[1]

Wir sehen hieraus, schon aus der kurzen Inhaltsangabe des ersten Teils, daß B[ayle] mit allen ihm zu Gebote stehenden Mitteln, mit allen nur immer erdenklichen, teils an und für sich richtigen, teils nur für seine Zeit passenden Gründen das Dogma vom Gewissenszwang – das übrigens nicht bloß da in Praxis[2] ist, wo handgreifliche Gewalttaten geschehen, sondern überall, wo der Glaube an Dogmen zu einem[3] Gesetze erhoben wird – als ein ebenso vernunftloses als schändliches Dogma bekämpft. Für den Vernünftigen freilich ist sein „Kommentar" ziemlich langweilig. Aber diese Langeweile hat ihren Grund nicht nur in den Fehlern B. s, seiner Planlosigkeit und Weitschweifigkeit – ein Fehler, der besonders in seinen demonstrativen Schriften vorherrscht, namentlich aber in seinem „Commentaire"[4], der der Form nach wohl seine schlechteste Schrift ist (36) –, in seiner umständlichen Gewissenhaftigkeit, seiner ermüdenden Unermüdlichkeit und Unersättlichkeit an Argumenten[5], seiner übertriebenen Zuvorkommenheit gegen den Leser, mit welcher er ihm nichts zu tun übrigläßt, sondern alle Folgerungen selber ausspinnt, sondern auch darin hauptsächlich, daß jetzt, natürlich nur für den Vernünftigen, ein Axiom, eine *unmittelbare,* von selbst einleuchtende Wahrheit ist, was Bayle erst seiner Zeit vordemonstrieren mußte. So hatte die Religion, weil sie sich nicht auf Vernunft, sondern den Glauben stützte, weil ihre Sache eine partikuläre[6], von der

[1] *In C deutsch*: „Wenn die Einziehung der Güter eines Privatmanns eine ungerechte Besitzergreifung wäre im Falle, daß er rechtgläubig ist, und wenn sie eine sehr gerechte Handlung wird schon darum, weil er's nicht ist, so folgt hieraus, daß eine und dieselbe Handlung aus einer Sünde eine Tugend wird bloß darum, weil sie im Interesse der Religion geschehen ist, was die Auflösung aller Moral und aller natürlichen Religion ist."

[2] Übung *C*

[3] *C folgt Zusatz:* , wenn auch indirekten,

[4] Kommentar *C*

[5] Gründen *C*

[6] besondere *C*

Sache der Vernunft und Ethik unterschiedne, ja, ihr entgegengesetzte Sache war, den Menschen verblendet, daß er den Unterschied von recht und unrecht, von gut und schlecht, von zweckmäßig und zweckwidrig aus den Augen verlor, daß er die einfachsten, aus der Natur der Dinge fließenden Wahrheiten verkannte, daß man daher die umständlichsten chirurgischen Operationen anwenden, die durch religiöse Vorurteile verhärteten Köpfe förmlich trepanieren mußte, um ihnen nur einen Tropfen gesunder Vernunft einzuflößen. Und eine solche umständliche chirurgische Operation ist B[ayle]s „Kommentar". B. hat es mit Subjekten zu tun, in denen er gar nichts voraussetzen konnte als eine absolute[1] Verwilderung des Geistes oder gar den bösen Willen, die evidentesten[2] Wahrheiten zu leugnen oder zu verdrehen, mit Subjekten, gegen die er die verschiedenartigsten Mittel probieren muß, um ihnen nur irgendwie beizukommen, mit denen er von vornen, bei den ersten grammatikalischen Regeln der gesunden Menschenvernunft anfangen, denen er selbst die klarsten Prämissen[3] seiner Demonstrationen wieder demonstrieren muß. Diesem gemäß ist sein „Kommentar" ein examen rigorosum des heiligen Augustins in den Elementarbegriffen der Logik und Ethik – ein peinliches Verhör eines hartnäckigen Bösewichts, den man durch alle Lügen und Ausflüchte hindurch mit wahrhaft christlicher Geduld verfolgen muß, bis man ihn endlich zum Eingeständnis seines Verbrechens zwingt, – nicht *ein* Gedanke, *ein* Prinzip, ein spezifisches Mittel, sondern eine ganze Apotheke von Argumenten gegen das tief eingewurzelte Übel der Intoleranz – eine mikroskopische Sektion dieses apokalyptischen Untiers – eine Infinitesimalrechnung der Polemik. Dieser Ausdruck ist kein Bild, sondern er spricht die Bedeutung Bayles als Polemiker aus. B. ist auf dem Gebiete der Dialektik, was Leibniz auf dem Gebiete der Mathematik und Metaphysik. B. hat die Analysis des Unendlichen auf dem Gebiete der Polemik eingeführt. B. ist ein *Scholastiker* der *gesunden* Vernunft. Seine Polemik ist grenzenlos: Er geht seinen Gegenstand nach allen möglichen Kategorien und Prädikaten durch,

[1] vollständige *C*
[2] sonnenklarsten *C*
[3] Vordersätze *C*

die ihn in den Augen seiner Gegner zu einem Etwas machen oder machen können, löst eine Qualität nach der andern in dem Scheidewasser seines Scharfsinns auf, bis der Rest endlich in nichts aufgeht; er zerreißt seinen Stoff nicht gewaltsam in Stücke; er zerlegt ihn Faden für Faden, den Faden wieder in Fädchen, bis in die allerkleinsten, dem gewöhnlichen Auge verschwindenden Diminutiva. Seine Kunst besteht im Zertrennen; seine Arbeit ist die feinste, mühseligste Fingerarbeit.

Die Tendenz seines „Philosophischen Kommentars" ist übrigens keineswegs, an die Stelle des Gewissenszwanges nur jene halbe, unredliche, vorurteilsvolle, bornierte Toleranz, die nur gewisse Sekten begünstigt, nur unter gewissen Bedingungen, unter der Bedingung, intolerant sein zu dürfen, tolerant ist, nur bis hieher und nicht weiter, bis zu gewissen, an sich willkürlichen Grenzen das an sich unbeschränkbare Recht des denkenden Geistes anerkennt, zu setzen[1]; er fordert vielmehr eine wahre, eine[2] unbeschränkte Toleranz.

„Jedes Gesetz, welches die neuen Aufklärungen oder die Fortschritte der Erkenntnis in menschlichen und göttlichen Dingen ausschließt, ist ein despotisches Gesetz. *Toute loi qui exclut les nouveaux éclaircissemens ou les progrès des connoissances humaines et divines est violente.*[3] Wie stände es denn mit uns, wenn seit zwei- oder dreitausend Jahren dieses Gesetz gegolten hätte? Oder dürfen wir etwa jetzt nach so vielen Erfahrungen uns einbilden, daß wir nichts mehr lernen können?" „Die Intoleranz widerspricht dem Rechte und der Vernunft . . . Die Menschen, die in Beziehung auf das Gewissen Gesetze machen, überschreiten offenbar ihre Macht und tun es, ohne dazu berechtigt zu sein." „Das Gewissen, welches nicht böswillig im Irrtum ist, hat dieselben Rechte als das Gewissen, welches nicht im Irrtum ist, denn es ist die größte Sünde, gegen sein Gewissen zu handeln" – ein Satz, den Bayle besonders weitläufig erörtert, übrigens auch schon in seinen „Nouvelles Lettres critiques", (und gegen falsche Folgerungen und Anwendungen in Schutz nimmt).[4] „Es ist

[1] zu setzen *steht in C bereits oben, hinter* Toleranz[.]

[2] *In C folgt Zusatz:* vollständige,

[3] Toute . . . violente. *Fehlt in C. Im vorausgegangenen Satz dasselbe deutsch.*

[4] *Einklammerung beginnt in C bereits vor* ein Satz[.]

gerecht, alle Religionen ohne Unterschied zu dulden, wenn sie nur nichts weiter verlangen als Gewissensfreiheit und sich nicht an den bürgerlichen oder politischen Gesetzen vergreifen wollen." * „Es gibt wohl Fälle, wo die Extreme falsch sind; ja, sie sind selbst sehr häufig, aber in diesem Falle hier gibt es kein juste mulieu; entweder alles oder nichts, heißt es hier; dieselben Gründe, welche für die Duldung *einer* Sekte sprechen, sprechen auch für die Duldung einer andern." „Selbst die Heiden verdienten Duldung; denn obgleich die Gewaltsamkeit, mit welcher die heidnischen Kaiser verfuhren, dem Grundsatz zufolge, ‚qu'une Religion qui force les consciences ne mérite point d'être soufferte'[1], die Heiden der Toleranz unwürdig machte, so hätte man sich doch von Repressalien enthalten sollen, nachdem sie so schwach geworden, daß man nicht mehr befürchten durfte, sie würden wieder mächtig werden und die Tragödien eines Decius und Diokletian erneuern." „Auf einem ganz groben Irrtum beruht es, wenn man sagt, man wolle sich gerne alles gefallen lassen, nur keine Blasphemien gegen die Gottheit, nur diese müßten bestraft werden, Servet sei folglich wegen der heftigen Blasphemien, die er gegen die Dreieinigkeit ausgestoßen, mit vollem Rechte bestraft worden; denn um einen Blasphemisten strafbar zu machen, dazu reicht es nicht hin, daß seine Äußerungen der Definition nach, welche andere nach ihrem Gutdünken von diesem Worte geben, eine Blasphemie sind; seine Äußerung muß" – ein trefflicher, noch heute der theologischen Beschränktheit und Verdammungssucht anzuempfehlender Grund! – „nach seiner *eignen Lehre* eine Blasphemie sein; nur deswegen strafen wir mit Recht einen Christen, welcher bei dem heiligen Namen Gottes schwört und sich dabei Ausdrücke erlaubt, welche gegen *ebendieselbe* Gottheit, die er glaubt und bekennt, Beleidigungen sind; in diesem Falle sündigt er aus Bosheit und mit dem Bewußtsein, daß er sündigt. Aber wenn ein Christ, welcher *nicht* die Dreieinigkeit glaubt und in seinem irrenden Gewissen überzeugt ist, daß es nicht drei Personen geben kann, wovon jede Gott ist, ohne daß drei Götter sind, wenn ein

* „Comment. Philos." Part. II., p. 412, 414, 427. [*Reihenfolge der Seitenzahlen berichtigt nach C.*]

[1] *In C deutsch*: ‚daß eine Religion, welche die Gewissen zwingt, nicht verdient, geduldet zu werden'

solcher sagt und behauptet, daß der Gott der Katholiken und Protestanten *ein falscher Gott, ein sich widersprechender Gott* usw. ist, so ist diese Äußerung in Beziehung auf ihn keine Blasphemie, weil er nichts gegen *die* Gottheit, welche er anerkennt, vorbringt, sondern nur gegen eine andere, die er nicht er- oder nicht anerkennt. Nach der Definition dieser Herren wären die ersten Christen und Hugenotten die verruchtesten Blasphemisten gewesen, denn das Verächtlichste, das Infamste, was man nur immer sagen kann, haben die ersten Christen schonungslos gegen die Götter des Heidentums vorgebracht; ebensowenig haben, wie bekannt, die Protestanten den Gott der Messe verschont, ja, Äußerungen gegen ihn getan, worüber den Katholiken die Haare zu Berge standen. Ich lobe nicht die, welche so unhöflich sind, sich gehässiger Ausdrücke zu bedienen . . ., aber im Grunde ist es auch nichts weiter als Unhöflichkeit, als Derbheit – denn sie bringen, wie gesagt, keine Blasphemien gegen die Gottheit vor, welche sie anbeten, sondern gegen etwas, was sie bloß für eine Einbildung oder Chimäre ihrer Gegner halten." *

Bayle ist einer der eifrigsten, kräftigsten und zugleich *gründlichsten*, wo nicht der gründlichste Bekämpfer der Intoleranz. Dank ihm dafür im Namen der Wissenschaft und Menschheit, die nur unter dem Schutze der Toleranz gedeihen können! Dank ihm als einem Beförderer des Reichs der Vernunft und Freiheit, des wahren Gottesreiches! Die Intoleranz ist die leibliche Tochter des Teufels, die Lehre des bösen Prinzips, die Lehre der Lüge. Die Wahrheit ist tolerant, weil sie *ihrer selbst gewiß* ist, weil sie weiß, daß im Grunde nichts gegen sie sein kann, weil sie auch im andern, auch im Irrtum noch sich selbst erkennt, weil sie überdem überzeugt ist, daß das Leben die unendliche Einheit des Wesens nur als unendliche Mannigfaltigkeit und Verschiedenartigkeit darstellen kann. Wo keine Wahrheit, ist daher keine Toleranz. Furcht ist die Quelle der Intoleranz, aber Furcht ist nicht in der Wahrheit. Der Teufel duldet nichts als sich selbst; weil er nichts in sich selbst ist, will er alles für sich haben; je inhaltsloser er ist, je mehr sucht er sein Reich zu vergrößern, gepeinigt von dem unerträglichsten pruritus propagandi sui ipsius [Lust, sich selbst eine längere Dauer zu verschaffen];

* loc. cit., p. 419, 420–421.

jedes Etwas außer ihm, das nicht seine Farbe trägt, ist für ihn ein Argument gegen seine Existenz, ein Angriff, ein Vorwurf; seiner selbst ungewiß, in der höchsten Selbstsüchtigkeit selbstlos, stets in Todesfurcht, stets in einem innerlich verborgnen Grausen vor sich selbst, ist er nach außen die absolute Mißgunst und Intoleranz. Nur der böse Wille oder die Verrücktheit oder die Geistesbeschränktheit, welche die Lüge nicht von der Wahrheit zu unterscheiden vermag oder die paar Begriffe, die sie im Vermögen hat, mit dem Privilegium der Heiligkeit vor den Angriffen einer höhern und freiern Intelligenz schützen will, kann daher der Intoleranz oder – was zuletzt auf eins hinauskommt – einer beschränkten Toleranz das Wort reden wollen.

Um so dankbarer müssen wir aber Bayles Verdienste um die Toleranz anerkennen, als er zu einer Zeit lebte, wo das Dogma der Intoleranz noch ein allgemein herrschendes und durch sein Alter geheiligtes Vorurteil der christlichen Welt war. Er sagt selbst: „Man kann sich nicht genug darüber verwundern, daß ein Dogma wie das vom Gewissenszwang in der Christenheit so um sich hat greifen können, daß auch nicht eine einzige bedeutende Sekte ist, die nicht dieses Dogma kräftig verficht. Wohl gibt es in allen christlichen Gemeinden einzelne, die in ihrem Herzen oder selbst öffentlich alle gewaltsamen Bekehrungsversuche mißbilligen, aber, soviel ich weiß, ist es nur die Sekte der *Sozinianer* und die der *Arminianer*, welche ausdrücklich lehren, daß nur der Unterricht allein das erlaubte Mittel ist, die Ketzer oder Ungläubigen zu bekehren. Aber was sind diese zwei Sekten? Die Sozinianer haben sich, mit Ausnahme sehr weniger Orte, fast unmerklich unter den übrigen Christen verloren, und die Arminianer sind nur in einigen Städten Hollands bekannt. So ist das Dogma der Toleranz nur in einigen kleinen, elenden Winkeln der Christenwelt als wahr anerkannt, während das Dogma der Intoleranz überall das herrschende ist. In der Tat ist dieses Dogma das Lieblingsdogma der römischen Kirche, welches sie überall, wo sie nur kann, in Anwendung bringt. Aber auch die *Protestanten* unterlassen es nicht, dieses Dogma in der Praxis anzuwenden, ob sie wohl das Gehässigste daran weggetan haben. ... So gibt es in der Schweiz Kantone, die nur die reformierte Kirche dulden und noch zu unsern Tagen sich die rohsten Gewalttätigkeiten gegen die Anabaptisten erlaubten. . . . Die Lutheraner dulden nur mit genauer Not in einigen Reichsstädten, wo sie vorherrschen, die Reformierten, welche bisweilen gezwungen sind, sich außerhalb der Stadtmauern (wie Verpestete in Lazaretten)[1] in abgesonderten Gebethäusern (temples) zu versammeln . . . In dem Württembergerland wurden die französischen Refugiez[2] nur zum Abendmahl der Lutheraner gelassen, wenn sie eine Glaubensformel unterschrieben, welche das Dogma der Ubiquität nebst andern Dogmen enthielt . . . Und nicht seit heute oder gestern herrscht das Dogma des Gewissenszwanges über die ganze Christenheit, mit Ausnahme der kleinen Winkel, die ich eben genannt habe; es herrscht, seitdem die Christen die Gewalt über Tod und Leben in Händen haben, es herrscht von Konstantin, dem ersten christlichen Kaiser, an bis auf Leopold, der jetzt auf dem Kaiserthrone sitzt. Die Beweise für diese Behauptung sind erst neuerdings von einem gewissen Pater des Oratoriums zu Paris, Louis Thomassin, in seinem Buch über die Einheit der Kirche aufs sorgfältigste gesammelt worden und so ausführlich, so klar, so schlagend, daß man sich die Augen ausstechen müßte, wenn man auch nur im geringsten in dieser Beziehung noch ungläubig bleiben wollte. . . . Zwar hat dessenungeachtet ein andrer französischer Schriftsteller behauptet, daß alle Gewalttätigkeiten der Fürsten in religiösen Angelegenheiten stets nur mit Abscheu betrachtet worden seien und heute noch der Name solcher Fürsten mit Verwünschung ausgesprochen würde. Aber wie? Konstantin, Theodosius, Honorius, Marcian, Justinian, welche so viele Strafgesetze gegen die Sektierer in Vollziehung bringen ließen, welche die zum Tode verurteilten, die in der heidnischen Idolatrie[3] oder im Manichäismus beharren oder die Bücher der Ketzer lesen und behalten würden, sind Namen, die man heute nur noch mit Verwünschung ausspricht?

Der Skandal wäre allerdings geringer, wenn man nachweisen könnte, daß in der Tat der Name der Fürsten, welche den Glauben durch Gewaltmittel beförderten, stets verhaßt gewesen wäre, aber, ach!, zur Schande des christlichen

[1] *In C nicht eingeklammert.*

[2] französischen Refugiez: aus Frankreich geflüchteten Reformierten *C*

[3] Götzendienerei *C*

Namens hat der nämliche Louis Thomassin mit der nämlichen Evidenz bewiesen, daß es die Konzilien, die Bischöfe und die vorzüglichsten[1] Kirchenlehrer waren, welche entweder um diese Gesetze anhielten oder mit großen Lobeserhebungen, mit Jubelgeschrei, mit Segnungen, mit Tedeums die Fürsten beehrten, welche diese Gesetze gaben und mit Strenge geltend machten. Wir sehen[2] daher in dieser Sache einen wirklich entsetzenden Zusammenfluß von zwei oder drei Momenten. Das erste ist die feierliche Bekanntmachung von Strafgesetzen gegen solche, die nicht gewisse Ansichten über religiöse Gegenstände haben würden, ein Gebrauch der ganzen Christenheit und so oft wiederholt, als es eine Gelegenheit dazu gab, seit mehr als 1200 Jahren. Das zweite Moment ist die strenge und oft sehr blutige Vollziehung dieser Gesetze in allen Fällen, die sich nur immer darboten; das dritte – das schrecklichste von allem – ist die Billigung und Beistimmung von seiten der Prälaten, der Konzilien, der Päpste und der meisten Doktoren[3] (Docteurs particuliers). Ich wiederhole es: Dies ist das Schrecklichste, das wahrhaft Ungeheure... dies der höchste Grad der geistigen und moralischen Verdorbenheit, daß eine so wahnsinnige Lehre, eine Lehre, welche die Bestrafung eines Menschen, der aus Gewissensgründen die Unterschrift einer Glaubensformel verweigert, rechtfertigt, sich in der christlichen Kirche mit fast allgemeinem Beifall von seiten der Lehrer ausgebreitet und sich ein solches Ansehen gegeben hat, daß man fast für einen Ketzer gilt, selbst unter den Protestanten, wenn man nur ein kräftiges Wort für die Toleranz spricht." ... „Und sage man nicht, daß die Häretiker[4] es waren, welche die Rechtgläubigen zu Maßregeln der Gewalt nötigten. Man kann im allgemeinen wohl nicht leugnen, daß die Häretiker[4] bisweilen grausam gegen die Rechtgläubigen verfuhren; aber man muß doch eingestehen, daß die Orthodoxen den Angriff machten. Denn sie waren es ja, welche die weltliche Macht Konstantins gegen den Arianismus zu Hülfe riefen, ehe noch die Arianer irgendein Gewaltmittel angewendet hatten."* Er-

[1] angesehensten *C* [2] sahen *C*

[3] Gelehrten. *C, wo der folgende Zusatz in Klammern fehlt.*

[4] Ketzer *C*

* Supplement du „Comment. philos.", chap. 29., p. 553–555; ch. 30, p. 556.

kennen wir daher aus diesem wichtigen Beispiel, daß die Religion *für sich selbst*, wenn sie *nicht durch die Vernunft erleuchtet* wird, den Menschen in der Finsternis läßt, ja, daß die Religion, wenn sie, statt der Vernunft zu gehorchen, die Vernunft beherrschen will, die Menschheit in die barbarischsten, greuelvollsten, irrigsten, grundverderblichsten Lehren stürzt; denn das Dogma vom Gewissenszwang hebt alle Begriffe, alle Gesetze der Ethik[1] und Gerechtigkeit auf, rechtfertigt jedes Verbrechen, wie Bayle trefflich nachweist. Erkennen wir, daß gerade die Ungläubigen, die Freigeister, kurz, diejenigen, welche die unterdrückte Macht der Vernunft wieder zu heben suchten, es waren, welche der Menschheit die Unterschiede zwischen Recht und Unrecht, zwischen Wahrheit und Lüge, zwischen gut und schlecht wieder offenbarten! Erkennen wir, daß es kein Heil für die Menschheit *außer der Vernunft* gibt! Der Glaube mag den Menschen beseligen, beruhigen; aber soviel ist gewiß: Er *bildet*,[2] er *erleuchtet* nicht den Menschen; er löscht vielmehr das Licht im Menschen aus, um angeblich ein anderes, übernatürliches Licht an seine Stelle zu setzen. Aber es gibt nur *ein* Licht – das Licht der Natur, das in den Tiefen der Natur der Dinge gegründete Licht, das allein auch das göttliche Licht ist – *die Lichter im Plural sind gemachte Lichter* –, wer dieses eine Licht verläßt, begibt sich in die Finsternis. „Mais *c'est un malheur des hommes de se dégoûter enfin de la raison même et de s'ennuyer de la lumiere. Les cimères commencent à revenir et plaisent, parce qu'elles ont quelque chose de merveilleux.*"[3*]

[1] Sittlichkeit *C*
[2] *In C folgt Zusatz:* er bessert,
[3] *In C deutsch:* „Aber es ist ein Unglück für die Menschen, daß sie am Ende sogar die Vernunft satt bekommen und das Licht sie langweilt. Die Ausgeburten der Einbildungskraft kommen wieder zurück und gefallen, weil sie etwas Wunderbares haben."
* Leibniz, Opp. Omn.[4], T. II, p. 168.
[4] *C folgt Zusatz:* Dutens

Bayles Bedeutung für die Geschichte der Philosophie und Charakter[1]

Bayles Bedeutung für die Philosophie liegt größtenteils schon hinter uns; sie liegt hauptsächlich in seinem *negativen Verhältnis zur Theologie.* Er ist eine praktisch-dialektische Einleitung von dem dogmatisch beschränkten Denken der Theologie zu dem freien Denken der Philosophie. Bayle ist da *positiv,* wo er *negativ* ist, – Philosoph da, wo er mit unphilosophischen Gegnern, namentlich mit Theologen, zu tun hat. Wie Leibniz das Universalgenie seiner Zeit, das in allen Wissenschaften produktiv tätige Genie, so ist B. – wenn auch nicht in demselben Umfang – ein Universalkritiker seiner Zeit. Was sich nur immer namentlich auf dem Gebiete des Denkens regt, wird ein Objekt seiner Kritik, obgleich er, im Vorbeigehen gesagt, in seinen „Nouvelles de la Republique des Lettres“ meist nur den passiven Referenten macht. Wie Leibniz nur in Beziehungen, so entwickelt B. nur im Widerspruche seine philosophischen Gedanken. Seine Philosophie ist eine Philosophie par occasion[2]. Die wahre Darstellung ist stets der[3] Ausdruck ihres Gegenstandes. Eine Darstellung seiner philosophischen Gedanken kann daher auch nur eine okkasionelle[4] sein.

Exempla docent [Beispiele lehren].[5] Ein Theologe namens Bernard hatte zu beweisen gesucht, daß das Altertum und die allgemeine Verbreitung eines Glaubens – so des Glaubens an die Existenz einer Gottheit –, selbst auch eines moralischen Gebotes, z. B. dieses, daß die Kinder ihre Eltern ehren müssen, und andere dergleichen äußerliche Zeichen hinreichende Merkmale und Beweise der Wahrheit seien. B[ayle] erwidert: „Ich möchte nicht mich seiner Methode bedienen, um mich von der Wahrheit eines Gebotes wie des eben genannten mit vollkommner Gewißheit zu überzeugen; ich weiß kein andres sicheres Mittel, um mir eine gewisse Erkenntnis von dieser

[1] Bedeutung . . . Charakter: Charakter und Bedeutung für die Geschichte der Philosophie *C*

[2] Philosophie . . . occasion: Gelegenheitsphilosophie *C*

[3] *C folgt Zusatz:* treue

[4] *C folgt Zusatz:*, gelegenheitliche

[5] Exempla docent. *Fehlt in C.*

Wahrheit zu verschaffen, als die Gesetze der sittlichen Ordnung und die Ideen, die uns die Prinzipien der Moral entdecken, um Rat zu fragen (les loix de l'ordre et les idées qui nous decouvrent les principes de la Morale) [1]." „Aber ebensowenig kann man es, wie Bernard will, als ein Zeichen der Wahrheit ansehen, wenn etwas dem menschlichen Geiste leicht eingeht und tief in ihm einwurzelt. Es scheint sogar, daß die menschliche Seele mehr für die Lüge als die Wahrheit gestimmt ist. Die Wahrheit hat keinen Reiz für die Kinder; aber die Fabel spricht sie so sehr an, daß man sie nur vermittelst der Fabel belehren kann. Auch die schon erwachsenen Menschen haben unendlich mehr Gefallen an romanhaften Geschichten als an wahren Geschichten; selbst in den gelehrtesten Zeitaltern gibt es gegen einen einzigen Menschen, dessen Geschmack so geläutert ist, daß er die natürliche Einfachheit der Wahrheit dem Prunke und den Kunstgriffen des Betruges vorzieht, Tausende, die die Wahrheit verachten, um sich an den Zieraten der Erdichtung zu ergötzen ... Wie oft erfahren wir nicht im Leben, daß es gegen einen einzigen Menschen, der eine Nachricht treu erzählt, Tausende gibt, die sich nicht die Freude versagen können, Umstände von ihrer Erfindung beizufügen?" ... „Man kann endlich nicht leugnen, daß der vernünftige Gottesdienst weit weniger der Fassungsgabe des menschlichen Geistes entspricht als die Superstition[2]. Man würde die Erfahrung Lügen strafen, wollte man diese Tatsache leugnen." „Aber auch deswegen, weil uns etwas von der Natur eingegeben ist, folgt noch nicht, daß es *wahr* ist ... Wieviel Schlechtes treffen wir in dem Menschengeschlecht, und doch ist es unbezweifelbar das bloße Werk der Natur ... Die Natur gibt dem Menschen die Rachsucht und den Geist der Eitelkeit und die Leidenschaften der Unzucht. Wenn man mir daher für die Maxime: Die Kinder müssen ihre Eltern ehren, keinen andern Grund anführen könnte als den, daß die Natur sie uns eingeprägt habe, so würde ich mich nicht zufriedenstellen; dieser Grund beweist zuviel; ich würde diesen Grundsatz mit ebenso vieler Schärfe prüfen, als wenn man mir gar nichts zu seinem Vor-

[1] *Einfügung in Klammern fehlt in C. Dasselbe vorher deutsch:* die Gesetze ... entdecken

[2] der Aberglaube *C*

teil gesagt hätte, und der Grund meiner Annahme desselben wäre nur die Einsicht, daß er den Begriffen der gesunden Vernunft gemäß ist. Ein solcher Grund hat mehr Stärke als die Stimme der Völker. Selbst wenn sie mir in diesem Punkte entgegen wären, ich würde deswegen doch meine Ansicht nicht ändern." Was sind denn auch die Stimmen der Völker? Welche Bedeutung kann man ihnen geben? „Die Völker denken nicht, sie prüfen nicht, was sie glauben. . . . Aber eine Stimme hat nur dann Autorität, wenn die Voraussetzung gegründet ist, daß man sich seines Geistes bedient hat, denn c'est toute la même chose de manquer d'esprit et de ne pas faire usage de l'esprit qu'on a.[1] So haben z. B. die Griechen keinen Gebrauch von ihrer Vernunft, keine Anwendung von ihrem Genie in religiösen Dingen gemacht. Ihre Stimme hat daher nicht mehr Gewicht als die der Götzendiener von Kanada. Die Griechen haben sich in den den Gottesdienst betreffenden Dingen wie Kinder betragen. Mit Blindheit und kindischer Torheit haben sie alle Märchen, alle gottlosen Albernheiten, die man ihnen in betreff der Gottheit vortrug, angenommen. Sie haben nichts geprüft, nichts ihren Philosophen zur Prüfung vorgelegt." * Der Gedanke Bayles ist also kein anderer als der richtige, echt philosophische: Ob etwas wahr oder nicht wahr, hängt allein von der Vernünftigkeit oder Unvernünftigkeit ab. Der innere Sachgrund allein – der Gedanke entscheidet. Die Sache muß *an und für sich selbst* betrachtet werden, wenn man ihre Wahrheit erkennen will, unabhängig von den Beziehungen auf den Menschen und andern äußerlichen Gründen. Er will also die in seiner Zeit, welche alles nur in bezug auf den Menschen oder den anthropomorphistischen[2] Gott dachte, vergessene Kategorie des An-und-für-sich-Seins[3] geltend machen.** So geläufig uns jetzt solche Gedanken sind wie [der,] daß das Altertum, der consensus gentium[4] keine Zeichen der Wahrheit sind, so

[1] *In C deutsch:* es ist einerlei, ob man keinen Geist hat oder von seinem Geiste keinen Gebrauch macht.

* „Rép. aux Quest.", p. 708–709, 713. 714–697.

[2] menschenähnlichen *C*

[3] des . . . Seins: der Beziehung auf sich selbst *C*

** S. über diesen Gegenstand auch Continuat. des „Pensées div.", p. 195–237, besonders die schöne Stelle § 33, Nr. 4.

[4] die Übereinstimmung der Völker *C*

setzten sie doch zu Bayles Zeit, wo diese Meinungen noch eingewurzelte Vorurteile waren, eine besondere Energie und Selbständigkeit voraus.

Wie hier gegen Bernard, so bewährt sich auch Bayle in seiner Polemik gegen die Theologen King und Jaquelot nicht nur als einen scharfsinnigen Denker, wie in seinem Streit mit dem Theologen Le Clerc über die plastischen Naturen, sondern auch als einen philosophischen Denker. King hatte in einer Schrift über den Ursprung des Übels, um die Schwierigkeiten in dieser Materie zu heben, zu dem gewöhnlichen Hausmittel der Theologie, dem freien Willen, seine Zuflucht genommen. Aber er erklärte die Freiheit nicht wie die übrigen; er billigte nicht die Lehre, welcher zufolge die Freiheit nichts ist als eine Exemption[1] vom Zwange, noch die, welche sie in der Indifferenz[2] bestehen läßt, noch die, welche den Willen dem letzten Akte des sogenannten praktischen Verstandes unterwirft. Er behauptet, daß die Freiheit eine Kraft ist, dieses oder jenes zu wählen, und zwar *ohne alle Abhängigkeit von den übrigen Fakultäten*[3] oder Attributen[4] des freien Wesens und von den Qualitäten[5] der Gegenstände der Wahl. Er nimmt an, daß die Gegenstände nur infolge der Wahl des freien Willens gut und angenehm werden und daß folglich die Freiheit die Quelle des Glücks ist, aber daß man sich unglücklich macht, wenn man schlecht wählt. King verwirft demnach auch die Ansicht derjenigen, welche behaupten, daß Gott gewisse Dinge wählt, *weil sie gut sind*, und behauptet, daß die Güte (la bonté) der Dinge einzig *von der Wahl Gottes* abhängt; denn wenn Gott durch die Güte der Dinge selbst zum Handeln bestimmt wäre, so würde er ein gezwungen handelndes Wesen sein, was sich mit dem Begriffe seiner Freiheit nicht verträgt. „Die Folge dieser Lehre wäre," entgegnet nun trefflich Bayle, „daß, ehe sich Gott zur Schöpfung bestimmte, er in der Tugend keinen Vorzug vor der Sünde erkannte und daß ihm seine Ideen nicht zeigten, daß die Tugend der Liebe würdiger sei als die Sünde. Eine Konsequenz, welche den Unterschied zwischen dem

[1] Freiheit *C*
[2] Gleichgültigkeit *C*
[3] Fähigkeiten *C*
[4] Eigenschaften *C*
[5] Beschaffenheiten *C*

positiven Rechte und dem *Vernunftrechte* aufhebt; es gibt daher nichts Unveränderliches, nichts Unerläßliches mehr in der Moral; es war Gott ebenso möglich, die Tugend zu befehlen als das Laster, und wir können daher nicht wissen, ob nicht die Gesetze der Moral einst ebenso abgeschafft werden wie die Zeremonialgesetze der Juden. Und so kommen wir denn geraden Weges auf die Vorstellung, daß Gott der freie Urheber ist nicht nur von der Güte der Tugend, sondern auch von der Wahrheit und Wesenheit der Dinge. Aber diese Vorstellung, ob sie gleich von einigen Cartesianern geltend gemacht wird und in gewissen Fällen nicht ohne Nutzen sein mag, ist unvernünftig – sie stürzt uns in den schrecklichsten Pyrrhonismus[1], sie führt zu der Behauptung, daß dieser Satz: Zweimal drei ist sechs, nur da, wo, und solange, als es Gott gefällt, wahr ist, daß dieser Satz in einigen Teilen des Universums vielleicht falsch ist oder vielleicht auch unter den Menschen schon im nächsten Jahre nicht mehr gelten wird; denn alles, was vom *freien Willen* Gottes abhängt, kann, wie die Zeremonien der Juden, auf *gewisse Orte und Zeiten* beschränkt werden. Und diese Konsequenz[2] erstreckt sich auf alle Gesetze des Dekalogs, wenn die Handlungen, welche sie gebieten, ihrer Natur nach ebenso aller Güte ermangeln als die Handlungen, welche sie verbieten."* „Die absolute Wahlfreiheit, die King dem Menschen gibt, widerspricht ebenso der Vernunft als der Erfahrung. Denn bestätigt es nicht die Erfahrung, daß, wenn wir einem Gegenstand vor dem andern den Vorzug geben, sich unsere Wahl stets auf die Ansicht von der Angemessenheit der Gegenstände stützt? Hoffen wir, daß ein Gegenstand, welcher durch seine innerlichen Qualitäten[3] uns keinen Vorteil verspricht unser Glück sein wird, sobald wir ihm nur die Ehre erweisen, ihn zu wählen? Erfahren wir, daß, wenn wir glauben, gut gewählt zu haben, unser Glück nicht von der Beschaffenheit herkommt, die schon vorher dem Objekt unserer Wahl eigen war, sondern von der Beschaffenheit, die wir erst durch unsere Wahl hineingelegt haben? Und wenn es uns reut, einer Sache den Vorzug vor einer andern gegeben zu haben, kommt

[1] den . . . Pyrrhonismus: die schrecklichste Ungewißheit *C*
[2] Folgerung *C*
* „Rép. aux Quest.", 658, 675–576.
[3] Eigenschaften *C*

es nicht daher, weil wir jetzt die Erfahrung machen, daß sie nicht die Qualitäten[1] hat, welche wir ihr zuschrieben und welche uns zur Wahl bestimmt hatten? . . . Wo ist also die menschliche Freiheit, welche nicht die Dinge wählt, weil sie ihr angemessen sind, sondern die Dinge angemessen macht, weil sie dieselben wählt?" „Wie der Verstand eine natürliche Bestimmung oder Neigung (determination)[2] zum Wahren überhaupt und zu jeder besondern klar erkannten Wahrheit hat, so hat auch der Wille eine natürliche Bestimmung[3] zum Guten überhaupt. Mehrere Philosophen behaupten deswegen, daß wir, sobald wir die besondern Güter klar erkannt haben, genötigt sind, sie zu lieben. . . . Es ist nichts weniger als ein Mangel in der menschlichen Seele, wenn sie keine Freiheit der Indifferenz oder Gleichgültigkeit in betreff des Guten im allgemeinen hat; es wäre, im Gegenteil, eine entsetzliche Unvollkommenheit und Mangelhaftigkeit, wenn man wirklich also reden könnte: ‚Es liegt mir wenig daran, ob ich glücklich oder unglücklich bin; ich bin nicht mehr bestimmt und entschlossen, das Gute zu lieben, als es zu hassen; ich kann gleichgültig das eine ebensogut wie das andre tun'. Wenn es nun aber eine gute und löbliche Eigenschaft ist, in betreff des Guten überhaupt nicht gleichgültig, sondern bestimmt zu sein, so kann es auch nicht ein Mangel sein, wenn man sich in betreff eines besondern Gutes, von welchem wir aufs klarste erkennen, daß es unser Glück ausmachen wird, genötigt findet.

Es scheint selbst eine notwendige Folge zu sein, daß die Seele, wenn sie keine Freiheit der Indifferenz für[4] das Gute im allgemeinen hat, auch keine solche in bezug auf die besondern Güter habe, in dem Momente wenigstens, wo sie apodiktisch urteilt, daß dieselben für sie Güter sind. Was würden wir von einer Seele denken, welche sich rühmen könnte der Fähigkeit, die als Güter erkannten Güter nicht zu lieben, sondern selbst zu hassen, und welche spräche: ‚Ich erkenne zwar klar, daß das für mich Güter sind, ich bin hierüber vollkommen im reinen; indes ich mag sie nicht lieben, ich will sie hassen; mein Entschluß ist gefaßt; ich führe ihn

[1] Eigenschaften *C*
[2] *Fehlt in C.*
[3] *In C folgt Zusatz*: oder Neigung
[4] Indifferenz für: Gleichgültigkeit gegen *C*

aus; ich habe zwar keinen Grund dazu, aber es *beliebt* mir eben, also zu handeln', was würden wir, sage ich, von einer solchen Seele denken? Fänden wir sie nicht weit unvollkommner und elender, als wenn sie nicht diese Freiheit, die King so anpreist, hätte? Die Lehre, welche den Willen den *letzten* Akten des Verstandes unterwirft, gibt nicht allein eine vorteilhaftere Vorstellung von der Beschaffenheit der Seele, sondern sie zeigt auch, daß es viel leichter ist, auf diesem Wege den Menschen zur Glückseligkeit zu führen als auf dem Wege der indifferenten [1] Freiheit; denn man braucht hier nur den Geist über seine wahren Interessen aufzuklären, und alsbald wird sich auch der Wille nach dem Urteil der Vernunft richten. Aber wenn er eine von der Vernunft und klaren Erkenntnis der objektiven Beschaffenheiten unabhängige Freiheit hat, so ist er die unkultivierbarste Bestie von der Welt. ... Alle Lehren, alle möglichen Gründe werden vergeblich sein: Ihr werdet ihn aufklären, ihr werdet seinen Geist überzeugen, aber dessenungeachtet wird sein Wille unbeugsam bleiben und unbeweglich wie ein Felsen... Ein Einfall, eine bloße Laune wird den Willen unerschütterlich gegen alle Vernunftgründe machen: Es wird ihm nicht belieben, das klar erkannte Gut zu lieben; es beliebt ihm, dasselbe zu hassen. Herr King täuscht sich also, wenn er die indifferente[1] Freiheit für das größte Gut hält, welches Gott dem Menschen geben konnte. Einen viel reellern Wert hat eine Freiheit, welche immer den Aussprüchen der Vernunft folgt und den Gegenständen, die sie klar als ihre Güter erkennt, keinen Widerstand leisten kann. Niemand, soviel mir bekannt, leugnet, daß die klar erkannte Wahrheit die Seele zur Beistimmung zwingt; die Erfahrung lehrt es. Wir können nie innerlich das leugnen, was uns als Wahrheit erscheint, noch innerlich bejahen, was als Lüge erscheint. Die Skeptiker, welche sich nicht der Evidenz der Objekte ergeben, tun es nur, weil sie zweifeln, ob die Evidenz ein gewisses Merkmal der Wahrheit ist; denn sie gestehen wie alle anderen Menschen ein, daß man gewissen Wahrheiten nicht seine Beistimmung versagen kann. Der Mangel an Freiheit in bezug auf diese Wahrheiten ist keine Unvollkommenheit der menschlichen Seele; nein, es wäre vielmehr ein Mangel, wenn

[1] gleichgültigen *bzw.* gleichgültige *C*

man sie leugnen oder in Zweifel ziehen könnte." „Die wahren Liebhaber der Weisheit bestreben sich, von der Unbeständigkeit sowohl rücksichtlich ihrer Ansichten und Urteile als rücksichtlich ihrer Willenshandlungen frei zu werden. Sie betrachten den Leichtsinn, mit welchem wir heute bejahen, woran wir morgen zweifeln oder was wir nach zwei Tagen vollends verwerfen werden, als einen schimpflichen Fehler. Noch mehr ärgern sie sich aber über den Leichtsinn, mit welchem wir von der Liebe zur Indifferenz[1], zur Verachtung, zum Hasse des einen und selben Gegenstandes in kurzer Zeit übergehen. Ihre Nachtwachen und Meditationen[2] haben kein anderes Objekt zum Zwecke[3] als die Gewißheit, damit sie nicht mehr die Fähigkeit haben, zu bejahen und [zu] verneinen oder zu zweifeln, sondern entweder auf der Bejahung oder auf der Verneinung bestehen. Und was den Willen gar betrifft, so bestreben sie sich aus allen Kräften, die Handlungen desselben zu bestimmen durch die Erwerbung einer habituellen[4] Tugend, welche die Macht der Sünde verringert und endlich abschafft und sie so *determiniert*[5] im *Guten* macht, daß sie die unglückselige Fähigkeit, das Böse zu lieben, verlieren. Sie schätzen ihr Glück nur nach den Fortschritten, die sie in dieser Angewöhnung der Tugend machen, und sie würden sich auf dem Gipfel der irdischen Glückseligkeit zu sein dünken, wenn sie schon in diesem Leben ein unauflösliches Band mit der Tugend verbände. Das stimmt, traun, wenig mit den Ideen des Herrn King überein, welcher behauptet, daß die vernünftige Kreatur nicht glücklich sein kann, wenn sie nicht die Fähigkeit besitzt, das Gute und Böse zu tun ... Wenn Adam im Stande der Unschuld wirklich so weise war, als man gewöhnlich annimmt, so mußte er nicht die Fähigkeit zu sündigen, sondern die Bestimmung zum Nichtsündigen als die Quelle seines Glückes sich wünschen. Er mußte diese so sehr gerühmte Freiheit als ein feindliches Wesen in seinem eignen Innern ansehen und Gott bitten, ihn vor ihr zu bewahren. Die modernen Pelagianer nehmen keinen Anstand, zu behaupten, daß unsre

[1] Gleichgültigkeit *C*
[2] Betrachtungen *C*
[3] kein ... Zwecke: nicht anderes zum Ziel *C*
[4] *C folgt Zusatz:* , angewöhnten
[5] *C folgt Zusatz:* , so fest

gefährlichsten Feinde in unserm eignen Busen verborgen sind." * „Es liegt eine unglaubliche Befriedigung in der Überzeugung, so fest in der Liebe zur Tugend zu sein, daß man jede sündhafte Versuchung, ohne auch nur im geringsten zu schwanken, abweisen würde. Ein Mensch, welcher die Aufforderung zu einer seiner Pflicht, seiner Ehre, seinem Gewissen widersprechenden Handlung auf der Stelle mit der Antwort zurückweist, daß er eines solchen Verbrechens *unfähig* sei, und in der Tat auch dazu unfähig ist, ist weit mehr mit sich selbst zufrieden, als wenn er erst Bedenkzeit sich ausbittet und mehrere Stunden lang nicht weiß, welchen Entschluß er fassen soll. Kein Lob schmeichelt dem tugendhaften Manne mehr, als wenn man von ihm sagt, was Pyrrhus von einem berühmten Römer, daß es schwerer sei, ihn von dem Pfade der Tugend als die Sonne von ihrer Laufbahn abzubringen. ‚Ille est Fabricius qui difficilior ab honestate quam Sol a cursu diverti potest [jener ist Fabricius, der schwerer von der Ehrbarkeit als die Sonne von ihrer Bahn abgebracht werden kann]' (Eutropius).[1] Also die Fähigkeit zu einer schlechten Wahl ist ein großer Mangel; aber eine solche Bestimmung oder Determination[2] zur guten Wahl, daß man überzeugt sein kann, daß man gar *nicht anders* hätte handeln können, ist eine sehr große Vollkommenheit, ja, der höchste Grad der Tugend." ** Wahrlich, man kann nichts besseres gegen den Irrwisch der indifferenten[3] Wahlfreiheit, die heute noch, teils versteckt, teils offen, so vielen im Kopfe spukt, vorbringen. So wie Bayle hätte jeder andre Philosoph geantwortet und antworten müssen. Auch Leibniz widerlegt durch die nämlichen Gründe die Freiheit der gesetz- und vernunftlosen Willkür. Merkwürdig ist ihre Übereinstimmung in dieser Materie – eine Übereinstimmung, die aber noch auffallender in Bayles Polemik gegen Jaquelot hervortritt, wo er nicht nur die nämlichen Argumente[4], sondern beinahe auch das nämliche Beispiel anwendet, welches Leibniz in

* „Réponse aux Q.", p. 677–679, 682.

1 ‚Ille . . . (Eutropius). *Fehlt in C.*

2 Bestimmung . . . Determination: Determination oder Bestimmung *C*

** Ebend., p. 666.

3 gleichgültigen, charakterlosen *C*

4 Gründe *C*

seiner „Theodizee" gebraucht und [das] das Freiheitsgefühl betrifft, welches Cartesius zuerst in neuerer Zeit als einen hinreichenden Beweis von der Realität der Freiheit aufgestellt hatte. Bayle hatte in seinem „Dictionnaire" [1] behauptet: „Wir haben keine deutliche Idee davon, daß ein Wesen, welches nicht *durch sich selbst* existiert, dennoch *durch sich selbst* handeln kann. Zoroaster würde daher sagen, daß der freie Wille, der dem Menschen gegeben wurde, nicht fähig ist, sich eine wirkliche Determination[2] zu geben, weil er gänzlich und unaufhörlich nur durch die Tätigkeit Gottes existiert." Jaquelot dagegen fand darin nicht die mindeste Schwierigkeit und warf B. ein: „Ich frage, ob wir nicht eine deutliche Vorstellung von unsrer Existenz haben, wenn wir sagen: Je pense, donc je suis.[3] Aber existieren wir deswegen durch uns? Es ist also ebenso leicht zu schließen: Ich erkenne und fühle klar und deutlich, daß ich tue, was ich will, in dem Umfang meiner Tätigkeitssphäre, also bin ich frei, ob ich gleich ebenso in betreff des Handelns als rücksichtlich der Existenz von dem Schöpfer abhängig bin." Aber gerade dieser Schluß, erwidert B., läßt sich gegen J. umkehren, nämlich also: „Ich fühle klar und deutlich, daß ich existiere, und doch existiere ich nicht durch mich; ob ich also gleich klar und deutlich fühle, daß ich dieses oder jenes tue, so folgt doch daraus noch nicht, daß ich es durch mich selbst tue. Bedenket doch, daß wir durch das klare und deutliche Gefühl von unsrer Existenz nicht unterscheiden, ob wir durch uns selbst existieren oder von einem andern Wesen unsere Existenz haben. Wir erkennen dieses nur auf dem Wege der Reflexion, d. h. dadurch, daß wir nachdenken über unser Unvermögen, uns solange, als wir wünschen, zu erhalten und von der Abhängigkeit der uns umgebenden Wesen zu befreien. Es ist selbst gewiß, daß die Heiden nie gekommen sind zur Erkenntnis der wahren Lehre, nämlich daß wir aus nichts gemacht sind, daß selbst in jedem Augenblick unsre Existenz aus dem Nichts herausgezogen[4] wird. Sie waren in der irrigen Meinung, daß alle Substanzen im Universum durch sich selbst existieren, daß sie nie vernichtet werden können

[1] Wörterbuch *C*
[2] Bestimmung oder Richtung *C*
[3] *In C deutsch:* Ich denke, also bin ich.
[4] hervorgezogen *C*

und nicht an und für sich selbst, sondern nur rücksichtlich ihrer Modifikationen, welche dem Untergange unterworfen sind, von äußern Ursachen abhängig sind. Kommt dieser Irrtum also nicht daher, daß wir nicht die uns erhaltende Tätigkeit des Schöpfers fühlen, wohl aber fühlen, daß wir existieren, und zwar auf eine Weise, die uns ewig in Unwissenheit rücksichtlich der Ursache unseres Wesens lassen würde, wenn uns nicht andere Erkenntnisse zu Hülfe kämen[?][1]. Gestehen wir also auch ein, daß das klare und bestimmte Gefühl von den Handlungen unseres Willens uns nicht erkennen läßt, ob sie von uns selbst kommen oder von ebenderselben Ursache, die uns die Existenz gibt. Man muß seine Zuflucht zur Reflexion oder Meditation[2] nehmen, um diesen Unterschied zu erkennen. Nun nehme ich aber als ausgemacht an, daß wir durch rein philosophische Meditation[3] nie darüber zu einer begründeten Gewißheit kommen, daß wir die wirkende Ursache unsrer Willensakte sind, denn jedem, der sorgfältig die Sache untersucht, leuchtet ein, daß, wenn wir rücksichtlich des Willens nur ein passives Subjekt[4] wären, wir dieselben Gefühle erfahren würden, die wir dann haben, wenn wir frei zu sein glauben. Nehmen wir zum Scherze an, daß Gott die Gesetze der Einheit der Seele und des Leibes so geordnet hat, daß alle Modalitäten der Seele, ohne Ausnahme auch nur einer einzigen, notwendig untereinander verbunden sind mit den sie vermittelnden* Modalitäten des Gehirns, so werden wir die nämliche Erfahrung machen, als wenn wir annehmen, daß wir frei sind; es wird in unsrer Seele von der Wahrnehmung der sinnlichen Objekte an, die ihr erster Akt ist, bis zu den festesten Willensentschlüssen, die ihr letzter Akt sind, die nämliche Gedankenfolge stattfinden. Es wird in dieser Reihenfolge das Gefühl der Vorstellungen, das der Bejahungen, das der Unentschlossenheit, das der velléitez, der unentschiednen, der volitions, der entschiednen Willensbestimmungen vorkommen. Denn mag der Willensakt uns durch eine äußerliche Ursache eingedrückt oder ein Produkt

[1] *So ergänzt auch C.*
[2] zum Nachdenken *C*
[3] philosophisches Nachdenken *C*
[4] passives Subjekt: leidendes Wesen *C*
* Etwas dunkel sind die Worte: „avec l'interposition des modalitez du cerveau".

von uns selbst sein, es ist auf gleiche Weise wahr, daß wir wollen und fühlen, daß wir wollen; und da diese äußere Ursache so viel Vergnügen, als sie will, in den uns eingedrückten Willensakt mit einmischen kann, so werden wir bisweilen ein unendliches Wohlgefallen an unsern Willensakten empfinden und mit Freuden erfahren, daß sie uns an das Ziel unserer heißesten Wünsche und Neigungen führen. Wir werden keinen Zwang fühlen; bekannt ist der Spruch: Voluntas non potest cogi[1]; aber ist es nicht klar, daß auch eine Wetterfahne, der man stets die Bewegung gegen einen gewissen Punkt des Horizonts und zugleich die Lust, sich dahin zu richten, eindrückte, überzeugt wäre, daß sie sich von selbst bewegte, um das vorgesetzte und erwünschte Ziel zu erreichen? Ich setze nämlich voraus, daß sie nichts von Winden oder einer sonstigen äußern Ursache wüßte, die zugleich ihre Lage und ihr Verlangen ändern könnte. Aber wir Menschen befinden uns nun gerade von Natur aus in der Lage dieser Wetterfahne. Wir wissen nicht, ob nicht eine unsichtbare Ursache uns sukzessiv von einem Gedanken zum andern führt. Es ist natürlich daher, daß die Menschen glauben, daß sie sich selbst bestimmen. Aber es bleibt zu untersuchen, ob es mit dieser Überzeugung ebenso ist wie mit ihrer Überzeugung in unzählig andern Dingen, welche sie ohne vorhergegangene philosophische Meditationen[2], bloß infolge eines gewissen Instinktes gläubig annehmen. Weil es nun aber zwei Hypothesen über die Freiheit des Menschen gibt, die eine, daß er nur ein passives Subjekt[3] ist, die andere, daß er aktive[4] Kräfte hat, so kann man vernünftigerweise nicht der zweiten den Vorzug vor der ersten geben, solange man nur Beweise aus dem Gefühle bringt; denn die Gefühle sind gleich, es mag die eine oder die[5] andere Hypothese wahr sein. Ein lebhaftes Gefühl von der Aktivität[6] unsrer Seele, welches Cartesius zuerst zum Beweise der Freiheit anführte, ist demnach ein sehr schwacher Beweis." * „Wenn die Menschen

[1] *In C deutsch:* Der Wille kann nicht gezwungen werden
[2] Betrachtungen *C*
[3] passives Subjekt: leidendes Wesen *C*
[4] tätige *C*
[5] *Fehlt in C.*
[6] Tätigkeit *C*
* „Rép. aux Quest.", p. 785, 786.

sich nach Jaquelots Prinzip richteten, welchem zufolge schon ein bloßes Gefühl Beweis einer Wahrheit ist, so würden sie nie glauben wollen, was die gesunde Philosophie uns lehrt, daß nämlich die Farben nicht in den Objekten des Gesichts sind, die Süße nicht im Zucker, der Geruch nicht in der Rose, die Wärme nicht im Feuer, daß ferner die Erde sich um ihr Zentrum dreht; denn ein sehr klares und deutliches Gefühl sagt uns das Gegenteil von allen diesen philosophischen Lehren. Es gibt ganze Nationen, die jeden Menschen geradezu für einen Träumer oder Narren ansehen würden, wenn er die Behauptung wagte, daß die Weiße, die wir auf den Schnee blickend wahrnehmen, nicht in dem Schnee ist und daß die Sonne unbeweglich ist. Alle Gründe, die man nur immer gegen ihre Meinung vorbringen würde, um sie ihnen zu entreißen, würden ihnen für *abstrakte* und *chimärische* Gedanken gelten; sie würden wie Jaquelot sagen, daß sie sich nicht durch solche Subtilitäten ihre *innigsten* und klarsten Gefühle wollten nehmen lassen."*

Nicht ohne Interesse ist es, Bayle, nachdem wir ihn im Kampf mit den rationalistisch-orthodoxen Theologen betrachtet haben, nun auch in der Berührung mit einem Mystiker zu erblicken. Hier jedoch nur eine Probe davon, wie er Poirets mystisch-sophistische, scheinbar tiefe Sündenfallstheorie kritisiert. „Was der Verfasser in betreff der Freiheit des nicht gefallnen Menschen bemerkt, daß er soviel Kraft gehabt habe, dem Willen Gottes zu widerstehen, und zwar in der Art, daß die Einwirkung Gottes auf den menschlichen Geist ihren Erfolg nicht verfehlt haben würde, wenn nur der Mensch nicht widerstanden hätte, daß es aber doch zugleich keine positive Kraft sei, die göttliche Einwirkung aufzuheben oder ihr zu widerstehen, das, sage ich, geht über meinen Verstand; denn ich habe keinen Begriff von einem Widerstande, welcher nicht einen *positiven* Gegensatz gegen die Handlung, der widerstanden wird, ausdrückt. Der Stein widersteht der Bewegung in die Höhe, weil die Ursache der Schwere ihn zu einer Bewegung bestimmt, deren Richtung gerade *der* Bewegung entgegengesetzt ist, welche der Mensch dem Stein mitteilen will, indem er ihn in die Höhe hebt. Noch deutlicher ist dies in betreff der Geister.

* Ebend., p. 792.

... Sie widerstehen uns durch Handlungen, die im Gegensatze zu den Handlungen stehen, die wir in ihnen hervorbringen möchten. Wenn man von einem stumpfsinnigen Menschen sagt, daß er allem Unterrichte widersteht, so heißt das nichts anderes, als daß seine Gehirnfibern so beschaffen sind, daß die Lebensgeister sie anders modifizieren, als es zur Erlernung irgendeiner Wissenschaft nötig ist; aber dieser Widerstand ist, obwohl unfreiwillig, etwas sehr Positives. Wenn also die Seele Adams der Handlung Gottes widerstehen konnte, so konnte er den Handlungen Gottes entgegengesetzte Handlungen hervorbringen. *Jeder Widerstand ist eine positive Handlung;* also war es auch Adams Widerstand. Dies bestätigt sich aber noch mehr dadurch, daß Adam nur einer bekannten oder unbekannten Sache widerstehen konnte. Aber einer unbekannten Sache konnte er keinen Widerstand leisten; denn wie sollte ein erkennend tätiges Wesen dem sich entgegensetzen, was es nicht kennt und wovon es nicht weiß, ob es ihm gut oder nicht gut ist? Also nur einer bekannten. Aber wenn dies der Fall war, so widerstand er ihr nur, weil er sie nur als ein Übel für sich erkannte; also war seine Verwerfung ein positiver Akt." „Poiret sagt weiter, daß das Böse, welches er als den Zustand bezeichnet, wo der menschliche Geist auf sich selbst gerichtet ist, sich so ansieht, als wäre er von und aus sich selbst, keine Ursache habe; denn alles Positive komme nur von Gott, aber Gott könne nicht Ursache des Bösen sein. Aber ich begreife nicht, wie die Form (das Wesen) des Zustandes, wo die Seele nach sich selbst strebt, auf sich selbst nur sieht, über sich selbst verfügt, als wäre sie etwas aus sich selbst, nichts sein soll. Denn in diesem Zustande denkt der menschliche Geist ebenso positiv, so real, als wenn er an Gott denkt; obgleich ein unendlicher Unterschied rücksichtlich der Realität der Gegenstände stattfindet, so ist doch kein Unterschied vorhanden rücksichtlich der Realität der Form oder des formalen Wesens der Handlungen, welche die Seele tut, sie mag an sich oder an etwas anderes oder an Gott denken. Sind denn die Imaginationen[1] im Delirium nicht ebensogut Realitäten als im Zustande der Gesundheit? Wenn also die Seele aus dem Zustande der Nichtrichtung auf sich in den

[1] Einbildungen *C*

Zustand der Richtung auf sich selbst überging, so war dies unmöglich ohne einen positiven Akt und folglich dieser Zustand nicht nichts." „Überdem, wenn die Sünde nichts ist, wie kann sie denn erkannt werden? Wie kann nach einer Ursache derselben gefragt werden? Hat denn das Nichts Eigenschaften, eine Ursache, einen Begriff?" (37)

Aber so positiv, so philosophisch Bayle da ist, wo er unphilosophische Meinungen und Vorstellungen bekämpft oder wo er [es] [1] mit dem Negativen, den Schwächen einer bestimmten Philosophie zu tun hat, so unbefriedigend, so negativ ist er da, wo er mit dem Positiven einer Philosophie in Berührung kommt und wo er den Gedanken unabhängig betrachten, wo er ihn *an und für sich* bestimmen soll. Hier spielt er meist den Skeptiker, den Zweifler, und zwar nicht selten den Zweifler zur Unzeit, den Zweifler ohne objektiven Grund, den Zweifler aus Luxus, den Zweifler aus bloßer Lust zum Zweifeln, und macht so uns und sich selbst wieder irre an seinen besten Gedanken *, bringt es zu keiner bestimmten philosophischen Überzeugung. Man rechnet ihn daher gewöhnlich geradezu zu den Skeptikern. Aber damit ist Bayle nicht gefaßt, nicht begriffen. Es kommt auf die *nähere Bestimmung* dieses [2] Skeptizismus an. Die modernen Skeptiker waren fast alle Männer ohne philosophischen Geist, ohne Interesse für die Philosophie und ebendeswegen Skeptiker. Aber Bayle unterscheidet sich wesentlich von ihnen. B. hat unverkennbar einen philosophischen Geist, ein entschiednes philosophisches Interesse im allgemeinen. Er treibt jeden Gegenstand bis auf seine metaphysische Spitze hinauf. Er schreibt selbst an einen Freund (vom 26. Nov. 1683): „Je trouve que vous embrassez de très-belles choses, et sur-tout la derniere m'en plaît infinement, où vous montrez que *l'explication exacte et pleniere de la moindre chose conduit necessairement à la plus haute Metaphysique*. Il y a longtemps que j'ai dit cela à quelques-uns des mes Auditeurs, qui se plaignoient que dans les Questions les plus physiques je poussois *jusqu' aux Abstractions. Sans cela il est impossible*

[1] *So ergänzt auch C.*

* S. z. B. in betreff der Unabhängigkeit der Wahrheiten von den Akten der Willkür: Contin. des „Pensées div.", p. 348.

[2] seines *C*

d'être assuré de rien."[1]* Bayle befriedigt die Empirie nicht; er weiß, daß sie nichts ohne Philosophie, ohne Metaphysik ist; er erklimmt daher ihre Höhe, aber sowie er oben ist, wird ihm die Luft zu dünne, zu irrespirabel; er hält es in ihr nicht aus; er hat, sozusagen, ***kein metaphysisches Sitzfleisch***; er kann dem Gedanken als solchem keinen Bestand, keine Dauer geben; er entschwindet ihm wie ein Schatten, sowie er ihn festhalten will; er begibt sich daher sogleich wieder aus den Höhen der Metaphysik in die ihm heimlicheren Täler der Empirie herab. Der Charakter seines Volksgeistes spiegelt sich in ihm ab. Was Bacon von dem menschlichen Geiste überhaupt sagte, daß er vom Besondern zum Allgemeinen auffliege, aber dann sogleich wieder vom Allgemeinen ins Sinnliche herabfalle, das gilt in specie[2] von dem Geiste der französischen Nation. Schon Cartesius machte diesen Gang. Bayles Skeptizismus, den man gewöhnlich nur auf seine Privatrechnung[3] allein bringt, ist daher insofern nur der Ausdruck des normalen Verhältnisses, in welchem der Geist des französischen Volks zum metaphysischen Gedanken steht. Seine skeptischen Äußerungen sagen nur mit Worten aus, was die Handlung des Cartesius schon ausdrückt, wenn er, mit den Schwierigkeiten der Metaphysik aus eigner Erfahrung vertraut, so geschwinde als möglich aus ihr herab sich in die Werkstätte der Physik und Mechanik begibt. Die Zweifel Bayles sind insoferne echte Cartesianer; sie sind nur offne, ehrliche Eingeständnisse von den Schwierigkeiten, die sich in der Bestimmung eines Gegenstandes darbieten. Bayle ist kein dogmatischer Skeptiker – er ist auch Skeptiker gegen den Skeptizismus –;

[1] *In C deutsch:* „Ich finde, daß Sie sehr schöne Grundsätze hegen, und ungemein gefällt mir besonders der letztere, wo Sie zeigen, daß die genaue und volle Erklärung der geringsten Sache notwendig zur höchsten Metaphysik führt. Schon längst habe ich das gegen einige meiner Zuhörer behauptet, die sich darüber beklagten, daß ich in rein physikalischen Fragen mich bis zu Abstraktionen versteige. Anderswie ist es unmöglich, irgendeiner Sache versichert zu sein."

* Lettre 59, Oeuv. div., T. IV, p. 608.

[2] insbesondere *C*

[3] Rechnung *C*

soschr B. die eigenen Leiden und Aporien – wie denn das in der Natur des Menschen liegt – zu Leiden der menschlichen Natur und Vernunft überhaupt macht, so ist er doch ein zu flüssiger, beweglicher, antidogmatischer Geist, als daß man diesen Konfessionen des Skeptizismus – wir abstrahieren hier von den mutwilligen, gemachten Schwierigkeiten, die psychologisch aus der steten Beschäftigung mit wahren Schwierigkeiten oder sonstwie zu erklären sind – nicht die Bedeutung von pathetischen Ausrufungen und Seufzern, die der jedesmalige Gegenstand im Drange der Schwierigkeiten ihm auspreßte, geben dürfte. Man darf wenigstens dem Skeptizismus B.s keine andere Bedeutung theoretisch geben, als er faktisch hat. Es ist falsch, wenn man B. damit zu charakterisieren glaubt, daß man die *allgemeinen Sätze* heraushebt, wo er vom Widerspruch der Vernunft mit sich selbst, von ihren Schwächen usw. spricht. Solche Sätze können nur da charakterisieren, wo wirklich ihr Verfasser seinen Geist in ihnen ausgedrückt hat, wie wenn einer das Unvermögen der Erkenntnis zu einem dogmatischen Prinzip macht und dieses nun förmlich zu beweisen sucht. Wie B.s Philosophie eine okkasionelle, so ist auch sein Skeptizismus ein okkasioneller; er ist wenigstens kein geschworner, kein systematischer Skeptiker, wenn er auch gleich gelegentlich den Skeptiker von Profession macht, dessen *Geschäft* es ist, überall Zweifel zu erheben. Seine Zweifel sind verflochten in die Untersuchungen schwieriger, wenigstens für seine Zeit schwieriger Materien und bedingt durch den *Wechsel* und die *Vielartigkeit* der Gegenstände, die ihn, wie namentlich in seinem „Dictionnaire", in Anspruch nehmen. Es gehört also mit zur *Charakteristik* der Zweifel Bayles, daß sie sich größtenteils an bestimmte Veranlassungen, an bestimmte Gegenstände und deren Schwierigkeiten anknüpfen. B. erfordert daher eine *ganz andere Darstellung* als ein Leibniz, ein Spinoza. Suum cuique[1] ist das erste Gesetz der Gerechtigkeit wie der *Wissenschaft*. Diese stellten unabhängig ihren Geist in *allgemeinen Gedanken* dar. Er fordert aber auch eine ganz andere Darstellung als ein dogmatischer Skeptiker wie etwa Huet. B. ist ein in der *Mannigfaltigkeit* seiner Tätigkeit zu ergreifender Geist; man kann nicht sagen, was er ist, ohne

[1] „Jedem das Seine" *C*

ihn im besondern zu geben. Der Begriff ist unendlich, wenn er der wahre; man kann ihn in keinem Satze, keiner einfachen Definition geben: Je spezieller, je distinguierter [1], desto besser, wenn der Gegenstand ebendiese Spezialität erfordert. Die Zweifel Bayles lassen sich nicht *für sich selbst* herausreißen und darstellen, abgesondert von ihren Gegenständen. Seine Zweifel müssen daher unterschieden werden in *theologisch*-philosophische und *allgemein*-philosophische Zweifel. Sein Skeptizismus in ersterer Beziehung war, für ihn wenigstens, eine historische Notwendigkeit. Die Vernunft mußte, je Treffenderes, je Unüberwindlicheres sie gegen die Glaubens*vorstellungen* [2] gesagt hatte, um so mehr, aus Reverenz[3] gegen den Glauben, *wieder zurücknehmen*, was sie gesagt. Die Widersprüche, die B[ayle][4] z. B. zwischen dem Begriffe der Weisheit, Güte, Gerechtigkeit und dem Betragen des theologischen Gottes in den den Sündenfall betreffenden Angelegenheiten aufgezeigt, waren *unmöglich* aufzulösen, weil die Grundvorstellungen, die Prinzipien als absolut[5] unverletzlich dastanden, sanktioniert[6] waren und die Folgen, die sich aus ihnen ergaben, eben nur vermieden werden konnten, wenn die Grundvorstellungen aufgegeben, wenn Gott selbst anders gedacht wurde. Aber diesen Schritt mochte, konnte und durfte Bayle nicht tun. Er mochte nicht, weil er stets den Charakter eines anspruchslosen Privatmanns behauptet, der seinem Geiste keine öffentliche Bedeutung, keine Bedeutung im Namen und Berufe der allgemeinen Menschheit gibt, seine Vernunft nicht als Vernunft, sondern nur als eine subjektive Meinung betrachtet und ausgibt. Er konnte nicht, weil er gebunden war, gebunden schon durch natürliche Bande und Verhältnisse an den Glauben seiner Zeit. Nur ein schon von Natur freier, außer dem Glauben geborner, daher schon äußerlich dazu berufner und berechtigter Mann wie Spinoza konnte eine wesentlich andere, grundfreie Anschauung der Gottheit zum Vorwurfe der Menschheit machen. Er durfte aber auch nicht,

[1] bestimmter *C*
[2] *In C nicht hervorgehoben.*
[3] Respekt *C*
[4] *So ergänzt auch C.*
[5] *Fehlt in C.*
[6] geheiligt *C*

weil es im Plane der Erlösung der Vernunft lag, daß sie allmählich sich entwickelte, daß sie einen natürlichen Gang machte[1], daß sie selbst innerhalb des Glaubens und aus dem Glauben heraus mit Anerkennung desselben sich emporbildete. Der Skeptizismus in dieser Beziehung war daher, wie eben gesagt, eine historische Notwendigkeit für Bayle; er war die Konzession, die er dem Glauben machte; er mußte der Vernunft *ihre Tugenden als Fehler anrechnen*. Das Bewußtsein der Stärke der Vernunft sprach sich ironisch demütig unter dem Namen ihrer Schwäche aus. Die bedeutendste Stelle in Bayles Schriften – die bedeutendste nicht nur der Quantität, sondern auch Qualität nach – nimmt aber der Skeptizismus *dieser* Art ein – dieser Skeptizismus nicht im *eigensten vollsten* Sinne seines Geistes, dieser, der nicht die Beziehung B.s unabhängig *auf sich* selbst ausdrückt, sondern nur seine Beziehung auf eine ihm *an sich* äußerliche, aber respektierte Macht. Kurz, dieser Skeptizismus fällt ganz auf die Bedeutung zurück, die das Verhältnis B.s zum Glauben hat, ist nur ein Ausdruck des früher betrachteten Zwiespalts von Glaube und Vernunft – obwohl es natürlich ist, daß dieser Skeptizismus auch seine Grenze überspringt, daß ein Geist, der so in der Klemme ist, daß er die tollsten Sprünge und Manöver machen, das Positive verneinen und das als negativ Erkannte bejahen, also seine Vernunft zum besten halten muß, auch im übrigen diesen Habitus[2] annimmt. Der Geist ist in einem unbehaglichen, ironischen Widerspruch und Zwiespalt mit sich selbst; seinen Ärger darüber, seine Ironie wird er notwendig auch auf andre, ganz unschuldige Dinge übertragen.

Was nun B[ayle]s philosophischen Skeptizismus betrifft, so hängt er auch einerseits mit seinem Verhältnis zur Theologie zusammen. Wo gewisse religiöse Dogmen als Wahrheiten angenommen und respektiert sind, und zwar als Wahrheiten im höchsten Sinne, als solche, an die die ewige Seligkeit gebunden ist, da ist die Philosophie nur ein Divertissement, ein Pläsier, ein Spaß – nur eine Beschäftigung mit *Nebendingen*, mit adiaphoris. Wo das Wichtigste längst schon ausgemacht und entschieden ist, da bleiben dem philo-

[1] ging *C*
[2] Charakter *C*

sophischen Geiste nur Bagatelle[n] übrig, die er, wenn er nicht ein *Kleinigkeitsgeist* sein, nicht in den *scholastischen Pedantismus* verfallen will, nicht mit Ernst als Wichtigkeiten, sondern auch als Bagatelle[n] betreiben muß und betreiben wird, wenn er nur einigen Mutterwitz hat. Unter dem Krummstab des Dogmas mag wohl gut leben, gut essen und trinken sein, aber *gut denken* ist nicht unter ihm. Aut Caesar aut Nihil [entweder Caesar oder nichts], heißt es auch hier. Nur wo der Mensch den Glauben verliert, wo er sich ausleert, wo er *nichts* in sich hat, nur in dieser *πενία*, in dieser Not entspringt ein *philosophisches* Bedürfnis, wird die Philosophie eine *Notwendigkeit*, eine *Unentbehrlichkeit*, welche die höchsten Kräfte des Menschen aufruft und in Anspruch nimmt, nur da wird es Ernst, verzweifelt Ernst mit ihr, da hört sie auf, eine *indifferente*[1] Tätigkeit zu sein. Eine Tätigkeit mit wahrem *Interesse*, und darum eine *prinzipielle*[2] Tätigkeit – denn auf das Höchste nur, auf das erste, das Ursprüngliche kommt es an, nur das Interesse an ihm ist wahres Interesse –, wird die Philosophie in neuerer Zeit eigentlich erst in *Kant*. Die Philosophie vor ihm in Cartesius und Leibniz hat noch den Charakter der *Indifferenz*[3] *gegen die Philosophie* an sich. Sie sprechen ihre Gedanken nur als subjektive Meinungen und Hypothesen mit einer gewissen légèreté [Nachlässigkeit] und Gleichgültigkeit gegen sie aus. Das Dogma ist noch als das höchste Interesse vorausgesetzt oder wenigstens diese Voraussetzung in den Gemütern der Menschen respektiert. Die Philosophie hat nur die Bedeutung einer Liebhaberei. In Leibniz ist wohl die Philosophie lebendiger geworden, sie ist mehr ins Fleisch gedrungen, sie zirkuliert hier nicht mehr bloß in den Extremitäten, sie steigt zum Zentrum empor, aber es sind nur augenblickliche, verschwindende Kongestionen gegen den Kopf.

Im Zusammenhang mit dieser Gleichgültigkeit der Philosophie gegen sich selbst zur Zeit der Herrschaft der Orthodoxie müssen wir nun auch Bayles Skeptizismus erkennen. „Je me reconnois“, sagt er selbst, „à ce qu'il dit de ma

[1] gleichgültige *C*
[2] uranfängliche *C*
[3] Gleichgültigkeit *C*

maniere de philosopher, et j'avouë qu'excepté les véritez de Religion, je ne regarde les autres disputes que comme un jeu d'esprit, où il m'est indifférent qu'on prenne le pour et le contre. Si ceux avec qui j'ai à vivre s'accommodent mieux du Péripatétisme, que du Gassendisme ou du Cartesianisme, je les y laisse tranquillement, je n'en suis pas moins leur ami et leur serviteur, je ne trouve nullement mauvais qu'on me contredise, et dès qu'une plus grande probabilité se présenté, je me range là sans peine, ni honte. C'a été de tout tems l'esprit des Philosophes Académiciens."[1] *

Allerdings sind die Bedingungen seines Skeptizismus damit noch nicht erschöpft. Die Beschaffenheit seiner Zeit überhaupt und Individualität muß wesentlich in Betracht gezogen werden. Die seiner Individualität am meisten entsprechende Tätigkeit, die Stoff- und Grundtätigkeit ist die literärische, wobei die philosophische die Bedeutung des Zusehens, der Kritik und Reflexion hat. Die abhängige Tätigkeit ist die philosophische, die selbständige die literärische. Ohne literärische Novitäten[2] zu leben, ist ihm unmöglich. Sein ganzes Leben, sein ganzer Briefwechsel, der, mit Ausnahme politischer Neuigkeiten, fast nur aus Mitteilungen von literärischen Novitäten[2] besteht, bestätigt dies. Bayle hat keine Zeit zum *anhaltenden Philosophieren*. Sein Skeptizismus ist *Mangel an Zeit*, freilich, wie gewöhnlich, auch Mangel an Intensität[3]. Er ist kein *gesammelter* Denker. Der Philosoph muß sich auf weniges beschränken können, er

[1] *In C deutsch:* „Ich erkenne mich", sagt er selbst, „in dem, was er von meiner Art zu philosophieren sagt, und ich gestehe, daß, die religiösen Wahrheiten ausgenommen, ich die andern Streitigkeiten nur als ein geistiges Spiel ansehe, wobei mir die Entscheidung für oder gegen gleichgültig ist. Wenn die, mit welchen ich zu leben habe, beim Peripatetismus ihre Rechnung besser finden als beim Gassendismus oder Cartesianismus, so lasse ich sie dabei im Frieden, ich bin darum nicht weniger ihr Freund und Diener, ich habe gar nichts dagegen, daß man mir widerspricht, und sobald sich eine größere Wahrscheinlichkeit darbietet, so trete ich ihr bei ohne Mühe, ohne Scham. Von jeher war das der Geist der akademischen Philosophen."

* „Cab. chim.", p. 676

[2] Neuigkeiten *C*

[3] Kraft *C*

muß ein *literärischer Diogenes* sein oder sein können. Ist ihm die Beschäftigung mit Literatur zu seinen Zwecken erforderlich, so sind seine Wahlsprüche: Non multa, sed multum. Ex ungue leonem. Ex uno disce omnes.[1] Ihm genügt *ein wohlgelungnes* Exemplar. Die Gattung interessiert ihn wohl, die faßt er scharf ins Auge; aber die Vielheit der Arten, die sich nur in unwesentlichen Dingen unterscheiden, interessiert ihn nicht, geschweige die bloße Varietät. Der Philosoph muß, wie Spinoza, auch auf dem Lande leben können. Bayle konnte es nicht. Es war ihm hier zu langweilig. Er schöpfte den Stoff nur von außen. Am liebsten hätte er in Paris gelebt. Nur seine Anhänglichkeit an die reformierte Religion hielt ihn, wie er sagte, in Holland auf. Wie erinnerlich, so unterdrückte oder beschränkte er auch hier, seiner Religion zuliebe, seine ursprünglichen Triebe und Neigungen. B. bildet daher den schneidendsten Gegensatz zu Spinoza. Leibniz ist die Mitte zwischen beiden. Spinoza ist Bayle[2] ein wahrer Stein des Anstoßes; er ist selbst ungerecht gegen ihn; freilich gehörte es auch zum guten Ton der Orthodoxie, ihn zu bekämpfen; er war das Lamm, das die Sünden der Philosophen, die halb auf seinem, halb auf dem Standpunkt der Orthodoxie standen, geduldig auf sich nehmen mußte; in seinem Blute suchten sie sich von der Schuld oder wenigstens von dem Verdachte der Ketzerei reinzuwaschen. Aber es gibt auch keinen schärferen Gegensatz als Bayle und Spinoza: Bayle, der literärische Nimmersatt Spinoza, der in sich selbst befriedigte Denker, B., der Journalist, der Galanerie-, oft auch Trödelwarenhändler (38),, Sp., der stille Optikus. Der Unterschied zwischen beiden ist der Unterschied zwischen der Einheit und Vielheit, der Einfachheit und Mannigfaltigkeit. Bayle konnte daher unmöglich den Spinoza begreifen. Das Element, in dem sich Spinoza bewegt, ist B. ein absolut fremdes, widerwärtiges Element. Die vielheitslose Einheit und die einheitslose Vielheit sind die Extreme, die sie ohne irgendeinen terminus medius[3] aus der Leibnizischen Philosophie voneinander trennen.

[1] *In C unvollständig deutsch:* „aus einem erkenne alle"; „aus der Klaue den Löwen" [*Nicht vielerlei, sondern viel. An der Klaue* ⟨*Erkennt man*⟩ *den Löwen. Aus einem lerne alle kennen*].

[2] Baylen *C*

[3] Mittelbegriff *C*

Nichts ist nachlässiger, als Kritiken zu berücksichtigen, ohne den, von dem sie ausgehen, zuvor einem Examen rigorosum zu unterwerfen und ihn zu fragen: Wer bist du denn? Laß dich doch einmal bei Lichte besehen! Hast du denn auch nur die entsprechende Individualität, die Kraft, dich über deine Schranken hinaus in einen andern hineinzudenken, der dir vielleicht schon aus subjektiven[1], seiner Sache fremdartigen Gründen ein widerwärtiges Ding ist? Hätte Jacobi den Bayle in seiner Totalität gewürdigt oder wenigstens in Beziehung auf seine Kritik von Spinoza in Erwägung gezogen, so würde er ihr nicht einmal die Bedeutung gegeben haben, die er ihr in seiner Schrift über Spinoza gab. Bayles Kritik von Spinoza beruht nämlich hauptsächlich darauf, daß *er den Gegenstand*, den Spinoza im Sinne hat, außer Augen läßt, von ihm abstrahiert[2] und nur das formelle Verhältnis der Substanz zu den Akzidenzen, wie darunter *jedes Ding* subsumiert[3] werden kann, ins Auge faßt. Der Gegenstand, den Spinoza im Sinne hat, ist ein ***unendlicher***, die einzige, die absolute Substanz; alle die lächerlichen Konsequenzen, die B. daraus zieht, finden nur statt, weil sich unwillkürlich in seinem Geiste an die Stelle der unendlichen Substanz ein beschränktes, einzelnes, individuelles Ding setzt, wie es auch als das Subjekt oder der Träger dieses Verhältnisses gedacht werden kann. Die Substanz ist dem Spinoza nur das innere Zeichen, mit dem er den unendlichen Gegenstand faßt und ausdrückt, aber B. nimmt das Zeichen für die Sache selbst, obgleich B. darin recht hat, worin Sp. unrecht, nämlich daß dieser das Verhältnis der Substanz und der Akzidenzen genau in dem Sinne, in welchem dieses Verhältnis damals von der neuern Philosophie gefaßt wurde, gebraucht und für das absolute Verhältnis nimmt. (39)

Die nähere Beschaffenheit der Zeit, in welcher wir Bayle zu ergreifen und würdigen haben, hängt zusammen mit dem, was früher schon über die Bedeutung der Philosophie in dieser Zeit gesagt wurde. Der menschliche Geist hatte einen *unbegriffnen Hintergrund* an dem Glauben[4] und einen

[1] persönlichen *C*
[2] wegsieht
[3] gebracht *C*
[4] dem Glauben: der Natur *C*

unbegriffnen Vordergrund an der Natur[1]. Zwischen diesem Hinter- und Vordergrunde – beide Abgründe für sie – stand stutzig die menschliche Vernunft. Unbegriffen war der Ursprung des Glaubens – eine Offenbarung schlechtweg, eine Autorität ohne Grund, ein positives Gesetz –, unbegriffen, fremdartig das Wesen der Natur. Der *subjektive* oder *persönliche* Gott war das Universalprinzip – kein Funke von Verstand, von Sinn für den Spinozischen Gott, d. h. für das göttliche *Wesen*, ohne einen *persönlichen* Träger desselben –, verständlich, begreiflich war nur, was *im Sinne der Subjektivität*[2], der *absichtlichen* Zweckmäßigkeit oder der mechanischen Werkmeisterei begreiflich war, alles übrige Geheimnis. (40) Dies war auch der Grund des Systems der Gelegenheitsursachen. Auf unsern Willen bewegt sich der Arm. Aber wir *wissen* nicht, wie wir ihn bewegen, welche Muskel[n] wir gebrauchen sollen; was wir nicht wissen, das können wir nicht tun; also bewegt nicht die Seele – denn die Seele ist nur unser wissendes und wollendes Selbst – den Arm; der Wille ist nur die Veranlassung; aber die erste Ursache, Gott, ist die wirkliche Ursache der Bewegung, welche durch ihre[3] Allwissenheit und Allmacht, die aber selbst wieder als subjektive Eigenschaften gedacht wurden, aus denen daher objektiv, an sich das Rätsel unbegreiflich war,[4] alles bewegt und bestimmt. Gleichwohl war aber eine Hauptbeschäftigung der Philosophen die Natur, und sie mußte es um so mehr sein, als in dieser Beschäftigung am wenigsten die Glaubensgegenstände unmittelbar ins Spiel kamen. Sie versuchten sich daher an dem, was nicht nur an sich, sondern namentlich in Beziehung auf sie das Schwerste war. Ihre Erklärungen von den Phänomenen[5] mußten sich notwendig als unbefriedigend erweisen. Die Naturwissenschaften waren erst im Werden. Merkwürdige, *abnorme* Fälle zogen besonders die Aufmerksamkeit an sich. Das Wahre vermischte sich mit dem Falschen; es fehlte an

[1] der Natur: dem Glauben *C*
[2] *C folgt Zusatz:* oder Persönlichkeit,
[3] erste . . . durch ihre: wirkliche Ursache der Bewegung ist die erste Ursache, Gott, welcher durch seine *C*
[4] , die aber . . . war, *Fehlt in C.*
[5] Naturerscheinungen *C*

Kriterien, folglich an Kritik*. Aber ebenso war es auf dem Gebiete der Historie. „La verité n'est guere moins le déséspoir de l'Histoire, que celui de la Philosophie, à cause de la malignité de l'homme ou de sa préoccupation ... Plus on l' (die Geschichte) étudie, plus on connoit l'incertitude."[1]** Namentlich hatte der religiöse Parteigeist jener Zeit die Geschichte entstellt und ungewiß gemacht. Zweifel, Unentschiedenheit war hier Weisheit – nicht philosophieren Philosophie. So notwendig und heilsam für die Wissenschaft und Menschheit eine philosophische Bestimmtheit und Entschiedenheit ist, selbst wenn sie oft Einseitigkeit ist – man denke nur an Cartesius' paradoxe Lehre, daß die Tiere nur Maschinen sind, wie sie früher erörtert wurde –, so nötig und ersprießlich ist doch andererseits wieder, namentlich auf dem Gebiete des Besondern, eine das pro und contra[2] unparteiisch erwägende Neutralität der Gesinnung. So bemerkt z. B. B[ayle][3] in betreff des zu seiner Zeit noch, namentlich in Deutschland, dem er daher den heute noch berücksichtigungswerten Vorschlag macht, eine Gesellschaft de propaganda infidelitate [zur Verbreitung der Ungläubigkeit] zu stiften, herrschenden Hexenglaubens:[4] „Il semble que jusqu'içi la question des sorcelleries n'ait été traitée que par des esprits ou trop incrédules ou trop crédules. Les uns et les autres sont mal propres a y réussir et sont la plûpart du temps frappez du même défaut, c'est de se determiner ou

* S. hierüber als Belege z. B. die Auszüge, die Bayle in seinem Journal aus den Memoiren der in dieser Zeit entstandnen naturwissenschaftlichen Gesellschaften gibt.

1 *In C deutsch:* „Die Wahrheit", sagt Bayle, „ist wegen der Bosheit oder Eingenommenheit des Menschen nicht weniger die Verzweiflung des Historikers als des Philosophen ... Je mehr man die Geschichte studiert, desto mehr erkennt man ihre Ungewißheit."

** „Critique générale", p. 53, und „Nouv. de la Republ.", p. 185, Art. V.

2 Für und Wider *C*

3 *So ergänzt auch C.*

4 *In C deutsch:* „Bisher scheint die Hexenfrage nur entweder von zu ungläubigen oder zu gläubigen Geistern behandelt worden zu sein. Die einen wie die andern sind wenig geschickt, das Wahre darin zu treffen, und sind meistens demselben Fehler unterworfen, indem sie, ohne die Sachen

à nier ou à croire, sans approfondir les choses."* So hält sich auch Bayle in einem gewissen juste milieu zwischen der peripatetischen und Cartesianischen Betrachtungsweise des Wesens der Tiere, obgleich er in andern Punkten, z. B. in der Lehre von den Akzidenzen, auf die er nicht selten zu sprechen kommt, in der Lehre von dem Wesen des Körpers entschieden für den Cartesianismus auftritt, überhaupt den Geist der neuern Philosophie sich angeeignet hat. (41)

Bayles Skeptizismus hat aber nur im besondern die Bedeutung einer unentschiednen Neutralität; im allgemeinen hat er den energischen Charakter eines lebendigen Prozesses, in dem die heftigsten Gegensätze sich aneinander reiben, vor allem die Gegensätze zwischen Trieb und Wille, Instinkt und Vernunft, Natur und Geist. B. ist der durchgeführte Cartesianische Dualismus, sein Wesen ist der Widerspruch. Ebendeswegen hat er ein ebenso *tragisches* als *komisches* Element in sich. Das komische Moment liefert ihm besonders der Widerspruch zwischen Fleisch und Geist, namentlich der Zwiespalt zwischen der Macht der Sinnlichkeit und dem unnatürlichen Keuschheitsheroismus des Katholizismus. „Un homme", sagt er z. B., „disoit autrefois dans une Tragedie d'Euripide:

‚J'ai juré de la langue et non pas de l'esprit.'

Il en va tout autrement dans l'émission des voeux de continence; c'est l'esprit qui jure et non pas le corps. L'esprit se flatte et promet sincerement (du moins pour l'ordinaire) l'observation de la chasteté. Il tâche ensuite de dompter cette faculté rébelle qui s'oppose à ses desirs. Mais comme on a promis pour le corps ce qu'il ne promettoit point lui-même, il s'empare bien-tôt du gouvernement. Les loix de l'union de l'ame et du corps sont telles, qu'on diroit qu'elles n'ont en vuë que la conservation de notre espèce."[1] Stoff zur Komik

zu ergründen, zum Leugnen oder zum Glauben sich bestimmen lassen."

* „Nouv. de la Rép[ubl].[2]" p. 116.

[1] *In C deutsch:* „Ein Mensch", sagt er z. B., „äußerte in einem Trauerspiel des Euripides: ‚Nur meine Zunge schwur, und nicht mein Geist.' Ganz anders verhält es sich bei Ablegung der Enthaltsamkeitsgelübde; da ist's der Geist, der schwört,

[2] *So ergänzt auch C.*

gibt ihm überhaupt die Macht der Sinnlichkeit hauptsächlich da, wo sie ihm, wie in seinem „Dictionnaire"[1], auf dem Gebiete des Privatlebens, gleichsam im häuslichen Negligé, begegnet. Aber zu ernsten, ja, tragischen Betrachtungen veranlaßt ihn die Macht der Liebe, wo sie im allgemeinen ihm Gegenstand ist und ihm den Widerspruch zwischen Notwendigkeit und Freiheit, zwischen Gattung und Individuum, zwischen der Naturmacht und der subjektiven Vernunft vergegenwärtigt. „Die Liebe", sagt er, „ist eine von unsrer Freiheit und Vernunft unabhängige, ja, unsrer subjektiven, nur unser Wohl berücksichtigenden Vernunft widersprechende Macht. Wenn das weibliche Geschlecht nur den Rat der Vernunft befolgte, so würde es, abgeschreckt durch die Beschwerlichkeiten der Schwangerschaft, durch die Schmerzen der Entbindung, durch die Sorgen der Kindererziehung, auf die Mutterschaft verzichten. Selbst die Religion hätte keine Gewalt über die Weiber; man würde umsonst ihnen vorpredigen, daß Gott zur Erhaltung der Welt ihre Verheiratung wolle, wenn nicht eine stärkere Macht als die Macht der Vernunft und Religion, das Gefühl einer unbeschreiblichen Lust und andere akzessorische[2] Leidenschaften und Vorurteile, wie die Furcht vor Schande usw., sie antrieben. Nennt darum nicht die Vorurteile der Weiber gegen den ehelosen Stand eine unvernünftige Schwäche. Was eine Schwäche in bezug auf unsre kleine Vernunft ist, das ist ein Zeichen einer bewundernswürdigen Weisheit in Beziehung auf die *allgemeine* Vernunft, welche alle Dinge lenkt. Denn längst wäre das menschliche Geschlecht ausgestorben, wenn die Weiber keine solche Abneigung und Vorurteile gegen die Ehelosigkeit hätten. Diese Vorurteile sind ein Instinkt, ein

und nicht der Leib. Der Geist hofft und verspricht aufrichtig (in der Regel wenigstens) die Beobachtung der Keuschheit. Er sucht in der Folge diese aufrührerische Kraft, die sich seinen Wünschen widersetzt, zu bändigen. Da man aber für den Leib versprochen hat, was er selbst nicht versprach, so reißt er bald die Herrschaft an sich. Die Gesetze des zwischen Leib und Seele bestehenden Bandes sind der Art, daß sie nur die Erhaltung unseres Geschlechts zu beabsichtigen scheinen." *[Fortsetzung von Fußnote 1, S. 238.]*

[1] Wörterbuch *C*

[2] hinzukommende *C*

Eindruck der allgemeinen Vernunft, aber die Verstandesgründe, womit wir diese Vorurteile bekämpfen, sind nur ein *partikulärer* Eindruck unsrer Vernunft. Diese Vorurteile beziehen sich auf das allgemeine Wohl des Universums, während die Einsichten und Gründe unsres Verstandes sich nur auf das Wohl unsrer Person beziehen. Tadeln wir daher nicht das weibliche Geschlecht ob seiner Vorurteile in diesem Punkt; es ist rühmlich vielmehr, von der allgemeinen Vernunft geleitet zu werden.

Aber ebenso wie ein blinder Instinkt, sozusagen, den Menschen in die Ehe treibt, ebenso ist auch die Liebe der Eltern für ihre Kinder nicht eine Liebe der Wahl, eine freie Liebe, eine auf Vernunft gegründete Liebe, sondern, sozusagen, eine mechanische Liebe (amour machinal), eine blinde, eine instinktmäßige Liebe. Man kann sagen, daß die Liebe für die Kinder[1] nur eine *Ausdehnung* der *Liebe für sich selbst* oder für den[2] eignen Leib ist. Wie wir daher den eignen Leib nicht aus freier und vernünftiger Liebe lieben, so lieben wir unsre Kinder nicht aus freier Erkenntnisliebe. Die Natur allein bringt die Liebe der Kinder ohne Hülfe unsrer Vernunft in uns hervor, *in* nobis *sine* nobis [in uns ohne uns].

Man kann daher mit voller Wahrheit sagen, daß die Welt in dem Zustande, in welchem sie ist, sich nur dadurch erhält, daß die Menschen voll falscher Vorurteile und unvernünftiger Leidenschaften sind. Wenn die Philosophie es dahin brächte, daß alle Menschen nur nach den klaren und deutlichen Begriffen der Vernunft handelten, so ginge sicherlich das Menschengeschlecht bald zugrunde. Die Irrtümer, die Leidenschaften, die Vorurteile und hunderte andere Fehler sind gleichsam notwendige Übel in der Welt. Die Menschen taugten nichts für diese Welt, wenn man sie von diesen Übeln heilte. Wundern wir uns daher nicht mehr, daß die Philosophie und Religion so wenig Fortschritte in der Welt machen. Sie könnten keine Fortschritte machen, ohne die Macht des Instinkts zu verkürzen. Aber eben der Instinkt ist gegenwärtig an der Regierung. Einst wird wohl sein Regiment enden, und dann werden Religion und Philosophie unsre Richtschnur sein. Aber bis diese schöne Revolution kommt, wo wir sagen können: Magnus ab integro saeclo-

[1] für ... Kinder: zu den Kindern *C*

[2] für sich ... den: zu sich selbst oder zu dem *C*

rum nascitur ordo [Groß aus Ursprungsreine erwächst der Jahrhunderte Reigen – P. Vergili Maronis „Bucolica", Ecloge IV, 5, Übers. J. Götte, Ansbach 1949], müssen wir es uns gefallen lassen, daß der Instinkt und das Vorurteil die meisten Menschen beherrschen. Indes ist es von Wichtigkeit, daß stets einzelne die Interessen der Vernunft verfechten. Übrigens soll damit die Materie vom Instinkt keineswegs erschöpft sein. Undurchdringliche Geheimnisse liegen in ihr; denn wer könnte ohne einen gewissen Schauder die Bemerkung machen, daß die Irrtümer, die unzüchtigsten Leidenschaften, die vernunftlosesten Vorurteile der Welt so notwendig sind? ... Wer ohne Erschütterung wahrnehmen, daß diese Übel der Welt *so* notwendig sind, daß die bürgerliche Gesellschaft zugrunde ginge, wenn die Menschen nur die klaren und deutlichen Vernunftideen in ihren Handlungen zur Richtschnur nähmen? Was wäre z. B. die menschliche Gesellschaft ohne Ruhmbegierde? Und gleichwohl gibt es keine[1] an sich eitlere, unvernünftigere Leidenschaft als diese?"* Bayle streift hier unwillkürlich in[2] den Spinozismus hinüber[3]; er erhebt sich über die subjektive menschliche Vernunft: Das, was in Beziehung auf uns tadelhaft, unvernünftig, lächerlich, ist in Beziehung auf das Universum und die universale, das Weltganze beachtende Vernunft untadelhaft, vollkommen, gut, löblich. Aber die allgemeine Vernunft bleibt bei B. nur eine unbestimmte, populäre Vorstellung, die keinen innern Grund und Begriff gewährt; der reale Begriff ist der materielle Trieb, die Macht der Natur. Das Materielle ist zwar nicht als ein nur Materielles, sondern als ein an sich, dem *Zwecke* nach Vernünftiges ausgesprochen. B. deutet insofern auf einen allgemeineren Standpunkt hin, aber der Zweck ist doch zuletzt nur als die Absicht eines wieder subjektiven[4] Wesens gedacht, welches durch seine Allmacht jeden der Materie an sich äußerlichen Zweck mit ihr verbinden kann. Der Widerspruch bleibt so ungelöst. Aber

[1] eine *C*

* „Nouv. Lettr. critiq. sur l'hist. du Calv.", p. 271–277. Über die Liebe s. auch „Diction.", z. B. Art. Selemnus. Rem. A.

[2] an *C*

[3] hinan *C*

[4] *C folgt Zusatz:* oder persönlichen

Widersprüche zu heben war nicht B.s Sache, aber auch nicht seine Bestimmung. Seine Aufgabe war es, aufmerksam zu machen auf Dinge, die die Menschheit bisher aus Stumpfsinn ignoriert oder aus Feigheit sich verschwiegen hatte. Seine Bedeutung ist, daß er der Philosophie Probleme aufzulösen gibt, ohne selbst die Rätsel zu lösen. Er erregt nur den Appetit zur Philosophie, aber er stillt ihn nicht. Er gibt uns bloßes Salz – wovon freilich für uns ein sehr großer Teil insipid[1] geworden ist – ohne zugehörigen Nahrungsstoff –, nichts[2] von der animalischen Kost der Leibnizschen Monade, nichts von der vegetabilischen Kost der Spinozischen Substanz. Wenn uns daher Leibniz und Spinoza – dieser freilich, als ein in seiner Art vollkommenes Ganze[s], bei weitem mehr als jener – schon durch den Inhalt ihrer Gaben befriedigen, ohne daß wir genötigt sind, den Charakter, die Persönlichkeit der Geber mit zu berücksichtigen, so ist es dagegen bei Bayle wesentlich und notwendig, den Mangel der Gabe durch die Tugenden des Gebers zu ersetzen. Wenn Bayle nicht theoretisch den Begriff des Philosophen in sich verwirklicht hat, so stellt er ihn wenigstens von seiten seines Charakters dar. Wir erblicken in ihm einen praktischen Philosophen, ausgeschmückt mit den Tugenden des wissenschaftlichen Mannes. Gleich Leibniz, gleich Spinoza ist er ein Abbild von dem Wesen der Wissenschaft:

Der wissenschaftliche Mann ist ein mutiger Kämpfer für Recht und Wahrheit, aber für sich selbst friedfertiger Natur. Das wissenschaftliche Interesse überwindet die persönlichen Interessen in ihm. Was nur in innerem und äußerem Frieden gedeiht wie die Wissenschaft, kann auch nur Frieden wirken. [3]„Ita autem animatus sum", sagt Leibniz, „ut optem omnes, quibus serio cordi est profectus solidarum Scientiarum,

[1] geschmacklos *C*

[2] nicht *C*

[3] *In C deutsch:* „Ich bin so gesinnt", sagt Leibniz, „daß ich wünsche, es möchten alle, denen der Fortschritt der gründlichen Wissenschaften ernstlich am Herzen liegt, ebensowohl in ihren Herzen als Köpfen übereinstimmen und nichts unterlassen, was die Freundschaft erhalten kann, folglich alles versuchen, was versöhnen, und alles vermeiden, was beleidigen kann, unbeschadet jedoch der Rechte der Wahrheit."

animis non minus quam ingeniis consentire, nihilque omittere quod alere amicitiam queat, cui consequens est, et omnibus modis et captare, quod conciliare, et evitare, quod offendere possit, ita tamen ut veritatis jura non laedantur."* Auch B[ayle] war friedfertig, obwohl sein ganzes Leben Kampf war. Darum war er kein Freund der Universitäten, weil hier gewöhnlich statt des Geistes der Wissenschaft der Geist der Intrige herrscht. „Je n'aime point assez les conflicts, les Cabales, les *Entre-mangeries Professorales*, qui régnent dans toutes nos Academies.[1] Canam Mihi et Musis [ich möchte für mich singen und für die Musen]" (Lettre 160). Zwar hatte Bayle einen höchst tädiösen[2], lang fortgesetzten und selbst heftigen Streit mit dem verleumdungssüchtigen Jurieu. Aber B. wurde dazu genötigt und führte diesen Streit im Widerspruch mit seinem Wesen, mit Widerwillen – „l'aversion que j'ai euë toute ma vie pour les diputes personnelles".[3]**

Der wissenschaftliche Mann ist, weil friedfertig, auch nicht rechthaberisch. Ihm liegt mehr daran, *belehrt* zu werden, als recht zu haben. „Ego quoties lapsus sum", sagt Leibniz, „id libenter et sine circuitione fateor"[4] (Ep. 40 ad Bern[5].), und B. nennt sich selbst „un homme qui apprend sans chagrin la critique que l'on fait de ses Ouvrages et qui compte pour un bien-fait la sincerité des Amis qui la lui apprennent sans deguisement"[6] (Lettre 63). „Je suis plus sensible au plaisir

* „Commerc. Epist. Leib. et. Joh. Bernoullii", Lausannae 1745, Epist. 12.

[1] *In C deutsch:* „Ich bin", sagt er, „kein besonderer Freund von den Streitigkeiten, den Ränken, den [gegenseitigen] Professoren-Fressereien, welche auf allen unseren Akademien herrschen."

[2] widerlichen *C*

[3] *In C deutsch*: „mein ganzes Leben [lang] hatte ich einen Abscheu vor persönlichen Streitigkeiten".

** „La Cab. chimèr.", p. 670.

[4] *In C deutsch:* „Wenn ich einen Fehler gemacht habe," sagt Leibniz, „so gestehe ich es immer gerne und ohne Umschweif."

[5] Bernoulli *C*

[6] *In C ungenau und unvollständig deutsch:* „einen Menschen, welcher ohne Ärger seine Werke tadeln hört" [*zu ergänzen:*

d'apprendre, qu'au déplaisir de m'être trompé"[1] (Lettre 283).

Der wissenschaftliche Mann bekümmert sich nicht um das Geschwätze der großen[2] Menge. Er geht seines Weges, vertieft in die Sache, ohne weder rechts noch links zu blicken. „Pour vous parler franchement et philosophiquement tout ensemble, je ne fais pas assez de cas de l'opinion et du jugement de la plûpart des gens pour me soucier de l'avoir favorable"[3] (Lettre 122).

Der wissenschaftliche Mann kennt keinen höhern Genuß als Arbeit und Tätigkeit. Jeder andre Genuß hat für ihn nur die Bedeutung der Erholung. B[ayle] bedurfte nicht einmal dieser. „Ich kenne recht gut", schreibt er, „das Distichon Catos: ‚Interpone tuis interdum gaudia curis [unterbrich bisweilen deine Sorgen mit Vergnügungen]', aber ich wende selten diesen Spruch an. Lustbarkeiten, Vergnügungspartien, Spiele, Mahlzeiten, Reisen auf das Land, Visiten und so manche andre Erholungen, welche so vielen Gelehrten, wie sie sagen, notwendig sind, sind nicht meine Sache; ich verliere dabei keine Zeit. Aber ebensowenig nehmen häusliche Sorgen (B. war caelebs[4]), Dienstbewerbungen, Sollizitationen und andere Geschäfte meine Zeit in Anspruch."* Seit seinem zwanzigsten Jahre hatte er keine übrige Zeit. „Pour de loisir, je ne me souviens presque point, d'en avoir eu depuis l'âge de vingt ans"[5] (Lettre 245). Selbst die Nähe des Todes, den er so gewiß voraussah, daß er sich keines Arzneimittels bediente, um nicht den Lauf der Natur zu hemmen, in der Überzeugung, daß seine Krankheit

und der die Aufrichtigkeit seiner ihn offen kritisierenden Freunde als Wohltat betrachtet].

1 *In C deutsch:* „Ich bin empfindlicher für das Vergnügen zu lernen, als für das Mißvergnügen, mich geirrt zu haben."

2 *Fehlt in C.*

3 *In C deutsch:* „Um mich offenherzig und zugleich philosophisch auszusprechen, ich mache mir viel zuwenig aus der Meinung und dem Urteil der meisten Leute, als daß ich mich um ihre Gunst bekümmern sollte."

4 unverheiratet *C*

* „Vie de Mr. B.", Des-Maizeaux, p. 76, T. I. „Diction.", Ed. 1740.

5 „Pour de . . . vingt ans." *Fehlt in C. Sinngemäß dasselbe deutsch im vorangegangenen Satz.*

tödlich sei, unterbrach ihn nicht in seiner wissenschaftlichen Tätigkeit, die damit endete, womit sie begann: mit dem Kampfe gegen Theologen – ein Kampf, der ihm aber nur zur Erholung gereichte. „J'aurois crû", schreibt er im letzten Briefe, den wir von ihm besitzen, an den Grafen von Shaftesbury vom 29. Okt. 1706 (also gerade 8 Wochen vor seinem Tode, er starb am 28. Dez. desselben Jahres), „qu'une querelle avec des Théologiens me chagrineroit, mais j'éprouve par experience, qu'elle me sert d'amusement dans la solitude à quoi je me suis reduit."[1] Noch den Abend vor seinem Tode übergab er, nachdem er den ganzen Tag über gearbeitet hatte, die Kopie von seiner Antwort auf[2] den Theologen Jaquelot dem Korrektor. Und schon in seiner Jugend bewährte er diesen seinen außerordentlichen Fleiß. Selbst die Erholungsstunden widmete er auf der Schule den Wissenschaften; sein rücksichtsloses, unmäßiges Studieren hatte ihm selbst mehrmals schwere Krankheiten zugezogen. Entsprechend dieser seiner Arbeitsamkeit war seine äußerst frugale Lebensweise.

Der wissenschaftliche Mann ist human – unendlich fern von den Anmaßungen des Eigendünkels. „Comme je ne mérite point de Lettres de remerciment, et que lors même que j'en mériterois, je voudrois que l'on ne m'en écrivît point, on vous a dit une verité jusques-là, mais on y a joint un très-gros mensonge, lorsqu'on vous a dit, que je ne veux point le commerce avec qui que ce soit qui ne figure dans le monde. Il n'y a point de défaut dont je me sois garanti plus heureusement que *de la présomption et des airs de suffisance*. Je ne m'en saurois donner, quand même je voudrois m'y étudier; et si la paresse est cause que je ne réponds pas toûjours ponctuellement aux Lettres qu'on veut m'écrire, ce n'est jamais à l'égard des personnes obscures et sans nom"[3] (Lettre 322).

[1] *In C deutsch:* „Ich dachte", schreibt er [*usw.* . .], „ein Streit mit Theologen würde mich ärgern, aber ich erfahre nun, daß er mir in meiner Einsamkeit nur zum Zeitvertreib dient."

[2] an *C*

[3] *In C deutsch:* „Da ich keine Danksagungsschreiben verdiene und da, wenn ich sie selbst verdiente, mir's erwünschter wäre, keine zu erhalten, so hat man Ihnen bisher die Wahrheit gesagt, aber eine grobe Lüge hinzugefügt,

Der wissenschaftliche Mann denkt gut von dem Menschen. Er hält die Klugheitsregel, die in jedem Menschen böse Absichten voraussetzt, [für] unter seiner Würde. Er hat aber auch schon keine Zeit zu bösen, argwöhnischen Gedanken. „Mr. B[ayle] est un ami fort commode qui detourne la vûë de tout ce qui étant approfondi pourroit le trop engager à mal juger des gens"[1] („Chim. de la Cab.", p. 738).

Der wissenschaftliche Mann geizt nicht nach weltlichen Ehren und Reichtümern. Er ist glücklich in seiner[2] Wissenschaft. Die Schätze der Erkenntnis machen ihn gleichgültig gegen die Schätze der Außenwelt. Als B[ayle] infolge einer Kabale seine Professur verlor, schreibt er an seinen Freund: „Je l' (la disgrace) ai reçue, comme doit faire un Philosophe Chretien, et je continue Dieu merci à posseder mon ame dans une grande tranquillité. La douceur et le répos dans les études où je me plais, seront cause que je me tiendrai dans cette Ville, si on m'y laisse ... Du reste n'étant ni amatuer des biens, ni des honneurs, je me soucierai peu d'avoir des Vocations, et je n'en accepterois pas, quand bien même on m'en adresseroit"[3] (Lettre 160).

wenn man Ihnen sagte, daß ich schlechterdings nur mit Leuten, die in der Welt Figur machen, umgehen will. Es gibt keinen Fehler, vor dem ich mich besser bewahrt hätte als vor Anmaßung und selbstgefälligem Gebaren. Ich könnte mir ein solches nicht aneignen, auch wenn ich darauf studierte; und wenn meine Faulheit schuld ist, daß ich auf die Briefe, die man mir schreiben mag, nicht immer pünktlich antworte, so ist das nie der Fall in betreff der Personen ohne Rang und Namen."

1 *In C deutsch:* „Herr Bayle ist ein sehr verträglicher Freund, der den Blick von allem wegwendet, was bei näherer Besichtigung ihn zu leicht bewegen könnte, von den Leuten schlimm zu urteilen."

2 der *C*

3 *In C deutsch:* „Ich habe es (das Unglück) aufgenommen, wie es einem christlichen Philosophen ansteht, und meine Seele, Gott sei Dank! ,erfreut sich fortwährend einer großen Ruhe. Die Annehmlichkeit und Ruhe in meinen Lieblingsstudien werden mich in dieser Stadt fesseln, solange man mich darin läßt. ... Im übrigen, da ich weder ein Freund von Glücksgütern noch von Ehrenstellen bin, so wird es meine geringste Angelegenheit sein, Rufe zu bekommen, und ich

Liebe zur Wissenschaft ist Liebe zur Wahrheit, Wahrheitsliebe daher die Fundamentaltugend des wissenschaftlichen Mannes, so denn auch Bayles. Aber wer die Wahrheit liebt, ist uneigennützig, selbständig, freimütig, feind jeder servilen, das Herz beengenden, den Geist verunreinigenden Gesinnung und Richtung – so Bayle. Die Wissenschaft ist der *reine Geist* im Menschen. Der reine Geist erzeugt auch reinen Sinn. Was die Wissenschaft kränkt, kränkt auch die Tugend. Sorge für deinen Geist, und du sorgst, ohne es zu wollen, auch für dein Herz. Wer die Wissenschaft zum Zwecke seines Lebens macht, macht auch die Tugend zu seinem Zwecke, und seine Tugend ist um so wertvoller, je weniger sie eine erkünstelte Tugend ist, sondern ein natürliches Ergebnis des wissenschaftlichen Geistes.

Der wissenschaftliche Mann ist ein *objektiver* Mensch; denn die Wissenschaft ist selbst der *objektive Geist* im Menschen, schon aus diesem Grunde, weil die Wissenschaft die Beschäftigung mit Gegenständen ist, welche keine unmittelbare Beziehung auf das *persönliche* Interesse des Menschen ausdrücken; selbst wenn diese Gegenstände auch die nützlichsten sein sollten, so ist doch die Beschäftigung zunächst eine rein objektive. Um sie zu erkennen, muß man das Nützlichkeitsinteresse beiseite setzen. Wohl setzt die Wissenschaft den Wissenstrieb voraus; sie befriedigt also auch ein Bedürfnis. Aber der Genuß, die Freude, die sie erzeugt, ist die Freude an dem Gegenstand um des Gegenstands willen. Nicht mit Orpheus, mit Homer und Hesiod – denn die Poesie schmeichelt dem Menschen, sie vermischt das Göttliche mit dem Menschlichen, sie stellt die Dinge dar, wie sie dem Menschen erscheinen –, erst mit Thales erhob sich die Menschheit auf den Standpunkt der reinen Gegenständlichkeit, erst da erfuhr sie, was das heißt sich an und für sich zu einem Gegenstande verhalten, den Gegenstand um des Gegenstands willen anschauen und lieben. Das dem selbstsüchtigen Menschen *fernste* Objekt ist daher das erste, das *nächste* Objekt des erwachenden denkenden Geistes. Zu den Sternen warf die erwachende Wissenschaft ihre ersten Blicke. Wo ist dein Vaterland? Dort, antwortete Anaxagoras

würde gar keine annehmen, selbst wenn einer an mich erginge."

und wies auf die Sterne hinauf. Dem eigennützigen Menschen ist die Wissenschaft darum eine Torheit. Die Kirchenväter verspotteten die griechische Wissenschaft, weil ihr Geist der Geist des *Utilismus*[1] war – ob geistlicher, religiöser oder weltlicher Utilismus[1], ist eins. Wo der Mensch nur auf sein Heil bedacht ist, hat er keinen Sinn für die Wissenschaft. Nur wer über sich selbst sich erheben kann, ist fähig, die Erhabenheit der Wissenschaft zu fassen. Die erste Bedingung, aber auch Wirkung der Wissenschaft auf den Menschen ist daher die *Eigenschaft der Objektivität*, die sich moralisch eben äußert als die Tugenden[2] der Gerechtigkeit, der Unparteilichkeit, der Wahrhaftigkeit, der Demut, kurz, als die Tugend der *Freiheit von sich selbst*.

Der wissenschaftliche Mann ist ein von sich selbst freier Mensch. Der wahrhaft *demütige* Geist ist der wissenschaftliche Geist allein – der *wahrhaft* demütige, weil seine Demut nicht den *Schein* der Demut hat, weil man es ihr nicht *ansieht*, daß sie Demut ist. Die fromme Demut hält es für Sünde, in den Spiegel zu blicken, sie unterdrückt das „moi [ich]“ in der Sprache, wie Pascal, und gebraucht das unbestimmte „on [man]“ dafür. Der wissenschaftliche Geist spricht von sich selbst, er rechnet sich selbst, wie Leibniz, zu den wunderbaren Kindern, er nennt ohne Anstand selbst seine Tugenden, aber gerade nur deswegen, weil er von sich frei ist, weil er *sich selbst* sogut wie ein andrer *Objekt*, weil er ebenso arglos, so unbefangen gegen sich selbst als gegen andere ist. Der wissenschaftliche Geist *sagt* „ich“, weil er „man“ *ist*, der fromme „man“, weil er „moi“[3] ist. Die fromme Demut sucht aus ihrem *Bewußtsein* zu entfernen, was doch in ihrem *Wesen* liegt. Sie wird stets verfolgt von ihrem lieben Ich; sie ist nur *in sich selbst* befangen, darum traut sie sich nicht, „ich“ zu sagen. Sie quält, sie peinigt sich selbst; aber die Selbstquälerei ist immer noch Beschäftigung *nur mit sich selbst*. Sie *will* von sich weg, aber sie *kann* nicht, weil sie nicht das *objektive* Mittel der Selbstbefreiung, die Wissenschaft, ergreift und in dem von ihrem Wesen unabtrennbaren Grundirrtum steckt, daß es nur Eitelkeit sei, seine

[1] Eigennutzes *bzw.* Eigennutz *C*
[2] Tugend *C*
[3] „ich“ *C*

Tugenden, seine Schönheiten, aber nicht, seine Fehler, sein Sündenelend stets im Spiegel zu besehen. „Plus labora celare virtutes, quam vitia“[1], sagt ein Frommer der alten Zeit[2]. Aber es ist ebensogut Eitelkeit, seine Fehler zu zeigen, als seine Tugenden, ja, noch mehr: eine verkehrte Eitelkeit. Wahre Selbstverleugnung ist es, die Selbstverleugnung selbst zu verleugnen. Die Demut, der man es an ihrem verweinten, abgehärmten Gesicht ansieht, daß sie Demut ist, hat nur den Schein, aber nicht das Wesen der Demut die Zeichen, aber nicht die Sache; der ihr selbst verborgene Grund ist die in sich selbst befangene Selbstheit. Was daher Pascal erreichen *wollte* durch die Bemühungen der Frömmigkeit, aber nicht erreichte und [nicht] erreichen konnte, eben weil er es erreichen *wollte*, das hat B[ayle] in dem freien Elemente der Wissenschaft, die seine wesentliche Lebenstätigkeit war, erreicht, eben weil er nicht darauf studierte, es zu erreichen. Bayle ist ein von sich freier Mensch. Das verbale „on“ [„man“] Pascals ist in B[ayle] ein reales „on“. Wer einen *besondern* Wert auf die Demut legt, sie, sozusagen, zu einem besondern Studium macht, verfehlt seinen Zweck, erreicht nur eine der Sache nach affektierte Demut, wenn sie auch subjektiv noch so gut, fromm und edel sein mag. Die Freiheit ist das einzige Siegel der Wahrheit. Die wahre Demut ist die, welche sich nichts *aus sich selbst* macht, welche sich so vorkommt, als verstände es sich von selbst, daß man demütig ist, welche gar nicht weiß, daß sie Demut, kurz, ein ganz *natürliches* Kind der *Freiheit* ist.

Nur in dieser selbst wieder bis zur Unfreiheit, bis zur Skrupelhaftigkeit gehenden Freiheit von sich, in seiner Anspruchlosigkeit, seiner Gleichgültigkeit gegen sich selbst haben wir den wahren Grund von Bayles Pseudo- und Anonymität zu erkennen, wenn sich gleich auch eine geheime Scheu, Anstoß zu geben, sich mit der Menschheit zu entzweien – eine Scheu, die aber selbst wieder nur aus seiner Anspruchlosigkeit und Liebe zum Frieden entsprungen ist – oder sonstige Idiosynkrasien mit eingemischt haben mögen. „On me connoit“, sagt Bayle, „pour l'homme du monde qui a le plus d'in-

[1] *In C deutsch:* „Bestrebe dich, mehr deine Tugenden als deine Fehler zu verbergen“

[2] der . . . Zeit: des Mittelalters *C*

différence pour ses ouvrages et pour ses sentimens particuliers. .. Le Public a jugé de mes Livres; ils ont fait leur temps. Qu'on les louë, qu'on les blâme, peu m'importe. ... Mr. B[ayle] s'est toûjours si peu soucié de passer pour l'auteur de ce qu'il écrivoit, qu'il n'a pas tenu à lui que le Public n'ignorât encore qu'il fût Auteur."[1]* Darum ist ihm auch jedes Lob widerwärtig; er bittet seine Freunde öfter und dringend, ihn doch mit ihren Lobeserhebungen zu verschonen, z. B. Des-Maizeaux: „Je n'exige qu'une condition, si vous imprimez, c'est qu'il vous plaise de retrancher tout ce qu'il y a de loüanges pour moi. Il me sera glorieux d'y paroître, mais . . . beaucoup plusconformément à mon goût, si c'est tout simplement, sans épithéte, ni préambule"[2] (Lettre 252).

Darum gewährt er auch seinen Freunden nicht die Bitte, sich abmalen zu lassen.[3] „Je compte aussi pour une marque très-obligeante de votre amitié les instances que vous me faites au sujet de la taille-douce, mais je ne puis vaincre ma répugnance, et je vous supplie de me pardonner cette foiblesse, si vous voulez ainsi l'appeller. ... Je ne saurois me

[1] *In C deutsch:* „Man kennt mich", sagt Bayle, „für den Mann in der Welt, der die größte Gleichgültigkeit für seine Werke und Privatmeinungen hegt ... Das Publikum hat über meine Schriften geurteilt; sie haben ihre Zeit gehabt. Man lobe sie, man tadle sie, mir ist's gleichviel ... B[ayle] war immer so wenig darauf bedacht, für den Verfasser seiner Schriften zu gelten, daß, hätte es nur von ihm abgehangen, das Publikum noch zur Stunde ihren Verfasser nicht kennen sollte."

* „La Cab. chim.", p. 658, 670. „La Chim. de la Cab.", p. 739.

[2] *In C deutsch:* „Nur eine Bedingung mache ich, wenn Sie drucken, nämlich alle Lobeserhebungen auf mich gefälligst zu streichen. Ich werde es mir zur Ehre rechnen, darin vorzukommen, aber ... meinem Geschmacke bei weitem angemessener [wäre], wenn es ganz einfach, ohne Zutat, ohne Umschweife geschieht."

[3] *In C deutsch:* „Als ein sehr verbindliches Zeichen Ihrer Freundschaft rechne ich Ihnen auch Ihre Bitte in betreff des Kupferstichs an; aber ich kann meinen Widerwillen nicht bezwingen, und ich bitte Sie, mir diese Schwäche zu verzeihen, wenn Sie es so nennen wollen ... Ich kann mich nicht entschließen, mich malen oder mein Gesicht vor dem Titelblatt meines Buches paradieren zu lassen."

résoudre à me faire peindre, ni à faire paroître mon visage à la tête de mon Livre."*

So ist das Urteil der Welt! Sie rühmt nur die Wirkungen der Religion; die Wirkungen der Wissenschaft kennt sie nicht oder setzt sie gar in Zweifel. Natürlich! Die Religion nimmt alle Künste zu Hülfe, um den Menschen für sich zu gewinnen. Die Kraft der Wissenschaft ist *ihre eigne* Kraft; sie borgt nichts. Die Religion imponiert selbst den Augen und Ohren oder doch immer der Phantasie; aber die Wissenschaft abstrahiert von allen sinnlichen Reizen, sie verläßt sich nur auf die Wahrheit der Sache. Die Tugenden der Religion fallen in die Augen, aber die Tugenden der Wissenschaft sind unsichtbare, darum der Welt verborgne. Pascals Tugenden sind gefeiert, seine Demut empfiehlt sich schon durch äußerliche Liebenswürdigkeit, sein bleiches Gesicht gewinnt unmittelbar das teilnehmende Herz für sich; Bayles Tugenden sind nicht bekannt oder selbst verkannt. Aber die wahre Tugend ist eben *die* Tugend, die nicht den Schein der Tugend hat, die nicht das Auge blendet, die selbst verkannt werden kann und wirklich verkannt ist. B. hat selbst alles gegen sich, nichts für sich; seine Liebe zur Pseudo- und Anonymität läßt auf einen winkelzügigen, falschen, kleinliche Interessen verbergenden Charakter schließen. Er scheint anders, als er ist. Er ist aber das gerade Gegenteil von dem, was er scheint. Und gerade dieser Widerspruch seiner Erscheinung und seines Wesens, gerade dieser ist die Einheit[1] seiner Erscheinung mit seinem Wesen. Die wahre Erscheinung seines Wesens ist, daß er anders erscheint, als er ist. Die Tugend der Wissenschaft ist sich selbst genug; sie verschmäht es, sich zu zeigen oder gar zu glänzen; sie ist eine Blume, die nicht das Auge des gewöhnlichen Spaziergängers, sondern nur das Auge des denkenden Naturforschers an sich zieht; man muß studieren, um sie zu erkennen. Aber dann heißt es auch: Post nubila Phoebus [nach den Wolken Phoebus ⟨der Sonnengott⟩; sinngemäß: sind die Wolken abgezogen, so strahlt die Sonne]. (42)

* Lettre 316, 319. Oeuv. div., T. IV.

[1] die Einheit: der Einklang *C*

Anmerkungen und Erläuterungen

(1) Die Weisen unter den Heiden kannten allerdings auch recht gut den Gegensatz oder Zwiespalt zwischen Vernunft und Leidenschaft, zwischen Wissen und Wollen oder Tun (s. Arist., „Ethic. ad Nicom.“, lib. VII, c. 3, und Bayles „Diction.“, Art. Ovide. R. H.), zwischen Geist und Fleisch. Selbst der Ausdruck „Fleisch“, caro, *σάρξ*, kommt bei ihnen vor, bei Seneca „Epist.“ 74, wo es heißt: „Non est Summa felicitatis nostrae in carne ponenda [das Höchste unseres Glücks ist nicht ins Fleischliche zu setzen]“, gegenübergesetzt dem animus [Geist], und wo es offenbar nicht den Leib mit Haut und Haaren, sondern den Leib als Inbegriff der Lüste bedeutet, ferner bei Arian, „Epictet“, lib. II, c. 23.[1] Auch sie kannten recht gut die Macht und Allgemeinheit der Sünde. „Peccavimus omnes [wir alle haben gesündigt]“ (Seneca, „De Clem.“, l. 1, § VI). „Omnes mali sumus [wir alle sind schlecht]“, („De Ira“, lib. III, § 26). „Quis est qui se profitetur *omnibus legibus innocentum*? Ut hoc ita sit, quam angusta innocentia est, *ad legem* bonum esse? [Wo gibt es jemanden, der sich als vor allen Gesetzen unschuldig bezeichnen könnte? Und wenn es dergleichen auch geben mag, wie sehr die Unschuld bedrängt ist, was ist gut vor den Gesetzen?]“ (ibid. l. II, § 27). „*Nemo*, inquam, invenitur, qui se *possit absolvere:* et innocentem quisque se dicit, respicicus[2] testem, non *conscientiam* [niemand, sage ich, läßt sich finden, der sich selbst freisprechen könnte, und wer sich als unschuldig bezeichnet, zieht dabei einen Zeugen in Betracht, nicht das eigene Gewissen]“ (ibid. l. I, § 14). Auch sie wußten, daß das Übel innen in uns selbst steckt. („Intra nos

[1] *In C folgt Zusatz:* Aber dieser Gegensatz war bei ihnen kein unsinniger, phantastischer, supranaturalistischer wie bei den christlichen Heiligen.

[2] respiciens *C*

est, in visceribus ipsis sedet. Et ideo difficulter ad sanitatem pervenimus, quia *nos aegrotare nescimus.* [In uns selber ist es, in unserem eigenen Herzen sitzt es. Und wir gelangen deswegen so schwer zur Heilung, weil wir nicht wissen, wie krank wir sind]", Senec., „Ep." 50), daß auch der Beste, der Weiseste noch unendlich weit von dem Ideale absteht („Pro optimo est minime malus [für das Beste ist der Schlechte zu gering]", Sen., „De tranquill. anim.", § 7) und daß folglich auch ihm demutsvolle Selbsterkenntnis notwendig ist („*De te apud te male existima* [urteile innerlich schlecht über dich selbst]", „Ep." 68). Auch sie wußten von einem Abfall, auch sie von einem Urstande, einem glücklicheren, besseren Zustand der Menschheit. Aber sie dachten sich diesen Zustand auf vernünftige Weise; sie dachten ihn als den Zustand der *natürlichen* Eintracht, Kindlichkeit, Einfachheit und Unverdorbenheit. „Quid hominum illo genere felicius? In commune rerum natura fruebantur: sufficiebat illa, ut parens, in tutelam omnium: haec erat publicarum opum secura possessio. Quidni ego illud locupletissimum mortalium genus dixerim in quo pauperem invenire non posses? . . . Illi quidem non aurum, nec argentum, nec perlucidos lapides ima terrarum faece quaerebant, parcebantque adhuc mutis animalibus. . . . Nondum valentior imposuerat infirmiori manum, nondum avarus abscondendo quod sibi jaceret, alium necessariis quoque excluserat: *par erat alterius, ac sui, cura.* [Hat es unter Menschen etwas Glücklicheres gegeben als jenes Geschlecht? In Gemeinschaft nutzten sie die Natur, sie bot, als Erzeuger, für alle genug; dies war der sichere Besitz der öffentlichen Reichtümer. Warum soll ich nicht jenes Geschlecht unter den Sterblichen das begütertste nennen, bei dem du keinen Armen finden kannst? . . . Freilich, jene suchten nicht Gold, nicht Silber, nicht lichtdurchlässige Steine in der untersten Erdschicht, und sie schonten die bis dahin stummen Tiere. . . Noch legte der Stärkere nicht Hand an den Schwächeren, noch verbarg ein Geiziger nicht, was bei ihm lag, um einen anderen von dem auch ihm Nötigen auszuschließen. Die Sorge für den anderen und die für sich selbst war gleich.]" Aber sie erkannten auch die Mangelhaftigkeit dieses ersten Zustandes. „Sed quamvis egregia illis vita fuerit, et carens fraude, *non fuere sapientes . . . Non enim dat natura virtutem: ars est, bonum fieri . . .* Quid ergo?

ignorantia rerum innocentes erant, multum autem interest, utrum peccare aliquis nolit, an nesciat. Deerat illis justitia, deerat prudentia, deerat temperentia ac fortitudo. [Aber wie herrlich bei jenen das Leben auch war und wie rein von Betrug, weise sind sie nicht gewesen ... Nicht die Natur nämlich schenkt Tugend: Gutes zu tun, ist eine Kunst ... Was also machte es, daß sie unschuldig waren? Sie waren es aus mangelnder Kenntnis der Dinge. Es kommt aber sehr darauf an, ob jemand nicht sündigen will oder ob er nicht zu sündigen versteht. Es fehlte jenen die Gerechtigkeit, es fehlte ihnen die Einsicht, es fehlten ihnen Selbstbeherrschung und Tapferkeit.]" („Epist." 90). Sie waren zu weise, zu vernünftig, als daß sie sich denselben als einen solchen Zustand vorgestellt hätten, der nicht verlassen werden sollte, den zu verlassen ein Widerspruch ebenso mit der Natur dieses Zustandes als mit einem ausdrücklichen Willen Gottes war und der daher nur durch einen diabolischen Hokuspokus in infinitum – denn auch der Teufel war ja ursprünglich nicht Teufel – verlorengeht. Wohl nannten auch sie den Zustand der Verderbnis einen Abfall („a natura descivit luxuria [die Ausschweifung stellt einen Abfall von der Natur dar]", Sen., ibid.), wohl wußten auch sie von dem Fluch der Sünde (s. z. B. Horaz, Ode III, lib. I[1]); aber sie dachten sich den Fluch der Sünde als eine *natürliche* Folge derselben (s. z. B. Senec., „Ep." 95). Sie waren zu gebildeten, zu edel denkenden Geistes, als daß sie einen leidenschaftlichen, empfindlichen, zornigen, rachsüchtigen, blutdürstigen Gott, einen Gott, der erst durch eine spezielle, zeitliche, *sinnliche* Handlung mit dem Menschen versöhnt wird, daher nur selbst ein *sinnlicher* Gott ist, hätten glauben können. Sie dachten sich einen Gott, der *durch seine Natur,* sein *Wesen* mit dem Menschen versöhnt ist. „Quaedam sunt, quae nocere non possunt, nullamque vim nisi beneficam et salutarem habent: ut *dii immortales,* qui *nec volunt obesse, nec possunt. Natura* enim illis *mitis* et *placida* est, tam longe remota ab aliena injuria quam a sua. [Es gibt manches, das nicht schaden kann und das auch nur zum Wohltun und zum Heilbringen Kraft hat: so die unsterblichen Götter, die weder schaden können noch wollen. Sie sind nämlich von Natur mild und gefällig, ebenso ab-

[1] *In C folgt Zusatz:*; Vergil, „Aeneid." VIII, 326.

gestoßen durch fremde wie eigene Ungerechtigkeit.] (Sen., „De Ira", l. II, § 37). „Quae causa est diis benefaciendi? Natura. Errat, si quis putat illos nocere velle: non possunt; nec accipere injuriam queunt, nec facere. Laedere enim laedique conjunctum est. [Was bewegt die Götter, Gutes zu tun? Die Natur. Es irrt, wer da meint, sie wollten schaden; sie können es gar nicht. Sie können Unrecht weder hinnehmen noch tun. Verletzen und verletzt werden sind nämlich verbunden.]" („Epist." 95). Der gemeine Heide dachte seine Leidenschaften in Gott; sein religiöser Glaube legte ihm zwar keine sittlichen und vernünftigen, aber auch keine unvernünftigen Schranken an; der gemeine Heide war insofern auch versöhnt mit seinen Göttern, aber diese Versöhnung war, weil nur gegründet auf den Affekt, wesen- und bestandlos, veränderlich wie ein Apriltag, flüchtig wie ein Regenbogen; wie seine Götter zürnten, so zürnte hinwieder der Heide seinen Göttern, wenn sie ihm nicht seine Wünsche erfüllten. Der gebildete, der weise Heide dagegen dachte sich die Tugend als das höchste, vortrefflichste Wesen und das Gute, das Vortreffliche als ein seiner Natur nach *Allgemeines*, was es denn auch wirklich ist. Was wahr, was gut, ist nur wahr und gut, weil es wahr, weil es gut schlechtweg, ohne alle Ausnahme, ohne alle Einschränkung ist. Was einmal Vernunft, was Wahrheit, was Tugend ist, ist Tugend, Vernunft, Wahrheit im Himmel sogut als auf Erden, entweder ist es hier nicht Tugend, nicht Vernunft, oder es ist auch es dort; der Unterschied zwischen Himmel und Erde, zwischen göttlicher und menschlicher Persönlichkeit ist in dem Begriffe des Guten, des Wahren aufgehoben, d. h. er gilt hier nicht. Ein Gott, der ein *besonderes Privilegium* für sich in Anspruch nimmt, der sich diesen universalen Begriffen entziehen, sie nicht bei sich will gelten lassen, ist ein Gott, der nach Gefallen stiehlt und hurt wie Jupiter. Der heidnische Weise dachte sich also das, was gut, was Vernunft, was trefflich ist, als ein *Universales*, folglich das, was *Tugend* im Menschen, auch als Tugend in Gott. „Quaeris, *quae res* sapientem faciat? quae Deum! [Du fragst, was den Weisen macht? Das, was zum Gott macht!]" („Ep." 87). „Ratio vero *diis hominibusque communis*: haec in illis consummata est, in nobis consummabilis [die Vernunft ist in Wahrheit Göttern und Menschen gemeinsam; in jenen ist sie vollkommen, in uns der Vervollkommnung fähig]“ (Sen., „Epist.“ 92). Aber die Tugend und Vernunft sind identisch, die Tugend ist nichts andres als die rechte Vernunft. „Rationale animal es, quod ergo in te bonum est? *perfecta ratio.* – Nisi ubi rationi locus est, bonum non est. [Du bist ein vernunftbegabtes Lebewesen, was ist demnach gut an dir? Die ausgebildete Vernunft. Nur wo die Vernunft ihren Ort findet, gibt es Gutes.]“ („Epist.“ 124). „Una inducitur humanis virtutibus regula: *una enim est ratio recta, simplexque* . . . divinorum una natura est. Ratio autem nihil aliud est, quam in corpus humanum pars divini spiritus mersa. Si ratio divina est, nullum autem bonum sine ratione est, bonum omne divinum est. [Für die menschlichen Tugenden gibt es nur eine einzige Regel; es existiert nämlich nur eine richtige und einfache Vernunft, . . . nur eine Natur des Göttlichen. Die Vernunft aber ist nichts anderes als ein in den menschlichen Körper eingesenkter Teil des göttlichen Geistes. Wenn aber die Vernunft göttlich ist, gibt es auch nichts Gutes ohne Vernunft, alles Gute ist göttlich.]“ („Ep.“ 66). Darum war auch der heidnische Weise nichts weniger als hochmütig. Er rühmte sich nicht der Tugend als seiner eigenen Kraft; er erkannte vielmehr seine eigne Nichtigkeit und die Notwendigkeit der Selbstverleugnung. „Nolo laudes, nolo dicas: o magnum virum! . . . Nihil damnavi *nisi* me; non est quod proficiendi causa ad me venire velis. Erras . . . non medicus, sed aeger hic habitat. [Ich will nicht daß du Lob spendest, will nicht, daß du sagst: oh, der große Mann! . . . Niemanden verurteile ich, nur mich selbst. Es gibt keinen Grund für dich, zu mir kommen zu wollen, um Förderung zu erfahren. Du irrst dich, . . . nicht der Arzt, der Kranke wohnt hier.]“ („Epist.“ 68). „Non sum sapiens . . . nec ero . . . De virtute, *non de me* loquor: et cum vitiis convicium facio, in primis meis facio. [Ich bin nicht weise, . . . noch werde ich es sein . . . Von der Tugend, nicht von mir spreche ich, und wegen der Laster mache ich in erster Linie mir selbst Vorwürfe.]“ („De vita beata“, § 17, 18). „*Sibi* servire, gravissima servitus est [sich selbst zu dienen ist der schwerste Dienst]“ („Natur. Qu.“, lib. III. Praef). „Nihil adhuc consecutus es; multa effugisti: *te* nondum [es gibt nichts, dem du bisher gefolgt bist; vielem bist du entflohen: dir selbst niemals]“ (ibidem I, 1. Praef.). „O quam bene cum quibusdam ageretur, *si a se aberrarent* [oh, wie gut l ieße sich mit gewissen Leuten umgehen, wenn sie sich selbst untreu würden]" („Ep." 104). Die Tugend war dem Stoiker weder ein Abstraktum noch eine persönliche Eigenschaft; sie war ihm die als Vernunft sich betätigende Vernunft, die ein Gemeingut der Götter und Menschen. Die Tugend war ihm nicht die Kraft des Individuums, sondern eine *allgemeine* Kraft, die moralische Lebensquelle und Substanz. „Etiam si amici perierunt, etiam si probat respondentesque voto patris liberi: est quod illorum expleat locum. Quid sit? quaeris? *quod illos bonos fecerat, virtus* ... sola satis est. Omnium enim *bonorum vis et origo in ipsa est.* Quid refert, an aqua decurrens intercipiatur atque abeat, si fons ex quo fluxerat, salvus est? [Auch wenn die Freunde und die erprobten und dem Ruf des Vaters folgenden Söhne zugrunde gegangen sind, es gibt etwas, was ihren Platz ausfüllt. Du fragst, was das sei. Was sie zu guten Männern gemacht hatte, die Tugend, ... sie allein ist genug. Kraft und Ursprung aller guten Männer nämlich liegen in ihr selbst. Was liegt daran, ob das fließende Wasser aufgefangen wird oder ob es fortströmt, wenn nur die Quelle stark ist, aus der es entspringt?]" („Ep." 74). „Magna et vera bona non si dividuntur, ut exiguum in singulos cadat: ad unumquemque tota perveniunt [das Große und wahrhaft Gute teilt sich nicht so, wie ein Geringes in Einzelteile zerfällt, alles fügt sich zu ein- und demselben Ganzen zusammen]" („Ep." 73). „Sapientia commune bonum est [die Weisheit ist ein gemeinsames Gut]" („Ep." 85). Die Kraft des Stoikers war nur die Macht, die in der Tugend an und für sich selbst liegt. Die Tugend machte ihn gut, nicht er sich selbst; „Ad virtutem venitur per ipsam [zur Tugend kommt man nur durch sie selbst]" („Ep." 89). Aber die Kraft der Tugend ist als eine vortreffliche, gute Kraft eine schlechtweg universale, nicht nur menschlich universale, folglich auch göttliche Kraft. Die Kraft der Tugend ist daher dem Stoiker die Kraft der Gottheit, „animum excellentem ... coelestis potentia agitat ... Bonus vir sine Deo nemo est. [Eine himmlische Kraft bewegt die erhabene Seele .... Niemand ist ohne Gott ein guter Mann.]" („Ep." 41 und 73). (Die Bedeutung der dagegen sprechenden Stellen, wo die Götter und Menschen so unterschieden werden, daß jene von Natur, diese durch ihre Arbeit gut sind, wie so mancher andrer Widersprüche zu entwickeln, ist natürlich hier nicht der

Ort.) – Göttlich dachte also der heidnische Weise von Gott, aber wer göttlich denkt von Gott, ist auch göttlich gesinnt, und nur wer göttlich denkt von Gott und gesinnt ist, ist versöhnt mit Gott, versöhnt auf die allein wahre und vernünftige, folglich allein versöhnende Weise. Der Geist, die Gesinnung allein entscheidet über den Menschen, nicht die Handlung, die Idee, nicht die technische Ausführung. „Generosa res est, respicientem non *ad suas, sed ad naturae suae vires,* conari alta, tentare, et mente majora concipere, quam quae etiam ingenti animo adornatis effici possint [eine edle Sache ist es, wenn einer, nicht seine Kräfte, sondern die seiner Natur bedenkend, Erhabenes zu unternehmen versucht und im Gemüt noch Größeres sich vornimmt, als selbst von denen, die wir anbeten, mit ihrem mächtigen Geist ausgeführt werden kann]" („De vita beata", § 20). „Et hoc multum est, *velle servari* [und dies ist schon viel, gerettet werden zu wollen]" („Ep." 52). „Quandocunque autem natura spiritum repetet, aut ratio dimittet, testatus exibo, *bonam me conscientiam amasse, bona studia* [wenn aber die Natur sich wieder des Geistes bemächtigt oder die Vernunft sich die Waffen entgleiten läßt, dann wird niemand daran zweifeln können, daß ich das gute Gewissen und das gute Bemühen geliebt habe]" („De vita be.", l. c.). So ist es: Die *Liebe* zur Tugend ist die allein entscheidende Tugend des Menschen; die Liebe zur Tugend versöhnt uns mit der Tugend, nimmt unsre Sünden gegen sie auf sich. Wir fehlen *überall* in der Ausführung und Anwendung; warum wollt ihr also nur für unsre Widersprüche mit der Idee der Ethik eine Mittelsperson, warum nicht auch für unsre Widersprüche und Verstöße z. B. gegen die Idee der Kunst? Sollen wir aus Verzweiflung über die ästhetischen Mängel und Sünden, die auch der beste Künstler begeht, den Pinsel wegwerfen und warten, bis ein Engel vom Himmel kommt und statt unsrer den Pinsel führt? Warum wollt ihr eine Erscheinung, die einen guten allgemeinen Grund hat, die aus der Natur der Sache hervorgeht, auf den Unterschieden beruht zwischen Kopf und Hand, Idee und Realität, Wesen und Erscheinung, Gattung und Individuum – Unterschiede, die als Unterschiede in der ewigen Wahrheit gegründet sind, in der Wirklichkeit aber als Gegensätze auftreten können –, warum wollt ihr diese Erscheinung von einem *besondern*, abnormen Ereignis ableiten? O sancta simplicitas [oh, heilige Einfalt]! Aber wie da nur wahre Versöhnung mit Gott ist, wo Gott göttlich gedacht wird, so ist umgekehrt da, wo ein ungöttlicher, falscher Begriff, wie der Begriff eines zornigen Gottes, zugrunde liegt, die Versöhnung nur ein *Schein;* der Widerspruch wird hier nur verdeckt, aber nicht gelöst; die Äußerungen des Übels verschwinden, aber das Grundübel selbst bleibt: Gott legt wohl seinen Zorn, aber nicht sein zorniges *Wesen* ab – das Schlimmste von der Sache –, die *Fähigkeit* zum Zürnen bleibt. Wo einmal ein falscher, ungöttlicher Begriff zugrunde liegt, da ist jeder Vermittlungsprozeß, der daher auch keineswegs auf dem Gebiete der Wissenschaft die wahre Form des Wahren ist – denn er revoziert am Ende, was er am Anfang als wahr ausgesprochen, und will hintendrein aufheben, was nur wirklich aufgehoben werden kann, wenn es im Prinzip selbst aufgegeben wird –, ein bloßes Palliativ. Die Geschichte des Christentums ist die Bestätigung dieses Satzes, natürlich nur für denjenigen, welcher nicht durch religiöse oder philosophische Vorurteile verblendet ist. – Viele Theologen behaupteten zwar, daß der Zorn Gottes nur im bildlichen Verstande zu nehmen sei. Aber diese Behauptung ist ein grundloses Sophisma. Das eigentümliche Aroma des Zorns liegt eben nur in seiner sinnlichen Bedeutung. Sogut der wirkliche Zorn eine höchst unzweideutige, unverkennbare Leidenschaft ist, so lächerlich es wäre, wenn ich eine derbe Maulschelle, die ich einem andern in der Hitze des Zorns gebe, für eine nur metaphorische Maulschelle oder für ein apodiktisches Urteil der reinen Vernunft oder gar[1] nur für einen Ausdruck der christlichen Liebe erklären wollte, um die Tatsache wegzuleugnen, so lächerlich ist es, wenn ich einen solchen markierten, spezifischen Ausdruck, wie der Zorn ist, in einem andern als im eigentlichen Verstande nehmen will. Wie im Menschen das Urteil, die Vernunft aufhört, wo die Leidenschaft des Zorns sich erhebt, so ist da der Unterschied zwischen geistig und sinnlich, bildlich und unbildlich oder wenigstens das Recht dieser Unterscheidung aufgehoben, wo einmal von einem Zorne Gottes die Rede ist. Das religiöse Gemüt weiß auch wirklich nichts von dieser Unterscheidung; nicht der sophistische[2] Augustin (s. dessen

[1] *Fehlt in C.*

[2] der sophistische *Fehlt in C.*

„Civit.", lib. 9, c. 5, lib. 15, c. 25.), sondern Lactanz hat[1] im Sinne desselben recht, und nur dieses entscheidet hier. Die Notwendigkeit, den Zorn Gottes im allereigentlichsten Verstande, als einen wirklichen Zorn zu nehmen, geht übrigens schon daraus hervor, daß auch die Versöhnung als ein *wirkliches, historisches* Ereignis gefaßt wird.[2] Wenn daher der Zorn nur die Bedeutung eines Bildes hat, so hat auch notwendig die Versöhnung nur die Bedeutung eines Bildes, nicht eines wirklichen Faktums. Sie geht hauptsächlich aber daraus hervor, daß die Grundbestimmung hier die Persönlichkeit ist. Aber die epigrammatische Spitze, der pikanteste Ausdruck der Persönlichkeit ist eben die *Empfindlichkeit*, die Fähigkeit, *beleidigt* zu werden und über Beleidigungen in Zorn zu entbrennen.[3] Unendlich reiner, freier und göttlicher dachte daher der heidnische Weise das göttliche Wesen, denn ihm war nicht die Persönlichkeit die Grundbestimmung. Ihn interessierte es nicht, zu wissen, „*wer*" ist Gott, sondern „*was*" ist Gott? *Das, was* Gott zu *Gott* macht, *das Göttliche*, hatte allein für ihn eine Bedeutung, nicht der Besitzer, sozusagen, der Träger, das Subjekt, die Person der göttlichen *Qualität* und *Würde*. Nur[4] hieraus ist die Indifferenz zu erklären, mit welcher die heidnischen Weisen bald von Gott im Singular, bald im Plural reden, obwohl natürlich hierbei wesentlich[5] auch ihr Verhältnis zum religiösen Volksglauben mit zu berücksichtigen ist. Im Christentum dagegen wurde die Einheit, d. h. hier die Singularität, die Individualität, die später den Ausdruck der Persönlichkeit erhielt,[6] die Haupt-

[1] und Tertullian haben *C*

[2] *C folgt Zusatz*: „Quod enim", sagt Melanchthon in seinen „Loci", „terribilius est signum irae Dei, quam placari Deum non alia victima potuisse, nisi Filii morte [gibt es denn, sagt M. ⟨*usw. . . .*⟩ ein schrecklicheres Zeichen für Gottes Zorn, als daß Gott durch kein anderes Opfer als den Tod seines Sohnes versöhnt werden konnte]?" („Loci de vocab. Fidei").

[3] *C folgt Zusatz*: „Woher", sagt z. B. Tertullian, „De testimonio animae", „kommt die natürliche Furcht der Seele vor Gott, wenn Gott nicht zürnen kann? Wie soll der gefürchtet werden, der nicht beleidigt werden kann?"

[4] *Fehlt in C.*

[5] *Fehlt in C.*

[6] die . . . erhielt,: die Persönlichkeit Gottes *C*

sache. Aber die Persönlichkeit, die Individualität ist nicht an und für sich selbst schon ein *göttlicher* Begriff – die Christen glaubten ja auch einen *persönlichen* Teufel –, sie wird es erst durch ihren Inhalt, durch ihre Qualität. Die Persönlichkeit kann vielmehr das Göttlichste und Ungöttlichste in sich fassen; man kann sogar alles Mögliche in sie hineinlegen, ohne an ihr selbst ein *Kriterium*, ein *Prinzip* des *Unterschieds* in betreff des Inhalts, des Hineinzutuenden zu besitzen. Zorn, Ruhmsucht, Ehrgeiz, Despotismus, kurz, alles Unvernünftige und Schlechte findet und fand wirklich im Christentum seinen Platz im Begriffe der göttlichen Persönlichkeit, aber findet ihn nicht im Begriffe des Göttlichen schlechtweg, der an sich selbst eine Garantie, einen Maßstab, ein Kriterium seiner selbst und seines Gegenteils besitzt. Da daher, wo geglaubt wird ein an sich, seiner Grundbestimmung nach jeder Leidenschaft fähiger, ein zorniger Gott – „Deus *vere irascitur* [Gott zürnt wahrhaftig]", sagt selbst Melanchthon in seiner „Philos. moralis" –, ein Gott, dessen Zorn, wie gesagt, nur durch eine besondere Handlung und durch den Glauben an dieselbe gehoben wird, da ist nur eine Versöhnung der Phantasie, der Vorstellung oder Empfindung[1] nach, aber nicht der Wahrheit, der Sache, dem *Wesen* nach, da ist der oberste Begriff schon ein *Widerspruch in und mit sich selbst*, da ist keine Einheit, kein wahrer Friede, keine Vernunft. – Nicht nur aber Gott, auch die Sünde dachte der heidnische Weise tiefer, reiner und sittlicher, als sie im Christentum gedacht wurde. Die Sünde war ihm das Schrecklichste, das höchste, das einzig wahre Unglück, welches dem Menschen widerfahren konnte: „Tibi . . . persuade", sagt trefflich Cicero, „*praeter culpam ac peccatum* . . . homini accidere nihil posse, quod sit *horribile* aut *pertimescendum* [überzeuge . . . dich davon, sagt ⟨usw. . . .⟩, daß außer Schuld und Sünde . . . dem Menschen nichts zustoßen kann, was schrecklich und furchtbar wäre]" („Ep. ad famil.", l. 5, ep. 21). Die *Strafe* der Sünde war ihm die *Sünde selbst*. „*Prima et maxima peccantium est poena, peccasse* . . . *sceleris in scelere supplicium est* [gesündigt zu haben, ist für die Sündigen die erste und größte Strafe, . . . die Marter für das Verbrechen liegt im Verbrechen selbst]" (Seneca, „Ep."

[1] oder Empfindung *Fehlt in C.*

97). „Jam sibi dedit (poenas) qui peccavit [wer sündigt, bestraft sich damit schon]", („De Ira", I, 2, § 30 und I, 3, § 26). Aber der Christenheit ist das nicht genug – nicht genug, daß Adam sündigt, nein, er muß noch wegen der Sünde besonders bestraft, mit seiner ganzen Nachkommenschaft zum Elend verdammt werden; der Sünder [ist] nicht als Sünder schon elend genug, nein, er muß auch noch in der Hölle expreß gesotten und gebraten werden. Die Christen verbinden daher mit der Sünde einen unsittlichen Begriff – ein von der Sünde als solcher unterschiednes, äußres, sinnliches Übel; sie für sich selbst ist ihnen nicht das Schrecklichste, nicht schon die Strafe ihrer selbst; wäre sie das, so verschwände ihnen das Bedürfnis der Hölle wie das Bedürfnis einer besondern äußerlichen Hülfe und Erlösung – eine[r] Erlösung, die konsequent aber auch die Christen nicht von der Sünde selbst, sondern nur von den äußerlichen, mit der Sünde verknüpften Folgen, der Strafe, dem Fluch Gottes, erlöst. Die Christen sind beherrscht von der Sünde, darum denken sie die Sünde selbst sündhaft; der heidnische Weise beherrschte die Sünde darum und darin, daß er die Sünde *sittlich* dachte. Der Weise hatte daher seinen Retter in sich selbst – und zwar an der *Vernunft*, die ihm nicht ein abstraktes Vermögen, sondern eine vis plastica [förmliche Kraft], eine wirkliche Macht, eine causa efficiens [bewirkende Ursache], ein sittlicher und selbst physischer Gesundbrunnen war. „Quidquid animam erexit, etiam corpori prodest. Studia mihi nostra saluti fuerunt. Philosophiae acceptum fero, quod surrexi, quod convalui: illi vitam debeo, et nihil illi minus debeo. [Was die Seele erhoben hat, ist von Vorteil auch für den Körper. Meine geistigen Mühen waren meiner Gesundheit förderlich. Ich danke der Philosophie dafür, daß ich mich aufgerichtet habe, daß ich gesund geworden bin; ihr schulde ich das Leben.]" (Senec., „Ep." 78). Die Sünde hatte noch keine solche Gewalt über ihn, daß sie seinen Sinn verdorben seinen Verstand verrückt, sein Auge verblendet hätte; noch war die Sünde nicht als Erbsünde in die Substanz selbst eingedrungen; sie hatte nur die *Extremitäten*, aber noch nicht das *Hirn* des Menschen ergriffen und infiziert; der Weise erkannte die innere Nichtigkeit der Sünde und die Allmacht, die unaustilgbare, die selbst in dem Bösewicht noch sich betätigende Macht des Guten, der Tugend.

„Adeoque gratiosa virtus est, ut *insitum sit etiam malis probare meliora.* Quis est qui non beneficus videri velit? qui non inter scelera et injurias opinionem bonitatis affectet? ... Maximum hoc habemus naturae meritum, quod virtus in omnium animos lumen suum permittit: etiam qui non sequuntur, illam vident. [Die Tugend steht in so hoher Gunst, daß auch den Schlechten die Wertschätzung des Besseren eingepflanzt ist. Gibt es jemanden, der nicht als guter Mensch angesehen werden möchte? Der nicht danach strebt, trotz des Unrechts und der Untaten, die er begeht, im Ruf der Redlichkeit zu stehen? ... Dieses größte Verdienst haben wir von Natur aus; weil die Tugend ihr Licht in alle Seelen schickt: auch diejenigen, die ihr nicht folgen, sehen sie]"(Sen., „De benefic.", l. 4, § 17). Den Weisen bewahrte daher seine Tugend und Vernunft vor allen jenen grundverderblichen, ebenso unsittlichen als unvernünftigen Konsequenzen in theoretischer und praktischer Beziehung, in welche die Sünde die christliche Menschheit gestürzt hat.

(2) Der Widerspruch zwischen dem Wesen der Kunst und des Katholizismus, der hier im allgemeinen, im Begriffe ausgesprochen wurde, ist faktisch selbst von frommen Katholiken, sei es nun direkt oder indirekt, eingestanden worden. So heißt es[1] von dem *frommen* Papst Hadrian VI.: „Ornamenta insignis picturae et statuarum priscae artis nequaquam magni fecit, adeo ut Vianesio. ... commendante statuam Laocoontis ... aversis statim oculis tanquam impiae gentis simulacra vituperaret [das Schmückende auffallender Malerei und der Statuen alter Kunst schätzte er durchaus nicht, so daß er zu Vianesius ..., als dieser die Skulptur Laokoons empfahl ..., mit sofort abgewandten Augen diese Ebenbilder nahezu gottloser Leute tadelte]." Dies bezieht sich zwar nur auf die alte Kunst, aber die Aversion vor einem heidnischen Kunstwerke drückt eine Aversion vor der Kunst als solcher, abgesehen von religiösen Gegenständen, aus. Derselbe Papst war auch den Dichtern abhold, weil sie es ihm nicht aufrichtig mit der christlichen Religion zu meinen schienen und die verruchten Namen der heidnischen Götter so feierten (Bayle, „Diction.", Hadrian VI. Rem. D). Aller-

[1] *C folgt Zusatz:* z. B.

dings ist die Rechtgläubigkeit selbst eines religiösen Dichters immer etwas Zweideutiges; denn er versetzt die religiösen Gegenstände aus dem festen Boden des Glaubens in das höchst schlüpfrige Element der Ästhetik, aus der heißen Zone des Herzens in die temperierte, an sich weder kalte noch warme Region der Phantasie; er unterwirft sie als einen bloßen *Stoff* der freien Bildungskraft des Dichtergeistes, der an und für sich selbst über jedem[1] Gegenstand als Stoff steht, gleichgültig dagegen ist, daher *jeden* ohne Ausnahme mit *gleicher* Liebe behandeln kann; er macht sie zu *allgemeinen* Gegenständen, die daher auch nur allgemeine Empfindungen einflößen, aber nicht das spezielle religiöse Interesse; er erhebt sie in das *Pantheon* der Schönheit. Fromme Katholiken – nicht minder fromme Protestanten – machten den neuern Dichtern darum besonders ihre Vermischung des Christlichen und Heidnischen zum Vorwurf (s. z. B. die Auszüge, die Bayle aus Baillets „Jugemens des Savans sur les principaux Auteurs" in seinen „Nouvelles de la Rep. d. Lett." gibt, p. 715, 16, p. 757 usw.[2]). Aber es ist die größte Kurzsichtigkeit, wenn man diese Vermischung nur in formellen Frivolitäten, wie z. B. in der Anrufung der heidnischen Gottheiten oder in den *Gegenständen*, nicht in dem Geist, dem Wesen der Poesie, selbst auch der *religiösen* Poesie, finden will. Ein religiöses Gedicht – wenn es anders auf den Namen eines Kunstwerkes Anspruch machen darf, nicht bloß eine Einfassung frommer Gedanken in Verse ist – hat immer auch *als Gedicht*, abgesehen von seinem religiösen Gegenstand, Wert; es ist *etwas*, unabhängig von ihm, es entspricht den Anforderungen an *ein Gedicht überhaupt*, der

[1] *So richtig C. A/B schreibt* jeden[.]

[2] usw. *Fehlt in C. Dort noch als Zusatz die Fußnote Feuerbachs:* „La plupart des poetes", sagt ebendaselbst Bayle p. 759, „ne tournent leur muse du côté de la dévotion que quand ils sont vieux, en quoi ils imitent beaucoup de femmes galantes, et cela fait que leurs pöesies spirituelles sont les plus méchantes de tout en qualité de poësies [die meisten Dichter stellen ihre Muse nicht in den Dienst der Frömmigkeit, bevor sie alt geworden sind, worin sie es vielen galanten Frauenzimmern gleichtun, und daher kommt es, daß ihre geistlichen Dichtungen unter allen Arten von Poesie die schlechtesten sind]."

Gegenstand sei, welcher er wolle, und diese Forderungen konstituieren[1] nicht das Formelle, sondern das Wesen eines Gedichts[2]. Auch der religiöse Dichter opfert daher nolens volens der heidnischen, oder richtiger: allgemeinen, Gottheit der Schönheit. Alle[3] Poesie ist vom Standpunkt des strengen Katholizismus und Protestantismus aus Götzendienst; denn das religiöse Gedicht, vorausgesetzt, daß es wirklich ein Gedicht ist, hat als Gedicht seine *eignen Reize*, es erweckt nicht *nur*, nicht *rein* religiöse, sondern zugleich selbständige, selbst- und wohlgefällige Empfindungen; werden diese gleich stets *in Verbindung* mit religiösen Vorstellungen und Gefühlen empfunden, so werden sie doch auch *für sich selbst* herausgeschmeckt. Der rein, der wahrhaft, der streng religiöse Sinn verschmäht darum solche Vermischung des Ästhetischen und Religiösen. Der religiöse Dichter befindet sich in einem Zwiespalt; er will den Himmel, ohne doch die Erde fahrenzulassen. – Der Widerspruch der Kunst mit dem Wesen des Katholizismus geht übrigens[4] auch schon daraus

1 machen *C*

2 *C folgt Zusatz:* aus.

3 *Fehlt in C.*

4 *In C folgt Zusatz*: unter anderm [. . .] *Dazu in C noch folgende Fußnote Feuerbachs:* So z. B. aus dem so oft von den Kirchenvätern im Gegensatz gegen die griechische Kunstreligion ausgesprochenen Gedanken, daß die Altäre, Statuen und Bilder des christlichen Gottes nicht leblose Steine und Hölzer, sondern die moralischen und religiösen Gesinnungen des Menschen seien. „Conferat igitur", sagt z. B. Origines gegen Celsus (l. VIII), „qui vult, aras quales diximus, cum aris Celsi et statuas in animis piorum Deo dicatas cum statuis Phidiae ac Polycleti similiumque et bene sciat, has quidem inanimas esse obnoxiasque temporum tempestatumque injuriis, illas vero sitas in immortali animo mansuras etc. [es mag also, wer will, die Altäre, die ich beschrieben habe, mit den Altären vergleichen, von denen Celsus redet, und ebenso die Bilder in den Seelen derer, die fromm den allmächtigen Gott verehren, mit den Bildern eines Phidias, Polyklet und ähnlicher Künstler, und er wird gut erkennen, daß diese unbeseelt sind und im Laufe der Zeit vergehen, während jene, der unsterblichen Seele wahrhaftig innewohnend, so lange bleiben werden, usw.]". Auf einem spanischen Konzilium (Conc. Elibertinum can. 36) wurde ausdrücklich

hervor, daß der fromme Katholik es für Eitelkeit, für Sünde hält, sich abbilden zu lassen, wie z. B. der heilige Ignaz (s. dessen „Leben" von Ribadeneira, p. 395). Aber wenn es Sünde ist, sich abbilden zu lassen, so ist es auch Sünde, einen andern abzubilden. Denn warum anders als aus Demut, aus Selbstverachtung verbirgt der Fromme sein Antlitz den Augen des Künstlers? Aber warum verachtet er sich? Weil er *dieser* Mensch ist? Nein, seine Verachtung hat eine allgemeine Bedeutung; sie befaßt jeden Menschen in sich[1]; sie gilt nicht dem Ignatius als Ignatius, sondern als Menschen überhaupt, als einer Kreatur; ihr Sinn ist: Auch du sollst dich nicht malen lassen; Menschen-Bilderschau ist Götzendienst; Gott oder Christus oder die heilige Jungfrau oder die Heiligen sind das allein Anschauungswürdige. Wären daher alle Katholiken so gesinnt wie der heilige Ignaz und andere echte Katholiken, wären sie keine sich selbst untreue[n], inkonsequente[n], falsche[n], ihre Religion verleugnende[n] Katholiken gewesen, so hätten wir von ihnen keine Bilder, wenigstens keine anderen Bilder als religiöse. Aber selbst auch religiöse Bilder sind nur dann, wie schon oben entwickelt, Bilder im Geiste des Katholizismus, wenn sie *für sich selbst* wertlose, ja, gottserbärmlich schlechte Bilder sind, Bilder, die nur den Wert von Erinnerungszeichen haben – eine Bedeutung,

verboten, Bilder in den Kirchen zu haben, damit nicht der Gegenstand der Verehrung oder Anbetung an den Wänden abgemalt werde. Selbst schon der Heide Varro sagt bei Augustin („De Civ. Dei", l. IV, c. 31, c. 9), daß die Römer mit den Bildern der Götter die Gottesfurcht und strenge Religiösität ihrer Vorfahren eingebüßt hätten. „Erst dann", bemerkt in betreff der christlichen Kirche Calvin, „wurden die Bilder zum Schmuck der Kirchen verwendet, als der Gottesdienst schon von seiner Lauterkeit verloren hatte; ungefähr fünf Jahrhunderte lang, wo noch die Religion mehr im Flor war, gab es in den christlichen Kirchen insgemein keine Bilder" („Inst. Christ. religionis", l. I, c. 11, Sect. 13). Epiphanius zerriß sogar einen Vorhang vor der Tür einer Kirche in Palästina, auf welchem ein Bild Christi oder eines Heiligen gemalt war, weil nach der Lehre der h[eiligen] Schrift in christlichen Kirchen kein Bild eines Menschen hängen dürfe („Enzykl." von Ersch und Gruber, Art. Bilder in den Kirchen der Christen).

[1] in sich *Fehlt in C.*

die Reliquien in einem noch höhern Grade[1] zukommt –, Bilder, die auch auf dem Gebiete der Kunst das menschliche Nichts und Unvermögen uns vergegenwärtigen, nicht den Menschen mit einer eitlen Bewunderung irdischer Werke und ihrer Meister erfüllen! – Wo kein Sinn für die *schöne Form* überhaupt ist, ist auch kein Sinn für die Kunst. Der Frömmigkeit – selbst schon einiger Kirchenväter – widersprach es, sich Christus schön vorzustellen; es war ihr ein erbaulicher Gedanke, daß strenge Büßungen seinen Leib so verzehrt und ertötet hatten, daß er schon in seinem 30sten Jahre wie ein Fünfziger aussah und sein Gesicht so runzlig, so häßlich war, daß man ihn für einen Aussätzigen nehmen konnte (la Mothe le Vayer, Lettre 15 „De la beauté", Oeuv., T. X). Aber ist nicht da der Kunstsinn verdammt, die erste und wesentlichste Anlage zur Kunst vernichtet, wo die Häßlichkeit *sanktioniert* ist? Nicht da die Abgeschmacktheit die oberste ästhetische Regel, wo die körperliche Verschrobenheit das Normale ist? Ist da die Kochkunst zuhause, wo tote Ratten und Mäuse aus Frömmigkeit mit Appetit verzehrt werden? Ist da, wo die Mortifikation des Leibes für die höchste Tugend gilt, nicht auch die höchste Tugend des Malers – wenn nun einmal das angeborne Laster der Pinselei nicht gelassen werden kann –, Leiber zu malen, die *keine* Leiber sind, Leiber, wie man sie nirgends hier auf dieser verderbten Erde antrifft[2]? Sind also nicht, wenn ihr nun einmal durchaus Bilder in eurer Kirche haben wollt, *allein* jene abscheulichen, ekelhaften, unförmlichen Heiligen- und Märtyrerbilder des Mittelalters, die nur frommer Sinn, aber nicht Kunstsinn hervorbrachte, die *normalen, gesetzmäßigen*, dem Geiste der Kirche *entsprechenden* und angehörigen[3] Bilder, *die* Bilder, deren ihr euch als eurer Produkte, als echt katholischer Bilder rühmen dürft? „Schönheit", sagt der Pater Lechner – ganz im Sinne der normalen katholischen Frömmigkeit –, „ist der Tugend der Demut sehr gefährlich. In Würzburg hat sich deswegen ein Junger von Adel und großem Vermögen das Angesicht mit Kot bespritzt und ist im Bettleranzuge um Almosen gegangen" (A. Bucher, „Die

[1] Reliquien . . . Grade: auch Reliquien *C*
[2] ,Leiber, wie . . . antrifft *Fehlt in C.*
[3] und angehörigen *Fehlt in C.*

Jesuiten in Bayern", p. 108). Aber ist ein mit Kot bespritztes menschliches Angesicht ein ästhetischer Anblick? Wohl ist er ein dem frommen Sinn wohltätiger, weil rührender, erbaulicher, demütigender Anblick, aber der fromme Sinn und der Kunstsinn sind sich radicitus [von Grund auf] entgegengesetzt. Entgegne mir keiner gedankenlos das Exempel des Malers Fiesole, der nie malte, ohne vorher mit Innigkeit zu beten (s. [Ch.] Kapps „Italien", 1837, p. 552). Auch der Soldat stärkt sich durch Gebet zur Schlacht, wo er seinen Nächsten niedersticht. – In der Beschreibung, welche (Pascals „Lettre Provinc.", Edit. Paris 1832, p. 212) ein Jesuit von einem katholischen Heiligen gibt, heißt es daher ausdrücklich: „Il est sans yeux pour les beautés de l'art et de la nature. ... Une *belle* personne lui est un spectre. [Er hat keine Augen für die Schönheiten der Kunst und der Natur ... Eine schöne weibliche Person ist für ihn ein Gespenst.]" Aber sind denn nicht die wahrhaft frommen Katholiken, die Heiligen, die Muster der Nachahmung für die übrigen Katholiken? *Sollen* also nicht auch diese ohne Augen für die Schönheiten der Natur und Kunst sein? Die Kirche sanktionierte allerdings die Bilderverehrung. Aber es heißt ausdrücklich, „sanctorum apostolorum etc. imagines colimus, non in materia aut in coloribus honorem constituentes ... cum sciamus juxta Basilii magni sententiam, quod imagini honor exhibitus ad ipsum prototypum referatur [die Bilder der heiligen Apostel etc. verehren wir, wobei wir nicht die Materie oder die Farben anbeten ..., da wir ja auf Grund eines Ausspruchs des großen Basilius wissen, daß die einem Bilde bezeigte Verehrung auf dessen Urbild übertragen wird]" (B. Carranza, „Summa omnium Concil.", Edit. Antwerpiae 1559, p. 280, 281). Aber ein schönes, ein wahres Bild ist eben ein Bild, welches sich *auf sich selbst* bezieht, *um sein[er] selbst willen*, nicht um des Heiligen willen verehrt wird, das religiöse Interesse dem ästhetischen, *seinem* Interesse subordiniert, ja, aufopfert. Der usus pius et utilis imaginum [fromme und nützliche Gebrauch der Bilder] ist nicht an ihre Kunstbeschaffenheit gebunden, sie ist vollkommen gleichgültig ebensowohl für den gemeinen Katholiken, der nur einen religiösen Sinn, als für den wahren Katholiken, welcher seinen allenfallsigen ästhetischen Sinn als ein irdisches Gelüste ertötet hat; ja, die Schönheit widerspricht selbst dem usus pius, dem Zwecke, um dessen willen die Bilder die Kirche[1] sanktioniert, denn sie zieht Auge und Herz ab von dem Prototyp [Urbild]. Wer einmal schöne Heiligenbilder liebt, schätzt bald mehr die Bilder als die Heiligen, bekommt oder hat schon Liebe zu Bildern überhaupt, wird gleichgültig gegen den religiösen Stoff. Ein wahres katholisches Bild wäre nur ein solches, welches den Heiligen, abgesondert von dem Menschen, rein von allen störenden menschlichen Zügen, darstellte. Ein schönes Bild, ein Bild im Sinne der Kunst, ist also kein Bild im Sinne des Katholizismus, vielmehr ein Bild gegen den Sinn, gegen die Absicht, gegen den Willen, wenigstens den wahren, bessern Willen der Kirche. Historisch ist übrigens der Antikatholizismus der Kunst schon dadurch erwiesen, daß zu der Zeit, wo wirklich ästhetischer Sinn wieder erwachte, das katholische und überhaupt religiöse Interesse schwand oder wenigstens ihm subordiniert wurde. A. Politian zog die Oden Pindars Davids Psalmen vor. Der Kardinal P. Bembo warnte vor der Lektüre des Paulus und wollte selbst nach einigen nicht die Bibel und sein Brevier lesen, um nicht seinen schönen lateinischen Stil zu verderben. Leo[s] des X. ästhetischer Sinn gereichte der katholischen Kirche eben nicht zum Vorteil. – Aber wie mit der Kunst, ist es mit der Wissenschaft. *Wahre* Fromme verwarfen sie. Unter Pascals Papieren fand man folgende Note von seiner Hand: „Ecrire contre ceux qui approfondissent trop les sciences: Descartes [schreiben gegen solche, die die Wissenschaften zu sehr vertiefen: Descartes]." Charmant! Also nur das effleurer [oberflächliche Streifen], aber nicht das approfondir [Vertiefen] der Wissenschaften, nur das oberflächliche Wissen, das Wissen, mit dem es kein Ernst ist, billigt der echtfromme Sinn. Wie sehr paßt auch hierauf, was dort auf die Frage des frommen, aber noch zweifelnden Jüngers:

„Wozu ist aber denn im Leben
Vernunft dem Menschen beigegeben?",

der Meister der Zunft antwortet:

„Daß er die Bibel brav exegesiert,
Interpretiert und interpoliert
Und allenfalls noch obendrein,

[1] *Gemeint:* die Kirche *(Nominativ)* die Bilder *(Akkusativ)*

Doch besser wär's, er ließ' es sein,
An der Historie sich amüsiert
Und die Natur von außen studiert."

Der Widerspruch der Wissenschaft mit dem Geiste oder Ideal der echt katholischen Frömmigkeit – und nur daran dürfen wir uns anhalten, nicht an diese oder jene empirische Erscheinung – ist übrigens schon hinlänglich dadurch ausgesprochen, daß sich für diesen Geist die *Wissenschaft überhaupt* in die Klasse des Irdischen, Weltlichen, damit des nicht zum ewigen Heile Gehörigen, des Entbehrlichen, des Überflüssigen stellt. Wer wird aber mit dem Irdischen sich abgeben, wenn ihm der Himmel offensteht? Wer nicht den Umgang mit den Heiligen, den seligen Geistern, den Engeln dem Umgang mit den Profanskribenten oder gar mit Tieren, mit Pflanzen und Steinen vorziehen? Wer kann noch Geschmack finden an der Erdbirn[e] [1] der Wissenschaft, wenn er schon das himmlische Manna genossen? Wer leugnen, daß solche gemeine Kost seinem verwöhnten Gaumen widerspricht? Wo die Wissenschaft überhaupt die Bedeutung eines dem höchsten Interesse Gleichgültigen und Äußerlichen hat, da hat sie kein Interesse, wenigstens für den – und dieser allein entscheidet –, dessen Interesse ebendieses höchste Interesse ist. Wo die Wissenschaft überhaupt etwas Irdisches, Weltliches ist gegenüber einem Himmlischen, Göttlichen, da hat sie nur die Bedeutung eines *Spieles*, eines Zeitvertreibs, da sind die wissenschaftlichen Arbeiten höchstens nur operae subsicivae[2] [Mußewerke]. Was man aber nur in müßigen Nebenstunden treibt, das ist auch nur eine Nebensache, etwas, was einem außer seinem eigentlichen Berufe, seiner wesentlichen Bestimmung und Tätigkeit liegt. Eine solche Bedeutung hat aber die Wissenschaft *überhaupt*, d. h. die Wissenschaft an und für sich selbst da, wo nur ein *gewisses* Genre von Wissenschaft oder nur die Wissenschaft *eines bestimmten Gegenstandes oder Inhaltes* geheiligt ist; denn da gibt der Wissenschaft nur der *Gegenstand*, der überdies nicht notwendig die Wissenschaft zu seinem Gefäße hat, ja, durch den einfältigen, demütigen Glauben mehr gefeiert wird, einen Wert; sie *für sich selbst* hat

[1] *Im Fränkischen üblich für: Kartoffel.*
[2] *In A/B ebenso wie in C:* subsecivae

keinen. Wo die Wissenschaft nur durch einen bestimmten heiligen Inhalt geheiligt wird, ist die *wissenschaftliche Tätigkeit* als eine *profane* – gleichgültig, ob laut oder stillschweigend – ausgesprochen und, als eine solche, für den heiligen Sinn eine verpönte, verworfne, verdammte Tätigkeit – eine Tätigkeit, die ihm widerspricht. Nur der Stoff verdeckt diesen Widerspruch, hüllt ihn in ein mysteriöses Dunkel; aber diese scheinbare Eintracht verschwindet, der Widerspruch kommt zum Vorschein, sowie die wissenschaftliche Tätigkeit die Schranke dieses Stoffes überschreitet. Allerdings widerspricht also weder dem katholisch-religiösen Sinne, in Beziehung auf welchen allein bisher die Wissenschaft betrachtet wurde, noch der katholischen Kirche die heilige katholische Theologie – sie konnte ihrer ja schon aus äußerlichen Gründen nicht entbehren –, aber die Wissenschaft widerspricht ihrem Geist und Wesen. In den frühern Zeiten – und nur aus diesen kann man erkennen, was echt katholisch oder nicht ist, weil sich hier die Kirche noch nicht so verweltlicht hatte wie später –, so zur Zeit des Rabanus Maurus, wurden bekanntlich die Wissenschaften, wenn irgendwo in einem Menschen ein wissenschaftlicher Trieb erwacht war – ein Trieb, der hoffentlich nicht aus dem Katholizismus, sondern aus dem eingebornen Bedürfnis der Menschheit entsprungen war –, nur zum Zweck des theologischen oder kirchlichen Interesses gebilligt und getrieben; sie für sich selbst waren, sozusagen, nicht koscher. Aber wo die Wissenschaft um des Brotes willen – es sei himmlischer oder irdischer Natur – getrieben wird, ist kein wissenschaftlicher Geist; wo aber kein wissenschaftlicher Geist, keine Wissenschaft.[1] – Merkwürdig und besonders

[1] Aber wo . . . keine Wissenschaft. *Stattdessen in C:* So lernte und schätzte man „die Prosodie wegen der verschiedenen Versarten in den Psalmen; die Dialektik wegen der Polemik mit den Ketzern; die Arithmetik wegen der in den Zahlen enthaltenen Geheimnisse und der in der heil. Schrift vorkommenden Maße und Zahlen; die Geometrie wegen der Zirkel, die in den Nachrichten von der Arche Noah und dem Salomonischen Tempel vorkämen; die Astronomie wegen der Kirchenzeitrechnung und die Musik wegen des Anstandes und der Würde, den der Gottesdienst von ihr borge" (Eichhorn, ,,Allgem. Geschichte der Kultur und Lit. des

charakteristisch ist das Schicksal des Aristoteles im Mittelalter. Auch er war anfänglich eine verbotene Ware. 1209 wurde seine „Metaphysik", in Paris wenigstens, bekannt, aber noch in demselben Jahre von einem daselbst gehaltenen Konzilium verdammt und sub poena excommunicationis [bei Strafe des Kirchenbanns] verboten, „ne quis eos de

neuern Europa", 1799, II. B., p. 41). Ganz entsprechend diesem alles der Theologie unterordnenden Geiste war daher „das Abreiben, Auskratzen und Zusammenschneiden der alten Pergament-Kodexe, um Choral-, Meß- und Andachtsbücher darauf zu schreiben", wodurch „die Klöster der klassischen Literatur einen unersetzlichen Verlust zugefügt. Ein großes Stück des Livius und der Ciceronianischen Reden fand noch 1772 Bruns in der Vatikansbibliothek ausgekratzt und darauf das Büchlein Tobias geschrieben" (v. Lang, „Über Verdienste der Klöster". „Sophronicon", 7. Jahrg., III. H.) .Höchst charakteristisch ist es auch, daß das Abschreiben alter Schriften von „vielen Freunden des asketischen Lebens jeder Handarbeit vorgezogen war, weil es Körper und Geist zugleich angreife" (Eichhorn a. a. O., p. 56). Wie kritiklos sind doch die gewöhnlichen Lobpreisungen der Klöster wegen ihrer Verdienste um die Wissenschaften! „Vetus quaestio et pridem agitata: utrum monachis licitum sit studiis incumbere [eine alte und einst lebhaft diskutierte Frage: ob es den Mönchen gestattet sei, es als erlaubt anzusehen, sich dem Studium zu widmen]", heißt es in J. Mabillons „Tract. de studiis Monasticis Lut.", Paris 1691 („Acta Erudit.", Suppl. T. II, Sect. VI). Mabillon gesteht ein, daß die Klöster ihrer ursprünglichen Bestimmung nach nicht Schulen und Akademien sein, daß sie vielmehr die Welt und folglich auch die profanen Künste und Wissenschaften verachten, nur dem Studium der h. Schrift und der Tugend obliegen sollten; dieser Zweck lasse sich jedoch nicht ohne die Wissenschaften erreichen. Schon Pachomius und Basilius hätten den Ihrigen befohlen, nicht nur die h. Schrift, sondern auch die Kirchenväter zu studieren. An die Stelle der Handarbeiten müsse man, sagt weiter M[abillon], bisweilen Studien und Bücherabschreiben setzen. So werde der Müßiggang, um dessen willen Benedikt die Arbeit den Mönchen auferlegt habe, vermieden und der Geist von schädlichen Gedanken abgezogen. Auch seien von den Studien der Mönche nicht gänzlich die Profanskribenten auszuschließen, weil sie zum Verständnis der h. Schrift viel beitrügen. Das Klosterleben ist aber nichts anderes als das caetero scribere et legere praesumeret vel quocunque modo habere [damit fortan sich niemand vornehme, sie ⟨die Bücher der ‚Metaphysik'⟩ abzuschreiben und zu lesen oder sie sich auch nur zu verschaffen]", weil sie nicht nur zu den Ketzereien des Almarich – eine unbegründete Beschuldigung – Gelegenheit gaben[1], sondern auch in Zukunft zu andern, noch nicht erfundnen Ketzereien geben könnten (Joan. Launoii Theol. Paris, „De Varia Arist. Fortuna in Acad. Par.", in einer Ausgabe von[2] 1720, Witemb., v. J. H. ab Elswich, p. 127, c. 1). Im Jahre 1215 bestätigte ein päpstlicher Legat dieses Verbot; mit der „Metaphysik" werden zugleich die Bücher „De philos. naturali" genannt und verboten. Aber dafür führte er die Arist.[3] Dialektik ein, welche die bisher gebräuchliche Dialektik Augustins verdrängte, wobei Launoi die Bemerkung macht: „Augustinus Aristoteli, Christianus videlicet Gentili cessit [Augustin wich dem Aristoteles, der Christ dem Heiden]" (c. 4 u. 5). Gregor IX. verbot gleichfalls 1231 die „Libri naturales", worunter nach L[aunoi] und Heumann („Acta Phil.", p. 694, T. I) vielleicht auch die „Metaphysik" begriffen wird, jedoch nur solange, „quousque examinati fuerint et ab omni errorum suspicione purgati [bis sie überprüft und von jeglichem Irrtum gereinigt sind]". 1265 verbietet ein päpstlicher Legat wieder die „Metaphysik" und „Physik", und zwar schlechtweg. 1366 dagegen werden sie von zwei Kardinälen nebst noch andern Schriften des A[ristoteles] nicht nur erlaubt, sondern selbst legitimiert, und Nicolaus V. billigte nicht nur alle Werke des A., sondern er befahl auch, sie von neuem ins Lateinische zu übersetzen, damit sie umso leichter verstanden würden (c. 9 u. 10). Woran sollen wir uns nun in diesen Widersprüchen anhalten? Was stimmt mit dem Katholizismus überein? Die Erlaubnis oder das Verbot des Aristoteles? Die Empirie sagt: beides; die Philosophie stimmt

antizipierte und hier schon realisierte himmlische Leben, welches das Ziel und Ideal des Katholizismus, des Christentums überhaupt ist. Das Verhältnis des Mönchs zur Wissenschaft repräsentiert daher das wahre Verhältnis des Katholiken überhaupt zur Wissenschaft.

[1] gegeben *C*

[2] in . . . von *Fehlt in C.*

[3] Aristotelische *C*

ihr bei, aber sie macht folgenden wichtigen Unterschied: Allerdings stimmt die Erlaubnis des A[ristoteles], also der Wissenschaft – denn den A. können wir als den Repräsentanten derselben ansehen –, überein mit dem mit sich selbst nicht übereinstimmenden, mit dem seinem Begriffe widersprechenden, dem rein weltlichen Katholizismus, der, sowie er sich einmal in der Welt eingebürgert hat und seiner Existenz sicher ist, oder auch umgekehrt: sowie seine Existenz gefährdet ist – allmächtig ist ja der Selbsterhaltungstrieb –, alles Mögliche mit sich verbinden kann; aber sie widerspricht dem mit sich einigen, dem sich selbst treuen, dem an seinem Begriff festhaltenden Katholizismus. Auch Thomas Aquino wurde kanonisiert, und doch hatte er die Schriften des A. kommentiert, als noch das päpstliche Verbot auf ihnen lastete. Will man dieses Verbot auch nur auf Paris ausdehnen oder den Thomas A[quino] sonstwie entschuldigen oder rechtfertigen[1], und mag diese Rechtfertigung[2] auch begründet sein, so bleibt doch gewiß, daß wenigstens seine Verbindung der heidnischen Philosophie mit der Theologie ausdrücklich dem Verbote Gregors IX. widerspricht, denn vor der schon oben zitierten, von Launoi angeführten Stelle heißt es, daß die magistri artium über den Priscian lesen und die „Physik" des A[ristoteles] nur solange nicht gebrauchen sollen, bis sie kastigiert sind[3], dann aber: „Magistri vero et scholares *Theologiae* in *facultate, quam profitentur,* se studeant laudabiliter exercere: nec *Philosophos* se ostentent, sed satagant fieri Theodidacti ... De illis tantum in scholis quaestionibus disputent quae per libros *Theologicos* et sanctorum Patrum tractatus valeant terminari. [Aber die Magister und Scholaren mögen sich fleißig und löblich in ihrem Fach üben; nicht als Philosophen sollen sie sich zeigen, sondern danach streben, Gottesgelehrte zu werden ... In den Schulen mögen sie über jene Fragen viel disputieren, die durch theologische Bücher und die Abhandlungen der heiligen Väter gelöst werden können.]" Die Pariser Theologische Fakultät verklagte daher auch den Thomas bei der Kurie. Unter den Irrtümern von ihm wird auch der gerügt, daß er gesagt habe, Gott könne nicht alles,

[1] oder rechtfertigen *Fehlt in C.*
[2] Entschuldigung *C* [3] seien *C*

nicht, was sich widerspricht. Überhaupt waren die streng katholischen Theologen gegen das Studium der Philosophie und ihre Verbindung mit der Theologie. Launoi führt mehrere an. Vincentius Ferrerius – noch dazu ein Heiliger, geb. 1346, † 1419 – z. B. sagt: „Praedicate Evangelium, quia praedicare verba damnatorum damnatio est: dicit enim Hieronymus, quod Aristoteles et Plato in inferno sunt [predigt das Evangelium, denn die Worte der Verdammten zu predigen ist Verdammnis; sagt doch Hieronymus, daß Aristoteles und Platon in der Hölle sind]." Wenn man daher leugnen will, daß die Toleranz gegen die Philosophie, die Wissenschaft überhaupt, ein Widerspruch des Katholizismus mit sich selbst war, daß überhaupt die wissenschaftliche Tätigkeit nicht im Einklang mit dem *Wesen* des Katholizismus steht, daß der Wissenstrieb der Scholastiker nur auf dem „Nitimur in vetitum [wir drängen zum Verbotenen hin]" beruhte, so muß man auch zugeben, daß die Schwelgereien und alle sonstige[n] ihrem Berufe widersprechende[n] Handlungen der Geistlichkeit, daß das weltliche Leben der Mönchsorden, ihre himmelschreienden peccata[1] gegen die ursprünglichen Regeln im Einklang mit diesen und überhaupt mit den Prinzipien des Katholizismus stehen; denn dasselbe, was praktisch das weltliche Leben der Geistlichkeit, ist theoretisch[2] die Beschäftigung mit der weltlichen Wissenschaft, mit der Wissenschaft überhaupt; denn das wissenschaftliche Interesse ist überall sich selbst[3] gleich, beruht überall auf demselben Grunde, auf demselben Triebe, die Materie sei nun eine heilige oder profane. Wenn man daher das, was die Katholiken für die Wissenschaften getan haben, dem Katholizismus als Verdienst anrechnen will, so ist das gerade soviel, als wenn man die Waffentaten katholischer Bischöfe[4] der katholischen Religion als Verdienste um die

[1] Vergehen *C*

[2] *In C folgt Zusatz:* , im Sinne der katholischen Heiligkeit,

[3] *Fehlt in C.*

[4] *In C hier als Zusatz folgende Fußnote Feuerbachs:* S. hierüber Bayle, „Dictionn.", Art. Saint-Cyran. Rem. A. Der Abt von Saint-Cyran, einer der Patriarchen des Jansenismus, schrieb selbst sonderbarerweise eine anonyme „Apologie des évêques qui prennent les armes [*Verteidigung der waffentragenden Bischöfe*]".

Kriegskunst, die sich vielleicht auch wirklich manche Bischöfe erworben haben mögen, was ich aber nicht weiß, anrechnen wollte. Daß dergleichen Taten der katholischen Kirche als einer weltlichen Macht zukommen, wollen wir allerdings nicht streitig machen, denn wenn die Kirche, wie der Kardinal Pallavicini behauptet – eine Behauptung, die übrigens kein Sollen, sondern ein Faktum ausdrückt –, wie eine Monarchie eingerichtet sein, ansehnliche Würden und Ämter zu vergeben haben, Staat machen muß, um durch äußerliches Gepränge schon den Ungläubigen Respekt einzuflößen, so darf gewiß auch nicht das Schwert, als das imponierendste Attribut einer Macht, der Kirche abgehen; allein wir abstrahieren hier davon, betrachtend den Katholizismus nur von seiner inneren, seiner bessern Seite. Noch mehr aber als aus dem allgemeinen Gegensatz von Himmel und Erde[1] erhellt aus den speziellern Attributen des Katholizismus, wie sehr der Geist des Katholizismus und der Geist der Wissenschaft zwei sich widersprechende, absolut unverträgliche Dinge sind. Diese Attribute sind – wir abstrahieren auch hier nämlich wieder von der politischen Seite des Katholizismus, von seinem Despotismus, seinen Inquisitionsgerichten, wir betrachten ihn nur von seiner gemütlichen Seite –: die Mirakel, die Tradition, der Antiquitätskultus, der Autoritätsglaube, die Idiosynkrasie der Ketzerscheu. Der Mirakelglaube ist im Katholizismus ein schlechthin unbegrenzter Glaube. Die Schranke, welche die Scholastiker der Wundertätigkeit setzten mit der Behauptung, daß die Allmacht nicht das sich Widersprechende tun könne, ist eine Schranke, an die sich nur der Verstand, nicht der Glaube bindet, eine Schranke, die überdies aus antikatholischem, aus heidnischem, philosophischem Geiste gekommen ist. Die Wundertätigkeit ist nicht nur eine Eigenschaft Gottes, sondern auch der Heiligen[2]; fast kein Heiliger ist, der nicht während seines Lebens oder doch nach

[1] *C folgt Zusatz:* ,geistlich und weltlich

[2] *In C hier als Zusatz folgende Fußnote Feuerbachs:* So führt z. B. Luther aus der Bulle, die den Bischof Benno zum Heiligen erhob, in seiner Schrift „Wider den neuen Abgott und alten Teufel", 1524, folgende Stelle an: „Hinc facile concipo potest, divinam virtutem divino homini esse communicatam [hieraus ist leicht zu ersehen, daß göttliche Kraft

seinem Tode Wunder tat. Der heilige Ignaz von Loyola tut zwar keine Wunder bei Ribadeneira in der *ältern* Ausgabe, die hier zitiert wurde, wo die Wunder von ihm sogar für unnotwendig erklärt werden (Libr.[1] V, c. 13), um einen Heiligen als Heiligen zu bestätigen, aber wohl in den spätern Ausgaben. Das Wunder gehört zur vollständigen Legitimation eines wahren Heiligen. Aber wenn auch der heilige Ignatius keine Wunder getan hat, so hat dafür sein Freund, der heilige Xaverius, diesen Schaden reichlich ersetzt. Bayle macht in seinen „Nouvelles de la Rep. des Lettres" über eine Schrift „Xaverius Thaumaturgus", worin eben die Wunder dieses Heiligen erzählt wurden, folgende köstliche Bemerkung: „On ne vit jamais plus de miracles que l'on en voit dans ce Livre. On ne sauroit faire un pas, sans y en trouver, et l'on demanderoit volontiers, qui des deux doit passer pour le *miracle*, ou l'*interruption*, ou le *cours* de la Nature. On ne sait où est l'exception et où la regle, car l'une ne se présente gueres moins souvent que l'autre. [Man sah niemals mehr Wunder, als in diesem Buch zu sehen sind. Keinen Schritt kann man tun, ohne auf welche zu stoßen, und gern fragte man sich, was denn nun eigentlich als Wunder gelten soll: die Unterbrechung oder der Gang der Natur. Man weiß nicht, was Ausnahme und was Regel ist, denn das eine scheint kaum seltener zu sein als das andere.]" (p. 350). Aber was hier B[ayle] nur in bezug auf einen speziellen Fall sagt, das gilt im allgemeinen von dem Wunderglauben des Katholizismus. Die Wunder sind unbeschränkt nicht nur der Zeit und Zahl, sondern auch dem Gegenstand und der Qualität nach. Die Mönche setzten selbst die Wunder und Taten ihrer Stifter den Wundern Christi gleich oder selbst über sie (s. z. B. B[ayle], „Diction.", A. François d'Assise. Rem. N.). Aber der Mirakelglaube, zumal der unbegrenzte, widerspricht absolut dem wissenschaftlichen Geiste; wo er herrscht, ist der Unterschied zwischen Traum und Wahrheit, Absurdität und Vernunft aufgehoben. Der wissenschaftliche Geist ist zu ernst, um an mirakulösen Possen, die nur einer kindischen Phantasie imponieren können, Geschmack zu

dem göttlichen Menschen mitgegeben wird]." Damit wollen sie anzeigen, setzt er hinzu, daß die Heiligen für sich selbst auch Wunder tun und nicht Gott allein.

[1] l.

finden. Wo daher in einem Kopfe der Mirakelglaube spukt und er kommt an die Wissenschaft, namentlich der Natur, so wird er uns die albernsten Träumereien statt wissenschaftlicher Wahrheiten darbieten, wie der Jesuit A. Kircher[1]. Das Mirakel betrügt den Menschen; es macht ihn irre nicht nur an seinen Sinnen, sondern auch an seinem Verstande, seiner Vernunft; es bringt ihm den Glauben bei, daß es keine Wahrheit gibt, daß alles nur Trug und Schein ist, oder hat wenigstens die Wirkungen dieses Glaubens. Aber wie der Mirakelglaube das Studium, den Sinn und Geist besonders der Naturwissenschaft verdirbt, ja, tötet, so tötet der Traditionsglaube den Geist der Wissenschaft, namentlich der Geschichtsforschung. Beide sind sich absolut entgegengesetzt. Die Geschichte beginnt, wo die Tradition – die Tradition in ihrer ursprünglichen, allgemeinen Bedeutung betrachtet, aber wo einmal die Tradition, wenn auch nur unter gewissen Bedingungen und Einschränkungen, für eine Quelle gilt, da macht sich auch der Geist der Tradition überhaupt, die Tradition in ihrer unbeschränkten Bedeutung geltend, wie dies denn wirklich der Fall im Katholizismus war (s. hierüber auch B[ayle], „Dict.", Art. Papesse. R. G. und L.) –, wo, sage ich, die Tradition aufhört zu leben; diese ersetzt jene – beim Volke vertritt die Tradition die Stelle der Geschichte – aus Mangel eines andern Organs der Mitteilung oder aus Indifferenz dagegen, aber die Geschichte verdrängt die Tradition aus Überzeugung von ihrer Trüglichkeit. Diese ist ein schöner Traum, jene die nackte Wirklichkeit. Die Tradition bekümmert sich nicht darum, ob das, was ihr gesagt wird, wirklich so gewesen ist, wie es erzählt wird; sie zweifelt nicht; sie ist stets guter Dinge, eben weil sie nichts weiß von dem schmerzlichen Unterschiede zwischen Lüge und Wahrheit, zwischen Schein und Wesen; aber die Geschichte ist ernst, nachdenklich, kritisch, mißtrauisch. Kurz, beide sind sich absolut entgegengesetzt. Wo und wie daher im Katholizismus geschichtlicher Geist auftrat, erfuhr er stets den lebhaftesten Widerspruch, weil es unvermeidlich war, daß er nicht mit der Tradition in Kollision kam. Abälard wurde wegen seiner Äußerung, daß der heilige Dionysius Areopagita nicht der erste Apostel Frankreichs

[1] ,wie ... Kircher *Fehlt in C.*

gewesen sei, von dem Abt seines Klosters ins Gefängnis geworfen. Launoi kam selbst in seiner Zeit noch in das Geschrei eines Ketzers, eines Zerstörers der Religion, als er nachgewiesen, daß wirklich der heilige Dionysius nicht der erste Apostel der Franzosen gewesen, die heilige Magdalena nicht in die Provence gekommen sei, die Karmeliter nicht vom Elias abstammten (Bayle, „Dict.", Art. Launoi. Rem. F. und Q., wo Bayle dann die Bemerkung macht, daß, ungeachtet Launoi unzählige einzelne von der Nichtigkeit dieser Sagen überzeugt hätte, dennoch nach wie vor dieselben Märchen, dieselben Mißbräuche und Zeremonien fortbeständen, und dann sagt: „La prospêrité de Rome Chretienne tout comme celle de Rome Paienne a pour base la conservation des vieux rites ... En nos jours, disoit un Sousprieur de S. Antoine, gardons nous de novalitez. [Der Wohlstand des christlichen Rom hat, ganz ebenso wie schon der des heidnischen, die Erhaltung der alten Riten zur Grundlage ... In unseren Tagen, sagte ein Unterprior von St. Antoine, müssen wir uns vor Neuerungen hüten]"). Der geschichtsforschende Geist wollte zwar innerhalb des Katholizismus nicht der Tradition überhaupt, sondern nur dieser oder jener Tradition etwas anhaben – auch Launoi wollte nur die falschen Traditionen, nicht die Tradition selbst aufheben –, aber in diesem Widerspruch mit einer bestimmten Tradition kommt nur zum Vorschein der allgemeine Widerspruch zwischen dem geschichtlichen Geiste und [dem] Traditionsglauben. Wer einmal den Glauben an *eine* Tradition aufhebt, der hebt den Glauben an die Tradition überhaupt auf; die Tradition beruht nicht auf Prüfung, auf Unterscheidung zwischem Wahrem und Falschem, sie verträgt daher auch keine Prüfung, keine Unterscheidung; aber sie verschmäht sie auch; sie ist selig in ihrem Glauben; sie beruht nur auf Glauben, sie will und kann also auch nur gläubig, unkritisch aufgenommen werden. Wo daher eine Unterscheidung zwischen falscher und wahrer Tradition gemacht wird, da ist bereits der Glaube, der Geist der Tradition, verschwunden; diese Unterscheidung ist nur eine *List* des Verstandes, womit er seinen Widerspruch mit der Tradition überhaupt, mit dem Wesen derselben verdecken will. Die Tradition bekümmert sich nicht um historische Wahrheit, sowenig als das Wunder um die Wirklichkeit.

Die Frage an das Wunder: Bist du geschehen?, ist dem Wunder eine sinnlose Frage; die Frage an die Tradition: Bist du wahr, d. h., bist du nicht mehr Tradition, sondern geschichtliche Wahrheit?, geht ebenso aus einem Kopfe hervor, der sich nicht mehr in die Tradition hineindenken kann, der sich mit ihr entzweit hat. Aber wie das Mirakel die Naturwissenschaft, die Tradition die Geschichte, so hebt der Antiquitätskultus und Autoritätsglaube die Philosophie auf. Wo das Alter für ein Zeichen der Wahrheit, die Neuheit für ein Zeichen der Ketzerei, die Ketzerei für ein Zeichen der Falschheit gilt, da ist der Geist des Denkens, der Geist der Philosophie radicitus[1] aufgehoben. Wo überhaupt das praejudicium autoritatis [Vorurteil der Autorität] herrscht, da ist dem Geist das *Urteil vorweg*genommen. Das Urteil ist die primitive Macht des Geistes; im Urteil beginnt der Geist; wo kein Urteil, kein Geist. Das Urteil ist der Souveränitätsakt des Geistes, ein Akt der Freiheit, der Selbständigkeit, der eigentlich geistige Akt, der *Akt*, wodurch der Geist *Geist* ist. Wo daher das *Vor*urteil herrscht, da hat der Geist seinen *Anfang* nicht in sich selbst, da bleibt ihm nur eine sekundäre, geistlose Tätigkeit übrig, keine andere als die, Folgerungen aus Sätzen, die er nicht aus sich geschöpft hat, sondern die bereits vor ihm entschieden sind, herauszuziehen. Nur hierin liegt der wahre Grund von der Bedeutung der Syllogistik[2] im katholischen Zeitalter. Die *Syllogistik* und *Sophistik* ist die einzige *rationelle* Tätigkeit, die innerhalb des Katholizismus, wo er wenigstens noch eine Macht und Wahrheit, nicht Schein und Lüge ist, dem Geist *übrig*gelassen wird. Das praejudicium ist das judicium[3] des Katholizismus, der *Autoritätsglaube* sein *spezifisches* Wesen; was darüber hinausgeht, ist Antikatholizismus. Jedem Fortschritt in der Wissenschaft, jedem selbständigen Urteil, jedem neuen Gedanken hat daher der Katholizismus aus allen Leibeskräften sich entgegengestemmt (s. z. B. auch B[ayle], „Répub. des Lett.“, p. 191). Selbst die richtige Aussprache des lateinischen Buchstaben Q galt einst der Pariser *Theo-*

[1] ist der ... radicitus: ist die Grundbedingung des Denkens, die Grundbedingung der Philosophie *C*

[2] *C folgt Zusatz:* und Sophistik

[3] praejudicium ... judicium: Vorurteil ist das Urteil *C*

logischen Fakultät für eine verbrecherische Ketzerei. Es scheint unglaublich. Aber hier die Beweisstelle. „Sub annum 1550, cum Professores regii sinceriorem Latinae linguae pronuntiationem sensim introducere coepissent, moleste ferebant cum alii, tum praesertim Sorbonici, inveteratam loquendi consuetudinem Gallorum improbari, ut quae pueri didicissent, senes perdenda fateri cogerentur: in primis vero de sono ipsius literae Q ambigebatur... Jam cum sacris addictum hominem ob genuinam pronuntiationem amplissimis proventibus Sorbonici spoliandum curassent, et lite coram Senatu Parisiensi contestata, ne miser ille ob *grammaticam haeresin* (ut illi vocabant) theologicis fructibus jure excideret, periculum esset: professores regii et inter hos Petrus Ramus facto agmine in Curiam convolant etc. [Als im Jahre 1550 die königlichen Professoren unterderhand eine reinere Aussprache des Lateinischen einzuführen begannen, da beschwerten andere, vor allem von der Sorbonne, sich darüber, daß die althergebrachte Sprechweise der Gallier jetzt verworfen werde, so daß nunmehr sie als Greise gezwungen seien, das aufzugeben, was sie als Knaben gelernt hätten. In erster Linie war man wahrhaftig uneins über die Aussprache des Buchstaben Q... Schon sei es den Theologen von der Sorbonne gelungen, einem Menschen seine Amtstracht wegzunehmen, der von den heiligen Männern seiner echten Aussprache wegen verurteilt worden sei; ein Prozeß sei vor dem Pariser Senat anhängig gemacht worden, damit jener Unglückliche nicht wegen grammatikalischer Ketzerei (wie sie das nannten) seiner geistlichen Einkünfte auf Grund seiner Verurteilung verlustig gehe, und es bestünde die Gefahr, daß die königlichen Professoren, und unter ihnen Petrus Ramus, in geschlossenem Zuge in das Amtsgebäude marschierten usw.]" (Freigius in „Vita Rami" in B[ayle]s „Diction.", Art. Ramus. Rem. G.). Glücklicherweise hatte die weltliche Macht soviel Ehr- und Rechtsgefühl, daß sie den grammatikalischen Ketzer freisprach und der Theologischen Fakultät zum Trotz statt kiskis quisquis auszusprechen erlaubte. Ein ähnliches Beispiel ist dieses. In Frankreich suspendierte ein Bischof einen Kanonikus, weil er beim Messelesen statt Paraclytus, wie es bisher in der Kirche gebräuchlich war, Paracletus ausgesprochen hatte. Schon von dem XI. Jahrh. an hatte man nämlich auf Veranlassung eines Griechen in der katholischen Kirche darüber gestritten, ob man Paracletus[1] sagen sollte. Aber man wagte nichts zu ändern in der Aussprache dieses Wortes, „parce que c'etoit l'usage de lire ainsi, et qu'il ne faloit rien innover [weil es üblich war, so zu lesen, und man keine Neuerungen einführen sollte]". Das Schönste aber ist, daß die Pariser Theologische Fakultät 1526 den Erasmus unter anderm auch deswegen verurteilte, weil er behauptet hatte, man müsse Paracletus sagen (B[ayle], „Dict.", Art. Paraclet. Rem. B.). Köstliche Beispiele von der unglaublichen Verstocktheit der Scholastiker führt Galilei in seinem „Dialogus de Systemate Mundi" (Colloq. 11. August., Treboc. 1635) an. Ein berühmter Arzt zu Venedig demonstrierte ad oculos in einer anatomischen Vorlesung, daß der größte Nervenstamm vom Hirn ausgehe und nur ein sehr dünner Faden gleich einem Funikulus zum Herzen dringe, und wandte sich dann mit der Frage an einen anwesenden Peripatetiker, ob er sich noch nicht überzeugt habe, daß der Ursprung der Nerven das Gehirn und nicht das Herz sei. Aber der Peripatetiker, richtiger: katholische Philosoph, gab zur Antwort, nachdem er sich eine Zeit lang besonnen hatte: „Equidem ita aperte rem oculis subjecisti, ut, *nisi textus Aristotelicus* aperte nervos ex corde deducens obstaret, in sententiam tuam pertracturus me fueris [freilich, du hast die Sache den Augen so offensichtlich vorgeführt, daß du mich selber zu deiner Auffassung bekehrt hättest, wenn dem der Text des Aristoteles, worin er die Nerven aus dem Herzen herkommen läßt, nicht unzweifelhaft entgegenstünde]". Ich sagte: richtiger der katholische Philosoph (freilich auch eine contradictio[2]), denn was anders war dieser verstockte Autoritätsglaube der Scholastiker als die Erscheinung von dem Autoritätsglauben des Katholizismus überhaupt auf dem Gebiete der Philosophie? Selbst Pascal war – und zwar nicht nur in religiösen Dingen, sondern auch auf dem an sich freien Felde der Physik – so sehr noch von dem Vorurteil des Altertums besessen, daß er nur mit großem Widerstreben, nur mit schmerzlichem Bedauern die alte Meinung von dem horror vacui[3] aufgab. Der

[1] *C folgt Zusatz:* oder Paraclytus
[2] ein Widerspruch *C*
[3] Abscheu vor dem leeren Raum *C*

Geist des Katholizismus ist daher eben vermöge dieses seines Traditions-, Antiquitäts-, überhaupt Autoritätsglaubens[1] der Geist der Abhängigkeit und Mittelbarkeit (um mich dieses abstrakten Ausdruckes zu bedienen), aber der Geist der Wissenschaft ist der Geist der Unmittelbarkeit. Der Katholizismus schiebt überall zwischen das Subjekt und Objekt ein Mittelding ein – selbst Christus hat seinen Stellvertreter. Aber der wissenschaftliche Geist duldet nichts zwischen sich und seinem Gegenstande in der Mitte; Wissenschaft beginnt nur, wenn der Mensch die Dinge im Original, in der Ursprache zu lesen beginnt, wenn er das Wasser des Lebens nicht aus den Händen eines andern, als ein schon überschlagenes, empfängt, sondern frischweg von der Quelle sich selbst holt. Wissenschaftlicher Geist geht überall auf den Ursprung zurück, weil er selbst ein ursprünglicher und urkräftiger Geist ist. Simile simili gaudet [Gleiches hat an Gleichem Freude]. Aber der Katholizismus liest nicht im Urtext die Dinge; er ist befriedigt mit der Übersetzung; gleichwie die Scholastiker statt an der Natur an der „Physik" des Aristoteles, statt an dem Aristoteles in eigner Person an einem Stellvertreter desselben, einem übersetzten Aristoteles, sich begnügten. Ganz konsequent, ganz im Einklang mit ihrem innersten Wesen setzte daher auch die Kirche die Vulgata an die Stelle der Urkunde, mit dem Verbote, von ihr abzuweichen. Zwar haben viele Katholiken geleugnet, daß damit die Vulgata für unverbesserlich erklärt oder gar ihr mehr Autorität als dem Bibeltexte selbst eingeräumt worden sei. Aber Bayle bemerkt: „Bien des Docteurs Catholiques n'ont pas entendu le sens du Concile, car ils n'ont pû souffrir qu'on crût qu'il restoit encore des fautes dans la Vulgate. Il a y de grands Hommes, qui pour avoir crû cela ont couru risque de leur vie dans les prisons de l'Inquisition, comme le rapporte Mariana. Leon Allatius a fait mention d'un Decret de la Congrégation générale des Cardinaux, daté du 17. Janv. 1577, portant, qu'il ne faloit pas s'ecarter de la Vulgate, non pas même à l'égard d'une syllabe ou d'un jota. [Ein gut Teil der katholischen Doktoren hat den Geist des Konzils nicht verstanden, denn sie haben es nicht ertragen können, daß man glaubte, es blieben noch falsche Stellen in der Vul-

[1] Autoritätskultus *C*

gata. Große Männer haben das geglaubt und es riskiert, dafür ihr Leben in den Gefängnissen der Inquisition zu verbringen, wie Mariana berichtet. Leon Allatius erwähnt ein Dekret der allgemeinen Kongregation der Kardinäle vom 17. Januar 1577, das bestimmt, man dürfe von der Vulgata nicht abweichen, und sei es auch nur in bezug auf eine Silbe oder ein Jota.]" („Républ.", p. 131. S. auch p. 333 und 610, Art. XI). Endlich geht aber auch noch aus der Idiosynkrasie seiner Ketzerscheu aufs unzweideutigste hervor, daß der Geist des Katholizismus dem Geiste der Wissenschaft widerspricht. Unendlich mehr als eine gemischte Ehe löscht aus oder mäßigt wenigstens die Wissenschaft die religiösen Differenzen. In einer Seele, die die Wissenschaft mit ihrem Lichte erleuchtet hat, kann unmöglich die Furie des religiösen Parteigeistes Fuß fassen. „Il ne s'agit içi point", sagt B[ayle] in der Préface zu seiner „République des Lettres", „de Religion; il s'agit de Science: on doit donc mettre bas tous les termes qui divisent les hommes en differentes factions et considerer seulement le point dans lequel ils se reunissent qui est la qualité d'homme illustre dans la Rep. des Lettres. En ce sens-là tous les Sçavans se doivent regarder comme freres ... Ils doivent dire: Nous sommes tous égaux, nous sommes tous parens comme enfans d'Apollon. [Es handelt sich in diesem Punkte nicht, sagt B. ⟨usw....⟩, um Religion; es geht vielmehr um Wissenschaft: Man muß also alle Grenzen aufheben, die die Menschen in verschiedene Parteien scheiden, und darf nur den Punkt ins Auge fassen, wo sie sich vereinigen, nämlich die Eigenschaft eines Mannes von Ruf in der Gelehrtenrepublik. In diesem Sinne sollten alle Gelehrten einander als Brüder betrachten. ... Sie sollten sagen: Wir sind alle gleich, wir sind als Kinder Apollos alle verwandt.]" So spricht die Wissenschaft. Universalität, Gerechtigkeit, Unparteilichkeit sind die ersten Forderungen der Wissenschaft. Aber dem Katholiken macht es seine Kirche zur heiligsten Gewissenspflicht, nur für ihre Sache Partei zu nehmen, zu glauben, daß nur sie allein recht hat. Die Forderung, gerecht, unparteiisch, tolerant zu sein, zu prüfen, ob nicht auch der andere recht hat, d. h. zu zweifeln, ob er unrecht hat, ist ein Eingriff in seinen Glauben, eine Verletzung seines Gewissens. Der Katholik befindet sich daher in diesem Dilemma: Entweder entspricht er den Forderungen der Wissenschaft, aber dann widerspricht er den

Forderungen und dem Wesen des Katholizismus, oder er entspricht den Forderungen des Katholizismus, aber dann widerspricht er den Forderungen und dem Wesen der Wissenschaft; er vergiftet sie durch seinen religiösen Parteigeist.

(3) „Wer nicht liebt Wein, Weib, Gesang, der bleibt ein Narr sein Leben lang.“ Dieser schöne Spruch steht zwar nicht in den symbolischen Büchern und ist folglich kein offizieller Artikel, aber gleichwohl hat er, gut und richtig verstanden, allgemeine Bedeutung. Selbst auch in religiöser Beziehung, von welcher es sich hier allein handelt, hatte der Protestantismus darin, daß er sich nur auf das Verdienst Christi stützte, dem Katholizismus mit seinen verdienstlichen Werken, seinen gewissenbeschwerenden „traditionibus“ und Zeremonien gegenüber ein Element der Freiheit und Freudigkeit in sich. Übrigens bedienten sich auch bekanntlich die Reformatoren des religiösen Liedes und Gesanges als eines Erweckungsmittels des Volkes.

(4) Ausdrücklich heißt es in der Apologia der Augsburgischen Konfession, Art. 11, von der Priesterehe, wo zuerst der biblische, dann der natürliche Grund angeführt wird: „So bleiben wir nun billig bei dem Spruch, wie die jurisconsulti weislich und recht gesagt haben: Daß Mann und Weib beieinander sein, ist natürlich Recht. Ist's nun *natürlich Recht*, so *ist es Gottes Ordnung*, also in der Natur gepflanzt und also auch *göttlich Recht*. Dieweil aber das göttliche und natürliche Recht niemand zu ändern hat denn Gott allein, so muß der Ehestand jedermann frei sein. Denn die natürliche angeborene Neigung [des Weibes] gegen den Mann, des Manns gegen dem Weib ist Gottes Geschöpf und Ordnung“ etc. (p. 448, „Christl. Konkordienbuch“, Baumgarten, Halle 1747). Ob übrigens dieser Grund mit den theologischen Prinzipien und Lehren des Protestantismus zusammenhängt, ist eine andere aber hier gleichgültige Frage.

(5) Die heilige Angela von Foligni, † 1309, (um von den physiologisch-psychologischen Kämpfen des Katholizismus wenigstens *ein* Beispiel hier zu geben, welches Bayle in seiner historisch-philosophischen Abhandlung vom Hexen- und

Dämonenglauben anführt) hatte von den Teufeln der Sinnlichkeit nicht nur die heftigsten[1] psychologischen, sondern auch die qualvollsten körperlichen Anfechtungen und Drangsale zu erleiden. „In corpore", sagt sie selbst, „ad minimum patior in tribus locis. Nam in locis verecundis est tantus ignis, quod consuevi apponere ignem materialem ad extinguendem ignem concupiscentiae, donec confessor meus mihi prohibuit. ... Vitium autem tam magnum est, quod verecundor illud dicere etc. [Am Körper, sagt sie selbst, leide ich an mindestens drei Stellen. Denn in der Schamgegend brennt solches Feuer, daß ich wirkliches Feuer daranzuhalten pflegte, um das Feuer der Wollust auszulöschen, bis mein Beichtvater es mir verbot ... Das Laster ist aber so groß, daß ich mich schäme, dies zu sagen usw.]" Die brennenden Begierden, die die Teufel in ihrem Leibe erregten, vertrieben alle reinen Bilder, alle tugendhaften Gedanken aus ihrer Seele, worüber sie in solche Verzweiflung und Wut geriet, daß sie sich selbst die grausamsten körperlichen Züchtigungen antat und oft nahe daran war, sich selbst zu zerfleischen. „Tormenta et passiones animae quas sine comparatione acerbiores et plures esse dico quam corporis, patior quasi assidue ab ipsis daemonibus ... quando anima mea videt subverti omnes virtutes et discedere ... aliquando etiam tanta ira in me venit, quod vix possum me tenere, quin me totam dilaniem, aliquando non possum me tenere, quin me horribiliter percutiam ... daemonibus sum tradita multis, qui reviviscere faciunt vitia quae horreo et quae fuerunt mortua et addunt illa quae nunquam fuerunt. [Martern und Leiden der Seele, die ich unvergleichlich bitterer und zahlreicher als die des Körpers nenne, erdulde ich fast ununterbrochen von den Dämonen selber ..., wenn meine Seele sieht, wie alle Tugenden umgestürzt werden und abfallen ... Manchmal ergreift mich solcher Zorn, daß ich mich kaum halten kann, mich nicht zu zerfleischen; manchmal kann ich mich nicht bezähmen und muß mich schrecklich prügeln ... Ich bin vielen Dämonen ausgeliefert, die alle Laster wiedererwecken, die ich verabscheue und die schon tot waren, ja, sie fügen noch neue hinzu, die ich früher nie kannte.]" Ihr ganzer Leib war bedeckt mit Wunden, die ihr die

[1] heftigen *C*

Teufel geschlagen. „. . . Non remanet in me aliquod membrum, quod non horribiliter patiatur, nunquam enim sum sine dolore, sine languore continuo etc. [es bleibt in mir kein Glied, das nicht schrecklich leidet, und niemals bin ich ohne Schmerzen, ohne unaufhörliche Erschöpfung usw.]." Bayle schließt diese Leidensgeschichte mit der Bemerkung: „Les mystiques vous paroissent les hommes du monde les plus heureux. Il faloit donc vous convaincre par un grand exemple, qu'ils ne goûtent pas toujours *ces illaps et ces suavitez ineffables* que vous avez luës dans leurs écrits. [Die Mystiker erscheinen Ihnen als die glücklichsten Menschen von der Welt. Deshalb mußte ich Sie durch ein großes Beispiel davon überzeugen, daß sie nicht immer diese Entrückungen und diese unaussprechlich süßen Empfindungen genießen, von denen Sie in Ihren Schriften gelesen haben.]" („Rep. aux Quest. d'un Prov.", p. 660). – Köstliche Exempel von den freiwilligen Qualen des Keuschheitsheroismus bei den Jesuiten erzählt A. Bucher, „Die Jesuiten in Bayern", I. B., p. 112 usw., und Bayle, „Dict.", Art. Mariana. Rem. C.

(6) Auch von Leibniz wird – in Übereinstimmung mit seinen eignen Aussprüchen – ausdrücklich bemerkt: „Neque enim L. ut *otiosus* spectator naturam rerum exploravit, sed laudabile aliorum doctorum virorum exemplum imitatus Deum ejusque summas perfectiones in hoc studio suo miratus est [L. nämlich erforschte die Natur nicht als müßiger Betrachter, sondern ahmte das lobenswerte Beispiel anderer gelehrter Männer nach und bewunderte Gott und die Vollkommenheit seiner Schöpfung bei diesem Studium]." Scheidius, der Herausgeber der „Protogäa". L[eibniz], Opp. Omn., T. II, P. II, p. 190.

(7) „Memini", sagt Leibniz, „Auzoutum Gallum (ein Geometer und Astronom) virum non vulgaris doctrinae inter maxima argumenta existentiae Dei non inepte refere in diversis sexibus partium generationi dicatarum consensum [ich erinnere mich, sagt Leibniz, daß der Franzose Auzout ⟨. . .⟩, ein Mann von ungewöhnlicher Gelehrsamkeit, es nicht für unschicklich hielt, sich unter den bedeutendsten Argumenten für die Existenz Gottes auch darauf zu berufen,

daß die Zeugungsorgane der beiden Geschlechter so gut ineinander passen]." Opp. Omn., T. II, P. II, p. 144.

(8) Beispiele von den innerlichen und äußerlichen Beschränkungen der Naturwissenschaft durch die Theologie[1].

[1] *In C folgt Zusatz:* Erstlich von diesen: „Bis in den Anfang des vierzehnten Jahrhunderts widerstand der Aberglaube von der Unverletzlichkeit der Leichen und die Kirche dem Studium der Naturgeschichte des Menschen und des innern Baues seines Körpers. Umsonst hatte der über die Vorurteile seiner Zeit erhabene Kaiser Friedrich II. seinen Ärzten zu Neapel und Salerno zu ihrer Bildung fleißige Leichenöffnungen empfohlen. Die Kirche widersetzte sich jedem Versuch der Art durch strenge Verbote, und noch Bonifatius VIII. untersagte (c. 1300) unter Androhung harter Strafen die Verfertigung der Skelette" (Eichhorn, „Geschichte der Literatur", 1805, II. B., S. 435). Nun einige Beispiele von den innerlichen Beschränkungen, in denen ja die äußerlichen ihren Grund haben. „Kopernikus erklärt die Himmelsbewegungen am allereinfachsten, so daß seine Erklärung, wenn sie nicht der h. Schrift entgegen wäre, ganz göttlich genannt werden könnte" (Des Chales in J. J. Zimmermanns „Scriptura S. Copernicanis", 1709). „Diejenigen, welche bei der [un]übertrefflichen Harmonie des heuttägigen Kopernikanischen Weltgebäudes . . . dennoch die Ptolemäische, der ganzen Natur zuwider seiende Hypothesin annehmen, werden bloß und allein durch die Autorität der h. Schrift zurückgehalten", heißt es in derselben Schrift S. 17, einer Schrift, welche ebendadurch zur Verbreitung des Kopernikanischen Systems besonders unter den Protestanten viel beitrug, daß sie die theologischen Bedenken gegen dasselbe beseitigte, nachwies, daß das Kopernikanische System biblisch, ja, sogar echt lutherisch sei! (S. 104). „Weil Kopernikus," heißt es in A. Erdmann Miri „Astronomia Sacra", Görlitz 1708, S. 53, „seine Vernunft der h. Schrift vorgezogen, so kann man auch dieses Systema nicht als eine Wahrheit annehmen. Denn es ist ausdrücklich der h. Schrift zuwider, in welcher die Bewegung denen Sternen und die Ruhe der Erden zugeschrieben wird. Welches die Ursache ist, warum der Papst Paulus V. dieses Systema als ein ketzerisches 1616 zu Rom verworfen, und weil Galilaeus a Galilaeo auch diesem Systema angehangen, wurde er von denen Inquisitoribus gezwungen, solche Meinung öffentlich abzuschwören und drei Jahre

Das Fundament der Theologie ist das Mirakel.[1] Der Apfel fällt aber nicht weit vom Stamme. Notwendig erblickt sie daher auch in jeder abnormen[2] Erscheinung entweder den Teufel oder – es ist ziemlich eins – den Zorn Gottes. „De phreneticis", sagt Luther, „sic sentio, omnes moriones et quicunque usu rationis privantur *a daemonibus* vexari vel occupari . . . Nam quod Medici multa ejusmodi tribuunt *naturalibus causis* et remediis aliquando mitigant, fit, quod ignorant, quanta sit potentia et vis daemonum. [Über die Geisteskranken, sagt Luther, meine ich folgendes. All die Erznarren und wer immer seiner Vernunft nicht Herr ist, alle diese werden von Dämonen gequält und besessen. . . . All das, was die Ärzte auf natürliche Ursachen zurückführen und bisweilen mit Heilmitteln lindern, entsteht, weil sie nicht wissen, wie groß die Macht und Gewalt der Dämonen ist.]" (Melch. Adam, „Vita L[utheri]", p. 79).[3] Göze in

nacheinander alle Wochen einmal die 7 Buß-Psalmen herzusagen." Das Kriterium der Theologie ist also die Bibel: Was nicht in der Bibel steht, das darf auch nicht in der Natur existieren.

1 Das Fundament . . . Mirakel.: Aber das Wunder ist das Fundament der Bibel, also auch der Theologie. *C*

2 *C folgt Zusatz:* oder ungewöhnlichen

3 *In C folgt Zusatz:* „Keine Krankheit", sagt Luther in seinen Tischreden („Vom Teufel und seinen Werken"), „kömpt von Gott, als der gut ist und jedermann alles Gutes tut, sondern ist vom Teufel, der alles Unglück stiftet und anrichtet und sich in alle Spiel' und Künste menget, scheußet aus Pestilenz, Franzosen, Fieber." „Die Ärzte betrachten in Krankheiten nur allein die natürlichen Ursachen und befleißigen sich, denselben mit Ärzneien zu helfen, und tun recht daran. (?) Aber sie bedenken nicht, daß der Teufel ist ein Treiber der natürlichen Ursachen in der Krankheit, als der die Ursachen und Krankheiten bald ändert, das Heiße ins Kalte und wiederum das Gute ins Böse kehret. Darumb muß eine hohe Ärznei sein, so hie helfen soll, nämlich der Glaub' und das Gebet, wie der Psalm sagt: ‚Mein Los stehet in deinen Händen.'" „Etsi sunt", schreibt Melanchthon („Epist. select.", ed. a C. Peucero, 1565, p. 387), „interdum Physicae causae furorum seu *παραφροσύνης* seu *μανίας*, tamen certissimum est, Diabolos in aliquorum hominum corda ingredi et efficere furores et cruciatus in eis, vel cum Physicis causis, vel sine eis, quia manifestum est, tales

seinem „Nützlichen Allerlei", I. B.[1] berichtet aus der Schrift eines hochgelahrten Doktors Theologiae, daß dieser selbst

homines interdum etiam sine Physicis remediis liberari. Et saepe haec Diabolica spectacula sunt prodigia et significationes rerum futurarum. [Und wenn es mitunter auch, schreibt Melanchthon ‹usw. . . .›, physische Ursachen für die Tollheit, es sei nun Paraphrosyne oder Manie, gibt, so ist doch ganz sicher, daß die Teufel in die Herzen mancher Menschen eindringen und Geistestrübung bewirken und sie martern, sei es mit Hilfe natürlicher Ursachen oder ohne sie, weil offenkundig ist, daß derartige Menschen bisweilen auch ohne physische Heilmittel davon befreit werden können. Und häufig sind solche diabolischen Störungen Wunder und Anzeichen künftiger Dinge.]"Derselbe „setzte bei eintretenden Sonnenfinsternissen die Kollegien aus und ermahnte durch Anschläge am Auditorium seine Zuhörer zum Gebet wegen Abwendung der drohenden Gefahr". „Die alten Weisen," sagt C. Peucer (in seiner Schrift „De praecip. Divinationum Generibus", Servestae 1591, p. 356), „suchten, um die Gemüter der Menschen zu beruhigen und von der Gottesfurcht zu befreien, alles natürlich zu erklären. Aber wir können ihnen nicht beistimmen, denn die heilige Schrift versichert uns, daß die ungewöhnlichen Erscheinungen der Natur entweder von Gott und den Engeln oder den Teufeln bewirkt oder veranlaßt werden . . ." „Ista quidem", sagt desgleichen der katholische Theolog Petavius in seiner „Theol. dogm." (de Angelis l. I, c. 10), „quae rarius eveniunt, neque ratis ac descriptis intervallis existunt, ut cometas . . . ac reliqua ejusmodi arbitror signa esse malorum ingruentium divinitus et ex alto edita ad perterrendos et commovendos homines. Sic etiam inusitatae et extraordinariae Solis obscurationes . . . cladis aliquid portendunt. [Dasjenige nämlich, was seltener geschieht und auch nicht in erfaßbaren und beschriebenen Zeiträumen sichtbar wird, wie die Kometen . . ., und das übrige von der Art halte ich für Vorzeichen hereinbrechender Übel, die Gott im Himmel verhängt, um die Menschen zu erschrecken und zu erschüttern. So zeigen auch ungewöhnliche und außerordentliche Verfinsterungen der Sonne . . . irgendetwas Unheilvolles an.]" Hieronymus Vitalis („Lexic. Matthem. Astron. Geomet.", Paris 1668, Art. Infernus) hält es für unbezweifelbar, daß die Solfataren von Pozzuoli, der Vesuv in Neapel, der Ätna in Sizilien, der Arequipa in

[1] 1785, I. B., p. 209, *C.* [*Vorige Fußnote läuft S. 291 weiter.*]

in jedem Raubtier nichts andres als den leibhaften Teufel selbst erblickte. Jeder naturgemäßen Erklärung hat daher die Theologie sich feindlich entgegengesetzt. Als Reaumur –

Peru, der Hekla in Island und andere Feuerberge nichts anderes sind als die Eingänge, gleichsam Schornsteine der Hölle (spiracula inferni); ja, da viele h. Kirchenväter, Augustinus, Gregorius, Bernardus, Isidorus, Tertullianus, Bonaventura, Petrus Damianus, Bernardinus Senensis und andere, sich zu dieser Meinung hinneigen oder ausdrücklich bekennen, so erklärt er es für Vermessenheit, zu leugnen, daß die feuerspeienden Berge die Pforten der Hölle sind, die deswegen der Schöpfer der Natur an verschiedenen Orten der Erde aufschloß, damit die Menschen daraus ersähen, es gäbe Plätze, wo nach dem Tode die Seelen der Gottlosen Strafe erlitten, und so von Verbrechen abgehalten würden. Derselbe bestimmt (ebenda Art. Aer.) die mittlere Region der Luft als Wohnort der Teufel. Es war dies übrigens ein allgemeiner Glaube der Christen, daß der Teufel hauptsächlich in der Luft hause, denn schon in der heiligen Schrift stehet geschrieben (Epheser 2, 2) von „dem Fürsten, der in der Luft herrschet". „Praecipua est enim Daemonum in aere potentia, in quo circumvolitant et versantur. Hoc eis dominum tribuit Paulus. [Die Hauptmacht der Dämonen ist nämlich in der Luft, wo sie herumfliegen und -wirbeln. Dieses Reich teilte ihnen Paulus zu.]" (C. Peucer, l. c., p. 26). Sturmwinde, Windhosen, Hagelschläge, Gewitter, Feuerkugeln, kurz, alle auffallenden meteorologischen Erscheinungen gaben daher die Christen dem Teufel oder den mit ihm in Verbindung stehenden Menschen schuld. „Die einige, beständige und allergewisseste Demonstration", sagt Luther („Ausleg. des IX. Kap. des I. B. Moses", V. 12–16), „ist, daß dieselben Feuerzeichen (d. h. die Feuer- und Licht-Meteore überhaupt) in der Luft . . . alles Gottes Werke seien oder auch der Teufel. Wie ich nicht zweifle, daß die hüpfenden Lichtlein, fliegende Drachen, Speeren und dergleichen Werke sein der bösen Geister, die in der Luft also zusammenspielen, daß sie die Leute entweder erschrecken oder betrügen." – Bayle berichtet in seinen „Nouvelles de la Rép." von einer „Hist. Nat. Molarum Uteri" (aut. Lamzwerde 1686), wo weitläufig die Frage verhandelt wird, ob die Molen- oder Fötusbildung in der Macht der Teufel steht. Doch verneint sie endlich der Verfasser, „n'en déplaise à plusieurs théologiens [mißfalle es nicht einigen Theologen]", setzt Bayle hinzu (p. 625).

um nicht bekannte, auffallende Dinge wie das Schicksal des Verfassers der „Bezauberten Welt“ zu erwähnen –[1] den Peirescius, welcher einen vermeintlichen Blutregen – ein furchtbares Zeichen des Zornes Gottes – als die Exkremente von Insekten erkannte, als ein Beispiel anführte, wie die Naturwissenschaft die Menschheit von grundlosen Schrecknissen befreie, da entgegneten ihm auch sogleich die Journalisten von Trevoux die fromme Bemerkung: „Le public a toujours droit de s'allarmer. il est coupable, et tout ce qui lui rapelle l'idée de la colère d'un Dieu vengeur, n'est jamais un sujet faux, de quelque ignorance philosophique qu'il soit accompagné etc. [das Publikum hat immer ein Recht, sich zu beunruhigen; es ist sündig, und alles, was in ihm die Idee des rächenden Gottes wiedererweckt, ist niemals eine falsche Vermutung, und sei sie auch von noch so großer Unwissenheit auf dem Gebiet der Philosophie begleitet usw.]“ Sie dachten, wie R[eaumur] bemerkt: „Pour exciter à la piété, il ne faloit pas s'embarrasser des idées exactes [um zur Frömmigkeit zu rufen, war es überflüssig, sich in exakte Gedanken zu verlieren].“ Dieselben nahmen es auch sehr übel auf, als R. nachwies, daß die Metamorphose der Insekten nur eine scheinbare und daher kein Bild von der Auferstehung sei, weil dieses Bild durch seinen Gebrauch bei allen Kirchenlichtern gewissermaßen geheiligt sei („Memoir.“ T. II, P. II, p. 61–64). Selbst Naturforscher, oder doch Theologen, die sich mit dem Studium der Natur abgaben, waren noch in diesen Vorstellungen befangen. „Bei allgemeinen Landplagen[2]“, sagt Schirach in seiner „Natürl. Geschichte der Schnecken“[3], p. 25, „alles der Zeit, einem blinden Zufall und andern Ursachen zuzuschreiben und dennoch den ausgereckten Arm des Herrn zur Rache nicht erkennen, heißt seine Augen mutwillig verschließen.“ Selbst Haller hielt noch wenigstens die Mißbildungen für unmittelbare, übernatürliche Wirkungen Gottes und die Meinung, die sie aus zufälligen Ursachen ableitete, für eine gottlose Meinung (s. hierüber Schrank, welcher noch in der Mitte zwischen der theologischen und philosophischen Betrach-

[1] – um nicht ... zu erwähnen – *Fehlt in C.*
[2] *C folgt Zusatz:* , wie solche z. B. oft die Schnecken verursachen
[3] *C folgt Zusatz:*, 1772

tung der Natur steht, im III. B. seiner „Fauna Boica. Über die Mißbildungen"). – Auch der verdienstvolle Naturforscher J. Ch. Schäffer – freilich auch ein Geistlicher – betrachtete noch Raupenschaden als eine Strafe Gottes, kapitulierte jedoch zugleich mit seiner Vernunft und verwickelte sich daher in den Widerspruch, daß er behauptete, man müsse solches Raupenübel nicht vor *„ganz* übernatürlich und nicht vor *bloß* natürlich erklären" (s. dessen „Nachricht von einer Raupe etc.", Regensburg 1752). Derselbe hatte, wie seine übrigen Zeitgenossen, nur einen religiösen Zweck bei seinen Naturforschungen. Er ging von dem theologischen Gesichtspunkt aus, daß Gott bei seinen Werken keine andere Absicht habe, als sich sichtbar zu machen, um dadurch die Menschen zur Bewunderung und Erkenntnis seiner Macht, Güte und Herrlichkeit zu führen. Gewissen Tieren hat nun Gott merkwürdige Hörner aufgesetzt, und zwar, wie an dem Nasehorn, so auffallend, so handgreiflich, daß hier keiner die Macht Gottes verkennen kann. Aber wie steht es mit den Hörnerchen, die Gott gewissen Käferchen aufgesetzt? Diese Hörnerchen sind so klein, daß sie nur das bewaffnete Auge entdeckt, und ihre Träger so licht- und menschenscheu, daß sie nur bei der Nacht zum Vorschein kommen und nur die ekelhaftesten Lokalitäten, den Mist und sogar den Unrat des Menschen, zum Wohnort wählen. Hier stutzt nun der fromme Mann, und er findet aus diesem Widerspruch keinen andern Ausweg als den gewöhnlichen Ausweg der Theologie: Unser Wissen ist beschränkt.[1] – Aber wenn bei den ältern Naturforschern ihre theologische Beschränktheit den Charakter der Kindlichkeit trägt und daher selbst Achtung und Schonung gebietet, weil sie objektiv die Frucht ihrer Zeit, subjektiv die Frucht einer ungeheuchelten, nur die *Grenzen* der Religion verkennenden Frömmigkeit war, so ist es dagegen jetzt, wo wir über die Jahre der Kindlichkeit längst hinaus sind, das Zeichen nicht

[1] *C folgt Zusatz:* Der Engländer Joh. Edwards sagt sogar ausdrücklich (in seiner „Demonstr. existentiae atque provid. Dei e contempl. . . . Mundi hausta", London 1696), daß Gott absichtlich die Ursache der bewunderungswürdigen Wirkungen der Natur, wie z. B. des Magnets, den Menschen verborgen habe, damit sie um so mehr ihren Geist auf das Wesen über der Natur, welches alles mache, richteten.

eines kindlichen, sondern *kindischen* Sinnes, wenn man noch theologische Zwecke in der Naturwissenschaft geltend macht. Wie kindisch ist es z. B., wenn ein moderner – freilich populärer – Botaniker unter anderm vom Plantago, Wegerich, bemerkt: „Viele Vögel nähren sich von dem kleinen Samen dieser Gewächse; darum scheint es, als ob der Schöpfer die Pflanze hauptsächlich an Wegen und auf Triften habe wachsen lassen, wo der Samen desto leichter von den kleinen Vögelchen aufgefunden werden kann" (Hochstetter, „Popul. Botanik", I. T., p. 127).[1]

[1] *In C folgt Zusatz*: – Interessant ist, was schon der h. Thomas Aquino über den im Texte erörterten wesentlichen Unterschied zwischen der religiösen oder theologischen und philosophischen oder naturalistischen Betrachtung der Natur sagt. „Die menschliche Philosophie", sagt er („Summa contra Gentiles", l. II, c. 4), „betrachtet die Dinge so, wie sie sind, der christliche Glaube aber nicht so, z. B. nicht das Feuer, inwiefern es Feuer ist, sondern wiefern es die göttliche Hoheit vorstellt. Darum betrachtet auch anderes der Gläubige, anderes der Philosoph an den Kreaturen. Der Philosoph nämlich betrachtet das, was ihnen in Gemäßheit ihrer eigenen Natur zukommt, wie z. B. dem Feuer das Aufwärtsstreben; der Gläubige aber nur das, was ihnen zukommt in Gemäßheit ihrer Beziehung auf Gott, wie z. B., daß sie von Gott erschaffen, daß sie Gott untertan sind ... Wenn sie aber auch beide dasselbe betrachten, so haben sie doch andere Prinzipien, denn der Philosoph schöpft seine Gründe aus den eigenen Ursachen der Dinge, der Gläubige aber aus der ersten Ursache. Daher befolgen sie auch eine ganz andere Methode; denn der Philosoph, welcher die Kreaturen in Beziehung auf sich (secundum se) betrachtet und von ihnen aus zur Erkenntnis Gottes übergeht, betrachtet zuerst die Kreaturen und zuletzt Gott, der Gläubige aber, welcher die Kreaturen nur in ihrer Beziehung auf Gott betrachtet, zuerst Gott und hernach die Kreaturen. Und diese Betrachtungs- und Verfahrensweise ist vollkommen, weil ähnlicher der Erkenntnis Gottes, welcher, indem er sich selbst erkennt, anderes betrachtet." Ist es daher ein Wunder, daß im Mittelalter, dem Zeitalter der Herrschaft der Religion und Theologie, die Natur- und überhaupt Weltwissenschaften so darniederlagen? Wer wird die göttliche Weisheit mit menschlicher Weisheit, die trotz ihrer Mühseligkeit und Langweiligkeit jener gegenüber doch nur Tor-

(9) Es war wohl eine fast allgemeine Lehre der frühern Theologen, daß gewisse Dinge, unabhängig von den freien Akten des Willens[1] Gottes, in sich selbst gut oder schlecht sind[2]. Sie unterschieden zwischen der Materie der positiven und natürlichen Gesetze und bestimmten diesen Unterschied

heit und Verkehrtheit ist, vertauschen wollen? Und wozu brauche ich denn Gott aus seinen Werken zu erkennen, wenn ich ihn schon aus seinen Worten, wozu aus den Kreaturen, wenn ich ihn schon aus sich selbst, aus seinem eigensten Wesen kenne? – Ähnlich wie Thomas A. spricht sich übrigens auch Luther über die Differenz zwischen der religiösen und naturwissenschaftlichen Betrachtung der Natur aus in seiner „Auslegung des IX. Kap. des I. B. Moses" (V. 12–16): „... Aristoteles ... von dem Kometen auch disputieret, er sei eine Dunst, so sich in der Luft entzündet. Mich aber dünket es viel sicherer und gewisser zu sein, daß wir von solchen Dingen reden a priore, d. i. nach der ersten Gottesordnung, nämlich, daß, wenn Gott will, ein Komet brenne zu einem Schreckzeichen, gleichwie der Regenbogen am Himmel scheinet, wenn er will, zum Gnadenzeichen ... So ofte sich der Regenbogen sehen läßt, predigt er der ganzen Welt vom Zorne, darinnen Gott durch die Sündflut die ganze Welt vor Zeiten verderbet hat, und tröstet uns, daß wir es hinfort dafür halten sollen, Gott sei uns gut und gnädig ... Also lehret er zugleich die Furcht Gottes und den Glauben, welches die höchsten Tugenden sein, davon ein Philosophus nichts weiß und alleine disputieret de materiali et formali causa [über die materiale und Formursache], das ist, wovon er werde und was er an ihm selbst sei. Aber causam finalem [die Zweckursache], das ist, warum und wozu Gott so eine schöne Kreatur am Himmel sehen lasse, weiß er nicht, Theologia aber zeiget sie an." Wir sehen hieraus, wie sehr sich Theologie und Physik widersprechen. Die Physik weiß nichts von der theologischen Endursache, die Theologie nichts von der natürlichen Ursache einer Erscheinung. Die Natur der Theologie wegen studieren heißt den Hippokrates und Galen studieren, um biblische Wunderkuren zu verrichten. Um Theologie in der Natur zu finden, dazu gehört freilich Theologie, aber nichts weniger als naturwissenschaftliche Bildung und Kenntnis. Die Ignoranz ist vielmehr, wie überall, so auch in der Physik die Basis der Theologie.

[1] Akten ... Willens: Willensbeschlüssen *C*

[2] seien *C*

also, daß jene gerecht seien, weil sie Gott befohlen, diese aber ihrer Natur nach. Es wäre gesetzmäßig, sagten sie, wir wären verbunden, Gott und den Nächsten zu lieben, auch wenn es uns Gott nicht geboten hätte (s. hierüber die Zitate in Bayles Continuation des „Pensées diverses", § 152, p. 408 etc.). Aber dieser Gedanke ist kein theologischer Gedanke, kein Gedanke, der ein Ausdruck ihres spezifischen Geistes ist – sowenig als der Ausspruch des Thomas Aquino, daß die Lüge eine Sünde wäre, auch wenn das göttliche Gesetz sie nicht verböte und selbst keine Gottheit existierte, ein Ausspruch von ihm als Theologen ist. Es ist dieser Gedanke vielmehr eine von den vielen Inspirationen der Philosophie oder Vernunft, welche die Theologie nicht entbehren kann, um damit den[1] augenfällig unvernünftigen Konsequenzen, die sich notwendig aus ihren Prinzipien ergeben würden, wenn sie sie nicht einschränkte, zu verhüten, ja, ein dem Wesen der Theologie widersprechender Gedanke; denn die Theologie stützt sich ja nur auf die *positiven* Gesetze – ihr Fundament ist die äußerliche, zeitliche Offenbarung –, und sie geht daher über ihr Fundament, über ihren Standpunkt hinaus, wenn sie zu den natürlichen, d. i. ewigen, vom Willen, der immer einen partikulären, zeitlichen Akt zu seinem Ausdruck hat, unabhängigen, in der Vernunft gegründeten Gesetzen ihre Zuflucht nimmt. Es ist dieser Gedanke ein der Theologie nicht nur der Natur nach, sondern selbst der Zeit nach vorangehender Gedanke, denn schon in Platos „Euthyphron" kommt er vor: „***Τὸ μὲν ὅσιον διὰ τοῦτο φιλεῖσθαι, ὅτι ὅσιόν ἐςιν***[2] ***ἀλλ' οὐ, διότι φιλεῖται, ὅσιον εἶναι*** [das Heilige wird deshalb geliebt, weil es heilig ist, nicht aber ist es heilig, weil es geliebt wird]" (Ed. Tauchnitz, p. 30).

(10) Von dem Unterschiede der philosophischen und theologischen Betrachtungs- und Deduktionsmethode[3] nur noch ein spezielles Beispiel. Süßmilch – ein verdienstvoller Gelehrter, aber ein Mann von theologischem Geiste – gab der Sprache einen unmittelbar göttlichen Ursprung – eine notwendige Konsequenz von dem Standpunkt, wo die Sprache

[1] *gemeint: die*
[2] εστιν *C; so richtig.*
[3] Deduktionsmethode: Erklärungsweise *C*

als ein *Geschenk* erscheint; denn nur die Halbheit kann mit einem Geschenke noch einen natürlichen Entwicklungsgang verknüpfen wollen. Herder aber, von Amt ein Theologe, aber von Natur und Geist ein Poet und zugleich ein Mann von echt naturphilosophischem Sinne und Takte, *erkannte* den natürlichen, den menschlichen Ursprung der Sprache. „Die Sprache ist erfunden!, ebenso natürlich und dem Menschen notwendig erfunden, als der Mensch ein Mensch war." Süßmilch hatte den unbefriedigenden natürlichen Erklärungen seiner Zeit gegenüber recht – ein Beweis, daß überhaupt die Ableitung der Dinge aus (einem extramundanen, außernatürlichen) Gott nur der Ausdruck des Nichtwissens des wahren, aber ebendeswegen allein göttlichen Grundes ist. Daher die Menschheit in demselben Grade an Erkenntnis und Wissenschaft zunimmt, in welchem der Umfang der Theologie abnimmt, die Menge der theologischen Erklärungen durch naturphilosophische verringert wird. Den Heiden galten die *gewöhnlichen* Erscheinungen der Natur für Wirkungen der Gottheit, den Christen nur die ungewöhnlichen, die seltnen, endlich wurden auch diese als natürliche Erscheinungen erkannt. Vor Süßmilch, noch zu Anfang des XVIII. Jahrh., galt vielen Gelehrten und selbst Philosophen – so z. B. dem Thomasius – Gott für den Urheber der Schreibkunst. Da kam der alte Heumann und bestritt den übernatürlichen Ursprung unter andern Gründen auch mit diesem triftigen, daß nicht einzusehen wäre, warum Gott, wenn er der Autor der Schreibkunst wäre, nicht auch die artem typographicam[1] schon dem Moses geoffenbart haben sollte (s. dessen „Acta Philosophorum", T. I., p. 807). Meinetwegen, dachte jetzt die Theologie bei sich, die Erfindung der Schreibkunst könnt ihr mir nehmen, aber *die* der Sprache – die werdet ihr es wohl bleiben lassen, mir zu[2] entreißen, unmöglich hat sie einen menschlichen Ursprung. Indes schon 1770 trat der treffliche Herder auf und nahm ihr auch dieses vermeintliche Monopol.

(11) Schon la Mothe le Vayer macht in seiner Schrift „De la Vertu des Payens", p. 354, diese Bemerkung: „... *les plus beaux exemples de Morale* se trouvent dans les siècles *les plus corrompus*; la Vertu s'y fortifie contre le vice: et

[1] Buchdruckerkunst *C*
[2] es ... zu: mir wohl nicht *C*

l'opposition des contraires fait qu'ils éclatent au double de part et d'autre. [Die schönsten Beispiele für eine Moral finden sich gerade in den verderbtesten Zeitaltern. Die Tugend setzt sich gegen das Laster zur Wehr, und der Zusammenstoß der Gegensätze bewirkt, daß beide Seiten desto stärker hervortreten.]" T. V seiner Oeuvres, à Paris 1684.

(12) Für diejenigen, welche das Gesetz in der Natur als etwas Totes ansehen und daher nur in der Mannigfaltigkeit und Regellosigkeit der äußerlichen Erscheinung Geist und Leben erblicken, stehe hier nur die Bemerkung, ohne jedoch eine weitere Anwendung hier davon[1] zu machen, daß selbst die Abnormitäten und Unregelmäßigkeiten in der Natur – so lebendig, so bestimmend ist das Gesetz! – Folgen innerlicher Gesetzmäßigkeit sind. So ist es z. B. „ein wahres Naturgesetz, das standhaft sogar in ganzen (Pflanzen-) Familien bleibt, daß die *Staubfäden zur Hälfte fehlschlagen* oder daß die Fächer der Früchte . . . zum Teil leer bleiben." Ja, „die Natur scheint selbst nur um der übereinstimmenden symmetrischen Bildung willen oft völlig unnütze Formen hervorzubringen" (De Candolles und K. Sprengels „Grundzüge der wiss. Pflanzenkunde"). – Von gewissen Standpunkten aus ist allerdings das Wunder unüberwindlich und unentbehrlich; ja, die *Vernunft* macht sich hier nur unter der *Form der Unvernunft*, des Wunders geltend. – Leibniz sagt z. B. in betreff der Wunder („Discours de la Conformité de la Foy", § 3): „Les loix de la nature sont sujettes à la dispensation de Legislateur [die Gesetze der Natur sind der Dispensation ⟨bildliche Verwendung des juristischen Begriffs, der das Entbinden von Rechtspflichten bedeutet, hier soviel wie Außerkraftsetzung⟩ durch den göttlichen Gesetzgeber unterworfen]." Allerdings, bei solchen Prämissen hat das Wunder einen guten Sinn, ist es eine ganz *natürliche* Folge von euern Vorstellungen, aber die Prämissen sind eben falsch, grundfalsch.

(13) Vor seinen „Pensées diverses" hatte[2] Bayle nur geschrieben seine kritischen Bemerkungen zu Poirets „Cogitationes rationales de Deo, anima et malo", zwei satirische Piecen und seine Verteidigung der Cartesischen Lehre vom

[1] hier davon: hiervon *C*
[2] hat *C*

Wesen des Körpers gegen den Jesuiten de Valois, dessen Schrift gegen den Cartesianismus im Winter des Jahrs 1680 erschienen war; denn in einem Briefe an Minutoli vom 24. März desselben Jahres meldet B[ayle] die Erscheinung dieser Schrift.

(14) Bei dieser Gelegenheit erzählt B[ayle] auch von einem ganz tollen Atheisten. „1573, unter der Regierung Karls IX., verbrannte man zu Paris einen Menschen, der im geheimen die Afterlehre des Atheismus aufstellte. Er behauptete, es gäbe keine andere Religion, als seinen Leib rein zu halten, ‚qu'il n'y avoit point d'autre dieu au monde que de conserver la pureté du corps'; daher hatte er auch noch, wie man sagte, seine Jungferschaft. Er hatte soviel Hemden, als Tage im Jahre sind, und schickte sie nach Flandern, um sie dort an einer Quelle waschen zu lassen, welche durch die Klarheit ihres Wassers und die Eigenschaft, die Wäsche wunderschön weiß zu machen, berühmt war. Vor allem Unreinen sowohl in Worten als Handlungen hatte er einen Abscheu, und ob er gleich mit einer selbst bis an seinen Tod beibehaltenen Hartnäckigkeit auf seine[n] Blasphemien bestand, so sprach er sie doch stets mit einer äußerst sanften Miene und mit einem Munde aus, als wollte er die süßesten Schmeichelworte vorbringen."

(15) Ob die katholische Kirche auf dem Konzilium von Konstanz den Satz: „Fides non est servanda haeriticis [Ketzern ist kein gegebenes Wort zu halten]", ausgesprochen, darüber wurde in frühern Zeiten viel gestritten. Die Katholiken leugneten, die Protestanten behaupteten es. Bayle kommt in s[einer] „Réponse aux Questions d'un Provincial", wo außer philosophischen auch viele historische und literärische Materien[1] abgehandelt werden, auch auf diesen Gegenstand. Er trifft den Nagel auf den Kopf. Er bemerkt, daß[2] dieser Satz zwar[3] nicht dogmatisch von den Katholiken ausgesprochen, vielmehr[4] verworfen worden, daß er aber[5] eine

[1] Gegenstände *C*
[2] *C folgt Zusatz:* ,wenn
[3] auch *C*
[4] ja, selbst *C*
[5] daß ... aber: er doch *C*

natürliche Folge von der Lehre der Intoleranz sei. „Unzählige“, sagt er, „behaupten – und zwar nicht nur die Katholiken, sondern auch Protestanten –, daß die Obrigkeit verpflichtet ist, die Übertreter des göttlichen Gesetzes sowohl in betreff der ersten als zweiten Tafel des Dekalogs zu bestrafen, daß die Götzendiener und Ketzer gefährlicher sind als die Diebe und Mörder, daß diese nur das zeitliche, jene das ewige Gut wegnehmen, daß die Toleranz durchaus nicht – außer nur in besondern Notfällen – zugegeben werden darf. Die *natürlichen* Konsequenzen dieser Prinzipien sind nun, daß der Schwur, die Ketzerei zu dulden, nicht verbindet, daß er höchstens solange nur verbindet, als die Notwendigkeit dauert, welche ihn erpreßt hat. Alle Parteien gestehen ein, daß ein Eidschwur, durch den man sich zu Verbrechen verpflichten würde, nichtig ist. Wenn man nun aber verpflichtet ist, ebenso die Feinde der geoffenbarten Wahrheit, die Übertreter des ersten Gebotes des Dekalogs, zu bestrafen als die Mörder und Räuber, die Verletzer des zweiten Gebotes, so wäre es ein Verbrechen, den Ketzern die Ausübung ihrer Religion zu verstatten; man ist also nicht verbunden, ihnen den Schwur zu halten, womit man ihnen Gewissensfreiheit versprach. Die Vollziehung dieses Eidschwurs wäre entgegen dem Schwur, welcher zur Beobachtung der Gebote Gottes verpflichtet, sie wäre ebenso verwerflich, als wenn man Mördern und Räubern sein Wort halten würde. Indes, so natürlich auch diese Folgen sind, die meisten, welche das Prinzip annehmen, woraus sie sich ergeben, anerkennen sie doch nicht. Aber“, bemerkt B[ayle] am Schlusse – finis coronat opus [der Abschluß krönt das Werk] –, „ce qu'il y a de rémarquable est que *l'on désaprouve dans la théorie, ce que l'on aprouve dans la pratique.* On s'engage dans un systême où l'on ne se suit pas, où l'on ne se soùtient pas, puis qu'on nie qu'il faille manquer à la foi jurée aux sectateurs d'une fausse religion: mais on se redresse en exhortant les Souverains à violer cette foi et en les louant de ce qu'ils cassent les édits les plus authentiques. Nous en avons des exemples si modernes[1] et d'un tel éclat quil seroit très-inutile de vous

[1] *In C hierzu als Zusatz noch folgende Fußnote Feuerbachs:* Auch wir Deutsche[n] haben erlauchte Exempel. Als nach Heinrichs VI. Tod (1197) von seinem Bruder Philipp die deutschen Fürsten an ihr feierliches Versprechen erinnert

en parler. [... bemerkenswert ist, daß, was man in der Theologie verwirft, man in der Praxis billigt. Man bindet sich an ein System, worin man sich selbst nicht folgt, sich selbst nicht treu bleibt, da man ja leugnet, daß man den Anhängern einer falschen Religion das gegebene Wort brechen muß; aber dann wirft man sich in die Brust und ermahnt die weltlichen Souveräne, das verpfändete Wort zu brechen, und lobt sie, wenn sie die rechtskräftigsten Edikte widerrufen. Neuerdings haben wir so allgemein bekannte Beispiele dafür erlebt, daß es äußerst überflüssig wäre, zu Ihnen davon zu sprechen.]" (p. 512 – 514 T. III, u. „Diction.", Art. Loyola. R. 5). Nun hat aber die katholische Kirche nicht nur gelehrt, z. B. in der Person des heiligen Augustins, ihres größten Kirchenvaters, daß man gegen die Ketzer Zwangsmaßregeln anwenden darf, nicht nur es gelegentlich durch die Tat bestätigt, sondern auch die Ausrottung derselben der weltlichen Obrigkeit selbst zur Pflicht gemacht (s. B. Carranza, „Summa omnium Concil.", p. 326). Die Katholiken zur Zeit Bayles entschuldigten, ja, rechtfertigten daher das gewaltsame Verfahren gegen die Reformierten Frankreichs als eine rechtmäßige, von der Kirche vor alters schon[1] gebilligte und anempfohlene Handlungsweise (s. B[ayle], „Nouv. de la Republ.", p. 688–690, p. 495, und „Diction.", Art. Leon. I. R. A.). Es ist daher gleichgültig, ob die Kirche den obigen Satz formell[2] ausgesprochen hat oder nicht. Die Erlaubnis zur Verfolgung des Ketzers ist, wie Bayle gezeigt hat, die Erlaubnis zu jedem Verbrechen gegen den Ketzer; sie hebt alle Rechtsbegriffe, alle Fundamentalgesetze der Gerechtigkeit und Sittlichkeit auf, sie ist das *absolute* Unrecht, der Wortbruch eine Kleinigkeit, ein lächerlicher Skrupel, der sich nur für das Forum der scholastischen Kasuistik eignet. Wenn ich einem Menschen das Recht der Freiheit, der Überzeugung, das Recht seiner Vernunft nehme, was bleibt noch für ein Recht übrig, das mir eine Schranke auf[er]legte?

wurden, seinen Neffen Friedrich als den Nachfolger seines verstorbenen Bruders anzuerkennen, erklärten sie, daß der geleistete Eid sie nicht binden könnte, denn damals sei der Friedrich noch nicht getauft gewesen, sie wären daher nicht schuldig, ihm als einem damals noch Ungläubigen ihr Wort zu halten.

[1] vor ... schon: von alters her *C* [2] förmlich *C*

(16) Auch Bayle macht schon diese Bemerkung dem Jesuiten Maimbourg gegenüber: „Le titre de Novateur et de Perturbateur du repos public a quelque chose de si odieux et au contraire celui d'enfant docile de l'Eglise a quelque chose de si favorable qu'on a bien de la peine à renoncer à celui-ci, pour encourir l'infamie de celui-là. . . On me dira que la Nouveauté a des grands charmes. Je réponds qu'en matière de Religion il n'y a que des esprits fort fins et fort vains qui méprisent les vieilles choses. Le reste des hommes conte pour beaucoup le prejugé de l'antiquité. [Die Bezeichnung ‚Neuerer' oder ‚Störer der öffentlichen Ordnung' hat etwas dermaßen Verhaßtes und, im Gegensatz dazu, die eines gehorsamen Sohns der Kirche etwas so Angenehmes an sich, daß man sich nur sehr schwer dazu durchringt, auf diese zu verzichten, um dafür mit dem Makel der andern behaftet zu sein. . . Man mag einwenden, daß das Neue große Reize besitzt. Darauf antworte ich, daß in Sachen der Religion nur sehr starkgeistige, aber auch anmaßende Menschen dahin gelangen, das Alte zu verachten. Der Rest der Menschen schätzt das Vorurteil des Althergebrachtseins ziemlich hoch ein.]" („Nouv. Lettres crit.", p. 265–266).

(17) Namentlich ist die Religion (als ein *partikuläres* Prinzip gedacht, und in diesem Sinne, welcher im Text entwickelt oder vielmehr angedeutet wurde, wird sie auch hier genommen) nicht das Erhaltungsprinzip der modernen Staaten. Vielmehr kommt die Dauerhaftigkeit der modernen Staaten gerade daher, daß sie das religiöse Prinzip von sich abgesondert, ihm zwar, wie sich gebührt, innerhalb ihrer selbst eine besondere Sphäre angewiesen, aber nicht ihr Wesen mit demselben verschmolzen haben. Bei den Griechen und Römern dagegen war die Sache des Staats mit der Sache der Religion verschmolzen – die Götter waren die obersten Staatsgesetze; die Ehrbezeugungen, welche die ungläubigen heidnischen Philosophen den Göttern erwiesen, galten nicht ihnen selbst, sondern ihrem Vaterland, waren Handlungen des Patriotismus, Zeichen ihrer Ehrfurcht vor den bestehenden Gesetzen. Die alten Staaten gingen daher mit ihrem Glauben zugrunde. Ein moderner Staat aber, der seine Sache mit *der* der Religion identifiziert, stürzt sich ins Verderben oder ist schon ein verdorbener, denn er sucht seine Hülfe *außer sich*.

(18) Eine positive Religion ist daher nur da eine sittlich wirkende Macht, wo sie noch *keine positive* Religion ist, noch nicht gilt, sondern erst Geltung sich erkämpft, wo sie vielmehr den bestehenden Religionen gegenüber eine Eigenmächtigkeit, eine *Gottlosigkeit*, eine autoritätslose bloße Vernunftreligion ist, wo sie noch kein anderes Recht für sich hat als das Recht der Überzeugung, das Recht des Geistes, das Recht des Naturrechtes. So war es mit dem Christentum, so mit der Reformation. Nur die ersten Zeiten waren schöne Zeiten, nur *die*, wo der Glaube als *Unglaube* einem geltenden positiven Glauben gegenübertrat, wo zu glauben (andres wenigstens zu glauben, als bisher geheiligt war) noch ein Akt der *Freiheit* und darum ein geistiger, ein sittlicher Akt war. Die gefährlichsten Feinde der Religion, die, welche am meisten zu ihrem Untergange beitragen, wenn sie auch auf lange Zeit ihren äußerlichen Untergang verhindern, sind daher die falschen Freunde der Religion, d. h. diejenigen, welche die Religion oder einen bestimmten Glauben zu einem, sei es nun direkten oder indirekten, Gesetze, d. h. zu einer irreligiösen Sache machen, indem sie weltliche Nachteile an den Unglauben knüpfen. Nur der meint es redlich mit dem Glauben, der auch dem Unglauben volle Freiheit gibt. Nur wo der Unglaube frei, ist auch der Glaube frei und ein Unterschied gesetzt zwischen einem erheuchelten, affektierten und einem wahren, natürlichen Glauben.[1]

(19) B[ayle] sagt, daß seine Behauptung von der Selbständigkeit des Begriffes des Guten übereinstimme mit der Ansicht sehr vieler Docteurs graves et orthodoxes [würdiger und rechtgläubiger Doktoren], mit der Anmerkung zu diesem letztern Wort: „c'est à dire qu' à l'égard de ce sentiment particulier ils ne sont point accusez d'hétérodoxie [d. h., daß sie hinsichtlich dieses besonderen Gefühls durchaus nicht der Andersgläubigkeit angeklagt werden]" (Cont. des „Pens. div.", § 146, p. 398). Aber allerdings ist dieser Begriff ein Ketzer, zumal wenn er nicht bloß gelegentlich hingeworfen, sondern mit besonderm Nachdruck ausgesprochen oder gar zu einem

[1] *In C die Wörter* irreligiösen *und* weltliche Nachteile *sowie die letzten beiden Sätze,* Nur der meint . . . natürlichen Glauben., *im Druck hervorgehoben.*

selbständigen Prinzip erhoben wird. Denn die Realität der ethischen Idee ist für den Theologen nur an die Vorstellung Gottes, und zwar – dieses „zwar“ ist das punctum saliens [der springende Punkt] – nicht Gottes in seiner reinen, allgemeinen Idee, sondern als eines strafenden und belohnenden Gottes, gebunden, daher den Theologen von jeher die Negation ihrer Glaubens (und nur die negativen Fälle offenbaren die wahre Gesinnung) auch für die Negation der ethischen Idee galt und unbegreiflich war, wie man ohne ihren Glauben sittlich leben und sterben kann wie ein Spinoza.

(20) Wie sehr die Vorstellung der Macht auch in den besten Köpfen spukte und verderblich in ihre innersten Gedanken sich einmischte, wurde schon im „Leibniz“, p. 200,[1] von mir angedeutet. Es war zwar eine fast allgemein angenommene Lehre, daß die Allmacht sich nicht über das Wesen oder die Natur der Dinge hinaus erstrecken könne, d. h., daß sie nicht mit dem Wesen eines Dinges etwas verbinden könne, was dem Wesen und damit dem Begriffe desselben widerspeche. Aber diese Schranke der Allmacht – eine übrigens höchst interessante Konzession, die der sonst gegen die Vernunft so hochmütige Glaube derselben machte – war doch eine dem Begriffe der Allmacht äußerliche, an sich willkürliche, die *Rechte* der Allmacht beeinträchtigende Einschränkung, die nur dazu diente, wozu überhaupt die Vernunft in der Theologie: die unverkennbar albernen und verderblichen Folgen, welche sich aus einer unumschränkten Allmacht notwendig ergeben, zu verhüten, [die] aber ebendeswegen das Übel nicht mit der Wurzel ausrottet. Wenn die Allmacht nicht das Unvernünftige, das, was sich widerspricht, kann, so ist die Vernunft eine höhere Macht als die Allmacht und die allein wahre Macht. Der Begriff der Allmacht ist aber eben der Begriff der begrifflosen, unvernünftigen Ungebundenheit; sie kann also, sie muß selbst mit dem Wesen eines Dinges verbinden können, was diesem Wesen widerspricht, was dasselbe aufhebt. Die Allmacht ist die offne See des Unsinns; jeder Anhaltspunkt ist verschwunden, wo sie beginnt. In der Tat

[1] *Seitenangabe fehlt in C. Der Hinweis bezieht sich auf die „Darstellung, Entwicklung und Kritik der Leibnizschen Philosophie“*, 19 (Vgl. G W 3, S. 177f.).

war denn auch die Allmacht, ungeachtet der Grenze dieses subtilen Unterschieds zwischen wesentlich und unwesentlich, in allen Köpfen, in welchen sie spukte, eine unerschöpfliche Quelle der albernsten, lächerlichsten Einfälle, Vorstellungen und Fragen, die man sich nur immer denken kann.

(21) Die Orthodoxie half sich wohl mit der Behauptung, daß Wunder im eigentlichen Verstande nur Gott zukommen, daß die Werke des Teufels zwar *außer-*, aber nicht übernatürliche Werke wären (s. des orthodoxen Walchs „Philos. Lexikon“[1], Art. Wunder, Art. Teufel, p. 2541). Aber diese Unterscheidung gehört zu den unzähligen schwachsinnigen Sophismen, richtiger: Lügen, mit denen die Theologie sich aus der Not der Widersprüche, in die sie von Grund aus verwickelt ist, zu retten sucht. Es war eingestanden, daß die Wirkungen des Teufels, z. B. in den Besessenen, keine natürliche[n] Effekte[2] sind (s. Walch: Art. Besessung), daß sie sich weder aus den Seelen noch aus den Körpern, deren Wesen sie vielmehr widerstritten, erklären ließen. Also waren sie wider- und übernatürliche Wirkungen, also war zwischen den Wundern Gottes als Wundern – unangesehen ihren Zweck, der nicht zum Begriffe des Wunders als solchen gehört – und den Wundern des Teufels als solchen kein Unterschied. Das Wunder drückt nichts aus als die Kraft der ungebundnen Willkür, die *Macht schlechtweg*, die in der Tat nichts andres als eine nur dem sinnlichen Menschen imponierende, darum selbst nur sinnliche Vorstellung ist, – das Wunder ist kein *geistiger* Begriff, es macht Gott zu einem sinnlichen Wesen. Aber das Wunder des Teufels repräsentiert ebensogut eine wider- und übergesetzliche Macht als das Wunder Gottes. Die Theologen unterschieden weiter die Wunder Gottes als Werke der *Allmacht* von den teuflischen Wundern als Werken einer beschränkten Macht; sie sagten, der Teufel könne nicht solche Wunder tun wie Gott, nicht z. B. Tote erwecken, sondern nur scheinbar einen Toten lebendig darstellen. Aber abgesehen davon, daß, wie schon Clericus in betreff der ägyptischen Zauberer, deren Wunder einige für bloße Blendwerke erklärten, (in seinem Kommentar

[1] *In C folgt Zusatz:*, 1733
[2] natürliche[n] Effekte: natürlichen *C*

„Exod.", c. VII, v. 11, p. 36, 37, Tübingen 1733) richtig bemerkt, dergleichen Prästigien[1] ebensogut Wunder wären als die wirkliche Tat, es kommt auch durch diesen Unterschied nichts heraus; ob der eine weniger, der andre mehr, jener einiges, dieser alles vermag, das bringt keinen Unterschied in den Begriff der Wunderkraft selbst. Macht ist Macht. Der Zusatz „Allmacht" macht keinen neuen, keinen andern Eindruck auf mich als die Macht überhaupt, er bereichert mein Wissen nur quantitativ, nicht qualitativ. „Macht" drückt an und für sich schon Ungebundenheit, Unbeschränktheit aus. Was mir unmöglich ist, das kann der Teufel, das ist ihm keine Schranke. Auch die Allmacht wurde beschränkt, obwohl man die Schranken der Allmacht – auch wieder ein elendes Sophisma – in die Natur des Gegenstandes, die des Teufels in seine Natur verlegte; aber alle diese Limitationen[2] sind eben der Vorstellung der Macht *äußerliche*, nicht aus der Macht[3] selbst geschöpfte Einschränkungen. Das Wesentliche in dem Begriffe des Wunders, der Macht repräsentieren mir daher ebensogut die außernatürlichen Werke des Teufels als die übernatürlichen Gottes. Die Wirkungen des Teufels – wenn auch nicht alle, was aber gleichgültig – sind daher immerhin wirkliche Wunder. Dies gestanden denn auch die ehrlichen Theologen direkt, die verschlagnen indirekt ein. Siehe[4] Clericus zu der oben zitierten Stelle[5]. C. Peucer, nachdem er zuerst von den praestigiis[6] des Teufels und seinem Unvermögen, die göttlichen Wunder nachzuahmen, gesprochen, sagt doch zuletzt: „Cum omnibus temporibus inde usque ab initio Diabolus opera Dei aemulatus sit et quibusdam praestigiis quandoque et *veris miraculis* sous furores confirmarit, diligenter discrimen consideretur miraculorum Ecclesiae et Diaboli [wenn auch zu allen Zeiten der Teufel die Werke Gottes nachgeahmt hat und mit gewissen Blendwerken und zuweilen sogar mit wirklichen Wundern seine Schrecklichkeit immer wieder unter Beweis stellte, so soll der Unterschied zwischen den Wundern der Kirche und denen des

[1] Gaukeleien *C*

[2] Beschränkungen C

[3] der Macht: ihrem Wesen *C*

[4] *C folgt Zusatz:* hierüber

[5] *C folgt Zusatz:* und Cudworth: „Systema intellect.", sect. I, c. 5, § 85, 86.

[6] Blendwerken *C*

Teufels doch gewissenhaft beachtet werden]" („Comment. de praecipuis Divinationum generibus", Servestae 1591, p. 7)[1]. Auch Augustin schreibt den Dämonen Mirakel zu, „De civit. Dei", l. 21, c. 6. Wenn er ebendaselbst l. 18, c. 18 gleich andern Theologen sagt, daß die Dämonen nur soviel tun können, als Gott erlaubt oder zugibt, so ist dies eine leere Einschränkung, die nichts zur Sache tut. Der Teufel ist auch mit Gottes Erlaubnis Teufel – der Allmächtige dürfte ja nur wollen, und der Teufel wäre nicht mehr Teufel –, aber deswegen kommen doch in der Vorstellung der Theologen die Handlungen des Teufels nur auf seine eigene Rechnung – also auch die Wunder. Die Jesuiten schrieben den Teufeln geradezu solche Wunder zu, wie sie sonst nur die Allmacht vollbringen konnte. „Der Teufel kann machen, daß ein Weibsbild an Leib und Seele Jungfrau bleibe und doch ein Kind gebäre" (Bucher, „Die Jesuiten in Bayern", II. B., p. 363). Man sehe übrigens auch des trefflichen B. Bekker

[1] *Angabe von Ort und Jahreszahl fehlt in C, wo aber noch folgender Zusatz steht:* Nic. Remigius in seinen an heidnischem und christlichem Aberglauben so reichen „Daemonolatriae libri tres" (Colon. Agr. 1596) erklärt gleichfalls viele wider- und übernatürliche Produktionen des Teufels, so die Verwandlungen der Menschen in Tiere, für Blendwerke, weil nur Gott, wie Augustin sagt, die Macht habe, ein natürliches Wesen in ein anderes zu verwandeln, und weil es der Würde und Gottähnlichkeit des Menschen widerspreche, in Bestien verwandelt zu werden, aber gleichwohl sagt er, daß die Hexen die Natur der Tiere annehmen, deren Gestalt und Figur sie darstellen, so daß sie so schnell wie Wölfe laufen und in verschlossene Häuser bei der Nacht wie Katzen hineinschlüpfen. „Sic igitur facultates, vires atque actiones earum animantium, quarum prae se ferunt imagines, imitari fatebimur, ut parum ab ipsa veritate abesse videantur [wir müssen also bekennen, daß sie die Eigenschaften, Kräfte und Tätigkeiten der Tiere, deren Gestalt sie annehmen, derart nachahmen, daß nicht viel daran fehlt, und sie sehen aus wie diese selbst]" (lib. II, cap. 5). Was er daher mit Worten leugnet, um die Kollision mit andern ausdrücklichen Dogmen zu vermeiden, gesteht er faktisch, gesteht er selbst bei andern Gelegenheiten ausdrücklich ein. So sagt er z. B. lib. III, c. 12: „Daß die Menschen oder Hexen mit Teufels Kraft im Widerspruch mit ihrer natürlichen Schwere gen Himmel fahren und durch die Luft in die

„Monde enchanté“ (Ed. Amsterdam 1694), liv. I, chap. 22, wo er ausführlich von der Macht und den mirakulösen Wirkungen handelt, die dem Teufel nicht nur der Pöbel beilegte[1], sondern selbst auch die meisten Gelehrten, namentlich Theologen seiner Zeit[2], die sich nicht über die Vorstellungen des Pöbels erhoben hatten, gerade wie in unsrer Zeit, nur mit dem Unterschiede, daß jetzt die Begriffe und Gesinnungen der Vernunft zu dem (sogenannten) Pöbel herabsteigen, dagegen die Begriffe und Gesinnungen des Pöbels zu den Gelehrten und überhaupt höhern Klassen hinaufsteigen. – Der einzige wesentliche Unterschied zwischen den beiden Genren von Wundern bleibt also der *Zweck*. Aber dieser Zweck bleibt dem Wunder selbst doch immer äußerlich, wie umgekehrt das Wunder dem Zwecke; das göttliche Wunder hat keinen *innern*, keinen objektiven, in ihm selbst gegründeten Unterschied vor dem teuflischen voraus, sowenig als zwischen der Verwandlung des Wassers in Blut durch die ägyptischen Zauberer und der Verwandlung desselben in Wein, den Zweck unangesehen, ein innerer, wesentlicher Unterschied stattfindet. Der fromme Skeptiker la Mothe le Vayer sagt daher ganz richtig: „Ils (miracles) n'operent dans la Religion que par la Foi aidée de la grace, tant s'en faut qu'ils *dépendent absolument des sens*. Si cela estoit, le Diable et ses supports leur imposeroient souvent. Car quoique Dieu seul fasse de veritables miracles, les Mages de Pharaon produisirent de vrais Serpens et de vraies Gre-

Höhe empordringen, das dürfen wir deswegen nicht bezweifeln, weil es in der Natur für absurd und unglaublich gilt, denn das gestehen wir offen, daß die Natur dazu aus sich selbst keine Macht hat, sondern daß alle diese erstaunlichen und wunderbaren Dinge wider Willen und Erwarten der Natur geschehen, so daß, wer die natürlichen Ursachen zum Maßstab derselben machen wollte, gerade so verführe, als wenn er mit dem Finger den Himmel selbst berühren wollte; denn es gebührt sich nicht, mit der menschlichen Vernunft über Dinge abzusprechen, die alle Gesetze und Kräfte der Natur übersteigen.“ Ist also nicht auch der Teufel ein Doktor des Supranaturalismus? Sind nicht auch die Luftfahrten der Hexen übermenschliche und übernatürliche Werke? –

[1] *Fehlt in C.*

[2] *C folgt Zusatz*: zuschrieben

nouïlles. .. L'on ne sauroit donc user de trop de *circonspection* sur une matiere où l'im*posture* se glisse si temerairement ... *un mesme* évennement miraculeux est parfois vendiqué par la *fausse aussi bien* que *par la vraye* (Religion). [Sie (die Wunder) wirken in der Religion nur durch den Glauben, den die Gnade stützt, und hängen ganz und gar nicht allein von den Sinnen ab. Wäre das der Fall, so würden der Teufel und dessen Helfer oft Wunder vortäuschen. Denn obwohl einzig Gott wahre Wunder bewirkt, riefen doch Pharaos Magier wirkliche Schlangen und wirkliche Frösche hervor. .. Man kann nicht behutsam genug sein auf einem Gebiet, wo der Betrug sich so frech einschleicht. ... Ein- und dasselbe wunderbare Ereignis wird manchmal von der falschen ebenso wie von der wahren (Religion) in Anspruch genommen.]" (Oeuvres, T. IX, p. 363, 364. Ed. Paris 1684). Welch ein vortreffliches Fundament ist daher das Mirakel, wenn es so beschaffen ist, wie es wirklich beschaffen ist, daß nur die größte Vorsicht oder vielmehr die Schlauheit der hohlsten Sophistik einen Unterschied zwischen den Wundern Gottes und den Wundern des Teufels entdecken kann! [1]

[1] *In C folgt Zusatz:* – Der Gegenstand dieser Anmerkung (1848), der Glaube an die Macht und Existenz des Teufels, ist ein für die Religions- und Kultur- oder vielmehr Unkulturgeschichte der Menschheit höchst wichtiger und lehrreicher Gegenstand. Die Geschichte des Diabolismus ist das Prognostikon der Geschichte des Theismus. Wie man zuerst die Macht und Wirkungen des Teufels leugnete, aber nicht seine Existenz, bis endlich auch diese ad patres [zu den Vätern] ging, so hat man auch längst die unmittelbaren, d. h. tatsächlichen, wirklichen Wirkungen Gottes aufgehoben, aber seine Existenz bis auf die neueste Zeit nicht angetastet. So heilig, so vernünftig, so natürlich wie jetzt noch der Gottesglaube, war einst der Teufelsglaube. Noch in Walchs „Philosophischem Lexikon", 1733, wird Bekkers Lehre „eine gottlose und ungereimte" genannt und heißt es: „Daß der Teufel eine Macht habe, auch solche würklich ausübe, ist eine Wahrheit, die kein vernünftiger Mensch in Zweifel ziehen wird". Wie man jetzt den Atheismus als Feuerbachianismus, so signalisierte man einst den Adiabolismus als Bekkerianismus. Wie heute noch die Theologen und Philosophen von der Vereinigung Gottes und des Men-

(22) Es ist mehrmals schon erinnert worden, daß nur die Theologen, welche die moralischen Gesetze von dem Willen Gottes abhängig machten, das von allen Einflüsterungen der Philosophie oder Vernunft rein gehaltne, charakteristische Prinzip der Theologie geltend machten. Siehe hierüber auch den sehr orthodoxen, zugleich aber auch sehr vernünftigen Walch: Art. Moralität und Art. Gesetz der Natur, wo er die scholastische Lehre von einer moralitas objectiva, antecedenter ante voluntatem divinam [objektiven Moralität, als dem göttlichen Willen vorausgehender Ursache], für einen Irrtum, und Art. Gesetz, wo er „dasjenige, was die Schullehrer von dem sogenannten ewigen Gesetz geschwatzet, für eine ungereimte Sache" und die Meinung, „daß im Fall kein Gott wäre, gleichwohl ein natürlich Gesetz sei, für eine lächerliche und ungereimte Grille" erklärt. (Man vergleiche über diese Materie auch Leibniz, „Theodiz.", P. II, § 175 bis 183.) Leibniz (Epist. 14 ad Hanschium) macht zwar bei Ge-

schen reden, so schämten sich auch noch im vorigen Jahrhundert die Theologen, Philosophen und Juristen nicht, die Frage aufzuwerfen, ob der Teufel sich mit den Menschen fleischlich vermischen und Kinder zeugen könne; denn obgleich der Teufel ein Geist sei, der gar keine leiblichen Eigenschaften an sich habe, so wäre doch klar, daß dieser unreine Hurengeist, wie er Hosea 4, V. 2 genennet werde, einen Leib annehmen und denselben zur Vollziehung seiner fleischlichen Vermischung brauchen könne. Dieses bestätige nicht allein die allgemeine Übereinstimmung der Gottes- und Rechtsgelehrten, ingleichen der besten Philosophen, sondern auch die heilige Schrift, als welche ausdrücklich von den guten Engeln sage, „daß sie in angenommener menschlicher Gestalt wahrhaftig mit andern Menschen gegessen und getrunken" (Walch, „Philos. Lex.", Hexerei, p. 1451). Wie einst der Teufelsglaube unter dem Namen der magia daemoniaca, so spielt auch heute noch der Gottesglaube zur Schande der Zeit unter dem Namen der Gotteslästerung eine Rolle in dem Kriminalrecht. Aber wie es jetzt keine Märtyrer des Diabolismus mehr gibt, so wird es auch einst in einer besseren und aufgeklärteren Zeit keine – wenigstens kriminelle[n], öffentliche[n] – Märtyrer des Theismus mehr geben. Manchen wird vielleicht diese Parallele des Gottes- und Teufelsglaubens als wahre „Gotteslästerung" erscheinen. Ich bemerke aber denselben, daß nur die moderne Unentschiedenheit, Halbheit und Flachheit das Band zwischen legenheit der Behauptung des Buddeus, daß alles Recht, alle Moralgesetze nicht von der Natur der Dinge, sondern von einem „despotico quodam Dei arbitrio [gleichsam despotischen Willen Gottes]" abhängen, die Bemerkung: „Quod, ni fallor, saepe in nostris Theologis graviter reprehensum est et hodie pene ab omnibus Theologis Reformatis rejectum [was, wenn ich nicht irre, bei unseren Theologen oft ernsthaft getadelt worden ist und heute von fast allen protestantischen Theologen verworfen wird]." Aber – auch abgesehen von dem gehässigen Ausdruck *„despotische* Willkür" – das tut nichts zur Sache. Was Theologen gebilligt oder verworfen haben, ist deswegen noch nicht immer von ihnen als Theologen gebilligt oder verworfen worden; man muß strenge unterscheiden zwischen dem, was aus dem partikulären Prinzip der Theologie und dem universalen Prinzip der Vernunft kommt. Der Wille, richtiger: die Willkür, ist und war das Prinzip der Theologie. Die Verbindlichkeit der Moralgesetze lag und liegt für sie nur in dem Befehl Gottes.[1] Der Begriff der *positiven Gesetzgebung* war der oberste Begriff – denn man darf sich hierin nicht täuschen lassen durch das, was die Orthodoxen von dem innerlichen, natürlichen Licht oder Ge-

dem Gottes- und Teufelsglauben zerrissen hat. Einst galt beider Glaube für identisch. „C'est une opinion générale parmi les Chrétiens que s'il y a des Diables, il y a un Dieu et que ceux qui ne croient point un Dieu, ne croient pas qu'il y ait des Diables [es besteht unter den Christen eine allgemeine Meinung, daß, wenn es Teufel gibt, es auch einen Gott gibt und daß diejenigen, die nicht an Gott glauben, auch nicht an das Dasein von Teufeln glauben"] (Bayle, „Dict.", Art. Ruggieri). Aber der umgekehrte Satz ist ebenso richtig, nur gilt jener in Friedens-, dieser in Kriegszeiten – dann, wann einer die Existenz des Teufels angreift.

[1] *In C folgt Zusatz:* „Weil", sagt z. B. Luther („Auslegung des andern Kapitels des ersten Buchs Mose"), „durch Gottes Wort geordnet und geboten ist: Du sollst nicht stehlen, so sündigt ein jeder, der etwas Frembdes angreifet. Da aber in Ägypten den Juden befohlen war, sie sollten Geld von ihren Nachbarn auftreiben und mit sich hinwegnehmen, war es keine Sünde, denn es entschuldigte sie Gottes Befehl und Gebot, welchem man in alle Wege und in allen Dingen gehorsamen soll."

setz geredet haben. Und das Recht der Gesetzgebung, der Grund zur Verbindlichkeit wurde abgeleitet aus dem absoluten Rechte Gottes über die Menschen, aus dem Begriffe der *Herrschaft* oder der Allmacht oder der Vollkommenheit, die sich aber stets mit der Vorstellung der quantitativen Unendlichkeit, d. i. der Größe und Macht, in eins vermischte, oder aus ihm als dem Schöpfer, Vater und Erhalter. Kurz, die *innere* Macht des Guten, die doch in Wahrheit seine einzige Macht, seine Allmacht ist, war unbekannt, war verschwunden. Die Ethik hatte[1] kein *ethisches* Prinzip. Die Vorstellung des äußerlichen Gesetzgebers hatte dem Geiste wie dem Gemüte des Menschen das Gute entfremdet, die Idee desselben in das Gebiet der Jurisprudenz oder, richtiger, Polizei – wenn auch theologischer –, in das Gebiet äußerlicher, nur positiver Gesetze gespielt –, daher auch, im Vorbeigehen gesagt, die juristische Fassung der Leibnizschen „Theodizee", worüber schon Friedr. Schlegel im „Athenäum" spottete, keineswegs, wie Dr. Guhrauer will („Leibniz' Deutsche Schriften", p. 70 etc.), nur in L[eibniz], dem Doktor juris, sondern auch, und zwar hauptsächlich, darin[2], daß überhaupt Gott, was ja schon aus dem Begriffe der Persönlichkeit hervorgeht, rein juristisch gedacht wurde, seinen wahren Grund hat[3]. Bayle hatte in bezug auf die Handlungsweise

[1] hat *C*

[2] *C folgt Zusatz:* seinen Grund hat

[3] *In C endet der Satz mit* gedacht wurde. *Dazu dort als Zusatz die folgende Fußnote Feuerbachs:* Nur ein paar Beispiele auch hiervon. „Regibus", sagt Joann. Bodinus, „De republica", l. I., p. 156 (Ed. alt. Francof. 1591), „obedientia debetur, sed post Deum immortalem, cujus summa est in omnes orbis terrarum Reges vitae necisque potestas [den Königen schuldet man Gehorsam, aber erst nach dem unsterblichen Gott, dem gegenüber allen Königen des Erdkreises die höchste Gewalt über Leben und Tod eignet]." Zur Bestätigung der Behauptung, daß der Fürst ebenso, ja, noch mehr als jeder andere Bürger rechtlich verbunden sei, einen Vertrag zu halten, ruft er dann aus: „Quid mirum? cum Deus ipse suis promissis teneatur, ut recte Sententiarum magister scripsit. Sic enim apud Hieremiam clara voce obtestatur: Cogite, inquit, populos omnes totius orbis terrarum, ut inter me ac populum meum judicent, si quid a me fieri debuit, quod non fecerim. [Was Wunder, wo

Gottes in der Orthodoxie bei Gelegenheit des Sündenfalls das Gleichnis einer guten Mutter gebraucht und gesagt, daß sie nicht so wie Gott handeln würde. Clericus – dieser vielgelehrte und selbst aufgeklärte Theologe – verwirft dieses Gleichnis als ein auf Gott gar nicht anwendbares Bild schon deswegen, weil die Mutter so handeln würde, „parce que cela lui est commandé par l'Evangilé [weil ihr dies vom Evangelium befohlen ist]", worauf Bayle ganz richtig bemerkt, „que le seul amour d'une mere pour ses filles et pour la vertu la determineroit suffisament à s'opposer à leur chute [daß die Liebe einer Mutter für ihre Töchter und für die Tugend allein dazu ausreichen würde, sich entschlossen ihrem Fall entgegenzustellen]" („Rep. aux Quest.", p. 869, 870). Doch wozu ein so untergeordnetes Beispiel, wo der Beweis schon in dem Prinzip der Moral liegt, wie es allgemein gefaßt war. „Usitatum est", sagt Melanchthon, „in Philosophia dicere, virtutem sibi ipsi finem esse, nec principaliter expetendam esse propter aliud, sed rectius est etiam secundum rationem addere alium potiorem finem, scilicet, ut propter Deum expetatur virtus. Joseph ab aliena abstinet, ut Deo obediat. . . Principaliter expetenda est virtus propter Deum, sed postea etiam propter praemia aeterna et praesentia. [Es ist üblich, sagt Melanchthon, in der Philosophie davon zu sprechen, daß die Tugend Selbstzweck und grundsätzlich nicht um eines anderen willen zu erstreben sei. Aber richtiger ist es, in

doch Gott selbst seine Versprechen hält, wie ganz richtig der Meister der Denksprüche ⟨*Petrus Lombardus*⟩ geschrieben hat. So nämlich wird bei Jeremias mit klarer Stimme bezeugt: Ruft alle Völker des gesamten Erdkreises zusammen, damit sie zwischen mir und meinem Volke entscheiden, ob ich etwas zu tun schuldig gewesen bin, das ich nicht auch getan hätte.]" J. G. Darjes, ein Jurist und Philosoph des vorigen Jahrhunderts, sagt in s. „Gedanken von der Stadt Gottes" („Sittenlehre", III. Auf[l]. 1762, S. 613), daß „die Geschöpfe nur Nutzungsherren sind, deren unmittelbarer Herr Gott ist", „nur subordinierte Befehlshaber, deren Oberbefehlshaber Gott ist," daß sie „verbunden sind, alles nach dem Willen Gottes, ihres unmittelbaren Oberherrn und Eigentumsherrn aller derjenigen Dinge, deren Gebrauch und Nutzen ihnen von Gott vergönnt wird, auf das willigste zu tun" (S. 619).

Übereinstimmung mit der Vernunft auch den zweiten und würdigeren Zweck zu nennen, daß nämlich die Tugend um Gottes willen erstrebt wird. Joseph läßt eine Fremde unangetastet, um Gott zu gehorchen ... Im Grunde ist die Tugend um Gottes willen zu erstreben, aber danach wegen der ewigen und der zeitlich-irdischen Belohnung.]" („Ethicae Doctrinae Elementa etc.", Wittebergae 1559, p. 39). Dasselbe sagt Augustin „De Civit. Dei", lib. 19, c. 25 (Edit. von L. Vives, der in der Note zu dieser Stelle bemerkt, daß Ambrosius gesagt habe, „virtutem per se esse expetendam [die Tugend sei um ihrer selbst willen zu erstreben]"), dasselbe Albertus Magnus „Secunda Pars Summae, alias dictae: de mirabili scientia Dei", Tract. 16, Quaest. 102, Memb. 3, wo er zwar diesen Unterschied macht: „propter se diligitur quod ad alium finem non refertur; ... per se vero diligitur quod in natura et essentia propria habet, quare diligatur [um seiner selbst willen wird geschätzt, was auf keinen anderen Zweck bezogen werden kann; ... an und für sich wird wahrhaft geschätzt, was in Natur und Wesen Eigenheiten besitzt, um deretwillen es geschätzt werden möge]", und dann sagt, daß die Tugend wohl auf diese letztere Weise geliebt werden dürfe; aber diese Distinktion ist ein haltungsloser Widerspruch, eine theologische Lüge, sie will der Tugend huldigen, nimmt ihr aber doch zugleich wieder mit der linken, was sie ihr mit der rechten Hand gegeben (s. indes auch Tract. 18, Q. 116, Part. 3). Kurz, das spezifische theologische Moralprinzip ist, daß man die Tugend nicht um ihret-, sondern um Gottes willen lieben und tun müsse. Haben einzelne Theologen die Tugend als Zweck ihrer selbst bestimmt, so haben sie dies im Widerspruch mit ihren theologischen Prinzipien getan. Aber dieses Prinzip ist eben kein ethisches Prinzip, vielmehr ein anti-ethisches; es zieht den Menschen von der Tugend ab. Wenn die Tugend nicht Zweck ihrer selbst ist, so hat sie *keinen Wert für sich selbst*; wenn ich die Tugend nicht um der Tugend selbst willen liebe und tue, so liebe und tue ich sie aus einem nicht in ihr selbst liegenden, einem fremden, also untugendhaften Grunde. Es gibt *kein andres* Prinzip der Tugend als die *Tugend selbst*; der nimmt der Tugend ihren spezifischen[1] Charakter, das, wo-

[1] *Fehlt in C.*

durch sie Tugend ist, der ihr das propter und *per se* [wegen ihrer selbst und durch sich selbst] nimmt. Ein Sohn, der aus Gehorsam oder Liebe gegen seinen[1] Vater nicht lügt, ist zwar ein guter, folgsamer Sohn, aber noch lange nicht ein tugendhafter Mensch. Er für sich selbst hat keine Liebe für die[2] Wahrheit, er haßt sie vielleicht selbst von Herzensgrund, aber eine dritte Person versöhnt sie miteinander – eine Versöhnung, die jedoch nicht den innern Zwiespalt aufhebt. Zwar wird Gott als das absolut Gute und Heilige selbst vorgestellt und geliebt, aber, abgesehen von dem, was hierüber schon oben gesagt wurde, in dieser Vorstellung und Liebe liegt nicht die Erkenntnis und Liebe der *Tugend in ihrer Bestimmtheit*. Die tugendhafte, die sittliche Liebe zu einer bestimmten Tugend liegt aber ebenso[3] lediglich nur in ihr selbst, in ihrer Bestimmtheit. „Beneficium per se expetenda res est, una spectatur in eo accipientis utilitas... Honestum propter nullam aliam causam, quam propter ipsum sequimur. [Die Wohltätigkeit ist um ihrer selbst willen erstrebenswert, einzig der Nutzen für den, der die Gabe empfängt, wird bei ihr in Betracht gezogen . . . Die Moralvorschriften befolgen wir aus keinem andern Grunde als um ihrer selbst willen]" (Seneca, „De benef.", l. 4, § 9). Dies ist der einzige sittliche Grund der Wohltätigkeit; die Wohltätigkeit ist *an und für sich selbst* ein edler, ein göttlicher Akt; sie wird nicht dadurch göttlich, daß Gott sie will oder selbst wohltätig ist, sondern Gott ist nur dadurch Gott, nicht ein teuflisches oder sonst ein egoistisches Wesen, daß und wenn diese an und für sich, durch sich selbst göttliche Tugend seine Tugend ist. Die Idee des Guten ist stets das Apriori, das Maß, das Gesetz ihrer selbst; Gott gibt uns nicht die Idee des Guten, sondern die Idee des Guten gibt uns Gott, wir denken ihn durch die Idee, nicht die Idee durch ihn. Wenn ich daher nur aus Liebe zu Gott wohltätig bin, so bin ich nicht wohltätig aus Liebe zur Wohltätigkeit selbst, nicht wohltätig im Sinne der Wohltätigkeit, im Sinne der Tugend, so kommt meine Wohltat nicht aus der ersten Hand, aus der lautern Quelle, so hat sie einen durch ein Medium getrübten Grund, einen Grund, von

[1] gegen seinen: zu seinem *C*
[2] für die: zur *C* [3] eben *C*

dem es immer noch zweifelhaft ist, ob er ein reiner oder unreiner – ein Zweifel, der da, wo frei und offen die Tugend nur um der Tugend willen geliebt wird, wegfällt –, denn deine Liebe zu Gott ist dann nur eine sittliche, wenn du Gott *sittlich denkst*, sonst liebst du statt Gottes „die Seitenwunde des Kreuzgottes" oder das „Kreuzluftvögelein" oder das praeputium [die Vorhaut] Christi oder, wenn du etwas abstrakter bist, die abgeschiednen Geister deiner verlornen oder nie gefundnen irdischen Freuden, überhaupt die Gase, die sich aus deinen geheimen Herzensseufzern entwickeln und dann oben in dem schönen Himmelsblau[1] der Phantasie als Wesen einer andern Welt in lichten Wolkengestaltungen dir entgegenscheinen. Es hängt also immer nur von der *ethischen Beschaffenheit* deines Gottes, von der *ethischen Beschaffenheit* deiner Liebe zu ihm ab, ob eine Handlung, die du aus Liebe zu ihm tust, eine sittliche oder unsittliche ist. Die Gründung der Moral auf die Theologie ist daher nur eine verkehrte Konstruktion, ein hysteron proteron [Späteres früher, d. h. Beweis durch etwas, das erst bewiesen werden soll] – eine fromme Illusion, und die Tugenden der Christen sind nur *Scheintugenden*, weil sie, ihrem eignen Eingeständnis zufolge, nicht aus der Liebe zur Tugend um der Tugend willen, nicht also aus tugendhafter Gesinnung entspringen, sondern aus Liebe zu Gott, d. h. zu einem Wesen, in dem von jeher, und zwar notwendig, infolge des alle persönlichen Interessen und Leidenschaften des Menschen in sich konzentrierenden Grundbegriffs der Persönlichkeit, unter dem Deckmantel des lichtscheuen Prädikats der Heiligkeit, die selbstsüchtigsten Interessen, die unvernünftigsten, unsittlichsten Vorstellungen Unterkunft fanden. Die Christen haben zwar nicht, wie die Heiden, die Lüste des Fleisches ihrem Gott beigelegt, aber dafür Zorn, Ehrgeiz,[2] Selbstsucht, kurz, alle die kleinlichen und verächt-

[1] Himmelblau *C*

[2] *In C folgt Zusatz:* Eifersucht, Herrschsucht, [. . .] *Zu* Eifersucht *in C noch als weiterer Zusatz folgende Fußnote Feuerbachs:* „Gott", sagt z. B. Luther in seiner „Kirchenpostille" (Evang. am 13. Sonnt. nach Trinit. Luc., 10), „ist ein Eiferer, er kann's nicht leiden, daß man über ihn etwas liebe; aber unter ihm etwas liebhaben, lässet er wohl zu; gleichwie ein Mann wohl leiden kann, daß ein Weib die

lichen Leidenschaften, in denen die Persönlichkeit als Persönlichkeit sich betätigt, und damit alle die Übel sanktioniert, die in dem Götzendienst der Persönlichkeit ihren Grund haben und an denen wir großenteils[1], in vielfacher Beziehung, heute noch laborieren. Sosehr z. B. das Duell den[2] Lehren Christi widerspricht, sosehr stimmt es doch mit dem[3] Grundbegriffe des Christentums, dem Begriffe der Persönlichkeit, überein: Wo der Nachdruck auf der Persönlichkeit Gottes ruht, da ist die Persönlichkeit überhaupt geheiligt, die Persönlichkeit als solche der höchste Begriff. Wo diese aber der höchste Begriff ist, da wird dem persönlichen Interesse das objektive, sittliche Interesse notwendig subordiniert, ja, aufgeopfert, ganz im Einklang mit *dem* Gotte, der *sich, seiner* Ehre bei der Verdammung Adams und seiner Nachkommen die Gerechtigkeit zum Opfer bringt und, nach dem Eingeständnis der christlichen Theologen selbst, in seinen Handlungen sich nur nach sich, nach seinem Belieben und Wohlgefallen, nicht nach dem, was an sich recht und gut ist, richtet. Die Unsittlichkeit und Unvernünftigkeit des Reliquienkultus im Katholizismus, der so weit ging, daß man selbst den Haaren Mariä und einem Stück ihres Haarkamms (1595 in München) eine Kapelle weihte, und des

Mägde, das Haus und Hausgeräte, Vieh und anders liebhabe, aber mit der Liebe, damit sie ihn liebhaben soll, vergönnet er ihr, niemand anders denn ihn allein zu lieben." „Si mulier", sagt der Gelehrte J. G. Vossius (in seiner Schrift „De theol. gent. etc. sive de orig. et progr. idol.", l. I, c. 41), „cum alio concumbat viro, adultera est, nec refert si alio id animo agat ... Similiter statuendum de scortatione spirituali, qualis est si alteri sacrificetur quam Deo. Nimirum quia Deus noster est zelotypus, nec patitur sui cultum alteri transcribi. [Wenn ein Eheweib einem anderen Manne beischläft, dann ist sie eine Ehebrecherin; es ist unerheblich, wenn sie das mit dem anderen nur im Geiste vorhat ... Ähnliches gilt für die geistliche Hurerei, die darin besteht, daß man einem anderen als Gott opfert. Weil in Wahrheit unser Gott eifersüchtig ist, darum duldet er nicht, daß seine Verehrung auf einen anderen übertragen wird.]"

[1] größtenteils *C*

[2] *C folgt Zusatz:* moralischen

[3] *C folgt Zusatz:* dogmatischen

Pietismus im Protestantismus, der hauptsächlich zu der Seitenwunde oder dem Seitenhöhlchen des Heilands seine Zuflucht nahm, hat seinen letzten Grund nur im Begriffe der Persönlichkeit. Wo einmal die Person verehrt und geheiligt ist, da wird natürlich, ja, notwendig auch das verehrt und geheiligt, was unmittelbar oder mittelbar mit dieser Persönlichkeit zusammenhängt. Feiert der Sänger des „Lieds der Lieder“ [Salomon] nicht auch die einzelnen Teile seiner Geliebten? Und warum soll ein Stück von dem Kreuz, an dem der Heiland, Gott in eigner Person, hing und schmachtete, nicht mirakulöse Eigenschaften besitzen? Teilen wir den Gegenständen, die wir berühren, nicht auch die Merkmale unsrer Individualität mit, die ein feinerer Sinn selbst als die unsrigen erkennt? Wo der Begriff der Persönlichkeit nicht diese Folgen hatte oder hat, da ist die Ursache nicht er, sondern[1] der Verstand, der sich überall zwischen das Prinzip und seine notwendigen Konsequenzen in die Mitte hineinstellt, um durch die Ableugnung der Konsequenzen das Prinzip zu retten.[2] – Es wäre lächerlich, wie schon oben angedeutet, ja, es wäre eine offenbare Lüge, zu behaupten, daß der Zorn Gottes, sein Ambitionsgeist, seine Empfindlichkeit für Beleidigungen unschuldige Anthropomorphismen sind, die nicht im eigentlichen, sondern nur bildlichen Sinne zu nehmen seien. So spricht nur der Verstand, der durch aller-

[1] nicht . . . sondern: allein *C*

[2] *In C folgt als Zusatz folgende Fußnote Feuerbachs:* Meiners in s. „Allgem. Kritischen Geschichte der Religionen“, 1806, I. B., S. 364, bemerkt, daß „man unter den Griechen und Römern weder solche Reliquien noch einen solchen Reliquiendienst fand, dergleichen früh unter den Christen entstanden und von den Christen zu den Mohamedanern übergingen“, . . . „daß der Reliquiendienst fast ganz allein auf monotheistische Völker beschränkt geblieben ist“. Übrigens kann man den Reliquienkultus keineswegs dem Katholizismus aufbürden. Schon in der Bibel haften Wunderkräfte an dem Kleide Christi, an den Schweißtüchern und andern Kleidungsstücken der Apostel. „Nach solchen Beispielen“, bemerkt mit Recht Meiners, „ist es viel weniger zu verwundern, daß man Christum, die Apostel und Märtyrer samt ihren Reliquien gottesdienstlich ehrte, als daß man es nicht viel früher tat, als es wirklich geschehen ist.“

lei jesuitische Kniffe den Glauben zu rechtfertigen sucht, aber nicht der Glaube selbst, nicht das religiöse Gemüt, nicht die Notwendigkeit der Sache. Die Geschichte des Christentums hat es nur zu sehr bestätigt, hat es selbst mit dem Blut der Ketzer[1] besiegelt, daß der Zorn und Ehrgeiz Gottes alle besondern Kennzeichen und Merkmale eines *wirklichen*, nicht nur so vorgespiegelten und vorgestellten Zornes und Ehrgeizes an sich besitzt. Zur ewigen Schande der Christenheit sind sogar diese Vorstellungen als Strafgründe in die Gesetzbücher Justinians und Maximilians aufgenommen worden.[2] – Der Zentralpunkt der innerlichen Entsittlichung der christlichen Menschheit liegt aber – ein Punkt, den wir hier jedoch nur an-, nicht ausführen, obwohl die nötigen Voranstalten dazu getroffen wurden – in der Bedeutung, die dem Glauben im Christentum gegeben wurde. Nur der Glaube macht selig;

[1] *C folgt Zusatz:* und Gotteslästerer

[2] *C folgt Zusatz:* – „Si enim", heißt es in Justinians Novellen („Novell. constit." LXXVII), „contra homines factae blasphemiae impunitae non relinquuntur, multo magis, qui ipsum Deum blasphemant, digni sunt supplicia sustinere ... Propter talia enim delicta (nämlich Blasphemien, Schwüren bei den Haaren Gottes, unnatürlichen Schwelgereien) et fames et terrae motus et pestilentiae fiunt. [Wenn nämlich Beleidigungen, die nur gegen Menschen gerichtet sind, nicht unbestraft bleiben, dann haben diejenigen desto mehr Martern verdient, die Gott selbst beleidigen... Wegen solcher Verbrechen (nämlich ⟨*usw* . . .⟩) entstehen Hungersnöte, Erdbeben und Pestseuchen.]" Ebenso wie hier werden in der Konstitution, die Maximilian I. 1495 gegen die Gotteslästerer erließ, als Grund der Bestrafung die großen Landplagen angeführt, die wegen des Verbrechens der Gotteslästerung der erzürnte Gott über die Menschen verhängt. Und diese Vorstellungen finden sich selbst noch bei den Kriminalisten des vorigen Jahrhunderts. So heißt es in Frölich v. Frölichsburgs „Kommentarius in d. peinlichen Halsgerichtsordnung", 1720: „Unter diesen (delictis) ist die schweriste Übeltat die Gotteslästerung, wodurch Hunger, Krieg, Pest und Erdbiden [*Erdbeben*] zum Untergang und Verderben ganzer Länder verursacht werden. Und weilen hierdurch der allmächtige Gott höchstens verletzt wird, als pflegen die Kriminalisten dieses Laster vor den andern zu traktieren" (Anderter Traktat. I. B., 2. Tit., S. 7).

der Glaube ist jedoch nicht ohne gute Werke – höchst bezeichnend sind die guten Werke an die Stelle der Tugenden getreten –, ein Glaube ohne gute Werke ist ein falscher Glaube. Aber, abgesehen von den Sophismen, die hierin liegen, die Tugend wird da zu einer *Nebensache* gemacht, dem Menschen aus den Augen und dem Sinn entrücket, wo sie nicht selbst zum *Prinzip* erhoben wird. Sie wirkt und ist nur, wo sie den ersten, aber nicht, wo sie den zweiten Platz einnimmt. Aut Caesar aut nihil, so spricht auch die Tugend. Die Epikuräer sagten[1] auch: Das Vergnügen macht selig, allein das Vergnügen ist nicht ohne Tugend. Aber sie hatten gleichwohl ein unsittliches Prinzip, weil sie der Tugend nicht den ersten Rang gaben. „Non est, inquit, voluptas sine virtute. Sed quare *ante virtutem* est? De ordine putas disputationem esse? De re tota et de potestate ejus ambigitur; non est virtus, si sequi potest ... ducere debet. [Es gibt keine Lust ohne Tugend, sagt er. Aber warum ist sie vor die Tugend gesetzt? Du meinst, unser Streitgespräch gehe nur um die Rangordnung? Über die ganze Sache und die Macht der Tugend sind wir uneinig. Die Tugend existiert nicht, wenn sie ⟨nur⟩ folgen kann, ... sie muß anführen]" (Sen., „De benef.", l. IV, § 2).

(23) Der Begriff des eigentlichen, früher sogenannten spekulativen Atheismus besteht lediglich, strenggenommen, in der Leugnung des *Daseins* Gottes. Obgleich der Atheist, wie denn dies überhaupt bei der Polemik und Negation der Fall ist, daß mit der empirischen Erscheinung auch das Wesen negiert wird, mit dem Dasein auch das Wesen leugnet, so hat diese Negation doch nicht die Bedeutung des ursachlichen, wahren, sondern eines konsekutiven Übels, so ist doch sein spezifischer Begriff, seine charakteristische Stellung in der Geschichte nur dieser, daß er das Dasein aufhebt. Er hebt nicht das Dasein Gottes auf, weil er das Wesen desselben aufhebt, sondern nur deswegen – nolens volens – das Wesen auf, weil er das Dasein aufhebt. Das Sein Gottes war ein durchaus *empirischer* Begriff. Die Frage: „Ist Gott?", hatte ihren technischen Ausdruck in der Frage: „*Gibt es einen* Gott?" Sie war identisch, dem Begriffe des Seins nach, selbst noch in andern, hier aber gleichgültigen Beziehungen, mit der

[1] sagen *C*

Frage: „*Gibt es Geister, gibt es Teufel?*" Die Frage nach dem Sein Gottes war also eine Frage nach dem Sein im Sinne eines Seins, welches einen Plural hat, eines Seins, desgleichen es noch mehreres gibt, eines eigentlichen *Außer-uns-Seins*, desgleichen diesen sinnlichen Dingen außer uns zukommt, kurz, die Frage nach einem äußerlich-objektiven, partikulären, *empirischen* Sein, nach einem Dasein. Es war ein Sein, das[1] das *Wesen* des sinnlichen Seins an sich hatte, ohne doch die Zeichen desselben zu haben, dessen Gewährsmann daher allein der Sinn, an sich, der Natur dieses Seins nach, gewesen wäre. Dieser Widerspruch, der Widerspruch eines Seins, das seinem Begriffe nach ein *Erfahrungsobjekt* war, mit der wirklichen Erfahrung, die dieses Sein doch nicht zeigte, war der Grund des Atheismus. Er bezweifelte, er leugnete daher nur ein seiner Natur nach *bezweifelbares*, leugbares Sein – er leugnete nicht an sich das Göttliche, er leugnete vielmehr nur einen *atheistischen* Begriff, wie in der Tat der Begriff des Seins war, – daher auch Bayle vollkommen recht hatte, zu behaupten, daß der Glaube an Gott, als welcher sich eben auf diesen Begriff der Existenz stützte, ohne Einfluß auf den Menschen wäre, weil dieser Glaube selbst kein Akt der Erhebung, kein geistiger und sittlicher Akt, sondern ein historischer, empirischer, ungöttlicher Glaube war, ein Glaube, der mit dem Glauben an Geister und Teufel identisch war. Alle Beweise für das Dasein Gottes aus dem Gedanken waren insofern verkehrt, weil sie aus der *innerlichen Realität* der Vernunft heraus eine äußerliche Realität, aus dem Geiste eine Geistlosigkeit, aus dem Begriffe eine Begrifflosigkeit, eine Faktizität erschließen wollten. Die Argumente Kants, Jacobis, Fichtes gegen die Beweise vom Dasein Gottes haben daher, weil sie sich auf dieses Sein beziehen – ja, in Kant (zum Teil auch in Jacobi) spielt dieses Sein im Widerspruch mit seinem wahren Wesen noch eine positive Rolle –, keine anti-, sondern echt philosophische Bedeutung.

(24) Unter den vielen guten Bemerkungen und Gedanken B[ayle]s verdient diese Bemerkung einer[2] Erwähnung, welche

[1] welches *C*
[2] eine *C*

er gegen die gewöhnliche Unterscheidung[1], daß die Mysterien des Glaubens wohl *über*, aber nicht *gegen* die Vernunft sind – eine Unterscheidung, die auch Leibniz akzeptiert und gegen Bayle in Schutz nimmt, freilich wieder auf seine Weise expliziert –, vorbringt. „Ich glaube", sagt er, „daß man hier in dem ersten Teile des Satzes dem Worte ‚Vernunft' einen Sinn gibt, welchen man ihm nicht im zweiten Teil gibt, daß man nämlich im ersten Teil unter dem Worte ‚Vernunft' die menschliche, im zweiten aber die Vernunft überhaupt versteht. Denn wenn man immer die Vernunft im allgemeinen oder die höchste Vernunft meint, so ist es auf gleiche Weise wahr, daß die Geheimnisse des Glaubens nicht über der Vernunft und nicht gegen die Vernunft sind. Aber wenn man in beiden Teilen die menschliche Vernunft meint, so hat die Distinktion keinen festen Grund, denn die Orthodoxesten gestehen ein, daß wir nicht die Übereinstimmung unsrer Mysterien mit den Gesetzen der Philosophie erkennen. Das nun aber, was uns nicht der Vernunft konform[2] scheint, scheint unsrer Vernunft konträr[3], ebenso wie das, was uns nicht der Wahrheit konform erscheint[4], uns der Wahrheit konträr[5] scheint. Warum soll man daher nicht ebensogut sagen können, daß die Mysterien gegen[6] unsere schwache Vernunft, als daß sie über unsrer schwachen Vernunft sind?" Auch gegen die Behauptung, daß nur die natürliche, aber[7] nicht erleuchtete Vernunft die Mysterien nicht begreifen könne, bemerkt er richtig: „Das Mysterium der Trinität war der Seele Luthers nicht deutlicher als der Seele Sozins; der Unterschied zwischen denen, welche das Mysterium leugnen und welche es glauben, besteht nicht darin, daß die einen mehr Unbegreiflichkeiten darin finden als die andern, sondern darin daß die erstern schließen: Es ist nicht geoffenbart, weil es den Vernunftbegriffen wider-

[1] *In C folgt schon hier das Wort* vorbringt, *das dort dann am Ende des Satzes, zusammen mit dem Gedankenstrich davor, fehlt.*
[2] gemäß *C*
[3] unsrer . . . konträr: uns vernunftwidrig *C*
[4] konform erscheint: gemäß scheint *C*
[5] der . . . konträr: wahrheitswidrig *C*
[6] wider *C*
[7] *Fehlt in C.*

spricht, die andern aber also: Weil es geoffenbart ist, muß man über alle philosophischen Gegengründe sich hinwegsetzen und sie der Autorität der Schrift aufopfern" („Rep. aux Quest.", p 833–34).

(25) Leibniz, sagte ich, verteidigte die theologischen Dogmen aus dem Standpunkt des Universums, der Vernunftnotwendigkeit. „Puis qu'il (Dieu) a permis le vice, il faut que *l'ordre de l'univers*, trouvé préferable à tout autre plan, l'ait *demandé* [da er (Gott) aber das Laster zugelassen hat, muß die Weltordnung, die er jedem anderen Plan vorgezogen hat, es verlangt haben]" („Theodicée", Prt. II, §124). „Dieu veut l'ordre et le bien, mais il arrive quelquefois (?) que ce qui est *desordre* dans la *partie* est *ordre* dans le *tout*. . . La permission des maux vient d'une espèce de necessité morale. [Gott will die Ordnung und das Gute, aber es kommt zuweilen (?) vor, daß die Unordnung eines Teils zur Ordnung des Ganzen gehört . . . . Die Zulassung der Übel geht aus einer Art moralischer Notwendigkeit hervor]" (§ 128). Das Übel, sowohl moralische als physische, ist dem L[eibniz] eine *natürliche* Folge, eine Folge, die *sich von selbst* versteht, etwas Unvermeidliches etwas, was im Zusammenhang mit dem allgemeinen Plane steht und in diesem Konnex einen guten Sinn gibt, was ist, weil, wenn es nicht wäre, ein weit größeres, ein wahres Übel wäre, kurz, etwas, was *sein* soll, was einen *guten* Grund hat, ein Übel[1], das an sich kein Übel ist – allerdings nicht in bezug auf den Teil, aber auf das Ganze. Aber diese Anschauung widerspricht eben geradezu dem theologischen Standpunkt, wo das sowohl moralische als physische Übel das gerade Gegenteil von einem „Versteht-sich-von-selbst", wo es vielmehr ein absolut unbegreiflicher Teufelsspuk, ein empörender Schandfleck, ein sinnloser Strich durch die Rechnung, kurz, ein mirakulöses Etwas ist, das daher auch nur wieder durch eine außerordentliche, mirakulöse, unmittelbare Handlung Gottes aufgehoben wird. Der Leibnizische Standpunkt dagegen hebt die Notwendigkeit und das Bedürfnis einer *besondern*, außer- und übernatürlichen Erlösung auf. Das Übel ist an und für sich, d. h. vor Gott ge-

[1] *C folgt Zusatz:* also

rechtfertigt; es trägt seine Aufhebung, seine Versöhnung schon in sich, eben weil es ein natürliches, ein wohlbegründetes, ein im ursprünglichen Plane der besten Welt gelegnes Ergebnis ist. Für die Sünden der Theologie dagegen ist kein natürliches Kraut gewachsen; hier ist außernatürliche Hülfe notwendig. Wenn L[eibniz] dann doch wieder die aus dem theologischen Sündenstandpunkt sich ergebenden Lehren mit in seinen Plan aufnimmt und rechtfertigt, so geschieht es eben *im Widerspruch* mit seinem Standpunkt. Die Theologen sagten wohl auch, daß die Sünde mit im Plane lag; aber was sagen sie nicht alles? Die Sünde widerspricht Gott, sie ist gegen seinen Willen, er hat einen Schauder vor ihr; sie greift sein ganzes Nervensystem an; sie hat ihn so empört, daß ihn nichts als eine außerordentliche Handlung, nichts als das Blut seines geliebten Sohnes besänftigen konnte; wie kann man aber das in seinen Plan aufnehmen, wie das überdenken, was einem wider den Willen, wider sein Wesen geht? Die Sünde zu denken, ist selbst schon Sünde. Und wer die Sünde mit in den Plan der Weltschöpfung aufnimmt, der ist ihr wahrer Urheber, denn er ist der erste, dem die Sünde sozusagen in den Kopf kam. Die Sünde ist daher nur durch einen unbegreiflichen Teufelsspuk, deo inscio et invito [wider Gottes Wissen und Willen], in die Welt gekommen, *oder* sein Zorn und seine Versöhnung ist eine bloße Komödie. – Aber ebenso wie im allgemeinen, ist es im speziellen mit der Leibnizischen Apologie der theologischen Lehren. So wirft er dem Bayle in betreff der IVten[1] theolog. Maxime, wo es sich von der Erbsünde handelt, vor, daß er sich das ursprüngliche Verderbnis so vorstelle, als habe Gott in seinem Zorne ausdrücklich dasselbe in die Seele und den Leib gegossen[2] „par une action extraordinaire, pour le punir [durch eine ungewöhnliche Handlung, um ihn zu bestrafen]". Aber wie kann L[eibniz] dem Bayle diese Vorstellung anrechnen, als wäre sie *seine eigne*, da sie doch die echt theologische ist, und wie übersehen, daß seine Auffassung geradezu der theologischen Lehre und selbst dem theologischen Standpunkt widerspricht? Er sagt nämlich, man müsse sich dies so vorstellen, daß die verbotene Handlung durch sich selbst, in Kraft einer

[1] vierten *C*

[2] *So C. In A/B offenbar Druckfehler:* gegossene

natürlichen Konsequenz diese traurigen Folgen nach sich zog und daß sie Gott deswegen, nicht aber „par un decret purement arbitraire [durch ein willkürliches Dekret]" verbot, daß es hier gerade so war als wenn man den Kindern die Messer[1] verbietet (l. c. § 112). Nicht der Gegenstand, an den sich das Gebot Gottes anknüpfte, nicht dessen Schädlichkeit oder sonstige Beschaffenheit, nein, die Sünde *als Sünde*, die Überschreitung des Gebotes als Gebotes, die Verletzung der Gottheit als solche und der dadurch erregte göttliche Zorn stürzten den Menschen ins Verderben. Es war keine natürliche, sondern übernatürliche Handlung, ein unmittelbarer Strafakt, nur die Macht der erzürnten Gottheit, die diese ungeheuren Veränderungen hervorbrachte.[2] „Die Theo-

[1] Messen *C*

[2] *In C folgt Zusatz:* „Solches dünket", sagt Luther in seiner „Auslegung des anderen Kap. des I. Buchs Mose", „der Vernunft sehr närrisch zu sein, wie doch ein einziges Gewächs so schädlich habe sein können, daß es das ganze menschliche Geschlecht, welches sich doch unendlich mehret und erstrecket, habe verderben und verdammen können, und zwar mit dem ewigen Tode. Aber im Gewächse oder Apfel ist diese Kraft und Vermögen nicht gewesen. Es setzet wohl Adam seine Zähne an diesen Apfel; aber in der Wahrheit setzet er seine Zähne in einen Stachel, welcher war Gottes Verbot und Ungehorsam gegen Gott. Das ist die rechte und eigentliche Ursache dieses Jammers, nämlich, daß er sündigt wider Gott, verachtet sein Gebot und folget dem Teufel. Es ist zwar ein Baum gewesen des Erkenntnisses Gutes und Böses, denn gut ist er gewesen, daß er die alleredelsten und köstlichsten Früchte getragen hat; weil aber das Verbot dazu kömmt und der Mensch demselben nicht gehorsam ist, so wird er ein Baum, viel schädlicher denn aller Gift." *Hierzu in C noch als weiterer Zusatz die Fußnote Feuerbachs:* Man vergleiche über diesen Gegenstand auch Augustin, „De Civ. Dei", l. 14, c. 12, und Ernesti, „Opusc. theolog.", 1773, p. 230–33. Andere Theologen nehmen einen physischen Grund des Verbotes an. Siehe Clericus' Kommentar zur Genesis. Wieder andere suchen beide Ansichten zu vermitteln. Noch im vorigen Jahrhundert behauptete Villaume, Gott habe den Fall des Menschen nicht bloß zugelassen, sondern wirklich beschlossen; Gott habe bei der Ankündigung der Strafe simuliert, aus weiser Herablassung demjenigen, was in der Natur notwendig und unvermeidlich

logen betrachten", sagt Bayle, „den Schmerz comme un effet de la colere celeste qui punit le péché de l'homme [als eine Wirkung des himmlischen Zornes, der die Sünde des Menschen bestraft]. Sie sagen, daß weder Schmerz noch Trauer, noch sonst eine physikalische Beschwerde das Glück Adams gestört hätte, wenn er seine Unschuld erhalten hätte." („Rep. aux Quest.", chap. 155, p. 828. Desgl. chap. 79, p. 658, wo es unter anderm heißt: „Il vaut mieux dire avec le commun des Docteurs, que *les loix* de *la Nature*, qui auroient été admirablement commodes au genre humain innocent, *ont été changées* en d'autres loix incommodes, depuis la chûte de l'homme [man sagt, in Übereinstimmung mit der großen Mehrzahl der Gelehrten, besser, daß die Naturgesetze, die dem unschuldigen Menschengeschlecht in wunderbarer Weise entsprechend gewesen wären, nach dem Sündenfall in andere, beschwerliche Gesetze umgewandelt worden sind].") Schmerzen, Krankheiten, Tod sind Folge also der Sünde qua talis [als solcher]. Adam hatte denselben Körper vor dem Fall, den er nach ihm hatte, aber das war doch ein Körper ganz eigener Art, ein ganz kurioser Körper, ein Körper, der kein Bein zerbrach, und wenn man ihn vom babylonischen Turm herabgestürzt hätte, ein Körper so ganz nach Herzenswunsch, der selbst nicht sterben konnte, kurz, ein Körper, der, rundheraus gesagt, *kein* Körper war. Die scholastischen Theologen – grundehrliche, treuherzige Leute, die sich der Konsequenzen ihrer Glaubensvorstellungen nicht schämten, die nicht, wie die modernen Heuchler, vor ihrem Verstande verschwiegen und verleugneten, was ihr Herz glaubte, die nur deswegen so neugierig mit dem Verstande waren, weil sie einfältig und arglos von Herzen waren, nur deswegen so detaillierten die Gegenstände des Glaubens, weil sie ihnen

war, den Schein und Anstrich von positiven Strafen gegeben, um die Menschen desto aufmerksamer auf ihre Bestimmung und ihr künftiges Verhalten zu machen. Der anonyme Verfasser des „Versuchs einer neuen Aussicht über die Mosaische Geschichte vom Fall des ersten Menschen", Gotha 1788, erblickt darin, daß Gott den ersten Menschen ganz notwendige Folgen der Natur als Strafen vorgestellt habe, sogar ein Meisterstück der göttlichen Erziehungskunst. S[iehe] Gabler, Einleit. zum II. T. von Eichhorns „Urgeschichte".

wirkliche Dinge, so ausgemachte, sonnenklare Dinge waren, wie uns nur immer eine empirische Wahrheit ist, weil ihr Glaube ein handfester, grober, aber natürlicher Glaube war, ein Glaube, der sich von selbst verstand, nicht so ein geschraubtes, affektiertes, nervenschwaches Ding, wie es der eingebildete Glaube der modernen Welt ist –, die scholastischen Theologen, sage ich, beschäftigten sich viel mit den wunderbaren Eigenschaften dieses Körpers. So sagt z. B. der Magister Sententiarum [Meister der Denksprüche ⟨Petrus Lombardus⟩], übrigens nach dem Vorangang des heil. Augustin (s. „De[1] Civit. Dei", lib. XIV, c. 16–26), „cui contradicere", wie Albertus Magnus sagt, „impium est in his, quae tangunt fidem et mores [dem in Dingen, die den Glauben und die Sitten berühren, zu widersprechen gottlos ist]", daß, wenn die ersten Eltern nicht gesündigt hätten, „sicut alia membra corporis aliis admovemus, ut manum ori sine ardore libidinis, ita genitalibus uterentur membris sine aliquo pruritu carnis [sie die Geschlechtsorgane ohne jede Wollustempfindung des Fleisches benutzt haben würden, so wie wir, wenn wir mit den einen Gliedern des Körpers die anderen berühren, z. B. mit der Hand das Gesicht, damit nicht die Glut der Sinnlichkeit entfachen]" (s. Petri Lombardi etc., „Sentent. etc.", Basileae 1513, lib. II, distinct. 20, fol. 83)[2]. Noch spezieller aber geht Albertus Magnus in diese Materie ein (s. dessen „Summa", P. II, Quaest. 83, fol. 168, Ed. Basileae 1507)[3]. Hier kommt unter andern wunderbaren Eigenschaften von den Körpern der ersten Eltern auch diese vor, daß „sie bewahrt waren a dolore pressivo, etiamsi lapidum onera superius projecta fuissent [vor niederdrückendem Schmerz, auch wenn Steinlasten von oben auf sie herabgeworfen worden wären]." Aber alle diese Eigenschaften waren nur spezielle Ausführungen von der Grundeigenschaft des adamitischen Körpers, wie er in der Theologie vorgestellt wurde.[4] Wie daher der Körper Adams mit seinen wunder-

[1] heil. . . . „De: h. Augustin („De *C*

[2] *In C lautet die Quellenangabe:* (Petri Lombardi „Sentent.", lib. II, distinct. 20, cap. 1)

[3] *In C:* (dessen „Summa", P. II, tract. 14, quaest. 84).

[4] Aber alle . . . vorgestellt wurde. *Stattdessen C:* Ja, noch im vorigen Jahrhundert behauptete Leß, „daß im Stande der Unschuld, jene verbotene Frucht ausgenommen, nichts,

baren Eigenschaften in diesen unsern elendigen, sterblichen Körper überging – dieser Übergang, mein lieber Leibniz, ist, du magst sagen, was du willst, ein Wunder – ein Wunder des Zorns, wie die Erlösung ein Wunder der Liebe. – Leibniz möge daher jedem Philosophen zu einem warnenden Beispiel dienen, daß er nicht die theologischen Dogmen verteidigen oder gar demonstrieren wolle, wenn er nicht ein ebenso geistloses als wahrheitsloses und unfruchtbares *Spiel* treiben will.

(26) Die Theologen sahen wohl ein, daß es der Gerechtigkeit widerspricht, die Sünden der Väter an der Nachkommenschaft zu strafen. Aber sie halfen sich auch hier, wie in allen andren Materien, um den Widerspruch des Dogmas mit der Vernunft zu heben, mit einer köstlichen Finte oder, richtiger, Lüge. Sie sagten nämlich: Wir alle miteinander haben bereits in Adam gesündigt, dieser eine Adam war alle Menschen, als er sündigte, – gewiß ein sehr tiefsinniger Gedanke für alle jene trübseligen Köpfe, denen ein Gedanke um so tiefer ist, je grundloser, je unwahrer er ist. S. hierüber z. B. den Petrus Lomb. loc. cit. lib. II, dist. 30, fol. 97, und Albertus Magn. loc. cit., quaest. 197, fol. 199 und 198, wo sich A[lbertus][1] also ausdrückt: „Pro quo (peccatum ori-

kein Biß der Tiere, kein Schlag eines Körpers, die ersten Menschen verletzen und verwunden, nichts also auch in ihnen Schmerzen erregen gekonnt hätte und daß alle Passibilität des menschlichen Körpers allein vom Genuß jener giftigen Frucht entstanden wäre“ (bei Gabler a. a. O., p. 50). Selbst keine Speisen bedurfte der ursprüngliche menschliche Körper nach der Meinung angesehener christlicher Theologen (siehe Petavius, „De opificio“, l. II, c. 7). „Der Körper Adams“, heißt es bei Thomas Aquino („Summa“, p. I, quaest. 97, art. 3), aber im Sinne anderer, „verlor nichts, denn er war ein unverwüstlicher Körper, also bedurfte er auch zum Ersatz des Verlornen keine Speisen. Die Ernährung ist nicht ohne Leiden, aber der Körper Adams war ohne Leiden. Auf den Genuß von Speisen folgt die Ausscheidung des Überflüssigen, aber diese ist etwas Häßliches, was sich nicht für die Würde des Urstandes schickt. Also nahm Adam keine Speisen zu sich?“

[1] *In C lauten Quellenangabe und nachstehende Wörter:* Petrus Lomb., loc. cit., lib. II, dist. 30, c. 1–5, und Albertus M., loc. cit., tract. 17, quaest. 107, membr. 2, wo A. sich

ginale) punitur (parvulus) licet non sit suum personaliter tamen suum est naturaliter [das (die Erbsünde), wofür es (das arme kleine Kind) gestraft wird, das liegt, wie man zugeben muß, nicht in ihm persönlich, sondern nur von Natur aus]." Auch die spätern Theologen rechtfertigten aus diesem Grunde die Verdammung (s. Walch, „Philosoph. L.", Erbsünde). Ja, ich erinnere mich, es sind jedoch schon viele Jahre, selbst in der Schrift noch eines neueren Theologen eine Rechtfertigung oder wenigstens beifällige Annahme dieses Gedankens – wenn auch nicht, nisi fallor [wenn ich nicht fehlgehe], zu demselben Zwecke, den die frühern Theologen dabei hatten, nämlich zur Rechtfertigung Gottes – gelesen zu haben. Aber ist denn der gerecht, weise, vernünftig, der mir meine angeerbte Schwindsucht oder den Höcker, den ich mir selber zum Ärger auf dem Rücken herumschleppe, oder die Unarten, die ich als Wickelkind beging, als Schuld anrechnet? Nimmermehr; nur die Leidenschaft, der Zorn, die Roheit handelt so, aber nicht die Gerechtigkeit, die Sittlichkeit, die Vernunft. Aber was das Schönste von der Sache ist: Mit diesem Gedanken, der gerade die Erbsünde legitimieren will, hebt sich die Erbsünde mit allen ihren theologischen Konsequenzen auf. Wenn wir in Adam gesündigt haben, so sind wir auch schon in Adam für unsre Sünden – wenigstens für das peccatum originale oder originans [die ursprüngliche oder fortzeugende Sünde], wie es Albertus nennt, welches aber die Hauptsache, die Mutter aller Sünden ist – gestraft worden. Wenn Adam im ersten Teil des Trauerspiels der Repräsentant der Menschheit ist, warum soll er es denn nicht im zweiten Teil sein? Wenn uns seine Sünden zum Nachteil gereichen, warum sollen uns denn nicht seine Leiden, seine Strafen zugute kommen? Adams Sünde war die Ursünde, die Sünde der Menschheit, nicht [die] einer Person; im Namen aller hat er gesündigt; richtig, aber dann hat er auch im Namen aller die Sünde gebüßt; seine Strafe war die Urstrafe, sein Tod der Urtod, der *erste*, der schrecklichste Tod, der schrecklichste nicht nur, weil er der erste war, ein noch unerhörtes Ereignis, sondern auch, weil er ihn als Strafe empfand, weil er wußte, daß er nicht hätte sterben können. Wenn nur ein Funke von Liebe noch in Gott war, so mußte ihn daher *dieser* Tod, dieser Tod ohnegleichen, rühren und mit der Menschheit versöhnen, denn es war ein Tod von *allgemeiner* Bedeutung – so ist also Adam schon unser Christus.

(27) Daß aber, ebenso wie hier die heidnischen, auch die christlichen Theologen räsonnierten, davon hier nur ein paar Beispiele. P. Nicolle, ein Freund und Geistesverwandter Pascals – Bayle hat ihm in seinem „Dict."[1] einen kurzen Artikel gewidmet –, sagt z. B.: „Qu'y a t'il de plus dur *en apparence* (?) que la condamnation d'enfans pour le crime d'un seul homme auquel ils n'ont point de part par leur propre volonté? . . . C'est par la *verité des dogmes* qu'il faut juger, s'ils sont cruels, et non par ces vaines idées d'une prétenduë cruauté qu'il faut juger de leur verité. *Tout ce que Dieu fait* ne sauroit être cruel, puis qu'il est la souveraine justice. C'est donc a quoi nous devons borner toutes nos recherches et non pas pretendre juger, s'il a fait ou n'a pas fait quelquë chose par *les foibles idées* que nous avons de la justice et de la cruauté. [Gibt es etwas dem Anschein nach (?) Härteres als die Verurteilung von Kindern für das Vergehen eines einzigen Menschen, woran sie doch nicht durch ihren eigenen Willen teilhaben? . . . Man muß nach der Wahrheit der Dogmen darüber urteilen, ob sie grausam sind, nicht nach eitlen Begriffen von angeblicher Grausamkeit darüber, ob sie wahr sind. Nichts, was Gott tut, kann grausam sein, denn Gott ist die höchste Gerechtigkeit. Darauf allein müssen wir alle unsere Überlegungen beschränken, wir dürfen uns nicht anmaßen, darüber, wie er etwas getan oder unterlassen hat, nach unseren schwachen Begriffen von Gerechtigkeit und Grausamkeit urteilen zu wollen.]" (B[ayle], „Rep. aux Quest.", p. 874, 875). Charmant! Alles, was Gott *tut*, und wäre es auch das Ungerechteste, ist gerecht, weil er die höchste Gerechtigkeit ist – die *höchste*, d. h. die, wo die Begriffe der Gerechtigkeit, diese foibles idées, ausgehen, wo die Unterschiede von Recht und Unrecht sich aufheben. Andere Theologen sagten denn auch geradezu heraus, daß in Beziehung auf Gott nichts ungerecht oder moralisch schlecht ist, daß er nicht sündigen kann, er mag tun, was er will, weil er keinem Gesetze untertan ist (Leibniz, „Theod.", P. II, § 176, 178). Die Kal-

[1] „Dictionnaire" *C*

vinisten nahmen selbst keinen Anstand, zu behaupten, daß Gott zwar die Sünde öffentlich (nach seinem geoffenbarten Willen) mißbillige und verböte[1], aber im geheimen billige („Rep. aux Q.“, p. 842. N. p.).[2] Wahrlich, man kann auch von den Christen sagen, was man von den Heiden sagte, daß sie besser waren als ihre Götter, daß sie die Vernunft nur vor Handlungen bewahrte, zu welchen sie ihr religiöser Glaube, das Vorbild ihres Gottes vollkommen berechtigte. Leere, schale Ausflucht ist es, zu behaupten, daß der Mensch an die Gebote Gottes, nicht an seine Handlungen, die sich nur auf Gott und ganz besondere Fälle bezögen, gebunden sei. Ein Lehrer, der durch seine Handlungen den Lehren und Geboten widerspricht, die er seinen Schülern gibt, ist ein schlechtes Vorbild. Die Handlungen wirken bekanntlich mächtiger auf den sinnlichen Menschen als die Lehren (s. Augustin, „De Civit. Dei“, l. II, c. VII). Ebenso wie mit den Handlungen Gottes ist es mit den Handlungen der Heiligen, welche den Christen für Muster der Frömmigkeit galten. Zugegeben auch, daß wir nicht z. B. die Handlung eines Abraham nachahmen werden, auch nicht nachahmen dürfen, weil und wenn wir kein ausdrückliches Gebot dazu von Gott haben, so hebt doch schon das Exempel an und für sich selbst alle ethischen Begriffe und Gründe auf, entsittlicht im Innersten das Gemüt, indem es den Gehorsam gegen einen

[1] verbiete *C*

[2] *In C folgt Zusatz:* Gregor von Rimini und einige andere scholastische Theologen sagten sogar, daß Gott lügen oder trügen, d. h. anderes, als er denkt und beschlossen hat, den Menschen anzeigen könne, gleichwie er z. B. zu den Einwohnern von Ninive durch den Propheten Jona ohne Bedingung sagte: „Es sind noch vierzig Tage, so wird Ninive untergehen.“ Pariser Theologen machten daher dem Cartesius, welcher die Untrüglichkeit Gottes als das Prinzip der Gewißheit aufstellte, den Einwurf: „Wenn Gott den Pharao verblendete und verhärtete, den Propheten den Geist der Lüge eingab, woher weißt du, daß wir von ihm nicht getäuscht werden können? Kann es Gott nicht ebenso mit uns machen wie ein Arzt mit seinen Patienten und ein Vater mit seinen Kindern, welche sie beide so oft, und zwar mit Weisheit und Nutzen, hintergehen?“ („Secundae objectiones“ u. Bayle, „Dictionn.“, art. Gregor de Rimini).

gebieterischen Willen schlechtweg, abgesehen von dem Inhalt des Gebotenen, welcher doch allein einen Gehorsam zu einem sittlichen, pflichtmäßigen macht, als Muster aufstellt. „Cum autem Deus jubet, seque jubere sine ullis ambagibus intimat, quis obedientiam in crimen vocet? quis obsequium pietatis accuset? Sed non ideo sine scelere facit, quisquis deo immolare filium decreverit, quia hoc Abraham etiam *laudabiliter* fecit. [Wenn aber Gott befiehlt, und er traut sich zu, ohne irgendwelche Umschweife zu befehlen, wer will dann den Gehorsam ein Verbrechen nennen? Wer will die Hingabe an die Frömmigkeit anklagen? Nicht gleichermaßen ohne Frevel handelt dagegen derjenige, der von sich aus beschließt, Gott seinen Sohn zu opfern, nur weil dies Abraham auch, und zwar er in lobenswerter Weise, getan hat.]" (August. l. c., lib. I, c. 26. Vergl. auch lib. XVI, c. 32). Ei, warum denn nicht? Wenn Abraham ohne Verbrechen seinen Sohn schlachtete oder – es ist eins – zu schlachten beschloß, weil es ihm der Herr befahl, so ist es kein Verbrechen *an sich selbst*, seinen Sohn zu schlachten, sondern nur, weil oder vielmehr wenn es der Herr nicht befohlen, so ist es wenigstens kein materielles, sondern nur formelles Verbrechen, so hebt sich aller *objektive* Unterschied zwischen Recht und Unrecht auf. Übrigens sind alle diese Exempel nur einzelne, empirische Erscheinungen von dem Grundübel des Positivismus; denn da, wo die Ethik auf eine äußere, positive Offenbarung gestützt wird, ist die Basis der Ethik von vornherein aufgehoben, das innere Kriterium verschwunden; wahr und recht ist, was in der Bibel geschrieben steht. Alle möglichen Unsinnigkeiten und Abscheulichkeiten hat man daher aus der Bibel begründet und gerechtfertigt, und zwar nicht infolge des Mangels an exegetischen Kunstgriffen und Sophismen, sondern infolge der Natur der Sache. Wer einer äußern Autorität die[1] Stimme der Vernunft und des Gewissens aufopfert, der hat sich dem absoluten Zufall preisgegeben, sich selbst allen Rechtssinn, allen Tugendgeschmack und praktischen Verstand abgesprochen und wirklich genommen, sich zu einer moralischen tabula rasa [leeren Tafel] gemacht, die ohne Unterschied alles, was man nur immer auf sie schreibt, aufnimmt. Mag die Bibel immerhin noch so vieles

[1] *In C Druckfehler*: der

Vortreffliche enthalten, als unbedingte Autorität, als ausschließliche Offenbarungsquelle ist sie die Quelle des tiefsten Verderbnisses, ein ebenso unsittliches als unvernünftiges Prinzip und der Grund einer Idolatrie, die von einem höhern Standpunkt aus ebenso unsinnig ist als der Reliquienkultus im Katholizismus.

(28) Die hier gegebnen Beispiele sind besonders deswegen wichtig, weil sie so recht die innern Schranken und die Widersprüche der Theologie offenbaren. Erst macht nämlich die Theologie Gott zu einem Wesen, das sich durchaus nicht von irgendeinem andern patikulären, endlichen Wesen unterscheidet – zu einem Wesen mit Absichten, Planen, Gründen, Ratschlägen, persönlichen Interessen und Leidenschaften; aber gleich darauf leugnet sie wieder, was sie zuerst ausgesagt, und versteckt sich hinter die Unerforschlichkeit, hinter die absolute Unvergleichlichkeit und Unbestimmbarkeit Gottes. Allein sie erhebt sich nur in die Höhe, um dann sogleich wieder nur um so tiefer zu fallen; sie verkennt ihre Schranken, ihr non plus ultra; indem sie sich daher über die Schranken der Endlichkeit erheben will, setzt sie sich auch über die *Gesetze* der Vernunft hinweg und stürzt so in den Abgrund der bodenlosesten Willkür und Ungebundenheit. „Dieu ne peut avoir eu", sagt Jurieu – um nur noch eine höchst interessante Stelle zu geben –, „dans ses actions, dans ses Decrets et dans sa Providence d'autre fin que *sa propre gloire*, d'où il s'ensuit que toutes les dispositions de la divine Providence sont justes, sages et raisonnables, quelques dures qu'elles paroissent au sens de la chair et opposées aux interêts des creatures. 2) Il n'y a dans l'homme, ni dans les choses humaines rien de semblable à ce qui est en Dieu; les noms d'Etre, de Substance, de Substance qui pense, de Volonté, d'Intelligence, de Liberté, de Droit, de Justice et tous autres semblables sont tous noms équivoques qui ne signifient pas en Dieu ce qu'ils signifient dans l'homme: qu'ainsi c'est en vain que l'on compare et la conduite et les droits de Dieu à l'égard de l'homme à ceux des hommes avec les autres hommes, et tous les argumens qu'on en tire sont des sophismes, n'ayant pas d'autre appui que des comparaisons entre des choses qui ne sont nullement comparables, c'est Dieu et la créature et les droits de Dieu et ceux de l'homme.

3) Mais ce qui va *décider* de tout, c'est le *souverain droit* de Dieu sur les créatures: cette *puissance sans bornes* doit imposer silence à l'homme sur tout ce qui le chagrine ou qui incommode sa raison dans la conduite de la providence. [Gott kann, sagt Jurieu ⟨usw. . . .⟩, bei seinen Taten und Ratschlüssen und in seiner Vorsehung keinen anderen Zweck gehabt haben als seinen eigenen Ruhm, woraus folgt, daß alle Maßregeln der göttlichen Vorsehung gerecht, weise und vernünftig sind, mögen sie dem Fleisch und dessen Sinnen auch noch so hart und den Interessen der Kreaturen entgegenstehend erscheinen. 2) Es gibt im Menschen und in den menschlichen Angelegenheiten nichts, das dem ähnlich wäre, was in Gott ist. Die Bezeichnungen ,Sein', ,Wesen', ,denkendes Wesen', ,Wille', ,Intelligenz' ,Freiheit', ,Recht', ,Gerechtigkeit' und andere ihnen ähnliche sind alle zweideutig und bedeuten für Gott nicht, was sie für den Menschen bedeuten; deshalb ist es nichtig, daß man Gottes Verhalten und seine Rechte dem Menschen gegenüber mit den Rechten der Menschen ihren Mitmenschen gegenüber vergleichen will; alle Schlußfolgerungen daraus sind Sophismen, die keine andere Stütze haben als Vergleiche zwischen Dingen, die sich durchaus nicht vergleichen lassen, wie z. B. Gott und die Kreatur oder die Rechte Gottes und die menschlichen Rechte. 3) Das aber, was alles entscheidet, ist das absolute Recht Gottes über seine Geschöpfe; diese Macht ohne Grenzen muß dem Menschen Schweigen auferlegen über alles im Verhalten der Vorsehung, das ihn bedrückt und seine Vernunft in Verlegenheit setzt.]" („Vie de Mr. Bayle". Des-Maizeaux, p. 105, „Dict.", Ed. 1740). Köstlich! *Dieselben* Eigenschaften, welche dem Menschen zukommen, kommen auch Gott zu, aber in einem ganz andern Sinn (z. B. die Gerechtigkeit im Sinne der Ungerechtigkeit, der despotischen, gesetzlosen Allgewalt), d. h. also: „Es ist ganz ebenso, nur ganz anders." Wer aber Prädikate in einem andern Sinne als in ihrem eignen, gesetzmäßigen Sinn nimmt, wer, wie Augustin,[1] von einem Zorn Gottes spricht, aber zugleich hinzusetzt: Gott zürnt, aber ohne Wallung, ohne menschlichen Affekt, der lügt und betrügt. Nun beruht aber die Theologie auf lauter solchen Vorstellungen und Prädikaten. Das mendacium [die Lüge], die

[1] ,wie Augustin,: z. B. *C*

pia fraus [der fromme Betrug][1] ist daher die Basis der Theologie, und die Extreme des niedrigsten Anthropomorphismus einerseits und des Nihilismus der Begriffslosigkeit andrerseits sind die Gegensätze, zwischen welchen die Theologie von jeher hin und her geschwankt ist[2]. – Die Denkart, welche der köstlichen, oben allegierten[3] Stelle von Th. Beza zugrunde liegt, kann man keineswegs etwa auf Rechnung ihrer Zeit setzen; diese Stelle ist nichts andres als ein naives Selbstgeständnis, ein ehrlicher, natürlicher Ausdruck der theologischen Denkart überhaupt, welcher zufolge Gott ein partikuläres Agens[4] ist, notwendig also auch partikuläre Motive, höchst weise oder schlau berechnete Plane, besondere Absichten und dergleichen empirisches Zeug im Kopfe hat. Denn welche reine[n], welche himmlische[n] Ideen treffen wir in einem Zeitgenossen Calvins und Bedas, in dem italienischen Philosophen G. Bruno an! Wenn der Gott der Theologen, als ein gewisses Wesen, sich bei der Schöpfung der Welt *gewisse* Zwecke vorsetzt, so heißt es dagegen bei Bruno: „Non fa (nämlich Giove) le cose a modo de gli

[1] *Hierzu in C als Zusatz folgende Fußnote Feuerbachs:* Ad vocem: pia fraus [zum Ausdruck „frommer Betrug"], aber nicht in dem Sinne, in welchem hier das Wort „frommer Betrug" genommen wird, sondern im eigentlichen Sinne, in dem Sinne, in welchem es schon früher hieß: „Selbst Entstellungen, Verfälschungen waren zu allen Zeiten dem Religionseifer geläufige Dinge". „Il n'est pas édifiant", sagt Bayle (in seinen „Nouvelles" in betreff der „Nouv. biblioth. des auteurs eccles." von du Pin, p. 575), „que tout le monde soit instruit que les chrétiens ont fourré dans l'histoire de Joseph un témoignage glorieux à notre seigneur et qu'ils se soient servis de tant des fraudes pieuses [es ist nicht erbaulich, daß alle Welt erfahren hat, daß die Christen in die Geschichte des Josephus ein für unseren Heiland glorreiches Zeugnis eingeflochten und sich überhaupt so manchen frommen Betrugs bedient haben]." Siehe hierüber auch Lessing, Sämtliche Schriften, Berlin 1791, 6. T., S. 223/24. Mit Recht bemerkt daher schon Spittler („Grundriß der Gesch. der christl. Kirche", Wien 1790, II. T., S. 170), daß „menschliche Leidenschaften fast nirgends so sichtbar mit(?)spielen als in der Kirchengeschichte".

[2] hat *C*

[3] angeführten *C*

[4] Wesen *C*

particolari efficienti ad una ad una con molte attioni ... fa con un' atto semplice et singolare [nicht wirkt er (nämlich Jupiter) die Ereignisse nach der Weise der einzelnen und besonderen Ursachen eins nach dem anderen mittels vieler Einzeltätigkeiten ... er bestimmt durch einen einfachen und einzigen Willensakt]" („Spaccio de la bestia trionfante", Dialogo I, p. 67, in der alten Originalausgabe). Wenn der theologische Gott nur selbstsüchtige Zwecke verfolgt, so erklärt es dagegen der Philosoph für Torheit, zu glauben, daß die Götter *für sich*, zu ihrem Besten und nicht vielmehr zum Besten der Menschheit Verehrung, Liebe und Furcht fordern. „Die Götter bekümmern sich nicht darum, worum die Menschen sich kümmern, sie werden nicht bewegt durch das, was nur für sie getan und gesprochen wird, denn da sie keine Passionen[1] haben, so haben sie kein passives[2], sondern nur *aktives* Vergnügen und Mißvergnügen. Sie haben die Gesetze gegeben, nicht um Ruhm von den Menschen zu empfangen, sondern um ihre Glorie den Sterblichen mitzuteilen." Wenn daher der theologische Gott sein entsprechendes Bild, seinen terminus technicus[3] nur an dem menschlichen Egoismus findet, so findet dagegen der Philosoph nur in der von sich selbst nichts wissenden Tugend der Einfalt und Einfachheit (semplicità) ein Bild der Gottheit (in demselben Buche). So erhebt nur die Philosophie über den Götzendienst des Anthropomorphismus. Wären mit dem Christentum alle philosophischen Reminiszenzen verschwunden gewesen, so würden die Christen in den größten Götzendienst gleich von Anfang an versunken sein. Tertullian gibt seinem Gotte selbst einen Leib. Der Begriff Gottes als eines universalen Wesens, im Unterschied von einem partikulären, endlichen Wesen, ist ein rein philosophischer Begriff. Religion *ohne alle Philosophie* ist Götzendienst – so verschieden auch die Art dieses Götzendienstes sein mag.

(29) „Notre Roi François I. protesta un jour hautement en présence d'une grande multitude de personnes de la premiere qualité, qu'il avoit tant d'horreur de la nouvelle Religion, *qu'il sacrifieroit même ses propres enfans à Dieu*, s'il savoit

[1] Leidenschaften *C*
[2] leidendes
[3] bezeichnenden Ausdruck *C*

qu'ils fussent infectez de cette peste [unser König Franz I. beteuerte eines Tages laut in Gegenwart einer großen Menge von Standespersonen, er hege vor der neuen Religion so viel Abscheu, daß er sogar seine eigenen Kinder Gott opfern würde, wenn er wüßte, daß sie von dieser Pest angesteckt seien]." Noch schöner: „J'ai ouï dire que les grands Seigneurs de notre Religion, qui l'ont abjurée, ont fait ôter du tombeau de leur famille les corps de leurs Ancêtres qui étoient morts Huguenots. ... Depuis peu on a fait connoître à Rome, qu'on *n'approuve pas* qu'un Converti conserve quelque *affection naturelle ni pour sa patrie, ni pour ses parens Hérétiques:* car on n'a point voulu permettre que la Reine Christine fit des réjouïssances pour la naissance du fils du Roi de Suede. [Ich habe sagen hören, daß adlige Herren, die unserer Religion ursprünglich angehört, ihr dann aber abgeschworen hatten, aus ihren Familiengrüften die Leichen ihrer Vorfahren, die als Hugenotten gestorben waren, haben entfernen lassen ... Vor kurzem hat man in Rom bekanntgemacht, man billige nicht, daß ein Bekehrter so etwas wie natürliche Liebe zu seinem Vaterland oder zu seinen Eltern bewahre, falls diese ketzerisch sind; denn man hat nicht erlauben wollen, daß Königin Christine aus Anlaß der Geburt des Sohnes des Königs von Schweden ein Fest gab.]" Die Freigeister hatten daher vollkommen recht, zu sagen, daß die Religion, die uns gegeben sein sollte, um unsre Leidenschaften zu zügeln, „ne sert qu'à ruïner *le peu de bon sens* que nous avions reçû de la nature [nur dazu dient, das Wenige an Vernunft, das wir von der Natur mitbekommen haben, zugrunde zu richten]" (Bayle, „Critiq. génér.", p. 110).[1] Aber alle dergleichen Erscheinungen sind

[1] *In C folgt Zusatz:* „Le Cardinal Baronius ... a justifié hautement la parricide d'Irene. Quels ravages ne font pas dans un esprit les préjugés de religion. Ils en chassent tellement les idées naturelles de l'équité, qu'on devient incapable de discerner les bonnes actions d'avec les mauvaises. Tout est bon pourvû qu'il favorise ces préjugés, autrement tout est injuste. [Der Kardinal Baronius ... hat mit lauter Stimme den von Irene begangenen Vatermord gerechtfertigt. Welche Verwüstungen richten doch die Vorurteile der Religion im Verstande an! Sie vertreiben in solchem Maße die natürlichen Begriffe von Rechtlichkeit, daß man unfähig wird, gute und schlechte Taten zu unter-

nur notwendige, charakteristische Erscheinungen von der Religion als einem *partikulären* Prinzip, von *der* Religion, die sich über die Gesetze der Vernunft und Ethik erhaben dünkt.

(30) Stellen der Alten über die Güte Gottes, die Bayle hier in seinem letzten Argument gegen christliche Theologen von heidnischen Philosophen vertreten läßt, hat B[ayle] in seinem „Dict.", Art. Jupiter, Rem. H u. I, und Art. Perikles, Rem. K, gesammelt. Interessant ist besonders eine Stelle aus Strabo, die Bayle bei dieser Gelegenheit anführt. Sie lautet in der lateinischen Übersetzung also: „Bene quidem dictum est, homines maxime Deum imitari, cum *beneficia conferunt;* rectius autem diceretur, cum *feliciter vivunt* (*ἐνδαιμονῶσι*), id autem fit *gaudendo, dies festos agitando, philosophando, musicam tractando* [es ist nämlich gesagt worden, die Menschen ahmten am besten Gott nach, wenn sie Wohltaten spenden; aber richtiger müßte gesagt werden, wenn sie glücklich leben ⟨griech. dasselbe⟩, was aber dadurch geschieht, daß sie lustig sind, Freudentage begehen, philosophieren und musizieren]." Verwandt hie[r]mit[1], wenigstens durch Schlüsse auf den nämlichen Gedanken reduzierbar, ist Senecas Äußerung („De ira", l. II, § 6): „*Gaudere laetarique* proprium et naturale virtutis est [sich vergnügen und fröhlich sein ist der Tugend eigentümlich und natürlich]." Ähnliche Gedanken finden sich auch in Leibniz, besonders in seiner Beurteilung der Werke des Grafen Shaftesbury. Wahre Religion ist reine Lebensfreude, aber zu den größten Freuden gehört der Genuß der Tätigkeit des Denkens. Die Weisheit, den richtigen Takt, den die Alten überall beobachteten, bewiesen sie daher auch in ihrem Begriffe von der Gottheit. Es gibt freilich eine Güte, von der das italienische Sprüchwort gilt: „Tanto buon che val niente [so gut, daß er nichts wert ist]." „Adeo bonus", wie es Bacon übersetzt, „ut ad nihil bonus [so gut, daß er zu nichts gut ist]." Aber die alten Weisen kannten nur eine der Vernunft konforme[2], tüchtige Güte. Lächerlich ist

scheiden. Alles ist gut, wenn es nur diese Vorurteile begünstigt, andernfalls ist alles unrecht.]" (Bayle, „Nouv. de la Républ. des lett.", p. 356).

[1] *So ergänzt auch C.*

[2] gemäße *C*

es, wenn präokkupierte Spekulanten die Pöbelvorstellung von einem Zorne Gottes mit der hier nichtssagenden Formel der Negativität als eine tiefe Vorstellung rechtfertigen wollen, lächerlich gar, wenn man solche von den Hefen der sinnlichen Persönlichkeit abgezogene[n] Prädikate unter dem Vorwande, daß man sonst Gott zu *abstrakt* sich denke, in Schutz nimmt. Wenn man die Vorstellung des Konkreten in der Bestimmung dessen, was wahr und göttlich ist, zum Maßstab nimmt, so ist ein zorniger Gott noch immer kein genug konkreter Gott, wenn er nicht auch ein fleischlicher Gott ist. Und selbst das Fleisch als solches ist noch zu nackt, zu abstrakt, zu entlegen unsrer gewöhnlichen Anschauung, wenn nicht Gott auch nach unsrer Weise Kleider trägt. Nichts hat mehr die Köpfe verrückt und den wahrhaft wissenschaftlichen Geist ertötet als die Verwerfung des Abstrakten. Ewig ist, war und wird sein die Philosophie, die Wissenschaft überhaupt abstrakt. Wollt ihr konkrete Wahrheiten und Vorstellungen, so geht in Ballette, Opern, Gemäldegalerien, aber laßt die Philosophie! Verlangt nicht vom Geiste, nicht von Gott, was euch das Leben gibt oder geben soll! „Deus nihil habet . . . Deus nudus est [Gott hat nichts . . . Gott ist nackt]" (Senec., „Ep." 31), also sind Glücksgüter keine wahren, seligmachenden Güter, oder sie können nicht Gott fehlen. So schließt Seneca. Aber dem sinnlichen gemeinen Heiden war ein solcher Gott gewiß auch nicht konkret und positiv genug. Wer das Konkrete zum Maßstab anlegt, macht das menschliche Bedürfnis, welches nach Zeiten, Völkern und Individuen, nach Alter und Geschlecht verschieden ist, zum Prinzip des Wahren. Diesem Prinzipe zufolge hat eine Nonne, die Gott als ihren förmlichen Bräutigam betrachtet und liebt, vollkommen recht. Ein Gott, der ihr ungestilltes Bedürfnis sinnlicher Liebe nicht befriedigt, ist für sie ein trostloser, ein abstrakter, negativer[1] bloßer Vernunftgott. Auch ein hohes Kunstwerk ist für jeden, der keinen oder einen ganz gemeinen Kunstsinn hat, ein abstraktes Werk. Abstrakt ist alles, was wir nicht verstehen und mögen. Aber andererseits ist es ein ebenso lächerlicher Pedantismus, wenn man jeden genialen Ausdruck, jedes auch noch so charakteristische und durchdachte Bild, jede freie Bewegung, kurz, jede

[1] „abstrakter, negativer" *C*

Regung von Geist und Leben mit dem Vorwurf der Unwissenschaftlichkeit stempelt, Wissenschaft nur da wittert, wo ein gewisser burschikoser Ton, ein gewisses steifes Zeremoniell beobachtet wird.

(31) Unter dem *generellen* Zweifel des Cartesius wird hier keineswegs *der* Zweifel verstanden, mit welchem C[artesius] seine „Meditationen" beginnt und welchen C. selbst einen hyperbolischen Zweifel, eine lächerliche Fiktion nennt, – ein Zweifel, der allerdings auch eine Wahrheit ist, wenn man die Bedeutung ins Auge faßt, die er bei C[artesius] hat, nämlich die, daß er nichts andres ausdrückt als die *Unterscheidung* des Geistes von allem, was *nicht* zum Begriffe des Geistes gehört. Unter dem generellen Zweifel des Cartesius, sage ich, wird hier verstanden der Zweifel, der in den *deutlichen* und *klaren* Begriffen im Unterschiede von den undeutlichen und unklaren und ebendeswegen *bezweifelbaren* Begriffen oder Vorstellungen enthalten ist. Wer deutliche und klare Begriffe sich zum Zwecke setzt, der macht den Zweifel zu einem notwendigen Mittel. Die Philosophie des C. beruht auf klaren und deutlichen Begriffen, also beruht sie auf dem Zweifel. Klare und deutliche Begriffe zu erwerben, ist unmöglich *ohne Skepsis, ohne Kritik.* C. hat der Philosophie ein der *Idee* nach *wahres* Fundament gegeben, weil er sie auf Kritik gegründet. Nur die *kritisch-genetische* Philosophie ist die wahre Philosophie. Eine unkritische Philosophie ist keine Philosophie, so kommod und gemütlich sie auch ist. Kant, Fichte, Hegel, dessen „Logik" ungeachtet des mystischen Bildes, das er in der Vorrede gebraucht, das reinste Produkt seines freien philosophischen Geistes ist, waren auf dem richtigen Wege. Der Schellingsche Absolutismus aber, namentlich der spätern Schriften, war, trotz seiner Naturblicke, der Abfall der Philosophie von ihrer Idee. Die Hegelsche Philosophie ist die restitutio in integrum [Wiedereinsetzung in den vorigen Stand] der Philosophie aus ihrem Abfall *innerhalb* der Periode ihres Abfalls. Das Große, das echt Philosophische an der „Logik" Hegels ist gerade das, was ihr die meisten Gegner zugezogen, nämlich das, daß er frei von der Grundlage eines Subjektes, namentlich der eines absoluten[1], *an und für sich*

[1] *In A/B und C sinnentstellende Großschreibung.*

die Formen der Metaphysik und Logik untersucht hat. Aber, abgesehen von einigen[1] partikulären historischen Indiosynkrasien und Antipathien, die störenden Einfluß auf H[egel] ausübten, er war doch auch angehaucht von dem Geiste, der den Verfall der Philosophie und mit ihr die Wiederkunft alles alten Aberglaubens, sowohl in theoretischer als praktischer Beziehung, kurz, die ganze Barbarei der Jetztwelt über uns gebracht hat. Was man heutiges Tages spekulative Philosophie nennt, ist größtenteils das unsauberste, unkritischste Ding von der Welt. Es gibt nur *ein* Fundament, *ein* Gesetz der Philosophie; es heißt *Freiheit des Geistes* und *Freiheit der Gesinnung*. Systeme sind uns nicht nötig, aber Recherchen, aber freie, kritisch-genetische Untersuchungen tun uns not. Statt über die Trinität, über die Inkarnation zu spekulieren oder gar die Dogmen der Kirche, in der ihr erzogen und geboren seid, als die einzig wahren und vernünftigen zu demonstrieren, untersucht vielmehr das Wesen der Religion, ihre differentia specifica und den Ursprung ihrer Lehren, aber nicht nur den historischen, wie der Rationalismus, der ebendeswegen einseitig ist, sondern den geistigen, inneren Ursprung. Nur das interessiert den Philosophen, nur das bringt uns von der Stelle. Die Cartesische Philosophie gab also der Philosophie ein wahres Fundament, insofern, als sie sich auf den Akt der Kritik, auf den Akt des klaren, deutlichen, selbstbewußten Denkens stützte. Sie verwarf daher vor allem auch die dunkeln, nichtssagenden Qualitäten und substantiellen Akzidenzen der Scholastiker. Aber ebendadurch vernichtete sie auch die Basis von dem Dogma der Transsubstantiation, welches, obgleich Cart[esius] selbst eine mit seiner Philosophie übereinstimmende Erklärung davon zu geben versuchte, nur möglich und denkbar ist unter der Voraussetzung von selbständigen, von ihren Subjekten abtrennbaren Akzidenzen[2]. Überhaupt ist der

[1] *Fehlt in C.*

[2] *Hierzu in C als Zusatz folgende Fußnote Feuerbachs:* „Mentem adsuefacere", sagt sehr richtig der Verfasser der „Reise durch die Cartesische Welt" in s. „Nova edifficult.", 1694, p. 73, „ut pro vero, pro evidenti habeat, pro claris ideis id quod mysteria nostra destruit et unde necessario sequitur contrarium ejus, quod credimus, est insensibiliter eam ad amittendam fidem disponere [den Geist daran

Geist des Cartesius, als ein kritischer, ein dem Geiste des Katholizismus radicitus entgegengesetzter Geist. Wer den Zunder des Zweifels anzündet, der gibt die Ursache zu einem allgemeinen Brande, wenn er auch gleich zunächst das Feuer nur an *bestimmte* Gegenstände bringt und bringen will. Die Unterwürfigkeit des Glaubens und die Selbständigkeit des Zweifels können nicht unter einem Dache beisammen wohnen. Der unglücklichste, wahrheitsloseste Einfall war der Gedanke von Huet und la Mothe le Vayer, die Frömmigkeit mit dem Skeptizismus verbinden zu wollen. Die Zweifel im Plural kann man freilich willkürlich einhalten und beschränken, aber nicht das Prinzip, den Geist des Zweifelns. *Die Zeiten des Glaubens waren stets auch die Zeiten des Aberglaubens.* Ein Mensch, der einmal seine Vernunft der Autorität des Glaubens aufopfert, wird sich auch selbst in Dingen, die ihm freigegeben sind, wo nicht die religiöse Autorität mit ins Spiel kommt, gläubig, unkritisch verhalten. Wer einmal solche mirakulöse[n] Dinge glaubt, wie die Kirche zu glauben befahl, für den ist kein Ding, auch das an sich undenkbarste, grundloseste, albernste, mehr *unmöglich*. Die Zeiten, wo es selbst Hunde von solcher exemplarischen Frömmigkeit gab, daß sie der Messe andächtig beiwohnten, die Fastentage mit der größten Gewissenhaftigkeit sich alles Fleisches enthielten und andre, profane Hunde, welche die Mauern der Kirche anpißten, mit wahrem Feuereifer wegbissen, wie es dergleichen Hunde anno 897 in einem deutschen Kloster gab (B[ayle]. „Republ. des Lettres", p. 639), diese Zeiten waren die Zeiten des wahren, ungeteilten und ungeheuchelten Glaubens. Die Kirchenväter waren ebenso gläubige als abergläubische Köpfe. Alles mögliche tolle Zeug rechtfertigt Augustin in seiner „Civitas Dei" aus dem Prädikat der Allmacht. „Non ob aliud vocatur omnipotens, nisi quoniam *quidquid vult* potest [aus keinem anderen Grunde wird er allmächtig genannt als deswegen, weil er alles kann, was er will]" (lb.[1] 21, c. 7, c. 8), alles, was er will, d. h. alles, was du

gewöhnen, daß er für wahr und augenscheinlich, für klare Ideen dasjenige hält, was unsere Mysterien umstößt und woraus notwendigerweise das Gegenteil dessen folgt, was wir glauben, das heißt ihn unmerklich darauf einstellen, daß der Glaube aufzugeben ist]." Vergl. hierüber auch Huetius, „Censura philos. Cart.", c. 5, § 2, c. 8, § 8.

[1] ib. *C*

dir nur immer träumen kannst lassen, ist möglich. Nicht die Zeit, der ihr alles aufbürdet, was in der Natur der Sache liegt, war schuld an diesem Aberglauben, sondern der Glaube. Wo einmal das nackte Faktum über den Begriff, über die Vernunft, über das Gesetz der Erfahrung den Sieg davonträgt, wie dies im Christentum mit den mirakulösen Tatsachen des Glaubens der Fall war, da ist allem Aberglauben Tür und Tor geöffnet. Die Christen mußten sich daher auch, wie Augustin in seiner „Civitas", die Mirakelgeschichten des Heidentums gefallen lassen, konnten sie nicht ableugnen, weil sie sonst auch ihren eignen Mirakeln die Glaubwürdigkeit abgesprochen hätten. Wenn man daher dem [D.F.] Strauß vorgeworfen, daß durch seine Methode die Geschichte überhaupt ungewiß gemacht werde – was sie denn auch leider auch[1] ohne Straußens Methode längst schon ist –, so kann man umgekehrt und mit weit größerem Rechte den Mirakelgläubigen diese Konsequenz entgegenhalten: Wenn eure Mirakel glaublich und wahr sind, so will ich euch historisch nachweisen, daß auch die albernsten Mirakel, die erwiesen unmöglichsten Dinge, wie die Entstehung der Pflanze aus ihrer Asche, zu glauben sind, weil auch sie durch historische, glaubwürdige Zeugnisse bestätigt werden, kurz, daß, wenn eure Prinzipien wahr sind, nichts wahr ist, sich aller Unterschied zwischen Vernunft und Unvernunft, Möglichkeit und Unmöglichkeit, Faktum und Einbildung, Geschichte und Märchen aufhebt. Wenn ihr's wollt und verlangt, ich will euch die Beweise nicht schuldig bleiben. Und wenn es nicht freiwillig von mir geschieht, so geschieht es nur, weil ich meine Zeit an bessre Dinge verwenden will als an die Widerlegung eures Unverstandes. Aber wie im Katholizismus war es auch im Protestantismus. Unsere Reformatoren waren bekanntlich[2] abergläubische Menschen. Auch ihr Aberglaube kommt nicht auf Rechnung ihrer Zeit. Aus der oben angeführten Äußerung Luthers z. B. geht hervor, daß schon zu seiner Zeit es Ärzte gab, welche die Narrheit und Geisteskrankheiten überhaupt aus natürlichen Gründen[3] ableiteten. Diejenigen daher, die uns den alten Glauben wieder aufbürden wollen, müssen uns auch den alten Aberglauben

[1] *Fehlt in C.*
[2] *Fehlt in C.*
[3] Ursachen *C*

wiederbringen – beides ist untrennbar.[1] Sie müssen? Ach, sie haben es schon von selbst getan. Man sehe nur z. B. die Proben unglaublichen Unsinns, die in der interessanten eben erschienenen[2] Schrift „Die Unduldsamkeit der christlichen Konfessionen usw."[3] aus einem protestantischen Korrespondenzblatt Bayerns angeführt werden. Ja, ein protestantischer Examinator beantwortete sogar, wie in derselben Schrift bezeugt wird, p. 180, die Frage nach den Wirkungen der Taufe, als sie keiner der Kandidaten wußte, mit eignen Worten also: „Haben Sie denn nie bemerkt, wie geneigt die Kinder zum Glauben sind, wie sie so gerne alles glauben und allerlei Erzählungen wünschen, um ihrer Neigung zum Glauben zu genügen? Das ist die Wirkung der Taufe." So bringt der Glaube den Menschen um seinen Verstand! Aber wie der Glaube mit dem Aberglauben innig verbunden ist, so wird auch umgekehrt mit der Basis des Aberglaubens die Basis des Glaubens, d. h. natürlich *des* Glaubens, der auf über- oder richtiger unvernünftige, mirakulöse Dinge sich gründet, aufgehoben. Wer einmal die Qualitäten der Scho-

[1] *Hierzu in C als Zusatz folgende Fußnote Feuerbachs:* Der Unterschied zwischen Glauben und Aberglauben ist überhaupt ein sehr prekärer. Was vor fünfzig Jahren noch Glaube war, gilt heute selbst den Gläubigen für Aberglauben, und was jetzt noch Glaube ist, wird im nächsten Jahrhundert Aberglaube sein und heißen. Ein Aberglaube, der die Majorität für sich hat, die herrschende Meinung ist, daher für eine Autorität gilt, heißt Glaube; ein Glaube aber, der keine öffentliche Rolle mehr spielt, der außer Kurs gekommen ist, heißt Aberglauben. Der Unterschied aber des Protestantismus vom Katholizismus besteht nur darin, daß er einen Aberglauben anderer Art geltend gemacht, an die Stelle des populären, sinnlichen, katholischen Aberglaubens einen abstrakten, gelehrten Aberglauben, den Glauben an die heilige Schrift, gesetzt hat. Höchst seltsam ist es daher, wenn ein protestantischer Fürst sich gegen eine „papierne Vorsehung" sträubt, da doch das Prinzip des Protestantismus ein „papierner" Gott ist. Aber freilich, der christliche Zeitgeist hält sich überall nur an das Prinzip, die ihm lästigen praktischen Konsequenzen streicht er. Konsequenter Glaube ist Aberglaube.

[2] interessanten . . . erschienenen: interessantesten *C*

[3] *In C statt* usw.:, 1838,

lastiker, die von ihren Subjekten abtrennbaren Akzidenzen, die Sympathien und Antipathien der Dinge, kurz, die mirakulöse Erklärungsweise der Natur verwirft, weil sie ihm keine deutlichen, bestimmten Begriffe gewährt, der hat den Sinn verloren, dem ein Dogma wie z. B. die Transsubstantiation eingeht und zusagt. Findet es aber gleichwohl in seinem Kopfe Platz, so fehlt ihm doch der Schlüssel dazu; es ist ein sinnloses Ding in ihm, ohne allen Zusammenhang mit seinem geistigen Wesen.

(32) Allerdings kommen in Cartesius – abgesehen von den Stellen, in denen er seine persönliche Ergebenheit und Unterwürfigkeit gegen die katholische Kirche beteuert – Äußerungen vor, an denen ein Katholik Anhaltspunkte für seinen Glauben finden kann. So z. B., wenn Cart[esius][1] sagt, er wisse nicht, ob nicht durch die Allmacht Gottes zwei kontradiktorische Sätze zugleich wahr sein[2], ob nicht ein Berg ohne Tal sein könne, denn nichts sei der Allmacht unmöglich und alles hänge nur von ihr ab, so hat er damit einen Satz ausgesprochen, aus dem sich die willkürlichsten Satzungen ohne Schwierigkeit erklären und rechtfertigen lassen. Aber dergleichen Stellen gereichen eben, wie so manche wahrhaft kindische Äußerungen, dem C[artesius] nicht zur besondern Ehre und dienen nicht zur Charakteristik des wahren Geistes und Wesens des Gründers der mechanischen Philosophie. Dergleichen Gedanken sind *keine Wahrheit* in ihm; sonst müßten ihm auch die qualitates obedientiales [abhängigen Eigenschaften] und unzählige andere Qualitäten und Fiktionen der Scholastiker, die sich auf die Allmacht gründeten, keine Fiktionen, sondern Realitäten gewesen sein. Wenn wir den C. wegen solcher Gedanken und wegen der Versicherungen seiner frommen Gesinnungen als ein Muster eines katholisch gläubigen Philosophen aufstellen können, so können wir auch den Macchiavelli als einen echt katholisch gläubigen Politiker anpreisen. Denn welche fromme[n] Äußerungen kommen nicht auch in ihm vor! So sagt er z. B. in seinem „Principe", cap. XI, de' principati Ecclesiastici [über

[1] C. *C*
[2] seien *C*

die kirchlichen Fürstentümer]: „Ma essendo quelli retti da cagioni superiori, alle quali la mente umana non aggiugne, lascerò il parlarne, perchè essendo esaltati et mantenuti da Dio, sarebbe ufficio d'uomo presuntuoso et temerario il discorrerne [aber da sie höheren Gesetzen unterworfen sind, die der menschliche Verstand nicht fassen kann, will ich nicht weiter von ihnen reden; denn da Gott ihr Gründer und Beschirmer ist, wäre es anmaßend und vermessen, über sie zu urteilen]." Wie fromm, wie echt cartesisch! Und cap. 6.: „Et benchè di Moisé non *si debba ragionare*, essendo stato un mero esecutore delle cose, che gli erano ordinate da Dio, pure merita di essere ammirato solamente per quella grazia, che lo faceva degno di parlare con Dio [wenngleich man sich über Moses kein Urteil erlauben darf, da er nur vollführt hat, was Gott ihm auftrug, so verdient er doch Bewunderung schon wegen der Gnade, daß er gewürdigt war, mit Gott zu reden]." Aber gleichwohl sagt er darauf, daß die Handlungen und besondern Anordnungen der berühmtesten Eroberer, des Cyrus, Theseus, Romulus, nicht verschieden waren von denen des Moses, und gegen den Schluß: „M[oisè], Ciro, Teseo et Romulo non avrébbonno potuto fare osservare lungamente le loro costituzioni, se fussero stati disarmati [Moses, Cyrus, Theseus und Romulus hätten das Volk nicht lange im Gehorsam gegen ihre Verfassungen halten können, wenn sie wehrlos gewesen wären]." Auch Vanini war in diesem Sinne ein echt katholisch gläubiger Philosoph. Auch er unterwirft sich, wie Cart[esius][1], (in seinem „Amphitheatrum aeternae providentiae etc.", Lugduni 1615) demütigst den Aussprüchen der Kirche und verwahrt sich gegen den Verdacht auch nur der geringsten Ungläubigkeit. Er entschuldigt sich selbst sogar deswegen, daß er die Bücher der Atheisten auch nur gelesen habe und anführe, und zwar mit dem Beispiel der Kirchenväter und damit, daß er, als er zu Paris eine Apologie des Tridentinischen Konziliums zu schreiben unternommen, selbst vom päpstlichen Legat die Erlaubnis erhalten habe, Bücher jeglicher Art durchzulesen. Er macht den Advokaten des katholischen Glaubens in seiner ganzen Ausdehnung und bekämpft selbst seine Geistesverwandten, den Cardan, den Pomponatius, den Macchiavelli, den er „atheorum facile prin-

[1] C. *C*

ceps [sicherlich das Haupt der Atheisten]" nennt. Er beweist die Vorsehung aus Wundern und Prophezeihungen, selbst daraus, daß steinerne Götterstatuen von zukünftigen Dingen geweissagt hätten. Aber sein eigner klarer Verstand springt nur zu deutlich da in die Augen, wo er die Wirkungen und Erscheinungen, die seine Gegner auf mysteriöse Weise erklärten, auf natürlichem Wege erklärt oder geradezu leugnet, z. B. das alte Sprichwort „Virtus in verbis et lapidibus [Zauberkraft steckt in Wörtern und Steinen]" widerlegt. Auch er macht die nämliche diplomatische Scheidung zwischen Glaubens- und Vernunftsachen wie C[artesius]: „Ingenue fateor, animae immortalitatem ex Physicis principiis demonstrari non posse, cum sit articulus fidei [aufrichtig bekenne ich, daß die Unsterblichkeit der Seele sich nicht aus physischen Gründen beweisen läßt, da sie Glaubensartikel ist]" (p. 164). Allerdings war die Gesinnung des C[artesius] offenbar eine solidere und ehrbarere als die des Vanini, die kaum von Heuchelei zu unterscheiden sein möchte. Daß man ein guter Katholik und zugleich ein guter Cartesianer sein kann, bewies Clerselier, „car je ne croy pas qu'il y eût aucun Bourgeois dans Paris, qui allât plus souvent à la Messe, que le bon Mr. Cl[erselier]. Non seulement il étoit exact à ouïr la Messe, mais ce qui est bien plus surprenant dans un Philosophe, il retournoit à l'Eglise tous les jours de Fête, dès qu'il avoit diné, et n'en revenoit que quand tout étoit fait, de sorte qu'il passoit plusieurs bonnes heures, ou à ouïr la psalmodie de Vêpres, ou à écouter un long Sermon qui n'est pas pour l'ordinaire fort éloquent, le Dimanche surtout, dans les Cloitres. [Denn ich glaube nicht, daß es in Paris irgendeinen Bürger gegeben hat, der öfter zur Messe gegangen wäre als der gute Herr Clerselier. Nicht allein, daß er zum Anhören der Messe pünktlich zur Stelle war, noch viel erstaunlicher ist bei einem Philosophen, daß er an allen Festtagen die Kirche ein zweites Mal besuchte, sobald er gespeist hatte, und erst zurückkam, wenn alles vorüber war, so daß er einige gute Stunden damit zubrachte, entweder der Vesperlitanei zu lauschen oder einer langen Predigt zu folgen, die ja, besonders am Sonntag, in Klöstern nicht sehr glänzend zu sein pflegt]" („Repub. des Lett.", p. 81, Art. 9). Aber dadurch hebt sich noch nicht auf der Widerspruch des

Cartesianismus und Katholizismus. Welche Widersprüche finden nicht in einem und demselben Menschen statt! Schon Macchiavelli bemerkt in seiner „Geschichte von Florenz" (VIII. B.) von dem Charakter Lorenzos von Medici: „Si vedeva in lui essere due persone diverse quasi con impossibile congiunzione congiunte [man gewahrte in ihm zwei grundverschiedene Personen, die auf nahezu unmögliche Weise miteinander verbunden waren]." Hobbes fürchtete bei der Nacht die Gespenster, die er am Tage leugnete.[1] Der Widerspruch der Gesinnung und des Gedankens ist übrigens da ein natürliches Ergebnis, wo der Mensch vorzeitig mit einem noch geheiligten Glauben bricht, wo seine Einsicht nur noch die Bedeutung einer subjektiven Meinung und frivolen, unberufnen Neuerung hat. Erst in der spätern Generation gleicht sich dieser Widerspruch aus, indem der Gedanke zur Gesinnung wird. Der Gedanke wirkt und kommt mit der Geschwindigkeit des Lichtes, aber die Gesinnung mit der des Schalles.

(33) Zur Charakteristik der Äußerlichkeit des historisch dogmatischen Glaubens, namentlich in denkenden Menschen, welche den Unterschied zwischen Wissen und Glauben, zwischen Wahrheit und Faktum erfassen, stehe hier folgende literärische Novität, jetzt Antiquität, die Bayle einem Freunde vom Jahre 1699 mitteilt. „Ein schottländischer Mathematiker namens Craig hat eine kleine lateinische Schrift veröffentlicht, in welcher er die Kraft und Abnahme der Wahrscheinlichkeit berechnet. Er nimmt erstlich an, daß alles, was wir auf das Zeugnis von Menschen, sie seien nun inspiriert oder nicht, glauben, aufs höchste nur wahrscheinlich ist, dann setzt er voraus, daß diese Wahrscheinlichkeit immer mehr abnimmt, je mehr man sich von der Zeit entfernt, in der die Zeugen lebten, und so bringt er denn endlich vermittelst der Algebra heraus, daß die Wahrscheinlichkeit der christlichen Religion noch 1454 Jahre dauern kann, aber dann zugrunde geht, daß jedoch Christus durch eine zweite Ankunft dieser Finsternis zuvorkommen wird" (Lettre 237). Denen, die ihm eine antireligiöse Tendenz vorwerfen wollten,

[1] *In C folgt hier als Zusatz die Fußnote Feuerbachs*: Hobbes' Freunde erklären jedoch diese Anekdote für eine Erdichtung. Siehe Bayle, „Dict.", art. Hobbes. R. N.

erwidert derselbe Mathematiker, daß sie nie die Grundlagen und das Wesen ihres Glaubens untersucht haben könnten, wenn sie an seinen Behauptungen Anstoß nähmen. „Quid enim est fides?“, sagt er, „Nisi illa mentis persuasio, qua, propter media ex probabilitate deducta, quasdam propositiones veras esse credimus. Si persuasio ex certitudine oriatur, tum non fides, sed scientia in mente producitur. Sicut enim probabilitas fidem generat, ita etiam scientiam evertit et econtra: certitudo scientiam simul generat et fidem destruit. Unde scientia omnem dubitandi ansam aufert, dum fides aliquam semper haesitationem in mente relinquit; et *propterea fides tantis insignitur laudibus, tantaque sibi annexa praemia habet,* quod homines, non obstantibus omnibus illis, quibus premuntur, scrupulis, in recto virtutis et pietatis tramite progrediantur etc. [Was ist denn Glauben? . . . Doch nur die Überzeugung des Geistes, durch die wir, wegen der aus der Wahrscheinlichkeit abgeleiteten Punkte, daran glauben, daß gewisse Sätze wahr sind. Geht die Überzeugung aus der Gewißheit hervor, dann entsteht im Verstand nicht Glauben, sondern Wissen. Indem nämlich die Wahrscheinlichkeit Glauben erzeugt, schließt sie das Wissen aus, und umgekehrt: Die Gewißheit erzeugt gleichermaßen Wissen, wie sie den Glauben zerstört. Während das Wissen jeden Anhaltspunkt für Zweifel beseitigt, läßt der Glaube immer irgendein Schwanken im Verstande zurück; deshalb wird der Glaube mit so vielen Lobsprüchen bedacht und mit so vielen Belohnungen, die an ihn gebunden sind, ausgezeichnet, weshalb denn auch die Menschen trotz all der Bedenklichkeiten, die sie bedrücken, in der Richtung der Tugend und auf dem schmalen Pfad der Frömmigkeit voranschreiten]“ („Eclairciss. sur les Pyrrhoniens“, p. 646, „Dict.“ T. IV).[1]

(34) Eine Probe von der Weise, wie Bayle die Differenzen zwischen der Vernunft und dem Glauben auszugleichen sucht. „Die Vernunft“, sagt er, „lehrt mich, daß Gott ein höchst

[1] *In C folgt Zusatz:* Übrigens hat ein anderer Engländer, P. Peterson, die Rechnung Craigs modifiziert und statt 3154 schon das Jahr 1789 als den Zeitraum bestimmt, wo die christliche Religion ihre Glaublichkeit verlieren und folglich das Ende der Welt kommen würde. Condorcet, „Eloge de Pascal“ (Oeuvres compl., à Paris 1804, T. IV, p. 469).

vollkommnes Wesen ist und daß alles, was ein solches Wesen tut, gut[1] ist (bien fait). Nichts ist evidenter als dieser Grundsatz. Dieselbe Vernunft sagt mir ferner, daß ein gutes und heiliges Wesen, wenn die Verhinderung in seinem Vermögen steht, nicht zugibt, daß ein von ihm geliebtes Wesen in Sünde und Elend sich stürzt. Ich frage nun die Offenbarung um Rat und finde da, daß Gott erlaubte, daß Adam und Eva, seine geliebten, mit Wohltaten von ihm überhäuften Kinder, ihre Unschuld verloren und dadurch ihre ganze Nachkommenschaft unzähligen Übeln und einer schaudererregenden moralischen Verdorbenheit preisgaben. Ich gebe daher jetzt den zweiten Grundsatz der Vernunft oder des natürlichen Lichtes auf; ich verwerfe ihn als falsch und trügerisch, weil er eine Tatsache bestreitet, und bekenne kraft meines ersten Prinzips und kraft der Zeugnisse der heiligen Schrift, daß Gott gut und heilig ist. Man wird mir vorwerfen, daß ich keine Idee habe von dem Sinne, in welchem die Bibel Gott gut und heilig nennt; aber ich antworte, daß ich eine solche Idee oder Vorstellung davon habe, die hinreicht, die Religion im Herzen des Menschen zu erhalten, denn diese Idee enthält einen Teil von den Grundlinien, aus welchen die allgemeinen Begriffe der Güte und Heiligkeit bestehen. Ich erkenne Gott vermittelst dieser Idee als ein wohltätiges Wesen, welches unsre Gebete erhört und durch seine Strafen und Belohnungen bezeugt, daß es die Tugend liebt, das Laster haßt. Ich gestehe, daß meine Idee unvollkommen ist, weil ich in ihr nicht die übrigen Grundlinien der allgemeinen Begriffe finde, noch sehe, wie die Güte und Heiligkeit Gottes sich mit Dingen verträgt, welche der natürlichen Vernunft zufolge mit diesen zwei Eigenschaften sich nicht zusammenreimen lassen" („Entretiens de Maxime", p. 20). Aber, abgesehen von der unhaltbaren, mechanischen Teilung, die hier gemacht wird, heißt das nicht die Vernunft selbst aufgeben, wenn ich einem nackten, blödsinnigen Faktum einen rechtskräftigen Einspruch gegen einen Grundbegriff, gegen eine gesetzmäßige, notwendige, mit dem Grundprinzip identische Konsequenz einräume? Stelle ich mich damit nicht auf einen Standpunkt, wo ich mir einen Bären um den andern, jede Lüge als Wahrheit, jede Schänd-

[1] wohlgetan *C*

lichkeit als eine rechtmäßige Handlung, jeden Unsinn als Vernunft kann aufbinden lassen? Stelle ich mich nicht auf den Standpunkt des blinden, blödsinnigen Autoritätsglaubens, dessen Wesen, Eigenschaften und Wirkungen die nämlichen bleiben, er mag sich nun auf die Autorität einer Kirche oder eines Buches stützen? Nicht also auf den Standpunkt, den B[ayle] in seinem „Comment. phil." und anderwärts so trefflich in seiner Nichtigkeit dargestellt hat? Konnte dies dem sonst so scharfsichtigen[1] B[ayle] entgehen? Unmöglich! Also widerspricht dieser halbierende Vermittlungsversuch zwar nicht dem sich selbst widersprechenden, an äußre historische Relationen[2] und Einschränkungen gebundnen und in bezug darauf betrachteten, aber dem in Beziehung auf sich selbst, auf seine ursprüngliche Natur gedachten B[ayle]. Selbsttäuschung ist diese wie freilich jede Vermittlung, Wahrheit ist nur in ihm die Differenz zwischen Glauben und Vernunft. Betrachten wir noch B[ayle]s Verhältnis zum Dogma von den ewigen Höllenstrafen, welches für ihn einen direkten, einen wahrhaft empörenden Widerspruch mit der Vernunft ausdrückt. „Wenn das unendlich vollkommne Wesen [im] voraus wußte, daß es freie Wesen, im Falle, daß sie von ihm erschaffen würden, wegen ihrer Sünden ewig bestrafen müßte, so wäre es besser gewesen, sie im Nichts zu lassen oder ihnen nicht den Mißbrauch ihres freien Willens zu verstatten, als sich die Notwendigkeit aufzu[er]legen, nie endende Strafen über sie zu verhängen. Gibt es etwas Evidenteres als diesen Satz, wenn man nur die natürliche Vernunft befragt? Was würde man von einem Menschen sagen, der sich, wie Prometheus, des Vermögens, Statüen zu beseelen, rühmte und der also spräche: ‚Ich werde dieser Statüe da Bewegung und Gefühl geben; sie wird Augen haben zu ihren Führern und die Freiheit, sich an höchst angenehme Orte hinzubegeben; indes ich weiß sicherlich, daß sie nur an solche Orte sich begeben wird, wo sie tausend und abermal tausend Übel erleiden wird'? Würde man nicht zu diesem Menschen sagen: ‚Du hast kein Menschen-, sondern ein Tigerherz; denn du willst nur deswegen diese Statüe beseelen, damit sie von einem Zustand, wo sie kein Übel empfindet, in

[1] scharfsinnigen *C*
[2] Beziehungen *C*

einen Zustand übergeht, der nur eine Empfindung des Übels ist'?" B[ayle] entwickelt dann, daß die Strafen der Verdammten unnütz sind, daß sie sie notwendig schlechter machen und den übrigen Menschen auch nichts helfen, und fertigt den Theologen Jaquelot, der erwidert hatte, daß der Stand der Verdammten dazu dienen könne, die Dankbarkeit der Glückseligen zu erhöhen, damit ab, daß er sagt, dies wäre geradezu, als wenn ein Kaiser spräche: Ich will 10 Provinzen ruinieren, 100 Städte zerstören, eine Million Menschen hinrichten lassen, weil dies für meinen Favorit ein neuer Grund sein wird, an mich zu denken. Unter allen Strafen wäre noch die Vernichtung die, welche am meisten mit den Ideen der göttlichen Weisheit übereinstimmte, was B[ayle] sehr gut entwickelt („Entret. de Max. et Them.", p. 98–99, und „Rep. aux Quest.", p. 828). S. hierüber auch „Dict.", Art. (Fauste) Socin. Rem. N. Alles, was man nur immer auf dem Standpunkt seiner Zeit gegen dieses Dogma sagen konnte, hat B[ayle] dagegen vorgebracht, alle Gründe dafür widerlegt, alle Bänder, die es nur immer als ein Glied mit dem Organismus seines Geistes verbinden könnten, als ein geschickter Operateur rein abgeschnitten. Nun können wir aber B[ayle]s Verhältnis zu diesem Dogma als die Repräsentation seines Verhältnisses zu den Dogmen überhaupt ansehen, denn dieses Dogma war ein ebenso heiliges Dogma als andre Dogmen und beruhte auf einem und demselben Fundamente mit ihnen. Wahrheit ist also nur in B[ayle], sosehr er auch diese Wahrheit wieder zu vereiteln sucht, der direkte Widerspruch der Dogmen mit der Vernunft; sie sind dahin aus seiner Vernunft, aus seinem Geiste; nur persönliche, nur an sich selbst äußerliche Schranken und Gründe sind es, die da vermitteln, daß sie nicht förmlich ausgeschieden werden. Übrigens verdient B. wegen dieses seines Widerspruchs, daß er die Dogmen bekämpft, ohne sie doch förmlich zu verwerfen, keine größeren Vorwürfe als die deutschen Philosophen, welche sich eines umgekehrten Widerspruchs schuldig machen, dieses nämlich, daß sie die kirchlichen Dogmen verteidigen, ohne sie doch im Sinne der Kirche zu nehmen und [an sie zu] glauben, weil sie entweder zu feige oder unredlich oder zu verworren oder selbst noch von den Dogmen zu sehr verblendet sind, um sich und andern eingestehen zu können, daß sie mit dem Glauben gebrochen haben, – ein Bruch, den schon Leibniz, jedoch unter dem

Scheine einer Apologie, eingeleitet hat. Es gibt hier durchaus kein Juste Milieu: Entweder nehmt die Dogmen in dem Sinn, in welchem sie allein genommen werden müssen, in ihrem *eignen,* ihrem bestimmten Sinne, oder überlaßt sie ihrem Schicksal, und wenn ihr sie durchaus zum Objekt euch[1] machen wollt, so macht sie zum Objekte einer kritisch-genetischen Untersuchung, nur nicht einer willkürlich deutelnden und gleichwohl im Dogma kritiklos befangnen Spekulation. Die Dogmen sind keine vieldeutigen Symbole, keine stummen Bilder und Figuren, sie sprechen selbst mit gebieterischer Bestimmtheit aus, was sie im Sinne haben. Und befürchtet nur nicht, daß ihr mit den Dogmen die Geheimnisse des Denkens verliert! Die allgemeinsten, die uns allernächsten Dinge bergen Geheimnisse ganz anderer und haltbarerer Art, als die illusorischen, gemachten dogmatischen Mysterien sind. Seit die Edelsteine nur natürliche Eigenschaften und Wirkungen besitzen, haben wir weit tiefere, *denk-* und bewunderungswürdigere Eigenschaften an ihnen entdeckt, als die übernatürlichen, mirakulösen Eigenschaften waren, welche ihnen die Superstition[2] zuschrieb. Die Natur erschließt ihre Geheimnisse, ihre, die allein wahren und stichhaltigen Wunder nur da[3] dem menschlichen Geiste, wo er die falschen Mirakel des Glaubens verwirft. – Schließlich in betreff B[ayle]s noch eine Bemerkung. Der Grund, warum B. den dogmatischen Glauben nicht verwarf, ungeachtet er seiner Vernunft direkt widersprach, liegt allerdings einerseits in seiner theoretischen Indifferenz überhaupt, andererseits aber auch darin, daß er, aus ihm sehr naheliegenden Beispielen, nur zu gut wußte, wie leicht Neuerungen, besonders religiöse, die öffentliche Ruhe gefährden. Er gibt sich daher häufig in seinem „Dict[ionnaire][4]" Gelegenheit, an die Greuelszenen der Religionskriege in Frankreich zu erinnern, hauptsächlich auch deswegen, um diejenigen zu belehren, welche lieber die öffentliche Ruhe stören, als ihre partikulären Meinungen [zu] unterdrücken, die „Docteurs particuliers, qui hors les cas d'une très-urgente nécessité s'élevent contre des erreurs protegées par la prévention des peuples et par

[1] zum ... euch: zu euerm Objekte *C*
[2] der Aberglaube *C*
[3] *Fehlt in C.*
[4] *So ergänzt auch C.*

l'usage [partikulären Doktoren, die sich ohne sehr zwingende Notwendigkeit gegen die vom Vorurteil der Völker und vom Herkommen geschützten Irrtümer erheben]." Er bemerkt hiebei: „Il n'y a point d'apparence qu'il s'éleve jamais dans le sein des Protestans aucun Parti qui entreprenne de réformer leur Religion, de la maniere qu'ils ont reformé l'Eglise R[omaine], c'est-à-dire sur le pied d'une Religion d'où il faut sortir nécessairement, si l'on n'aime mieux être damné. Mais le mal seroit toujours assez funeste, pour meriter qu'on tâche de le prévenir. [Es hat ganz und gar nicht den Anschein, als könne jemals in protestantischen Kreisen eine Partei aufstehen, die es unternähme, die eigene Kirche in der Weise zu reformieren, wie sie die r⟨ömische⟩ Kirche reformiert haben, d. h. diese Religion ist so einzuschätzen, daß man sie notwendigerweise aufgeben muß, wenn man es nicht vorzieht, der Verdammnis anheimzufallen. Aber das Übel wäre trotzdem noch traurig genug, so daß es besser wäre, man versuchte, ihm zuvorzukommen.]" („Dict.", Macon. R. C.)

(35) Die wahre, die einzig wahre, untrügliche Religiosität kann überhaupt nur da stattfinden, wo die Religion vollkommen freigegeben ist, wo durchaus keine weltlichen Folgen an sie[1] gebunden sind. Ein Staat, der den Glauben zu einer indirekten Steuer macht, gebietet direkt die Heuchelei. Aber auch da ist die Religion nicht freigegeben, wo an den Unglauben der Fluch der Hölle, an den Glauben die Verheißung des Himmels geknüpft ist. Dem Unglauben mit ewiger Verdammung drohen heißt nichts andres als zum Glauben *zwingen*; denn man flößt dadurch Furcht und Schrecken ein, die den Menschen seiner Freiheit berauben. Wer daher mit dem einnehmenden Schmeichelwort der ewigen Freuden an sich lockt und mit dem einschüchternden Schreckwort der ewigen Hölle die Trennung von sich bedroht, gebraucht Zwangsmaßregeln, bedient sich eines ungeistigen, eines unsittlichen, eines *niedrigen* Mittels, um den Menschen für sich zu gewinnen; er gibt ihm[2] Opium ein, um ihm in dem Zu-

[1] Folgen . . . sie: Vorteile an den Glauben, keine weltlichen Nachteile an den Unglauben *C*

[2] *C folgt Zusatz:* ein *C*

stande, wo die Leidenschaften der Furcht oder Hoffnung seine Vernunft umnebelt haben, sein Ehrenwort abzunehmen. Daß daher die Kirche auch zu äußern Zwangsmaßregeln ihre Zuflucht nahm, darüber habt ihr euch nicht zu verwundern; das war ganz in der Regel, ganz konsequent; nur das Gegenteil wäre abnorm. Wer sich einmal nicht schämt, die sinnlichen Triebfedern des Menschen zur Infusion des Glaubens anzuwenden, warum sollte der nicht auch zu rein körperlichen Werkzeugen, zum Stock, zur Peitsche, zum Galgenstrick, seine Zuflucht nehmen, um damit seinen frommen Zweck, der ja jedes Mittel heiligt, zu erreichen? Sowenig dieser Grundsatz: „Der Zweck heiligt das Mittel", ein speziell jesuitischer Grundsatz war, sondern ein allgemeiner, uralter Grundsatz der christlichen Kirche und Frömmigkeit – man denke nur z. B. an die pia fraus –, ein Grundsatz, der schon Augustins Apologie der Ketzerverfolgung zugrunde liegt, sowenig waren die peinlichen Zwangsmaßregeln[1] isolierte, partikuläre, abnorme Erscheinungen; sie hingen vielmehr aufs innigste mit dem ganzen Wesen und Geiste der Kirche zusammen; sie liegen selbst im Begriffe der Kirche als eines auf sinnliche Motive sich gründenden Instituts. Aber was durch unsittliche Mittel erzeugt wird, ist auch notwendig im Menschen ohne sittliche Bedeutung und Wirkung. Zwar hat die pfiffige Theorie hie[2] und da behauptet, daß die Seligkeit nur die Folge des Glaubens und der guten Werke sei und nur als solche gewollt werde; aber was in der Theorie Folge ist, wird in der Praxis, im Leben, im Menschen selbst zum *Grunde*, zum Zweck. Man glaubt, um nicht in die Hölle zu fahren; unsre Glückseligkeit ist der Zweck, warum wir glauben; wer nicht glaubt, ist ewig verloren. Wie daher die Kirche ein scheinheiliges Wesen ist, weil sie, unter dem Scheine, sein Bestes zu wahren, den Menschen gerade um sein Bestes bringt, um die einzig wahren Güter: um die Freiheit der Intelligenz, die Selbständigkeit und Unbestochenheit des Urteils, die Reinheit der Überzeugung, die uninteressierte Wahrheitsliebe, die tugendhafte Gesinnung, so ist auch der Glaube ein scheinheiliges Wesen, weil er innerlich dasselbe tut, indem er die Vernunft, und damit die Fähigkeit zu unbefangner, reiner Wahrheitsliebe – das Prinzip jeder edlen,

[1] Zwangsmittel *C* [2] hier *C*

tugendhaften Gesinnung –, unter das Interesse der Selbstsucht, die Begierde des Selbsterhaltungs- und Glückseligkeitstriebes gefangennimmt. Der Glaube verzichtet wohl auf die Vernunft, auf das Höhere im Menschen, aber nicht auf das Niedere, auf die sinnlichen, egoistischen Interessen und Motive; er sagt wohl zum Menschen: Ich gebe dir die Wahrheit; aber er gibt in der Tat nicht ein uninteressiertes Objekt, ein Objekt, das dem Menschen Gegenstand wird, wenn er abstrahiert von den sinnlichen Triebfedern und Leidenschaften, ein Objekt, an das sich kein andres als ein objektives Interesse anknüpft, wie es die Wahrheit ist, sondern ein den Menschen von vornherein *bestechendes* Objekt, ein Objekt der Begehrlichkeit; aber das Objekt der Begehrlichkeit ist eben nicht die Wahrheit, sondern die Seligkeit. Wer wird nicht glauben, wenn er hört: „Der Glaube macht selig, der Unglaube ewig unglücklich"? Wie kann der aus *reinem* Interesse glauben, wie den Glauben prüfen, untersuchen, ob er eine Wahrheit ist, wie kann überhaupt der bei Vernunft und seiner mächtig sein, welcher die verzehrenden Flammen der Hölle schon über seinem Kopfe zusammenschlagen sieht, wenn er *nicht* glaubt?

(36) Übrigens sah B[ayle] selbst recht gut den Grundmangel nicht nur seines „Kommentars" – „J'avouë avec vous que cet Ouvrage devroit être abrégé. Il faudroit le réduire au tiers ou au quart, pour en faire un Ouvrage régulier. [Ich gebe Ihnen recht, daß dieses Werk gekürzt werden sollte. Man müßte es auf ein Drittel oder ein Viertel zusammenstreichen, damit es ein Werk von regelrechter Form würde.]" (Lettre 287) –, sondern auch seiner übrigen Schriftstellerei ein: „Je suis fâché d'avoir été si prolixe, mais c'est un défaut dont je ne me saurois corriger, quelque envie que j'en aye. La peur que j'ai que toutes sortes de Lecteurs ne m'entendent pas, contribuë beaucoup à ma longueur excessive. [Ich bedauere, so weitschweifig gewesen zu sein, aber es ist dies ein Fehler, von dem ich nicht wüßte, wie ich ihn korrigieren sollte, so gern ich das täte. Die Befürchtung, es könnten mich sonst nicht alle Sorten von Lesern verstehen, trägt viel zu diesen ausschweifenden Längen bei.]" („Nouv. Lett. critiq.", p. 251).

(37) Trefflich – ebenso scharfsinnig und gründlich als Leibniz – widerlegt Bayle auch das Prinzip der Willkür,

welches bekanntlich auch Poirets Prinzip war. Zur Probe nur eine Stelle. „Si Deus statuit et decrevit de naturis et essentiis rerum, eas jam aliquatenus cognoscebat. Ita se habere operationes rerum cogitantium, distincte concipimus, ut cognoscant ea quae volunt. Ergo qui contrarium affirmant de Deo, *rem dicunt cujus nullam habent ideam;* nec unquam explicare poterunt, qui Deus decreta sancire potuerit circa objecta quae ipsi erant prorsus incognita. [Als Gott die Natur und das Wesen der Dinge plante und festlegte, da kannte er sie schon einigermaßen. Die Tätigkeit der denkenden Wesen geht gewöhnlich so vor sich – wir merken das deutlich –, daß sie das erkennen, was sie wollen. Daraus folgt, daß diejenigen, die von Gott das Gegenteil behaupten, etwas sagen, wovon sie gar keine Idee haben; und sie können auch nicht erklären, wie Gott gegenüber Objekten, die ihm selbst völlig unbekannt gewesen wären, hätte Gebote aufstellen können.]" (T. IV, Oeuv. div., p. 155).

(38) Die hier B[ayle] im Gegensatz zu Spinoza gegebnen Prädikate mögen seine eignen Äußerungen über sich selbst rechtfertigen. „Je vois bien que mon insatiabilité de Nouvelles est une de ces maladies opiniâtres, contre lesquelles tous les remedes blanchissent. C'est une Hydropisie toute pure. Plus on lui fournit et plus elle demande" (Lettre 7, à Minutol. v. 1673). „De toutes les occupations que je saurois prendre, c'est celle (nämlich die eines Journalisten) qui revient le mieux à mon humeur" (Lettre 88). [Ich sehe gut, daß meine Unersättlichkeit in bezug auf Neuigkeiten zu den hartnäckigen Krankheiten, gegen die keine Medizin hilft, gehört. Das ist die reine Wassersucht. Je mehr man ihr gibt, desto mehr verlangt sie (. . .). Von allen Tätigkeiten, denen ich nachgehen könnte, ist sie es (nämlich die eines Journalisten), die meiner Natur am meisten entsprechen würde (. . .).] Mehrere Personen, besonders Pariser, rieten inständigst B[ayle], nicht eine bloße Zeitung für Gelehrte, sondern ein Mittelding zwischen Zeitungsnachrichten und gelehrten Zeitungen herauszugeben, damit auch Leute von Geist, aber ohne Gelehrsamkeit, sich an der Lektüre ergötzen könnten und der Abgang der Zeitschrift gesichert sei: „Il faut donc égaier un peu les choses, y mêler de petites particularitez, quelques petites railleries, des Nouvelles de Roman et des Comédies . . .

Comme je dois m'accommoder à toute sorte d'esprits, il est certain qu'il faut éviter la sécheresse. [Deshalb muß man die Dinge ein bißchen heiter gestalten und hier und da nette Einzelheiten einmischen, zuweilen auch eine harmlose Spöttelei und ein paar Worte über neu erschienene Romane und die neuesten Komödien ... Ich muß mich jeder Sorte von Geistern anpassen, es ist sicher, daß ich nicht trocken sein darf.]" (Lettre 63). Aber keineswegs akkommodiert sich B[ayle] dem Geschmack seiner Leser aus selbstgefälliger Eitelkeit, sondern lediglich aus Galanterie gegen sie, aus feinem Pflichtgefühl, welches etwa also in ihm räsonnierte: Ihr bringt mir das Opfer, mich zu lesen, also muß ich auch euch zur Entschädigung etwas zum besten geben. Endlich: „J'ai pris assez de plaisir, moi qui aime ces sortes de personnalitez et qui travaille ex professo à ces recherches, à parcourir les Lettres de Guy Patin [es hat mir genug Freude bereitet, die Briefe des Guy Patin durchzusehen, denn ich habe eine Vorliebe für solche Charaktere und muß mich von Beruf mit solchen Erkundigungen befassen]" (Lettr. 125). Aber der Begriff der Personalien ist ein ebenso weiter und unbestimmter Begriff als der der Persönlichkeit; unterschiedlos nimmt er die wertvollsten Dinge und die bedeutungslosesten Trödelwaren in sich auf.

(39) Darin hat allerdings B[ayle] in seiner „Lettre ... sur la question s'il a bien ou mal compris la doctrine de Spinose [Brief ... über die Frage, ob er die Lehre Spinozas gut oder schlecht verstanden habe]" (T. IV, Oeuv. div., p. 169 etc.) vollkommen recht, daß Spinoza einen ganz andern Gott im Sinne hat als den Gott der Orthodoxie, darin auch, daß Spinoza die Worte „Substanz" und „Akzidenz" (was ihre formelle Bedeutung wenigstens betrifft) im Sinne der Cartesischen, überhaupt neuern Philosophie nimmt, aber nicht darin, daß die *eine* Substanz Sp[inoza]s *eine* ist im Sinne B[ayle]s, d. h. eine *numerisch eine*. Denn daß B[ayle] die Einheit der Substanz im Sinne einer numerischen oder individuellen Einheit, im Sinne der Einzelheit nimmt, die notwendig an der Vielheit ihren ergänzenden Gegensatz hat, dies geht schon daraus hervor, daß er dem Gedanken Sp[inoza]s den äußerlichen Ausdruck gibt: „Il n'y a qu' une substance dans l'Univers [es gibt nur eine Substanz im Weltall]" (in der eben zitierten

„Lettre", p. 170), ferner daraus, daß er den Satz: „Entre les idées que la Logique dirige vers la Verité, les unes sont universelles et les autres singulières [unter den Ideen, die die Logik auf die Wahrheit richtet, sind die einen schlechthin allgemeine, die anderen einzelne]" („Theses Philos.", T. III), als den direkten Gegensatz der Spinozischen Lehre aufstellt, welcher zufolge nur *eine*, d. h. *eine einzelne* Substanz ist, vor allem aber aus den alle Begriffe übersteigenden Absurditäten, die er in der Lehre Sp[inoza]s nachweist. „On dit ordinairement: quot capita tot sensus, mais selon Spinoza tous les sentimens de tous les hommes sont dans une seule tête. [Man sagt gewöhnlicherweise: Wieviel Köpfe, soviel Bedeutungen. Nach Spinoza aber vereinigen sich alle Meinungen aller Menschen in einem einzigen Kopf.]" („Dict.", Art. Spinoza. Rem. N. Nro III). Der Sinn seiner Auffassung und Kritik ist daher dieser: Diese unzählig vielen einzelnen Dinge sind nach S[pinoza] ein einziges *einzelnes Ding* – ein einzelnes in dem Sinne, in welchem es nach B[ayle] und überhaupt notwendig viele einzelne Dinge gibt. Er faßt daher die substantielle Einheit, die Einheit des Wesens, welcher zufolge, nach S[pinoza]s eignem Ausspruch, Gott nur ganz uneigentlich unus[1] genannt werden kann, gerade so auf, wie wenn einer den Satz: „Dem Wesen nach sind die vielen Menschen eins", oder: „Das Wesen der Menschen ist ein und dasselbe, die vielen Menschen sind nur Modifikationen dieser Einheit", so auslegen wollte: Dem Wesen nach sind die vielen Menschen ein einziger einzelner Mensch, ein Individuum, und daher die Einheit von dem Plural der Menschen im Sinne eines Singulars nähme, – also gerade so, wie er auch den Averroës verstanden und kritisiert hat, wenn er sagt: „Que peut-on dire de plus insensé que de soutenir que deux hommes qui s'entretuent, dirigez chacun par ses actes intellectuels, *ont la même ame*? Que peut-on imaginer de plus chimérique que de prétendre que deux Philosophes, dont l'un nie, l'autre affirme la même These en même tems, ne sont qu'*un seul être* à l'égard de l'intellect? [Kann man etwas Unsinnigeres behaupten, als daß zwei Menschen, die sich gegenseitig umbringen, jeder geleitet von seinen eigenen Gedankengängen, dieselbe Seele haben? Kann man sich ein schlimmeres Hirngespinst vorstellen als die Be-

[1] Einer *C*

hauptung, daß zwei Philosophen, von denen der eine dieselbe These bestreitet, die gleichzeitig der andere bejaht, in bezug auf den Intellekt nur ein einziges Wesen sein sollen?]" („Dict.", Averroës. Rem. E.) Aus dieser Auffassung nun ergeben sich ganz natürlich alle die Unsinnigkeiten, die B[ayle] dem Sp[inoza] aufbürdet, als: „Dieu se hait lui-même, il se demande des graces à lui-même et se les refuse; il se persecute, il se tue, il se mange, il se calomnie, il s'envoie sur l'échafaut [Gott haßt sich selbst, er bittet sich selbst um Gnade und verweigert sie sich selbst, er verfolgt sich, tötet sich, frißt sich auf, verleumdet sich, schickt sich aufs Schafott]." B[ayle] bringt die vielen Dinge nicht aus dem Kopfe, das Viele ist ihm das allein Reale, die *Vielheit* der Substanzen die einzige Substanz, sozusagen, seines Geistes, das Etre suprême [höchste Wesen] der höchste, generellste Begriff, unter dem er alles denkt; er subsumiert daher die Einheit der Substanz, wie die einer partikulären Substanz, unter den Begriff der Vielheit, und nun kann er freilich nicht genug sich über die Tollheit verwundern, daß alles *eins* sein, alles Viele unter ein Eins, das in Wahrheit selbst ein Glied der Vielheit ist, subsumiert werden soll, daß hunderttausend Einer nur ein Einer sein sollen. „Sp[inoza]", sagt er köstlich, „gibt eigentlich, àproprement parler [genau genommen], Gott soviel Personen, als es Menschen auf der Erde gibt, autant de personnes qu'il y a de gens sur la Terre". B[ayle] läßt die *Bedeutung* aus den Augen, die bei S[pinoza] die Substanz hat; er abstrahiert von dem *Gegenstande,* davon, daß es eine erhabne, unendliche, universale Substanz ist, als deren Modifikationen die einzelnen Dinge bezeichnet werden, von den wesentlichen Bestimmungen, welche die Substanz zu einem Wesen sui generis[1] machen und ihr allein ausschließlich den generellen Begriff der Substanz, unter welchen der formelle Logiker jedes Ding nach Belieben subsumieren kann, vindizieren[2]. Aber wer diesen Unterschied, diese gegenständliche Bedeutung wegläßt, der stürzt sich selbst in einen Abgrund schrankenlosen Unsinns; er findet in dem „Es ist alles eins" das Geheimnis der Lehre S[pinoza]s. B[ayle]s Kritik von Sp[inoza] ist eine reine Parodie, eine wahre Batrachomyomachie. Übrigens muß man

[1] eigener Gattung *C*
[2] zueignen *C*

gleichwohl zur Ehre B.s eingestehen, daß seine Kritik unter allen denen, die vom Standpunkt der Vielheit aus gemacht wurden, die in sich konsequenteste, bündigste und pikanteste ist und daß allerdings Sp. selbst an dieser Auffassung und Kritik B[ayle]s schuld ist, weil er, um mich eines Fichteschen Ausdrucks, und zwar ganz in seinem Sinne, zu bedienen, noch im Dogmatismus, dem der Gedanke ein Ding ist, und überhaupt in den Denkformen seiner Zeit befangen war, sosehr er sich auch dem Inhalt derselben nach von ihren Vorstellungen befreit hatte. Nur hierin[1] hat auch das quatenus [inwiefern], das einige Tadler dem Sp. als ein ipse fecit [er hat es selbst gemacht], als einen besondern geheimen Kunstgriff seiner Philosophie so hoch angerechnet haben, seinen Grund. Cartesius und die übrigen neuern Philosophen nämlich verwarfen die Akzidenzen der Scholastiker, die diesen von der Substanz unterschiedne Entitäten[2] waren und zu allerlei peinlichen Distinktionen und Quästionen Veranlassung gaben und selbst den spätern freisinnigen Peripatetikern als Wesen ganz eigner Art im Kopfe spukten. So sagt z. B. Ernst Soner (in seinem Kommentar zu der Aristotelischen „Metaphysik“, Jenae 1657, lib. VII, c. I): „Decidentes ergo hanc rem dicimus: accidentia esse quodammodo Entia formaliter et intrinseca ratione, quodammodo autem per attributionem substantiae sive denom[in]ative[3] ad substantiam [wir kommen also zur Entscheidung in dieser Sache und sagen: Die Akzidentien sind, formell und aus innerem Grunde, in gewisser Weise Seiende ⟨Dinge⟩, aber kommen, als Attribute der Substanz, dieser in gewisser Weise nur in der Art bloßer Bezeichnungen zu]“, und bestimmt dann ihr esse [Sein] als ein inesse [darinnen Sein], im Unterschiede von den eigentlichen Substanzen. Die neuern Philosophen dagegen, welche dasselbe auf dem Gebiete der Philosophie taten, was die Reformatoren auf dem Gebiete der Religion, nämlich die Philosophie von den unzähligen gotischen Schnörkeln und Überladungen des Scholastizismus reinigten, auf das Notwendige und Wesentliche beschränkten und so vereinfachten, die neuern Philosophen, sage ich, setzten,

1 Nur hierin: Hierin *C* 2 Wesenheiten *C*
3 *So ergänzt auch C.*

hierin eines Sinnes mit den Nominalisten, an die Stelle der von ihren Substanzen unterschiednen Akzidenzen die Kategorie der Relation oder der unselbständigen Modi. So sagt z. B. Du Hamel in der oben zitierten Schrift p. 136: „Accidentia voco non qualitates, quae substantiae insideant, sed quosdam substantiae modos ab ea non re, sed cogitatione tantum, atque, ut ajunt, formaliter distinctos [Akzidenzen nenne ich nicht die Eigenschaften, die der Substanz innewohnen, sondern gewisse Weisen der Substanz, die von ihr nicht der Sache nach, sondern vielmehr in der Vorstellung, d. h., wie man das auszudrücken pflegt, formell unterschieden werden]." Die Akzidenzen sind nichts andres als Weisen, wie ein Ding ist, nichts andres als die eine und selbe Sache, *inwiefern* sie sich auf uns, auf unsre verschiednen Sinne und Wahrnehmungsvermögen bezieht. Das quatenus [inwiefern] war daher eine *allgemeine Kategorie* der Denker der neuern Zeit, die sich ebensooft in ihrem Geiste repetierte als in Sp[inoza]s „Ethik". In ihrem Sinne hieß es: Das Licht ist nichts andres als die Materie, inwiefern sie sich auf unser Auge, der Duft nichts andres als die Materie, inwiefern sie sich auf unser Geruchsorgan bezieht, usw. Das quatenus ist nur der Ausdruck von der Unrealität der Akzidenzen. Indem Sp[inoza] daher die Begriffe von Substanz und Akzidenz in formeller Beziehung ebenso verstand wie die übrigen neuern Philosophen, mußte auch das quatenus in seiner Philosophie eine besondere Rolle spielen. In der Tat ist aber auch diese Kategorie keine so üble Kategorie, denn sie beruht auf dem Unterschiede zwischen der Beziehung des Gegenstandes auf sich selbst und zwischen seiner Beziehung auf uns – ein Unterschied, der in Sp[inoza] von besonderer Wichtigkeit ist, aber von B[ayle], wie von so manchem andern Kritiker, nicht beachtet wurde.

(40) Geheimnis war alles, was nicht im Sinne der Subjektivität oder, richtiger, der Persönlichkeit begreiflich war – so auch die *Liebe*, weil sie auf dem Triebe der Gattung beruht und daher, wie dies ebensowohl aus dem Begriff als der Erfahrung hervorgeht, dem *individuellen Selbsterhaltungs- und Glückseligkeitstriebe* widerspricht, welcher Trieb allein mit dem höchsten Denkprinzip, mit dem Begriffe Gottes als eines persönlichen, nur das persönliche Wohl des Menschen bezweckenden Wesens, zusammenhing und -stimmte. So sagt

z. B. Bayle: „Encore aujourd'hui ceux qui sont capables d'examen (darunter gehört er selbst) trouvent dans cette passion, soit à l'égard de ses causes, soit à l'égard de ses effets, tant de caracteres d'incomprehensibilite, qu'ils sont obligez d'y reconnoître le doigt de Dieu et un établissement primitif de sa providence particulière. (Aber dadurch wird die Sache an sich selbst nicht begreiflicher) ... L'auteur de la, Religion du Medecin, commence ainsi ...: Res plena miraculorum, aenigmatum et mysteriorum verus amor est. [Noch heute finden diejenigen, die zu prüfen fähig sind (darunter gehört er selbst), in dieser Leidenschaft, was deren Ursachen, aber auch, was ihre Wirkungen betrifft, so viele unbegreifliche Züge, daß sie darin den Finger Gottes und eine natürliche Verwirklichung seiner besonderen Fürsorge erkennen müssen. (Aber dadurch wird ...) ... Der Verfasser der ‚Religion des Mediziners' beginnt so ...: Ein Ding voller Wunder, Rätsel und Geheimnisse ist die wahre Liebe.]" („Nouvelle. de la Rep.", p. 634). Die früher angeführte, von Augustin (meines Wissens) zuerst ausgesprochne, von den scholastischen Theologen gläubig angenommene Meinung, daß, wenn Adam nicht gefallen wäre, die Generationswerkzeuge ebenso passive, indifferente, der Willkür unterworfne Organe wären wie die Hände und Füße, ist daher keineswegs ein partikulärer, zufälliger, bedeutungsloser Einfall, sondern hängt vielmehr aufs innigste mit dem Prinzip der Christenwelt, dem Prinzip der Persönlichkeit, zusammen und ist nur der schlagende Beweis und Ausdruck davon, daß im Christentum der Begriff des Gattungslebens, sowohl im niedern als höhern Sinne, selbst bis auf die letzte Spur einer auch nur entfernten Ahndung von der Bedeutung des Geschlechtstriebs, verschwunden war. Ebendeswegen war auch der Tod, weil er auf demselben Fundament wie der Geschlechtstrieb beruht, den Christen absolut unbegreiflich und unerklärlich; sie mußten daher ihn durch einen *rein willkürlichen Akt* in die Welt einführen. Die Christen haben wohl auch die eheliche Generation toleriert, ja, sanktioniert, aber nur aus Gründen, in denen nur das Individuum zur Anschauung kommt, überdem[1] aus von außen aufgedrungnen Gründen,

[1] aus ... überdem *Fehlt in C.*

im Widerspruch mit ihren theologischen Prinzipien, denen zufolge, namentlich bei den katholischen Christen, die castitas[1], die subjektivste, aber ebendeswegen spezifisch christliche Tugend, strenggenommen die höchste moralische Tugend[2] und der Generationsakt, als ein infolge der Erbsünde mit sinnlicher Begierde notwendig verbundner Akt, eine sündhafte Handlung ist – eine sündhafte natürlich nicht in den Augen der weltklugen, scheinheiligen, sophistischen, aber wohl in den Augen der von äußerlichen Interessen unbestochnen, wahrhaften, allein achtungs- und berücksichtigungswerten Frömmigkeit. – Bayle führt in

[1] Keuschheit *C*

[2] *Hierzu in C als Zusatz noch die folgende Fußnote Feuerbachs:* Im Zusammenhang mit dieser himmlischen, antisexuellen Tugend und Richtung steht auch die ebenso lächerliche als moralisch zweckwidrige Scheu der Christen vor dem Nackten. So hatten die alten christlichen Mönche nie sich nackt gesehen und sagten, daß ein Mensch von ihrem Stande nicht seine Nacktheit ansehen könne, ohne eine seiner unwürdige Handlung zu begehen. „Un casuïste moderne (Sanchez) qui n'est pas des plus rigides compte néanmois pour un péché véniel, propria verenda adspicere ex quadam curiositate, absque alia mala intentione et periculo, et pour un péché mortel, aspicere verenda alterius sexus operta vestibus ita subtilibus, ut parum aspectui obstent. Voir nager une personne nue de differente sexe est, selon lui, un péché mortel. Deux hommes d'uns charactère grave, comme deux prélats, qui s'entrevoient nus, commettent, dit-il, un péché mortel. [Ein moderner Kasuist (Sanchez), der nicht zu den strengsten gehört, zählte es immerhin zu den läßlichen Sünden, ⟨lat.:⟩ die eignen Schamglieder aus Neugier, wenn auch ohne andere schlechte Absicht und Gefahr, anzusehen, ⟨frz.:⟩ und für eine Todsünde, ⟨lat.:⟩ die Schamglieder des anderen Geschlechtes, die hinter dünnen Geweben verborgen werden, um das Hinblicken ein wenig zu verwehren, anzublicken. ⟨Frz.:⟩ Eine Person des anderen Geschlechts schwimmen zu sehen, ist nach ihm eine Todsünde. Zwei Männer von Rang und Würde, etwa zwei Prälaten, die miteinander nackend sprechen, begehen, sagt er, eine Todsünde.]" (Allerdings, denn der status naturalis [Naturzustand] des Menschen ist die größte Satire auf den geistlichen Staat.) Bayle, „Dictionn.", Art. Adamites.

seinen „Nouvelles Lettres critiques“ (L. 16, p. 279) einen theologischen Diskurs eines Arztes gegen die Propagation des Menschengeschlechts an, der zu treffend ist – er mag nun Scherz oder Ernst sein, der Scherz ist ja ohnedem unendlich geistreicher und wahrheitliebender als ein steifer Ernst –, als daß nicht die wesentlichsten[1] Stellen hier[2] einen Platz finden sollten. „Quoi de plus monstrüeux que de voir durer depuis si long-temps la *propagation du péché*? C'est contre tous les lois de la Nature; car les Monstres n'engendrent point, et voilá l'homme pécheur qui est le plus monstrüeux de tous les Etres, qui ne laisse pas de se multiplier et de couvrir toute la Terre. Puis que nous ne pouvons pas arrêter cette suite funeste de générations monstrüeux, qui déshonorent Dieu et la Nature, du moins devrions nous souhaiter avec S. Paul que tous les hommes lui ressemblassent, et on verroit cesser dans une cinquantaine d'années l'engeance du péché, dont la multiplication ne fait qu'accroître le nombre de Créatures rébelles à leur Souverain. Ne souhaitons-nous pas tous les jours, en récitant la priere Dominicale, que le Regne de Dieu vienne? Ne dit-on pas dans l'Apocalypse, ,venez, seigneur, venez!'? Si l'on veut que ces souhaits s'accomplissent, il faut souhaiter que le monde prenne fin, et qu'il vienne de nouveaux Cieux et une nouvelle Terre. La corruption est trop invétérée dans la postérité d'Adam, pour espérer qu'elle s'amende jamais ... Ne nous mettons pas en peine de ce qu'en faisant cesser les générations, nous diminuerions les nombres des Prédestinez, car Dieu ne manquera point de Créatures qui le gloriefieront éternellement. N'y a-t'-il pas des millions d'Anges qui le loüent sans et sans fin cesse? Et s'il peut de ces pierres faire naître des enfans à Abraham, il saura bien créer sans nous des Esprits qu'il prédestinera à sa gloire etc. [Was ist ungeheuerlicher als die so lange andauernde Ausbreitung der Sünde? Das geht gegen alle Gesetze der Natur. Denn die Ungeheuer pflanzen sich durchaus nicht fort; doch siehe, der sündige Mensch, der das ungeheuerlichste von allen Wesen ist, er hört nicht auf, sich zu vermehren und die ganze Erde zu bedecken. Da wir aber nun nicht diese verhängnisvolle Reihe von ungeheuerlichen Generationen aufhalten können, die Gott und die Natur

[1] wesentlichen *C* [2] *Fehlt in C.*

entehren, so sollten wir doch wenigstens mit dem heiligen Paulus wünschen, daß alle Menschen ihm ähneln mögen; dann würde man in einem halben Jahrhundert dahin gelangen, daß keine Sünde mehr ausgebrütet würde, deren Vermehrung ja doch nur die Anzahl der gegen ihren Herrn rebellischen Geschöpfe wachsen läßt. Wünschen wir nicht alle Tage, das Gebet des Herrn sprechend, daß das Reich Gottes kommen möge? Heißt es nicht in der Apokalypse: ‚Komm, Herr, komm!'? Wer will, daß dieser Wunsch in Erfüllung gehe, der muß wollen, daß die Welt ein Ende nehme, daß ein neuer Himmel und eine neue Erde komme. Die Verderbnis hat sich zu tief in Adams Nachkommenschaft eingefressen, als daß man noch hoffen könnte, diese werde sich bessern ... Machen wir uns keine Sorge darüber, daß wir die Zahl der zum ewigen Heil Bestimmten herabsetzen könnten, wenn wir die Begattung einstellten, denn Gott wird es niemals an Geschöpfen fehlen, die seinen Ruhm ewig verkünden. Gibt es nicht Millionen Engel, die ihn ohne Unterbrechung und ohne Ende loben? Wenn er aus diesen Steinen dem Abraham kann Kinder entstehen lassen, dann wird er wohl auch uns Geister erschaffen können, um sie auszuerwählen, seinem Ruhm zu dienen usw.]"[1]

[1] *In C folgt Zusatz:* Daß diese Rede gegen die fleischliche Fortpflanzung sowie überhaupt das schon im ersten Kapitel gegen die Ehe und für und über die Jungferschaft Gesagte ganz im Geiste des Christentums, namentlich katholischen ist, möge uns zum Überfluß noch der heilige Thomas Aquino, der Doctor Angelicus, bestätigen. Er sagt „Summa contra Gentiles", l. III, c. 136: „Die Vervielfältigung der Zeugung war notwendig entweder wegen der geringen Anzahl der Menschen, wie im Anfang, als das Menschengeschlecht anfing, sich zu vervielfältigen, oder wegen der geringen Anzahl des gläubigen Volks, als dieses selbst durch fleischliche Zeugung vervielfältigt werden mußte, wie es im Alten Testament der Fall war, und deswegen ist der Rat (consilium), ewige Enthaltsamkeit zu beobachten, aufbewahrt worden für die Zeit des Neuen Testaments, wo das geistliche Volk durch geistliche Zeugung vervielfältigt wird." „Einige", sagt er in dem nächstfolgenden Kapitel, „haben zwar die ewige Enthaltsamkeit nicht verworfen, aber doch ihr den Stand der Ehe gleichgesetzt. Das ist die Ketzerei Jovinians. Aber die Unrichtig-

(41) Den Cartesianismus verteidigte Bayle gegen de la Ville (ein fingierter Name) in seiner Dissertation „Où on defend contre les Péripatéticiens les raisons par lesquelles quelques Cartésiens ont prouvé que l'essence du corps consiste dans l'etendue [wo man gegen die Peripatetiker die Gründe verteidigt, mit denen einige Cartesianer be-

keit dieser Irrlehre geht schon daraus sattsam hervor, daß die Enthaltsamkeit den Menschen geschickter macht zur Erhebung des Geistes zum Geistlichen und Göttlichen und ihn gewissermaßen über den Stand des Menschen (supra statum hominis) zur Ähnlichkeit mit den Engeln erhebt." In seiner „Summa theologiae" dagegen (secunda secundae quaest. 62 de virginit.) löst er die Frage, ob die Virginität die höchste Tugend sei, dahin auf, daß sie zwar in der Gattung oder Kategorie der Keuschheit, aber nicht schlechtweg die höchste Tugend sei. „Immer ist nämlich", sagt er, „der Zweck höher als das Mittel; der Zweck aber der Jungferschaft ist die Beschäftigung mit den göttlichen Dingen; daher werden die theologischen Tugenden und die Tugend der Religion, deren Tätigkeit eben die Beschäftigung mit den göttlichen Dingen ist, der Virginität vorgezogen." Aber ist denn nicht die Enthaltsamkeit an und für sich ein religiöser Akt, nicht, wie er selbst sagt „Contra Gentiles", eine Erhebung über den Menschen, nicht eine Annäherung an das himmlische, übersinnliche Wesen der Engel, Christi, Gottes? Ebendaselbst sagt er, daß die Jungfrauen nur die Wollust der Liebe opfern, die Märtyrer aber ihr eigenes Leben und die Mönche ihren eigenen Willen und alle ihre Habe. Aber was ist denn unzähligen Menschen das Leben ohne die Liebe? Was alle Schätze und Lebensgenüsse ohne den Liebesgenuß? Heißt also für sie die Liebe opfern nicht alles opfern? Sagt nicht der heilige Augustin, wie Luther aus ihm irgendwo anführt, daß „unter allen Streiten der Christen der Keuschheit Streit der härteste" sei? Ist also nicht auch der Keuschheit Sieg der höchste Sieg, die höchste Tugend? „So hoch", sagt Fulgentius („Epist. ad Probam de Virginit. simul atque humilitate"), „stellte Gott die Gabe der Virginität, daß er ihren Namen von der virtus, der Tugend, abgeleitet wissen wollte. Die übrigen Gaben und Tugenden der Kirche haben ihre eigenen Namen, aber die sowohl leiblich als geistig unverletzt bewahrte Jungfräulichkeit hat vor allen andern Gaben den Vorzug, daß sie die Tugend schlechtweg heißt. „Die Ehe ist zwar keine Sünde", sagt er wiesen haben, daß das Wesen des Körpers in der Ausdehnung besteht]" (Oeuv. div., T. IV, p. 109 etc.). Auch in seinen „Theses philosophiques" (ebendaselbst) – offenbar die Thesen, welche er bei seiner Habilitierung auf der Universität zu Sedan aufstellte, denn in einem Briefe erwähnt er sie mit der Bemerkung, daß der schwierige Begriff der Zeit, welcher eben auch hier vorkommt, unter diesen Thesen sich befand – spricht sich B[ayle] als Cartesianer, jedoch nur als *bedingten*, kritischen Cartesianer aus. Diese Thesen sind deswegen besonders interessant, weil wir schon hier fast den ganzen Bayle mit allen seinen Tugenden und Fehlern kompendiös beisammenhaben. Wir haben B[ayle], den Mittelsmann zwischen Extremen, gleich in der ersten These, wo er gerade wie Leibniz, mit dem er überhaupt viel Ähnlichkeit hat, den neuern Philosophen den Vorwurf macht, daß sie von dem Extreme der Überschätzung der Dialektik bei den Scholastikern in das andere Extrem der Geringschätzung, ja, Verachtung der Logik gefallen seien, daß man überhaupt die Scholastiker nicht so ganz und gar verachten dürfe, daß manches Gute in ihnen enthalten wäre. Wir haben hier B[ayle], den Cartesianer, wie schon gesagt, aber auch B[ayle], den *Nicht*-Cartes[ianer][1], den freien Denker, den

weiter, „sondern Gottes Werk und Gottes Gabe, aber doch ist zwischen dem fleischlichen Beilager auch gläubiger Ehegatten und der heiligen Jungferschaft des Fleisches und Geistes ein so großer Unterschied als zwischen der Ähnlichkeit mit den Tieren und der Nachahmung der Engel. Oh, eine englische, nicht menschliche Tugend ist die Jungferschaft. O angelicae imitationis non humana in hominibus virtus [oh, die Tugend der Nachahmung der Engel, nicht menschlich, doch in Menschen]!" „Die Tugenden", sagt der Kardinal Marcus Vigerius („Decachordum Christianum", 1517, Chorda I, de Virg. Excell.), „welche sich auf diesen irdischen vergänglichen Staat beziehen, sind, wie sie die Platoniker richtig nannten, nur purgierende, reinigende, aber nicht selbst reine Tugenden, denn sie stehen nur in der Mitte zwischen zwei entgegengesetzten Fehlern. Aber der ewige Staat, wo alle irdische Not und Materie wegfällt, hat weit vortrefflichere, hat absolute, makellose, lautere Tugenden, Tugenden des nicht zu reinigenden, sondern schon gereinigten Geistes. Eine solche Tugend ist die Virginität."

[1] *So ergänzt auch C.*

schwer zu Befriedigenden, den Schwierigkeitsentdecker und -erfinder[1], so in der Behauptung, daß die bisherigen Erklärungen der Bewegung, der Zeit höchst unbefriedigend seien[2], ja, die Zeit wahrhaft unerklärlich sei. Wir haben hier ferner seine Antipathie gegen den Pantheismus (These III). Wir haben B[ayle], den Vielwisser, ihn, dessen Lieblingsthema die Verschiedenheit und Wandelbarkeit der Meinungen ist (These X). Wir haben seinen Scharfsinn von seiner negativen Seite – den Scharfsinn des Zufalls, den Scharfsinn aufs Geratewohl[3], den sich selbst überlassenen Scharfsinn, der, weil er keine substantielle Idee zum Prinzip und Kriterium hat, selbst ins Gegenstandlose, ja, Ungereimte zu fallen riskiert (so Th. IX, N. 2) –, aber auch den Scharfsinn von seiner positiven Seite, den Scharfsinn der Gründlichkeit und Notwendigkeit, der bemerkt und unterscheidet, was man bemerken und unterscheiden muß, den Scharfsinn des wahren Denkers – so, wenn er sagt, zwar in Übereinstimmung mit Cartesius, aber doch viel gründlicher und trefflicher den Gedanken entwickelnd: „Une chose pensante doit être une. (Das ist Cartesisch, das folgende *sein.*) En effet si elle étoit composée de plusieurs substances, comme notre corps est composé de plusieurs membres, elle ne pourroit jamais voir *un objet entier*, et l'une de ses parties verroit une partie de l'objet, tandis qu'une autre de ses parties verroit une autre partie de ce même objet, tellement qu'il n'y auroit rien dans la chose pensante, qui pût dire avec vérité: *je vois toute cette pierre*. [Eine denkende Sache muß eins sein. (Das ... sein.) In der Tat, wäre sie aus mehreren Substanzen zusammengesetzt, wie unser Körper aus mehreren Körperteilen zusammengesetzt ist, dann könnte sie niemals einen ganzen Gegenstand sehen; einer ihrer Teile sähe einen Teil des Gegenstandes, ein anderer ihrer Teile sähe einen anderen Teil desselben Gegenstandes, so daß es in der denkenden Sache nichts gäbe, das in Wahrheit sagen könnte: Ich sehe diesen ganzen Stein.]" (p. 142, wo das Nächstfolgende ebenso richtig gedacht ist). Aber wie B[ayle] die Cartes[ische] Philo-

[1] Schwierigkeitsmacher *C*
[2] höchst ... seien: nichts taugten *C*
[3] *Feuerbachs Schreibung*: aufs geradewohl (*AB*); aufs Geradewohl (*C*).

sophie der scholastischen Schulphilosophie gegenüber verteidigt, so kritisiert er auch hinwiederum dieselbe den steif dogmatischen Cartesianern gegenüber. So macht er z. B. schon in seinen „Objectiones in lib. Poireti", unter andern kritischen Bemerkungen, gegen den Cartes. Beweis vom Dasein Gottes aus der Idee, welcher sich darauf stützte, daß die Idee eines vollkommnen Wesens nicht aus einem unvollkommnen entspringen könne und folglich dieses vollkommne Wesen selbst zum Urheber haben müsse, folgenden Einwand (p. 151): „Es ist leicht begreiflich, daß ein des Denkens fähiges Wesen sich aus eigner Kraft, unabhängig von einer äußern Ursache, ein vollkommneres Wesen, als es selbst ist, vorstellen kann. Wenn z. B. dieses Wesen sich erinnert, daß es sechs Jahre lang frei von allen Schmerzen war, hernach aber zwei Monate lang krank darnieder lag, so wird es ohne alle Offenbarung und von außen eingegebne Ideen begreifen, daß es glücklicher gewesen wäre, wenn es auch diese Monate hindurch keinen Schmerz gehabt hätte, da es von selbst einleuchtet, daß ein schmerzloses Wesen seliger ist als ein leidendes. Das nächste ist, daß ein Wesen, welches so denkt und urteilt, von Schmerzen frei zu sein wünscht, und folglich hat es die Idee eines von Schmerzen freien Wesens. Entweder muß man der vernünftigen Seele die Kraft der Vernunft absprechen oder ihr die Kraft einräumen, den kranken mit dem gesunden Zustand vergleichen und dadurch sich das Ideal eines glücklichern Wesens bilden zu können. Was aber von den Krankheiten gilt, dasselbe gilt von allen übrigen Zuständen der Seele, wie Furcht, Zweifel usw." Auch seine „Nouvelles de la Rep. des Lett." und sein „Dictionnaire" enthalten, besonders letzteres, häufig kritische Ausfälle gegen den Cartesianismus, in welchen er hie und da seine Zweifelsucht so weit treibt, daß er alle Prinzipien der Gewißheit aufzuheben scheint. Aber gleichwohl dürfen wir solchen skeptischen Äußerungen keine kanonische Bedeutung geben und dabei, abgesehen von der besondern Beschaffenheit eines Journals und kritisch-historischen Wörterbuchs, nicht übersehen, daß die Zweifel Bayles gewiß oft nur gemachte, absichtliche Zweifel sind, um dadurch die dogmatischen Köpfe zu alarmieren, vielleicht selbst zu neuen gründlicheren Untersuchungen aufzufordern. Gewiß ist dem Bayle wenigstens die Unvereinbarkeit des Begriffes des Denkens mit dem Begriffe der Materie; aber dieser Begriff ist ein Grundbegriff der Cart[esischen] Philosophie. So sagt er (Lettre 239 vom Jahre 1699) in Beziehung auf Locke, welcher annahm, daß Gott gewissen Körpern die Kraft zu denken geben könnte: „Là-dessus, je suis tout-à-fait du sentiment de son adversaire. Je ne crois pas qu'il soit possible qu'aucun Corps et moins un assemblage de divers Corps, qu'un Atôme d'Epicure soit susceptible de la pensée. [Darin bin ich ganz und gar der Meinung seines Widersachers. Ich glaube nicht, daß es möglich ist, daß irgendein Körper und noch weniger eine Vereinigung von verschiedenen Körpern, daß ein Epikursches Atom für das Denken empfänglich wäre.]" Auch in seinen Vorlesungen, namentlich über die Physik, folgt B[ayle] der Cartesischen Philosophie; freilich haben diese wie seine übrigen Vorlesungen nur die Bedeutung historischer Referate. Wenn man daher B. den Vorwurf gemacht hat, daß er nichts von der Physik gewußt [habe], so gilt dies nur von der Newtonschen, obwohl er in dem eben zitierten Briefe Newtons Annahme eines Vakuum[s] erwähnt, aber nach einem frühern Briefe, vom Jahre 1697 (L. 194), zu urteilen, kannte er ihn, wenigstens damals, nur aus dem, was andere ihm berichteten. Indes hatte B. auch keinen besondern Sinn, weder für die Mathematik noch für die Natur. Die Mathematik hat es für ihn nur mit unreellen Abstraktionen zu tun und dient ihm nur zum Beweise des Unterschieds oder vielmehr Widerspruchs zwischen dem Ding im Gedanken und dem Ding in der Wirklichkeit (s. z. B. Lettre 319; „Physica", p. 296, T. IV, Oeuv. div.; „Dict.", Art. Zenon, Philos. Epicur. Rem. D.).

(42) Schließlich in betreff B[ayle]s noch einige Bemerkungen. Obgleich B., weil er eben durchaus, bisweilen vielleicht selbst nur aus Kaprice und Idiosynkrasie, im Dunkel der Anonymität bleiben will, zu allerlei formellen Unwahrheiten und eiteln Finten seine Zuflucht nimmt und sich z. B. in der Angabe der Veranlassung seiner „Pensées diverses", wie er sie in einem[1] Briefe an Minutoli (Lettre 56) und wie er sie in der Vorrede zur dritten Ausgabe erzählt, selbst eines Widerspruchs schuldig macht – ein Widerspruch, der übrigens schon dadurch entschuldigt wird, daß der Brief

[1] seinem *C*

von 1683, die Vorrede von 1699 ist, jedenfalls aber ein moralisch völlig gleichgültiger ist, weil durchaus kein unsittliches Motiv dieses Widerspruchs angenommen werden kann –, so darf man doch keineswegs deswegen B. die Tugend der Wahrheitsliebe absprechen – am wenigsten in bezug auf seine hartnäckige Behauptung, daß er nicht der Verfasser des seinerzeit unter den Reformierten so verrufenen „Avis aux Refugiez [Ratschlag an die Emigranten]" sei, und zwar aus dem einfachen Grunde, weil ganz gewiß B. wirklich nicht der Verfasser dieser Schrift ist. Das einzige bedenkliche Zeugnis für B. s Autorschaft ist die Aussage des Korrektors, daß die Schrift von B. s Hand, die er recht gut gekannt habe, geschrieben gewesen sei. Aber der Schreiber ist bekanntlich noch nicht der Autor. Wenn anders daher diese Aussage Glauben und Berücksichtigung verdient, so muß man, da ebensoviele oder noch[1] mehrere und weit wichtigere Gründe gegen B[ayle]s Autorschaft sprechen als dafür, mit Basnage annehmen, daß B[ayle] die Schrift von irgendeinem Freunde erhalten, selbst abgeschrieben und zum Drucke befördert habe, und zwar in keiner andern als einer der Sache der Reformierten wohlwollenden Absicht, nämlich in dieser, sie zur förmlichen Desavouierung der Grundsätze, welcher sie in dieser Schrift beschuldigt wurden, herauszufordern. (S. übrigens hierüber den Brief von B., welchen Des-Maizeaux, „Vie de Mr. B.", p. 52, mitteilt, und das, was Des-Maizeaux selbst später hierüber sagt.) Falsch ist es überhaupt, wenn man B[ayle]s Charakter durch seinen Hang zur Pseudo- und Anonymität verdächtigen will, indem man die theoretische Bedeutung des verhängnisvollen Widerspruchs zwischen Glaube und Vernunft, in dem sich B. befindet, unberücksichtigt läßt. B. unterscheidet überall strenge den Schriftsteller von dem Menschen, so auch sich als Mensch von sich als Schriftsteller. Wenn B[ayle] nicht umhinkann, wenn ihn sein Geist, sein innerer Beruf – „Je prétens avoir une vocation legitime pour m'opposer aux progrès superstitions, des visions et de la credulité populaire [ich maße mir an, legitim dazu berufen zu sein, mich dem Umsichgreifen des Aberglaubens, der Gespensterseherei und der volkstümlichen Leichtgläubigkeit in den Weg zu stellen]"

[1] *Fehlt in C.*

(„Cab. chimér.", p. 681) – dazu nötigt, mit herrschenden Vorurteilen seiner Zeit zu brechen, so will er wenigstens als Mensch mit seinen Zeitgenossen sich nicht entzweien: Er schont und achtet die Personen, deren Dogmen und Vorstellungen er bekämpft; er will ihnen also auch nicht mit seinem Namen, nicht persönlich gegenübertreten, sondern [ihnen] nur wie ein unsichtbarer, unbekannter Geist die für sich selbst schon genug empfindlichen Lehren der Vernunft und Wahrheit einschärfen. Wir haben hier denselben Widerspruch zwischen Geist und Persönlichkeit, der uns früher auf dem Gebiete des Theoretischen begegnete, zu erkennen. B[ayle]s Person, B[ayle]s Wille ist der Glaube, B[ayle]s Geist, B[ayle]s natürliches Bedürfnis der Unglaube; der Glaube sein Kanon, sein Taufname, die Vernunft sein apokryphisches und anonymisches Prinzip. B. gesteht nicht ein daß *er*[1] Autor ist, um dadurch den Widerspruch, in dem sein paradoxer Geist mit ihm selbst und seinen Zeitgenossen steht, auszugleichen. Der Unglaube ist in ihm noch nicht unmittelbare, persönliche Wahrheit geworden. Allerdings liegen also B.s Anonymität Rücksichten auch mit zugrunde, aber Rücksichten, die selbst Berücksichtigung verdienen. B. ist überhaupt von Charakter nichts weniger als eine verneinende, sondern schonende, anerkennende, wie Leibniz mehr zum Lobe als zum Tadel geneigte Natur, wie er selbst an einer Stelle („Republ. des Lett.", p. 714) von sich bemerkt und [wie] unter anderm ebendieses sein Journal auch beweist. Falsch wäre es offenbar, wenn man seiner Namensverheimlichung, die er so weit trieb, daß er selbst seinem „Dictionnaire" durchaus nicht seinen Namen vorsetzen wollte und nur durch die Rücksicht auf seinen Buchhändler endlich von diesem Vorsatz abgebracht wurde, die Motive kleinlicher Eitelkeit unterlegen wollte. Dieses Motiv könnte höchstens nur bei seinen ersten Produktionen angenommen werden, so wenn er dem Minutoli seine satirische „Harangue" nebst einer Kritik derselben überschickt mit der Bitte: „Vous m'obligerez de m'apprendre votre Sentiment sur ces Pièces-là, car un de mes Amis de Paris qui connoît l' auteur de la seconde Pièce et qui peut-être, par prévention pour son Ami, penche à croire que la ‚Harangue' ne vaut rien, m'a

[1] *In A/B und C durch Großschreibung hervorgehoben.*

engagé à lui promettre que je lui écrirois mon Sentiment sur l'une et l'autre etc. [Sie würden mich sich verpflichten, wenn Sie mir Ihre Meinung über die beiliegenden Stücke zukommen ließen, denn einer meiner Freunde in Paris, der den Verfasser des zweiten Stückes kennt und – da er für seinen Freund voreingenommen ist – vielleicht zu der Annahme neigt, daß die ‚Ansprache' nichts taugt, hat sich von mir das Versprechen geben lassen, ihm meine Ansicht über beide Stücke zu schreiben]" (L. 36). Aber schon, wenn er denselben Freund ersucht, seine Meinung zu sagen über die „Pensées diverses", im Falle das Buch ihm zu Gesicht kommen sollte, mit dem Zusatz: „Il a fait du bruit en ce Païs à cause de quelques Paradoxes dont il traite [es hat in diesem Lande Lärm hervorgerufen wegen einiger Paradoxe, die es behandelt]" (L. 50), so hat er offenbar hierbei kein andres Interesse als das, ein freies, *unparteiisches* Urteil zu erfahren. B. wußte übrigens selbst nur zu gut, was er und was er nicht von seinen Schriften zu halten habe (s. z. B. seine Urteile über seine „Réponse aux Quest." Lettre 298, 311), bekümmerte sich zuwenig um Lob und Tadel, wenn ihm gleich die objektive Beschaffenheit seiner Schriften nichts weniger als gleichgültig war, hatte einen viel zu ungebundnen, flotten Sinn, d. h., war zuwenig auf sich selbst und seine Meinungen versessen, war schon als Skeptiker zu sehr praktischer Spinozist, als daß wir die Motive kleinlichen Ehrgeizes bei ihm annehmen könnten und dürften. Falsch wäre es daher auch, wenn wir hinter seiner Anonymität gemeine Furcht und Feigheit suchen wollten. B. hat wenig oder gar nichts zu verlieren. Wer aber mit leeren Taschen seine Straße dahinzieht, der fürchtet keinen Räuber. Cantabit vacuus coram latrone viator [wer mit leeren Taschen reist, kann vor dem Straßenräuber singen].

Inhalt